Igor Akimuschkin

VEB
F. A. Brockhaus Verlag
Leipzig
Verlag Progress
Moskau

LAUNEN DER NATUR

*Plaudereien
über Kuriositäten
in der Tier-
und Pflanzenwelt*

Titel der Originalausgabe:
Игорь Акимушкин «Причуды природы»

Übersetzung aus dem Russischen
von Rolf Pankrath

ISBN 3-325-00186-6 (DDR)

ISBN 5-01-002550-7 (UdSSR)

2. Auflage

Lizenz-Nr. 455/150/85/90 · LSV 1369
Lektoren: Ursula und Helmut Sträubig
Schutzumschlag und Einband: Lothar Gabler
Redaktionsschluß: März 1989
Bestell-Nr.: 587 290 2

01250

Gedruckt in der UdSSR

Inhaltsverzeichnis

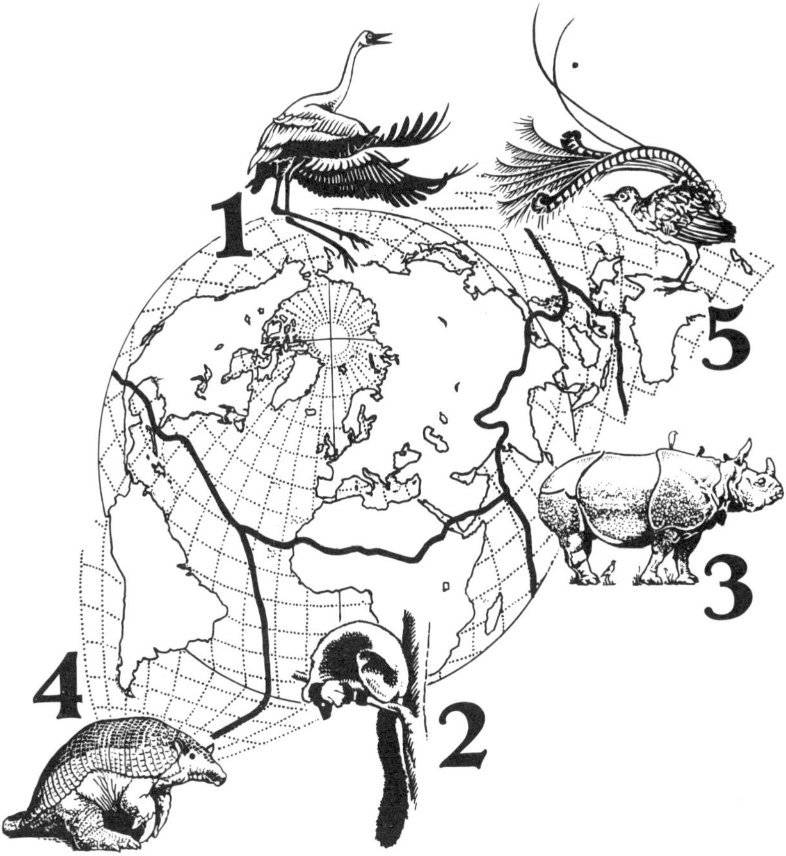

Anstelle eines Vorwortes 9
Geteilter Raum 11

1 **SELTSAMKEITEN DER NATUR IN NÖRDLICHEN BREITEN** 15
Ungewöhnliches im Alltäglichen 16

Blindheit des Instinkts 16
Schule des Lebens 21
Unverständliche Vorliebe 28
Beispielloses Verhalten 37

Konzerte für Fische 45
Was man einem Fisch sonst noch beibringen kann 47
Achtung Pilot, Vögel! 49
Das simple Leben einer Mücke 51
»Ovod« – ein Übersetzungsfehler 55
»Milchvieh« für Ameisen 57
Die Coleoptera und ihre Talente 63
Streng geschützt! 70
Fragen an die Auskunftei »Launen der Natur« 119

---

2 SÜDLICH DER SAHARA 137
Ungewöhnliches im Alltäglichen 138

Prügel für Leoparden 138
Proästhetik bei Tieren? 140
»Bombardement« im Kampf um ein Stück Brot 144
Ein Beistandspakt 145
Die Tsetsefliege 148
Tränke in der Wüste; eine afrikanische Gefangene 150
Ein Blick unter die Wasseroberfläche 152
Streng geschützt! 158
Fragen an die Auskunftei »Launen der Natur« 176

---

3 INDOMALAYISCHE WUNDER 187
Ungewöhnliches im Alltäglichen 188

Der Asiatische Elefant im Krieg und bei der Arbeit 188
Einfach nicht auszurotten! 194
Wer kann ohne Flügel fliegen? 198
Streng geschützt! 207
Fragen an die Auskunftei »Launen der Natur« 225

---

4 AUF DEM SÜDKONTINENT DER NEUEN WELT 233
Ungewöhnliches im Alltäglichen 234

Eine Anakonda! 234
Hunger... 238
Tätigkeit an der Grenze der Vernunft 241
»Hausbau? Für uns eine Kleinigkeit!« 243
Vater, Mutter, Kind 245
Der sechste, siebente, achte Sinn... 249
Spitzenleistung beim Orientieren 252
Streng geschützt 254
Fragen an die Auskunftei »Launen der Natur« 265

5 SONDERLINGE AUF DEM FÜNFTEN KONTINENT 269

Mülltonne oder Inkubator 271
Hochzeitspaläste und ihre Erbauer 274
Ein Papagei – zur Bestie geworden? 277
Der »gekränkte« Schiefschnabel 279
Beuteltiere mit und ohne Beutel 280
Ein lebendiges Dreiäuglein 284
... und vieles, vieles andere mehr 286

6 UNTERHALTSAMES FINALE – GRÜNE SELTSAMKEITEN **289**

Der Baobab 290
Die Welwitschia 293
Die Seychellennuß 294
Der Brotfruchtbaum 297
Milch vom Baum 299
»Purpurrotes Blümchen« 300
Victoria regia 301
Der Banyan 304
Sequoien 305
Stöhnender Bambus 308
Räuberische Pflanzen 309
Verzeichnis der im Text behandelten Tiere und Pflanzen 316

Anstelle eines Vorwortes

Der Mensch schuf im Morgengrauen seiner Geschichte Bauten, die für jene Zeit ungewöhnlich waren, und vermessen nannte er sie die »Sieben Weltwunder«. Nicht einfach nur »Wunder«, nein »Weltwunder«, als gäbe es auf der ganzen Welt nichts, was bewundernswerter und großartiger wäre als diese seine Bauten.

Inzwischen sind Jahrtausende vergangen, und die von Menschenhand geschaffenen Wunder zerfielen eines nach dem anderen; die große, stumme Natur ringsum aber lebte ihr eigenes ungestümes Leben. Sie schwieg, konnte sie doch dem eitlen Menschen nicht mitteilen, daß der von ihr hervorgebrachten Wunder nicht bloß sieben- und auch nicht siebenundsiebzigmal, sondern hunderttausend- und millionenmal mehr sind. Es war, als warte sie darauf, daß der Mensch von selbst darauf käme. Und er ist darauf gekommen, zu seinem Glück.

Was sind zum Beispiel die Pyramiden Ägyptens im Vergleich zu den Bauwerken, die die Termiten in Afrika errichten? Die Höhe der Cheopspyramide übertrifft die Größe eines Menschen um das Vierundachtzigfache, die Höhe von Termitenhügeln aber übersteigt die Körperlänge ihrer Bewohner um mehr als das Sechshundertfache! Also sind deren Bauwerke zumindest größere Wunderwerke als das einzige von Menschenhand geschaffene, das sich bis in unsere Tage erhalten hat.

Es gibt auf der Erde wohl an die eineinhalb Millionen Tier- und eine halbe Million Pflanzenarten. Jede Art ist schon ein Wunder für sich, ist herrlich, beeindruckend, ergreifend, verblüffend, phantastisch – wie viele weitere Epitheta müßte man anführen, um es noch überzeugender zu sagen? Und das gilt für jede Art, ohne Ausnahme. Also wären das zwei Millionen Wunder gleichzeitig, man stelle sich das einmal vor! Was mag wohl ein größeres Verbrechen sein – den Artemistempel in Ephesos anzuzünden, wie Herostrat es tat, oder eine Pflanzen- oder Tierart auszurotten? Ein von Menschenhand geschaffenes Wunder läßt sich wiederherstellen, ein vernichtetes Wunder der Natur nicht. Der Homo sapiens als biologische Art muß sich das merken, erst dann trägt er seine Artbezeichnung zu Recht.

Aber genug der Beteuerungen. In diesem Buch findet der Leser eine Vielzahl von Beweisen für die faszinierende Einzigartigkeit der verschiedensten Tiere. Ich habe versucht, diese Einzigartigkeiten zusammenzufassen, sie zu vereinen und mit den tiergeographischen Regionen sowie den Verbreitungsgebieten seltener Tiere in Zusammenhang zu bringen. Ich berichte auch über das Lebende und Ungewöhnliche, dem durch menschliche Schuld der Untergang droht.

Dieses Ungewöhnliche kann uns in unterschiedlicher Gestalt begegnen – nicht nur in Körperbau und im Verhalten eines Tieres, sondern auch im Leben einer ganzen Art. Dazu gehören beispielsweise ihr Endemismus, von ihr eingenommene ungewöhnliche ökologische Nischen, Korrelationen und Konvergenzen, spezielle Migrationen oder, umgekehrt, eine seltene Standorttreue (beispielsweise bei Moschusochsen), ihr ökonomischer Wert (z. B. Wisente) in Vergangenheit und Zukunft, ihre beeindruckende Schnelligkeit der Bewegungen (Gepard) oder interessante Wechselfälle bei der Entdeckung und Erforschung einer Art (wie beim Großen Panda). Mit einem Wort – unter dem Begriff »ungewöhnlich« verstehe ich die breite Palette von Fragen nach den Erscheinungsformen des Lebens auf der Erde. Von diesem Gesichtspunkt habe ich mich auch bei der Materialauswahl für dieses Buch leiten lassen.

Selbstverständlich konnte ich bei weitem nicht alle Tiere behandeln, die vom Aussterben bedroht sind – annähernd tausend! –, und aus demselben Grunde berichte ich auch nicht von allen Wundern der Natur. Ihre Zahl geht in die Millionen! Dabei schien es mir gerechtfertigt, im Rahmen dieser breiten Palette von »Wundern« auch solche »Launen« der Natur mit zu behandeln, wo die geschilderten Fakten von Fachleuten noch nicht als bereits völlig gesichert gelten, wie etwa beim Verhalten von Kranichjungen (s. S. 127) oder von neuseeländischen Kea-Papageien (s. S. 277).

Daß die Natur es fertigbringt, selbst solche Menschen für sie zu interessieren, die beruflich kaum etwas mit ihr zu tun haben, davon konnte ich mich bei der Arbeit an diesem Buch ein weiteres Mal überzeugen. Als ein Freund von mir, der Journalist Oleg Nasarow, in dem noch unvollständigen Manuskript las, war er von dem Inhalt so gefesselt, daß wir etliche Kapitel über ungewöhnliche Tiere Südamerikas und Australiens gemeinsam geschrieben haben. Dafür möchte ich ihm meinen herzlichen Dank aussprechen.

Geteilter Raum

Vor Hunderten von Millionen Jahren gab es nur ein Weltmeer und noch keine Kontinente, die seine grenzenlose Weite unterteilten. Das feste Land ragte als einheitliche Masse aus den salzigen Fluten heraus. Diesem bis jetzt noch hypothetischen Superkontinent gab die Wissenschaft den Namen Pangäa (oder Megagäa). In dieser Pangäa waren alle heutigen Kontinente zu einer ungegliederten Landmasse »zusammengeschweißt«. Dieser Zustand dauerte bis zum Ende der Trias im Mesozoikum, also bis vor rund zweihundert Millionen Jahren, so an. Danach zerfiel die Pangäa, und als erstes bewegte sich Gondwana, eine Art Konglomerat aus den heutigen Landmassen von Antarktika, Australien, Indien, Afrika und Südamerika, nach Süden. Später zerfiel auch Gondwana: Südamerika löste sich ab und strebte nach Nordwesten, Indien und Afrika wanderten nach Norden, Antarktika, noch mit Australien vereint, nach Süden. Nordamerika und Eurasien, die nicht zu Gondwana gehörten, bildeten damals noch einen einheitlichen Kontinent. So soll die Lage der Kontinente im Paläogen, also vor etwa 65 Millionen Jahren, gewesen sein.

Wenn dieser Prozeß, die Kontinentaldrift, fortdauert, wie mag dann wohl die geographische Weltkarte in, sagen wir, fünfzig Millionen Jahren aussehen? Die beiden Amerika werden noch weiter nach Westen, Afrika und besonders Australien nach Nordosten driften, Indien wird nach Osten wandern, während die Lage Antarktikas unverändert bleiben dürfte.

Richard F. Flint, Professor an der Yale University (USA), meinte einmal, die Kontinente seien nicht ortsgebunden, sondern wandern. Man müsse staunen, daß diese Vermutung erstmals schon vor einigen Jahrhunderten ausgesprochen und seitdem noch weitere Male geäußert wurde, aber erst nach 1960 diese Idee von den Wissenschaftlern anerkannt worden sei. Die meisten Leute hätten angenommen, die Starrheit der Erdrinde schließe eine Bewegung der Kontinente aus. Heute wüßten alle, daß dem nicht so sei.

Gutfundierte Beweise für die Drift der Kontinente erbrachte zum ersten Mal der deutsche Geophysiker Alfred Wegener in seinem Buch »Die Entstehung der Kontinente und Ozeane«, das

1915 erschien und schon in den darauf folgenden zwanzig Jahren fünf Nachauflagen erlebte. Darin legte Wegener seine heute berühmte Kontinentalverschiebungshypothese dar, die später, bedeutend weiterentwickelt, auch andere Bezeichnungen erhielt: mobilistische Hypothese, Kontinentaldrifttheorie, schließlich Hypothese der globalen Plattentektonik.

Es gibt nur wenige wissenschaftliche Hypothesen, die so umstritten waren, zu denen so oft Fachleute anderer Disziplinen bei dem Versuch, peinliche Diskrepanzen in ihrer Forschungsarbeit zu erklären, Zuflucht nahmen. Anfangs sprachen sich Geologen und Geophysiker fast einmütig gegen Wegener aus. Heute hat sich die Situation gewandelt – bei vielen Forschern hat er Anerkennung gefunden. Die Hauptgedanken seiner Hypothese wurden auf den neuesten Stand gebracht und ergänzt, bei der Aufstellung jüngster, vervollkommneter geotektonischer Theorien genutzt. Um der Wahrheit die Ehre zu geben, muß man aber auch sagen, daß es heute noch Wissenschaftler gibt, die die Möglichkeit einer Kontinentaldrift konsequent ablehnen.

Setzt man voraus, daß Pangäa einst wirklich existierte, kann man daraus die Schlußfolgerung ziehen, daß zu jener Zeit die Zoogeographie recht unkompliziert gewesen sein muß. Für die Wanderung und Ausbreitung der Tiere bis in alle Winkel der einheitlichen Festlandsmasse bestanden keine wesentlichen Hindernisse. Es gab ja keine für flugunfähige Landtiere unüberwindbaren Meere, die Kontinente voneinanber trennten, wie es heute der Fall ist.

Dann aber zerfiel Pangäa wirklich in Kontinente, und jeder von diesen hat heute seine eigene typische Fauna. Analog dazu hat man die Erde in verschiedene tiergeographische Regionen und Reiche unterteilt. Von letzteren gibt es drei: die Notogäa, die Neogäa und die Arctogäa (oder Megagäa). Grundlage für diese Untergliederung bildet die Verbreitung der Wirbeltiere, vor allem der Säugetiere. In der Notogäa leben Eierlegende und Beutelsäuger, in der Neogäa gibt es keine Kloakentiere, aber noch viele Beuteltiere. Das Arctogäische Reich umfaßt jene Gebiete, in denen es keine Eierlegenden und keine Beuteltiere, sondern nur echte Säugetiere (Placentaria) gibt.

Notogäa und Neogäa weisen jeweils nur eine einzige tiergeographische Region auf, die Australis bzw. Neotropis, die Arctogäa dagegen vier: die Holarktis, die Äthiopis, die Indomalayische und die Antarktische Region, deren geographische Lage schon durch ihren Namen geklärt ist.

Die Holarktische Region ist die umfangreichste. Sie schließt ganz Nordamerika, ganz Europa, den größten Teil Asiens (im Süden bis Indien und Indochina) sowie Nordafrika bis zur Sahara ein.

Die Äthiopis umfaßt ganz Afrika südlich der Holarktischen Region, Madagaskar, den äußersten Süden Arabiens sowie die benachbarten Inseln eingeschlossen.

Die Indomalayische Region erstreckt sich über Indien, Indochina, den südöstlichen Küstenstreifen Chinas (einschließlich Taiwan), weiter bis zu den Philippinen und zum Indonesischen Archipel, die Molukken (Maluku) im Osten ausgenommen. Übrig bleibt die noch nicht lokalisierte Neotropische tiergeographische Region. Ihre Lage auf der Weltkarte kann mit zwei geographischen Begriffen definiert werden – Süd- und Mittelamerika (einschließlich der Antillen).

Der nun folgende Bericht über Kapriolen der Natur ist dieser regionalen Aufteilung des Raumes entsprechend gegliedert, in dem die Landtiere (einschließlich der im Süßwasser lebenden) zu finden sind. Im Abschnitt »Seltsamkeiten der Natur in nördlichen Breiten« werden ungewöhnliche und vom Aussterben bedrohte Tiere der Holarktis beschrieben, während im Kapitel »Südlich der Sahara« die der Äthiopis behandelt werden. Die Kapitelüberschrift »Indomalayische Wunder« spricht für sich selbst. Mit dem »Südkontinent der Neuen Welt« ist die Neotropis gemeint, und »Sonderlinge auf dem Fünften Kontinent«, das sind Kuriosa in der Fauna Australiens.

Seltsamkeiten der Natur in nördlichen Breiten

1

Ungewöhnliches im Alltäglichen

Blindheit des Instinkts

In geschlossener Formation bewegen sich auf der Suche nach Futter die Raupen der Kiefernprozessionsspinner. Dicht aufgerückt folgt jede Raupe der vor ihr kriechenden, wobei sie diese mit ihren Härchen berührt. Die Raupen sondern dünne Spinnfäden ab, die den Nachfolgenden als eine Art Leitseil dienen. Die Leitraupe führt diese ganze hungrige Armee auf neue »Weideplätze« in die Wipfel von Kiefern.

Der namhafte französische Naturforscher Jean Fabre hat einmal den Kopf der vordersten Raupe an den »Schwanz« der letzten in der Kolonne geschoben. Die bisher vordere ergriff das »Leitseil« und verwandelte sich sogleich aus einem »Anführer« in einen »Gemeinen«, folgte jener Raupe dichtauf, mit der sie jetzt Kontakt hatte. Kopf und Schwanz der Kolonne waren so miteinander verbunden, und die Raupen krochen nun sinnlos im Kreise am Ort – am Rand einer großen Vase entlang. Warum konnten sich die Raupen nicht aus dieser unsinnigen Situation befreien? Man legte Futter neben sie, aber sie beachteten es gar nicht.

Mehrere Stunden und Tage vergingen, die Raupen aber krochen und krochen wie unter einem Bann immerfort ihre Runden. Eine ganze Woche zogen sie so ihre Kreise, dann zerfiel die Kolonne: Die Raupen waren derart entkräftet, daß sie sich nicht mehr weiterbewegen konnten.

Mistkäfer haben viele Leute schon einmal gesehen, aber nicht jeder hat sie bei der Arbeit beobachtet. Die Mistkäfer formen aus Kot Kugeln und rollen sie mit den Hinterbeinen – vornweg die Kugel und hinterher im Rückwärtsgang der Käfer.

Die Kugeln aus Kot minderer Qualität, wenn man so sagen will, dienen dem Käfer als Nahrung. Er vergräbt eine solche Kugel in einer kleinen Höhle, kriecht selbst hinein und bleibt dort mehrere Tage sitzen, bis er die ganze Kugel aufgefressen hat.

Für die Ernährung der Larven wählen die Käfer den besten Mist aus, vorzugsweise Schafsmist. Seinetwegen tragen sie regelrechte Kämpfe aus und stehlen fremde Kugeln. Hat einer sein Eigentum erfolgreich verteidigt oder dem Nachbarn die Kugel weggenommen,

rollt er diese schnell weg. Der Käfer verfügt über erstaunliche Kräfte. Selbst wiegt er nur zwei Gramm, die Kugel aber kann bis zu vierzig Gramm schwer sein.

Der englische Verhaltensforscher R. W. Hingston hat die Fähigkeiten von Mistkäfern folgendermaßen getestet: Zwischen eine kleine Höhle und einen Käfer, der gerade seine Kugel auf sie zurollte, stellte er ein Stück steifes Papier, das nur zwei Zentimeter über den Höhleneingang hinwegragte. Die Käfer (Hingston unternahm diesen Versuch mit vielen Käfern) stemmten sich gegen das Hindernis und versuchten, es zu durchbrechen. Nicht einer von ihnen kam darauf, das Blat Papier seitlich zu umgehen. Sie gingen stur auf die Barriere los und versuchten, sie zu durchlöchern. Drei Tage lang stemmten sie sich mit aller Kraft gegen das Papier, am vierten ließen viele, da sie sich nicht auf direktem Wege zu ihrer Höhle durchschlagen konnten, ihre Kugeln im Stich. Einige allerdings setzten das nutzlose Unterfangen auch noch die folgenden Tage fort. Nun ja, Käfer sind, so wird manch einer vielleicht meinen, eben dumm.

Da scheint die Tätigkeit von solitären Wespen schon einen überdurchschnittlichen »Verstand« zu erfordern. Sie machen auf die verschiedensten Insekten Jagd (viele auch auf Spinnen), lähmen ihr Opfer durch einen Stich mit dem Stachel und tragen es zu ihrer Höhle. Dort legen sie auf dem Körper des so »konservierten« Beutetiers ihre Eier ab und verscharren es. Mit diesen geschickten »Chirurgen« hat Hingston ein höchst einfaches Experiment unternommen, das zeigt, wie starr hier der Verhaltensablauf ist.

Aus dem unterirdischen Versteck, in dem die Wespe ihr Opfer mit dem Ei abgelegt hatte, holte er sowohl die Beute als auch das Wespenei heraus, als die Wespe die Höhle gerade verschließen wollte. Hatte sie bemerkt, daß das Versteck leer war? Keineswegs. Als ob nichts geschehen wäre, schüttete sie das leere Erdloch zu. Eine der Wespen bei diesem Experiment trat beim »Versiegeln«

2-1051

ihrer Vorratskammer in dem Durcheinander sogar auf das zuvor von ihr herangebrachte und von Hingston aus der Höhle herausgenommene Beutetier, beachtete dieses aber überhaupt nicht und arbeitete unbeirrt weiter an ihrem Erdloch, obgleich diese Arbeit ja nun völlig sinnlos geworden war. Mörtelbienen bauen ihre Nester gewöhnlich auf Bäumen und tarnen diese so geschickt im Farbton der Borke, daß sie kaum auszumachen sind. Mitunter aber errichten sie ihre Wohnstätten auch in Häusern, zum Beispiel an einer polierten Kaminverkleidung oder auch an der Holztäfelung eines Zimmers. In diesem Fall gereicht ihnen ihre übliche Tarnung jedoch nur zum Schaden, da sie farblich vom Ton des polierten Holzes abweicht. Begreifen die Mörtelbienen, daß sie hier ihre übliche Tarnung unterlassen müssen? Nein. Einem inneren Antrieb und nicht dem Verstand folgend, nehmen sie wie gewohnt ihre Tarnung vor, die allerdings in diesem Falle das Nest sehr auffällig macht.

Tarnung ist auch bei der Wollkrabbe, der Dromia, Brauch. Ausgewachsene Krabben tragen ständig ihre »Tarnhemden«. Die einen bedecken sich oben mit einer auf dem Meeresgrunde aufgesammelten Muschelschale, andere schmücken ihren Rücken mit einem Schwamm. Es gibt auch Krabben, die geschickt mit den Scheren kleine Zweige von Wasserpflanzen oder Hydroidpolypen abrasieren und sie sich »aufpflanzen«, wobei sie sie mit den Hinterfüßen festhalten. Urplötzlich wird so aus einer Krabbe ein Busch!

Im Aquarium sammeln die Dromia, falls es dort weder Wasserpflanzen noch Polypen gibt, jedweden Abfall und legen ihn sich ebenfalls auf den Rücken. Gibt man farbige Stoffstückchen, es können sogar rote sein, in das Aquarium, sammelt die Krabbe auch diese auf und schmückt sich obenauf mit ihnen. So kommt es zu einer Enttarnung, doch die Krabbe »weiß« das nicht.

Viele Vögel lassen sich leicht folgendermaßen irritieren: Man braucht in ihrer Abwesenheit nur ihr Nest zur Seite zu rücken. Zurückgekehrt, suchen sie dieses an der alten Stelle, wobei sie ihr eigenes Nest, das lediglich einen bis anderthalb Meter weit von seinem früheren Standort entfernt wurde, völlig ignorieren. Wird das Nest an die Stelle zurückversetzt, wo es sich vor dem Experiment befunden hat, benutzen die Vögel es unbeirrt weiter. Wird das Nest nicht zurückversetzt, bauen sie ein neues.

Vögel kennen auch ihre eigenen Eier schlecht. Adler, Enten und Hühner beispielsweise können einen beliebigen Gegenstand bebrüten, sofern er nur annähernd wie ein Ei geformt ist. Schwäne versuchen sogar, Flaschen anzubrüten, Möwen Steine und Tennisbälle, die man ihnen anstelle ihrer Eier in ihre Nester gelegt hat.

Man hat die Eier im Nest einer Gartengrasmücke gegen die Eier eines anderen Singvogels, der Braunelle, ausgetauscht. Daraufhin legte die Gartengrasmücke ein weiteres Ei, das den anderen Eiern im Nest überhaupt nicht ähnelte. Die Gartengrasmücke betrachtete interessiert das »verdächtige« Ei und warf es hinaus. Sie hielt es für ein fremdes!

Auch die Kuh kann nicht immer ihr Neugeborenes von einer groben Nachahmung unterscheiden (später verwechselt eine Kuh ihr Kalb allerdings mit niemandem und nichts mehr!). Der britische Zoologe Frank Lane schreibt dazu folgendes: Einer Kuh wurde ihr Kalb weggenommen, und die Mutter schien es sehr zu vermissen. Als Ersatz stellte man ihr den mit Heu ausgestopften Balg eines Kalbes in den Stall. Die Kuh beruhigte sich und begann die grobe Imitation zu belecken, und das mit so großer Zärtlichkeit, daß die ausgestopfte Kalbshaut zerriß und das Heu herausfiel. Da fraß die Kuh seelenruhig das Heu und nach und nach so ihr ganzes »Kalb« auf.

Ratten werden zu den »klügsten« Nagern gezählt. Wie es mit ihrer »Klugheit« bestellt ist, zeigt folgende für uns lustige Episode: Eine weiße Ratte war mit dem Nestbau beschäftigt. Vom Baufieber gepackt, durchstöberte sie auf Suche nach geeignetem Material den Käfig und stieß plötzlich auf ihren eigenen langen Schwanz. Sofort packte die Ratte ihn mit den Zähnen und trug ihn ins Nest. Danach ging sie aufs neue auf Suche, den Schwanz zog sie dabei selbstverständlich hinter sich her. Die Ratte »fand« ihn ein zweites Mal, trug ihn ins Nest, und das wiederholte sich sage und schreibe zwölfmal. Jedesmal, wenn die Ratte auf ihn stieß, ließ ein sturer innerer Antrieb sie diesen einer kleinen Rute ähnlichen Gegenstand aufnehmen.

Und doch sieht es so aus, als hätte man im Tierreich ein vernunftbegabtes Wesen gefunden! In Amerika lebt die kleine Wüstenratte Neotoma albigula. Kein Raubtier wagt sich in ihre Höhle, denn in den Wänden stecken Dornen, deren Spitzen zum Eingang gerichtet sind. Diese stachligen Barrieren baut die Ratte selbst. Sie klettert auf einen Kaktus, nagt die Dornen ab, trägt sie zu ihrem Loch und rammt sie mit den Spitzen zum Eingang zu in die Wände. Wenn das kein kluges Verhalten ist!

Man gebe der Neotoma aber statt der Kaktusdornen andere spitze Gegenstände, beispielsweise Stecknadeln oder kleine Nägel, die ja die Kaktusdornen als Mittel zum Versperren durchaus ersetzen könnten, aber darauf kommt die Neotoma nicht. In ihrem Verhaltensprogramm ist festgelegt, nur Kaktusdornen zu benutzen.

Doch da taucht ein gewandter Räuber auf, ein Skunk. Die Neotoma nimmt Reißaus und flüchtet instinktiv zu ihrem Loch. Das aber ist weit! Sie macht kehrt und versteckt sich flink im stachligen Kaktusdickicht. Wie das?

Wieso kann ein Tier, das doch gerade seine totale Unfähigkeit zu »vernünftigem« Handeln demonstriert hat, bei Gefahr jedoch den besten Weg zu seiner Rettung wählen?

Diese scheinbare Unvereinbarkeit im Verhalten von Tieren vermochte der bekannte russische Physiologe Iwan Pawlow zu erklären. Er stellte fest, daß Verhalten höherer Tiere nicht nur von Instinkten gesteuert wird. Wirbeltiere und einige Wirbellose verfügen nämlich über die Fähigkeit, sich Fertigkeiten, die sie sich als Lebenserfahrungen erworben haben, gut einzuprägen. Vielleicht hat sich die Wüstenratte zufällig einmal vor einem Raubtier unter einen Dornbusch gerettet und dann auch in der Folgezeit im Notfall hier Zuflucht gesucht. Bei dem Tier, so behauptet Pawlow, hat sich im Gehirn ein bedingter Reflex herausgebildet, in diesem Falle also eine Art Erinnerung daran, daß ein Dornbusch ihm als zuverlässiger Schutz vor Raubtieren dienen kann.

Bedingte Reflexe helfen den Tieren, sich ständig wechselnden neuen Bedingungen anzupassen. Die vom Gehirn gespeicherte Erinnerung an erlebte Erfolge und Mißerfolge befähigt das Säugetier, sich in veränderlichen Situationen besser zu orientieren.

Schule des Lebens

Neben dem Instinkt ist das Lernen ein wichtiger Faktor im Verhalten von Tieren. Das klassische Beispiel des Lernens ist die Dressur. So werden Zirkustiere durch Herausbildung bedingter Reflexe dressiert, und dabei können erstaunliche Ergebnisse erzielt werden, besonders bei höheren Tieren.

Den gelähmten William Powell umsorgt eine ganz und gar ungewöhnliche Pflegerin – das Kapuzineräffchen Christel! Ausgebildet wurde es für diese für ein Säugetier nicht einfache Aufgabe von der Psychologin Mary Willard. Dieses Spezialtraining dauerte ein Jahr, danach wurde die Äffin bei dem Kranken einquartiert. Womit konnte sie dem wohl groß helfen? Mit vielem, wie sich zeigte. Auf bestimmte Signale Powells hin brachte Christel Bücher und andere Gegenstände herbei, schaltete das Licht an und aus, öffnete die Tür. Sogar den Plattenspieler konnte sie bedienen, auch Platten auflegen. Ja sie fütterte sogar den Kranken mit dem Löffel!

Mary Willard meint, ihr Versuch sei gelungen, und setzt die Arbeit nun mit anderen Kapuzineraffen fort.

Ein tüchtiger Ziegenhirt war ein Babuin-Pavianweibchen namens Ala, die auf einer Farm in Südafrika eigens dafür ausgebildet worden war. Anfangs lebte die Äffin mit den Ziegen zusammen in einem Gehege und freundete sich mit ihnen an. Gingen die Ziegen auf die Weide, so lief das Pavianweibchen mit. Es bewachte die Ziegen, hielt sie von fremden Herden fern, trieb sie zusammen, wenn sie sich gar zu sehr verstreut hatten, und geleitete sie am Abend heim. Kurz, es machte seine Sache so gut wie der beste Hütehund, ja sogar noch besser! Ala kannte jede einzelne Ziege und jedes Zicklein. Einmal kam sie schreiend von der Weide heimgelaufen. Man hatte nämlich zwei Zicklein aus dem Gehege herauszulassen vergessen, und Ala hatte das bemerkt, obwohl die Herde achtzig Ziegen zählte.

Wenn die Zicklein müde waren und nicht mehr laufen wollten, nahm Ala sie hoch und trug sie, dann gab sie sie der meckernden Mutter zurück, wobei sie ihr die Kleinen direkt unter das Euter schob. War ein Zicklein zu klein dazu, hob sie es ein wenig an und stützte es, solange es trank. Nie kam es vor, daß sie die Zicklein verwechselte; nie schob sie einer Ziege ein fremdes Zicklein unter. Wurden Drillinge geboren und nahm man ein Zicklein weg, um es einer Ziege mit nur einem Neugeborenen anzulegen, ordnete Ala die Dinge auf ihre Weise und brachte das Kleine der Mutter wieder zurück. Sie gab sogar acht, daß die Milch bei den Ziegen sich nicht staute, wenn ein Zicklein das Euter nicht leer gesaugt hatte. Sie tastete das pralle Euter ab und saugte selbst die Milch.

Ein so ausgeprägtes »Verantwortungsgefühl« für die Erledigung einer ihnen anvertrauten Aufgabe hat man auch bei anderen Affen beobachtet. Einige Schimpansen bekamen sogar Neurosen und schwere Depressionen, wenn sie die ihnen gestellten Aufgaben nicht erledigen konnten.

Der Lernprozeß bei Tieren umfaßt nicht nur die Dressur durch den Menschen, sondern auch die Unterweisung, die ausgewachsene wildlebende Tiere ihren Jungen zuteil werden lassen. Besonders bei Affen, zum Beispiel bei Orang-Utans, hat man das beobachtet.

So sah man in zoologischen Gärten, wie eine Orang-Utan-Mutter ihr Junges bereits am zehnten Tag nach der Geburt langsam daran gewöhnte, sich mit seinen Händchen nicht nur an ihrem Fell festzuklammern, von dem es um keinen Preis ablassen wollte. Sie riß Hände und Füße des Kleinen von sich los und mühte sich, es zu veranlassen, die Gitterstäbe zu ergreifen. Doch selbst nach drei Monaten konnte das Junge das noch immer nicht richtig. Da veränderte die Mutter die Lehrmethode: Sie setzte das Kleine auf den Boden des Käfigs und kletterte selbst ein Stück nach oben. Das Affenbaby brach in lautes Geschrei aus, versuchte aber, irgendwie zu kriechen. Daraufhin stieg die Mutter herunter und hielt ihm einen Finger hin, an dem es sich sofort festklammerte.

Die Unterweisung kann auch so aussehen: Die Mutter hält ihr Junges nur an einer Hand und klettert auf einen Baum. Das Kleine versucht, besseren Halt zu finden, und muß nun wohl oder übel nach allem greifen, was erreichbar ist, als erstes nach Zweigen.

Sehr verbreitet unter Wild- und Haustieren ist die Nachahmung. Küken, Tauben, Hunde, Affen, Kühe sind manchmal schon längst satt, fressen aber immer weiter, wenn ihre Artgenossen neben ihnen ebenfalls fressen, ja nicht nur ihre Artgenossen: Wenn Hühnerattrappen Körner »picken«, picken übersatte Hühner gleichfalls weiter Körner auf und riskieren dabei, vor Gefräßigkeit zu platzen.

»Hayes hatte seinem Lieblingsschimpansen beigebracht, auf das Kommando ‚Mach's mir nach!' seine Grimassen nachzuahmen. Dabei zeigte sich, daß in dieser Hinsicht ein Affe sich von einem Kind entsprechenden Alters überhaupt nicht unterscheidet.« (Rémy Chauvin)

In England trug sich einmal folgendes zu: Meisen befaßten sich mit kleinen »Diebstählen«. Sie durchschlugen mit den Schnäbeln die Verschlußkappen von Milchflaschen, die die Milchhändler ihren Kunden vor die Tür gestellt hatten, und fraßen den Rahm herunter. Einige Meisen hatten dies nach der Versuch-und-Irrtum-Methode gelernt, und alle anderen übernahmen von ihnen diese Erfahrung, indem sie ihre Artgenossen nachahmten. Ja nicht nur das, bald breitete sich diese Art Diebereien von England auch auf Nordfrankreich aus. Vermutlich hatten englische Meisen den Ärmelkanal überflogen und ihren französischen Artgenossen beigebracht, die Foliekappen auf den Milchflaschen mit dem Schnabel zu durchstoßen und sich am Rahm gütlich zu tun.

In jüngster Zeit hörte man von einem seltsamen Verhalten japanischer Makaken. »Im Herbst 1953 fand ein anderthalbjähriges Weibchen, das wir Imo nannten, im Sand einmal eine Batate (Süßkartoffel). Es tauchte sie ins Wasser – sicher völlig zufällig – und wusch mit den Pfoten den Sand ab.« (M. Kawai)

So begründete die kleine Imo eine ungewöhnliche Tradition, die die Affen auf der Insel Oshima berühmt gemacht hat. Einen Monat später sah eine Gefährtin Imos deren Manipulationen mit einer Batate und dem Wasser, und sofort »äffte« sie diese Handlung nach. Vier Monate später tat Imos Mutter das gleiche. Allmählich übernahmen Schwestern und Gefährtinnen Imos die von dieser entdeckte Methode, und nach vier Jahren wuschen schon fünfzehn Affen die Bataten. Fast alle waren sie im Alter von ein bis drei Jahren. Einige erwachsene fünf- bis siebenjährige Weibchen übernahmen das neue Verhalten von den Jungen, jedoch kein einziges Männchen! Aber nicht etwa, weil sie weniger findig wären, sondern weil sie einfach einen anderen Rang als jene Gruppe einnahmen, die Imo umgab, und so auch selten mit Imo, deren Familie und Gefährtinnen Kontakt hatten.

In der Folge übernahmen die Mütter von ihren Kindern die Gewohnheit, die Bataten zu waschen, und unterwiesen danach von sich aus ihre jüngeren, nach Erfindung dieser Methode geborenen Nachkommen darin. 1962 wuschen bereits zweiundvierzig von neunundfünfzig Affen jener Herde, in der Imo lebte, die Bataten vor dem Verzehr. Nur die alten Männchen und Weibchen, die 1953 (im Jahr der »Erfindung«) relativ erwachsen waren und nicht mit dem stets zu Streichen aufgelegten jungen Volk Umgang pflegten, hatten sich die neue Gewohnheit nicht zu eigen gemacht. Die jungen Weibchen dagegen, inzwischen herangewachsen, lehrten von Generation zu Generation ihre Kinder von den ersten Lebenstagen an, die Bataten zu waschen.

»Später lernten es die Affen, die Bataten nicht nur im Süßwasser der Flüsse, sondern auch im Meer zu waschen; möglicherweise waren sie, leicht gesalzen, schmackhafter. Ich beobachtete ferner die Anfänge einer weiteren Gewohnheit, die ich absichtlich einigen Affen beigebracht hatte, die andere aber ohne meine Hilfe auch annahmen. Ich lockte nämlich einige Affen mit Erdnüssen ins Wasser, und drei Jahre später war es bei allen Affenkindern und jungen Affen Brauch, regelmäßig zu baden, zu schwimmen und sogar im Meer zu tauchen. Sie lernten es auch, speziell für sie im Sand verstreute Weizenkörner im Wasser zu waschen. Anfangs fingerten sie geduldig jedes Korn einzeln aus dem Sand, später nahmen sie eine ganze Handvoll Sand mitsamt den Körnern und tauchten sie ins Wasser. Der Sand sank auf den Grund, die leichten Körner aber schwammen oben und brauchten nur noch von der Wasserfläche abgelesen und gegessen zu werden. Übrigens war auch dieses Verfahren Imos ‚Erfindung'. Man sieht also, Affen sind ganz unterschiedlich mit Fähigkeiten ausgestattet. Von den nächsten Anverwandten der findigen Imo haben fast alle diese Angewohnheit übernommen, von den Kindern der Äffin Nami jedoch nur einige wenige.« (M. Kawai)

Das Nachahmen kann sogar auch ganz automatisch erfolgen. Beispielsweise werden Raupen, wenn sie in der Natur auftauchen, nur von wenigen Vögeln gefressen. Danach aber »zwingt«, wie der Ethologe Niko Tinbergen feststellte, jeder Vogel, der Raupen gefunden und sich von der Genießbarkeit dieser Schmetterlingslarven überzeugt hat, seinen Partner, ebenfalls auf Raupen Jagd zu machen.

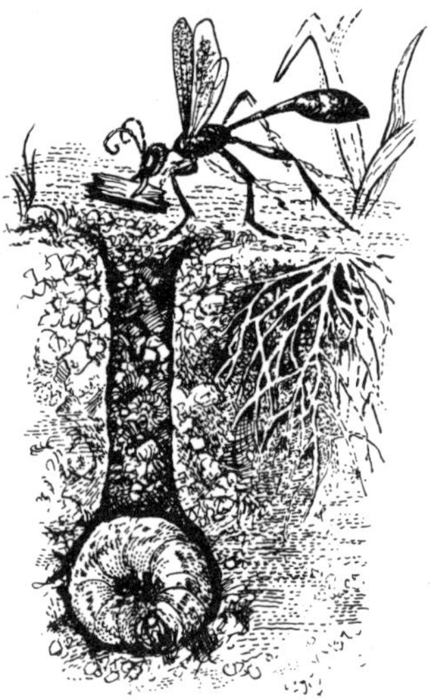

Die Sandwespe Ammophila füttert ihre Larven gleichfalls mit Raupen. Sandwespen leben nicht wie andere Wespen in großen Gemeinschaften, sie sind »Einzelgänger«. Hat eine Sandwespe eine Raupe gefangen und durch einen Stich mit dem spitzen Stachel in die Nervenzentren gelähmt, schleppt sie danach das Opfer in ihre kleine Höhle, die sie in den Sand gegraben hat. Dort legt sie auf dem Körper der Raupe ihre Eier ab. Die Raupe ist so gut konserviert und kann deshalb nicht verderben. Danach schüttet die Wespe ihre Höhle mit Sand zu. Sie nimmt ein winziges Steinchen zwischen die Kiefer und stampft damit so lange den von ihr über der Höhle aufgehäuften Sand fest, bis er dem Erdboden gleich ist und selbst das schärfste Auge eines Räubers den Eingang zur Höhle nicht entdecken kann.

Eine andere Sandwespe nimmt anstelle eines Steines ein Stückchen Holz zwischen die Kiefer und preßt es fest gegen den Erdboden, nimmt es danach wieder auf, preßt es erneut dagegen, und das viele Male.

Sandwespen gibt es sowohl in Europa als auch in Amerika. Seltsam aber ist, daß die amerikanischen Arten ihre »Werkzeuge« besser handhaben. Die europäischen Arten stampfen offensichtlich nicht alle und nicht in jedem Fall die zugeschütteten Höhlen mit Steinen zu.

Seeotter leben in der Sowjetunion auf den Kommandeurinseln, in Amerika auf den Alëuten. Seeotter können gut mit »Werkzeugen« umgehen – ihnen dient ein Stein als Amboß. Bevor sich ein Seeotter auf Jagd begibt, wählt er sich am Ufer oder auf dem Meeresgrund einen Stein aus und klemmt ihn sich unter die »Achsel«. Nun ist er gerüstet und taucht schnell auf den Grund hinab. Mit der einen Pfote liest er kleine Muscheln und Seeigel auf und stopft sie sich – wie in eine Tasche – unter die »Achsel«, und zwar dorthin, wo schon der Stein verwahrt liegt.

Um unterwegs die Beute nicht zu verlieren, preßt der Seeotter die Pfote ganz fest an den Körper und schwimmt möglichst schnell an die Meeresoberfläche, wo er auch sein Mahl einnimmt. Dazu muß er aber nicht unbedingt das Ufer erreichen, nein, er pflegt im Wasser zu speisen. Er legt sich auf den Rücken und richtet sich auf der Brust seine »Tafel« her – den Stein –, holt anschließend jeweils einen Seeigel oder eine kleine Muschel unter der »Achsel« hervor, schlägt die Beute auf dem Stein auf und verspeist sie in aller Ruhe.

Der Umgang mit Werkzeug ist nach Meinung einiger Wissenschaftler eine spezielle Form des Lernens. Plötzliches Auftreten von angepaßtem Verhalten ohne vorausgehende Proben und Fehler, die richtige Lösung einer Aufgabe, vor die sich Tiere bei einem Experiment oder in freier Wildbahn gestellt sehen – all das wird heute mit dem Ausdruck Insight bezeichnet. Möglicherweise ist die Arbeit mit Steinchen bei der Sandwespe gar kein Fall von Insight, da alle Vertreter dieser Wespenart sie gleichermaßen beherrschen, die Entdeckung afrikanischer Aasgeier allerdings – das Zertrümmern von Straußeneiern mit einem Stein – ist eindeutig ein solcher. Ebendiese Fähigkeit ist nicht der gesamten Art eigen. Einem Aasgeier ist einfach irgendwann einmal eine »Erleuchtung« gekommen: Nach verzweifelten Versuchen, mit dem Schnabel die Schale eines Eis vom größten Vogel unserer Erde zu zertrümmern, trug er einen Stein herbei und warf diesen auf das Ei. Das Ei barst und öffnete ihm seinen Inhalt. Dieser »intelligente« Aasgeier handelte auch in der Folgezeit so. Andere Vögel sahen und übernahmen offensichtlich dessen Methode. Bis zu den Aasgeiern entlegener Gebiete, in Asien beispielsweise, ist diese Erfindung jedoch noch nicht gelangt.

Die Herausbildung der Fähigkeit des Seeotters, einen Stein als Werkzeug zu benutzen, hat offensichtlich den gleichen Weg genommen.

Auch das im folgenden beschriebene seltsame Verhalten unserer eigenen Blutsverwandten aus dem Tierreich ist wohl ein Insight-Beispiel. In einem amerikanischen Institut, das Forschungen an Menschenaffen anstellt, hat man diese Episode gefilmt: Ein neugeborenes Schimpansenjunges atmete nicht selbständig. Da legte die Mutter es auf den Boden, öffnete ihm die Lippen und zog ihm mit den Fingern die Zunge heraus. Danach preßte sie ihren Mund an den des Jungen und beatmete es, und zwar so lange, bis endlich Leben in das Kleine kam. Vor einigen Jahren rettete ein Orang-Utan Männchen auf die gleiche Art und Weise seinem neugeborenen Jungen das Leben.

Unverständliche Vorliebe

»Ihre Stimmen klangen disharmonisch, es war nicht die für diese Gegenden typische donnerähnliche Symphonie der Nacht, sondern eher ein sonderbares Brüllen, zeitweise eine Art Gekeife, ein Jaulen, als zanke sich eine zerstrittene Gruppe von heimkehrenden Betrunkenen«, schreibt John Pitman, ein zu seiner Zeit in Afrika bekannter Jäger, und zwar über Löwen, denen der Inhalt einer Flasche Baldrian zu Kopf gestiegen war.

Pitman hatte behauptet, Löwen mit Baldriantropfen betrunken machen zu können, und mit einem Jagdgefährten eine Wette abgeschlossen. Eines Abends legten beide eine nur leicht zugekorkte Flasche mit Baldrian, der ja auf Katzen eine »magische« Wirkung ausübt, unter einen weitausladenden Affenbrotbaum. Nachts kamen Löwen, öffneten die Flasche und tranken sich »einen an«. Es begann eine »Orgie«, wie man sie bei diesen Raubtieren nicht erwartet hätte.

Die Löwen brüllten völlig anders, als man es von ihnen gewöhnt ist, sie sprangen umher wie verspielte Kätzchen, bissen einander, wälzten sich auf der Erde und fielen immer und immer wieder über die längst leere Flasche her. Sie sprangen an dem Affenbrotbaum hoch, versuchten hinaufzuklettern und erschreckten dabei nicht wenig die beiden Anstifter, die mucksmäuschenstill auf den Ästen des Baumes saßen und ihr riskantes Abenteuer schon zu bereuen begannen.

Diese Erzählung klingt schon sehr wie Jägerlatein. Ich habe ähnliche Geschichten von Löwen und Baldriantropfen kein zweites Mal wieder gehört oder gelesen. Unser wuscheliges liebes Hauskätzchen allerdings wird durch Baldrian geradezu in einen »Rausch« versetzt. Was eine Katze so alles anstellt, wenn sie an Baldrian gerät, was mit ihr vorgeht, wenn sie das Fläschchen auf dem Boden vor sich her kullert, so daß Baldrian heraustropft, den sie dann mit einer wahren Leidenschaft aufleckt, das weiß man ja. Woher allerdings diese Leidenschaft rührt, ist unbekannt. Baldrian ist ja eine Droge wie jede andere, an der man sich eigentlich nicht »betrinken« kann.

Man gebe einem Bären eine Zwiebel, rät der tschechische Zoologe Zdeněk Veselovský verschmitzt, und man wird einen Heidenspaß erleben.

Wir probierten es und warteten ab. Der Bär beschnupperte sie, und schon begannen seine Äuglein in Vorfreude zu glänzen. Er leckte die Zwiebel an, drückte sie zwischen den Tatzen und rieb eifrig seine Schnauze daran, wobei er die ganze Zwiebel auf ihr breitschmierte. Dann warf er die Zwiebel hin und wälzte sich auf ihr herum. Anschließend setzte er sich hin und hielt Umschau. Wiederum nahm er sich die Zwiebel vor, rieb sich erneut mit ihr die Schnauze ein. Die Augen tränten ihm, er mußte niesen, von der Zwiebel ablassen aber wollte er auch nicht.

Im Süden der Sowjetunion kommt der große Hirschkäfer vor. Er trägt eine Art Geweih, das tatsächlich an ein Hirschgeweih erinnert. Dieser Käfer hat eine leidenschaftliche Vorliebe für Eichensaft. Wo der Saft reichlich unter der Rinde verholzter Zweige hervorrinnt, finden sich die Hirschkäfer wie an einer »Tränke« ein, zuweilen gleich dutzendweise. Sie trinken von dem Saft, und schon fangen sie an, sich zu raufen. Wie Hirsche bearbeiten sie einander mit den Geweihen. Der Kampf endet gewöhnlich damit, daß nur der kräftigste Käfer an der süßen Quelle verbleibt. Bald aber kommen die Konkurrenten zurück, und der Sieger nimmt erneut den Kampf auf.

Eichensaft ist für Hirschkäfer nicht nur ein belebendes Getränk, sondern auch Nahrung, so daß die Vorliebe der Käfer für diesen Saft durchaus verständlich wird, obwohl hierbei auch noch nicht alles geklärt ist. Einige Entomologen versichern, daß ausgewachsene Hirschkäfer einer solchen Nahrung überhaupt nicht bedürfen, für sie sei Eichensaft eben lediglich ein »berauschendes Getränk«.

Der Büschelkäfer ist in vielen Ameisennestern ein ständiger Gast. Seinetwegen vernachlässigen die Ameisen sogar ihre Pflichten.

Als Forscher erstmals Nester der roten Waldameise ausgruben, fanden sie dort zu ihrer nicht geringen Überraschung höchst seltsame Käfer vor. Klein (fünf bis sechs Millimeter lang), von rotbrauner Farbe, mit glänzenden Deckflügeln, den Hinterleib hochgereckt, liefen sie flink zwischen den Ameisen umher und imitierten diese dabei ganz eindeutig mit ihrem Gehabe. Begegnete ein Käfer einer Ameise, betrillerte er sie mit seinen Fühlern. Wie eilig es die Ameise auch haben mochte, sie blieb augenblicklich stehen, würgte Nahrung aus dem Schlund heraus und fütterte den bettelnden Käfer. Eine andere Ameise wieder rannte einem Käfer hinterher, streichelte ihn mit ihren Fühlern, und der Käfer fütterte die Ameise!

Die Käfer erhielten die Bezeichnung Büschelkäfer. Außer in Ameisennestern kommen sie nirgendwo anders vor.

Als dann später künstliche Ameisennester angelegt worden waren, durch deren gläserne Wände man beobachten konnte, was in dem Ameisennest vor sich ging, offenbarten sich den Naturforschern noch weit merkwürdigere Dinge. So sahen sie beispielsweise, wie bald die eine, bald die andere Ameise zu einem Käfer lief, die Borstenbüschel an den Seiten seines Hinterleibs zauste und dann gierig Tröpfchen einer Flüssigkeit ableckte, die an diesen Borsten herabsickerte. Nicht selten umringte eine ganze Schar durstiger Ameisen so einen Büschelkäfer; einander beiseite drängend und schubsend, wollte jede möglichst schnell und schneller als die Nachbarn an die ersehnten Borsten herankommen und möglichst rasch ihren Durst löschen.

Die Büschelkäferlarven ziehen die Ameisen gemeinsam mit ihren eigenen Nachkommen auf, ohne zwischen ihnen einen Unterschied zu machen. Doch welcher »Freveltat« wurden da die Forscher ansichtig! Die Larven der Büschelkäfer saugten die Ameiseneier aus und, herangewachsen, machten sie sich daran, deren Larven aufzufressen.

Ja auch der Käfer selbst frißt Ameisenlarven. Was aber tun die Ameisen indessen? Die sitzen seelenruhig um ihre Adoptivkinder herum und sehen tatenlos dem Raub zu. Mehr noch – sie füttern sogar die Räuber noch zusätzlich mit dem, was sie aus ihrem eigenen Schlund herausbringen. Eine Büschelkäferlarve braucht nur leicht den Kopf hin und her zu drehen, eine die Ameisen nachahmende Geste, womit sie eine neue Portion Nahrung erbettelt, und

die übertrieben dienstbeflissenen Pflegerinnen stürzen zu ihr hin, bereit, unverzüglich deren Wünsche zu erfüllen, so beschrieb es der von dem Geschehen höchst betroffene Naturforscher Erich Wasmann.

Nicht einmal um die eigenen Larven sorgen sich die Ameisen so selbstlos, im Gegenteil! In Augenblicken höchster Gefahr, wenn ein starker Feind das Nest zerstört, bringen sie zuerst die Larven des Büschelkäfers in Sicherheit und erst danach ihre eigenen.

»Ihre Großherzigkeit«, meint I. A. Halifman, »ist geradezu grenzenlos. Sie verfüttern an die Käferlarven die Eier, die von den Ameisenweibchen gelegt wurden, aber damit nicht genug, sie geben ihnen sogar noch das Futter, das sie den eigenen Larven vorenthalten. Sie gleichen Trinkern, die imstande sind, wegen eines Gläschens Schnaps ihren eigenen Kindern die Milch zu entziehen!«

Bloß gut, daß der Übereifer der Ameisen viele verpuppte Büschelkäfer zugrunde richtet – ein rettendes Paradoxon! Wenn sich die Larven der Käfer verpuppen, lagern die Ameisen sie zusammen mit ihren eigenen Puppen in einem Raum. Auf der Suche nach geigneten Feuchtigkeits- und Temperaturbedingungen schleppen die Ameisen ihre Puppen beständig von einer Stelle zur anderen, von einer Etage zur anderen. Den Transport vertragen Ameisenpuppen zwar gut, weil sie von einem festen Kokon eingehüllt sind, der Spinnfaden jedoch, in den sich die Büschelkäfer einwickeln, ist sehr dünn und fein, er reißt zwischen den Kiefern der Träger, der Ameisen, und viele Puppen gehen dabei zugrunde. Deshalb auch gibt es in einem Ameisennest nicht so viele Käfer, wie man erwarten müßte. Manchmal kommt es allerdings vor, daß sich die Büschelkäfer über die Norm vermehren, die Ameisen sie mit gewohntem Eifer mit Futter versorgen und dabei ihre Pflichten gegenüber der eigenen Nachkommenschaft versäumen. Ihre eigenen Larven, aus denen sich bei verstärkter Mast weibliche Tiere entwickeln sollen, hungern inzwischen und wachsen zu Kümmerlingen – halb Weibchen, halb Arbeiterinnen – heran, zu »Königinnen im Arbeitskleid«, die weder imstande sind, sich Nahrung zu verschaffen noch die Art fortzupflanzen. Dann geht der Ameisenstaat, in dem die Gäste die Gastfreundschaft mißbrauchten, gewöhnlich zugrunde.

An dieser Stelle ist es wohl an der Zeit, zu erzählen, wodurch der Büschelkäfer für Ameisen so attraktiv ist: Die gelben Borsten, in der Wissenschaft unter der Bezeichnung Trichome bekannt, wachsen bei ihm an den Seiten der ersten Segmente des Hinterleibs. Bei vielen Ameisengästen sind solche gelben oder rötlichgelben Trichome an den verschiedensten Körperstellen entdeckt worden. Bei einem dieser Käfer zum Beispiel, der in den Nestern der gelben Wiesenameise (die so schmerzhaft beißt) wohnt, sind die Trichombüschel gut an den äußeren Enden der Deckflügel auszumachen. Bei einigen anderen Käfern wachsen sie sogar an den Fühlern.

Unter den Trichomen liegen Hautdrüsen und Fettkörper, die eine Art flüchtige aromatische Flüssigkeit erzeugen, ein sogenanntes Exsudat (Ausscheidungsprodukt), chemisch wahrscheinlich ein Ester, den die Ameisen so lieben.

In den Nachkriegsjahren hat man zahlreiche Fakten zusammengetragen, die bezeugen, daß verschiedene Vögel – Drosseln, Stare, Rotkehlchen, Wasseramseln, Kernbeißer, Eichelhäher, Rabenvögel, Elstern, Papageien (einige Wissenschaftler nehmen sogar an, überhaupt fast alle Vögel, die das Wasser nicht zum Schwimmen aufsuchen) – Ameisen für irgendwelche unverständliche Zwecke nutzen. Sie graben Ameisenhügel auf, packen die Ameisen und verstecken sie in ihrem Gefieder. Manchmal werden die Ameisen nur unter die Flügel gesteckt, in einigen Fällen reibt sich der Vogel buchstäblich das Gefieder mit Ameisen ein.

Die Manipulationen, die solche Vögel vornehmen, die »Ameisenbäder« nehmen, sind bei allen nahezu die gleichen. »Die Ameise wird mit der Schnabelspitze gepackt«, schreibt der kanadische Ornithologe H. Ivor. »Die Augen des Vogels sind halb geschlossen. Die Flügel werden gespreizt und stark nach vorn gestreckt, so daß die Enden der Schwungfedern sich in Höhe des Schnabels auf die Erde stützen. Der Schwanz ist ebenfalls stark nach unten gebogen und unter den Bauch des Vogels vorgestreckt. Manchmal tritt er mit den Füßen auf seinen eigenen Schwanz, dann ist es lustig, zu sehen, wie er auf den Rücken kullert oder auf die Seite fällt. All seine Handlungen sind so ungewöhnlich, dem bekannten Verhalten von Vögeln so unähnlich und so urkomisch, daß man angesichts seiner drolligen Manöver unmöglich ernst bleiben kann.«

»Ameisenbäder« nehmen die Vögel nach einem angeborenen Verhaltensschema. Davon zeugt das Verhalten von Jungvögeln, die diese Insekten noch nie gesehen haben. Kaum hatte ein Starjunges fliegen gelernt und zum erstenmal Ameisen zu Gesicht bekommen, da packte es eine nach der anderen und stopfte sie sich unter die Flügel. Ebenso verfuhr auch eine junge Amsel.

3-1051

Man hat festgestellt, daß Vögel, wenn keine Ameisen zur Verfügung stehen, unter anderen Säuren enthaltenden Insekten oder Pflanzen Ersatz finden. So sah man, wie zahme Stare ihr Gefieder mit Zitronenstückchen einrieben und versuchten, in einer Salatschüssel mit Essig oder gar in einem gefüllten Bierkrug ein Bad zu nehmen. Ein zahmer Eichelhäher badete mit Vorliebe in Apfelsinensaft. Sobald der Besitzer Apfelsinen schälte, flog der Häher herbei und fing mit seinen entfalteten Flügeln die Saftspritzer auf. Eine zahme Elster bereitete sich ihre täglichen »Bäder« aus einer Mischung von Ameisen mit Tabak. Sie nahm im Garten einen Schnabel voll Ameisen auf, flog zu ihrem Herrn, einem passionierten Pfeifenraucher, setzte sich ihm auf die Schulter und tauchte den Schnabel mit den Ameisen in die Tabakasche im Pfeifenkopf. Danach rieb sie sich mit dieser originellen »Creme« ihre Flügel ein. Der Ornithologe Oskar Heinroth hat ebenfalls beobachtet, wie eine Elster ihre Federn mit Zigarrenstummeln putzte.

Der schon erwähnte Frank Lane, der sich als einer der ersten Naturforscher mit der seltsamen Vorliebe der Vögel für Ameisen befaßt hat, nennt folgende Ersatzmittel, die Vögel aus Mangel an Ameisen verwendeten: Käfer, Kleinkrebse (Amphipoden), Mehlwürmer, Wanzen, Lindenrinde, verschiedene Beeren, Apfelschalen, Walnußschalen, Rauch von Holzfeuern und sogar Naphthalin.

Alle von den Vögeln verwendeten Einreibungsmittel enthalten Säuren oder ätzende Substanzen, und dieser Umstand macht auch den Sinn der ganzen Prozedur deutlich. Ameisen und ihre Substitute sind für sie ganz eindeutig Antiseptika bei der Bekämpfung von Parasiten, die auf der Haut der Vögel unter den Flügeln ihr sicheres Dasein führen. Ameisensäure und andere ihr ähnliche saure und ätzende Substanzen sind eine Art Schädlingsbekämpfungsmittel, mit dem die Vögel die Insekten aus ihrem Gefieder vertreiben.

Möglich ist auch, daß Ameisensäure auf den Körper des Vogels ebenso wohltuend wirkt wie beim Menschen Ameisenspirituseinreibungen bei entzündeten Gelenken.

Bekannt ist die Vorliebe einiger Tiere für Gegenstände, mit denen sie unmittelbar zu tun haben oder auch nicht, die aber sehr groß, hell und glänzend sind. Und diese Reaktion auf einen »überoptimalen« Reizauslöser, wie die Verhaltensforscher sagen, ist oft nutzlos oder für Überleben und Arterhaltung gar von Schaden. Besonders gelungene Versuche hat der namhafte Verhaltensforscher

Niko Tinbergen dazu angestellt. Er begann sie mit Austernfischern.

Das Gelege dieser Vögel besteht immer aus drei Eiern. Legte man jedoch in ein Nachbarnest fünf Eier, ließen die Austernfischerweibchen ihre eigenen Nester im Stich und zogen in jene Nester um, die fünf Eier enthielten.

Aber auch diesen Nestern zogen sie die von Silbermöwen vor, deren Eier größer sind. Diese bebrüteten sie und »vergaßen« darüber ihre eigenen. Danach »vergaßen« sie auch die Eier der Möwen wegen doppelt so großer anderer Eier, die größer waren als die Austernfischer selbst. Nur mit Mühe konnten diese auf solch einem Ei sitzen.

Ein Sandregenpfeifer teilte bei den Versuchen die seltsamen Neigungen der Austernfischer. Er ließ sein eigenes Gelege im Stich, kletterte mit Mühe auf die größeren Eier der Austernfischer und versuchte, sie zu bebrüten. Er plusterte sich auf und vertrieb unerschrocken die rechtmäßigen Besitzer der Eier.

Eine uns unverständliche Vorliebe für glänzende Gegenstände hat man bei vielen Tieren beobachtet. Dohlen, Elstern, Eichelhäher, Rabenvögel, einige Webervögel, Laubenvögel, aber auch Affen und Baumratten entwenden Uhren, Armbänder, Silberlöffel, Goldmünzen, Taschenspiegel und andere glitzernde Gegenstände, die sie fort in ihre Höhle, ihr Nest oder an einen anderen verschwiegenen Ort schleppen. Dabei ist interessant, daß Baumratten anstelle des Gestohlenen in der Regel am Tatort irgend etwas anderes zurücklassen, sie kompensieren also sozusagen auf ihre Art die Verluste, die durch ihre Diebereien entstehen.

»In den Jahren, in denen es im Westen noch üblich war, in klingender Münze zu zahlen, legte Professor U. F. Dean vor dem Schlafengehen einmal drei Zwanzig-Dollar-Münzen und seine Brille mit goldener Fassung in einen Hut... Er war damals gemeinsam mit Walter Fry durch den Sequoia-Nationalpark unterwegs. Am nächsten Morgen waren weder das Geld noch die Brille an ihrem Ort, statt ihrer aber lag ein Stück Pferdemist im Hut.

Der Professor bezichtigte Fry dieses schlechten Scherzes, Fry aber bekundete mit Entschiedenheit, er habe nichts damit zu tun... In ihren Beziehungen zueinander kam es zu einer gewissen Abkühlung. Als sie am folgenden Abend in ihr Zelt zurückkamen, entdeckten sie eine Baumratte, die versuchte, eine Gabel wegzuschleppen. Dieser Vorfall war Anlaß, nach dem Nest des Tieres zu suchen, und bald darauf wurden die verlorengegangenen Wertgegenstände wiedergefunden!« (Sally Carrighar)

Im Juni beginnen hierzulande Schmetterlinge, so Tagpfauenaugen, braun, mit zwei Augen auf jedem Vorderflügel, zu schwärmen. Sie flattern von Blüte zu Blüte und saugen Nektar. Aber da scheint ein Männchen, gesättigt, sich offenbar ein wenig verlustieren zu wollen. Es setzt sich auf den Boden, auf einen kleinen Erdhuckel, und wartet geduldig auf ein Weibchen. Lange muß es warten. Schon geht seine Geduld zu Ende, da stürzt es sich wie in blindem Eifer in die Verfolgung vorbeifliegender Vögel, ja sogar herabfallender Blätter. Manchmal jagt es auch seinem eigenen Schatten hinterher!

Zu diesem Zeitpunkt kann man es leicht durch eine Papierattrappe anlocken, die ein Weibchen darstellen soll. Experimente haben es bewiesen – je dunkler die Attrappe, desto eifriger jagt das Männchen ihr nach, am anziehendsten ist eine schwarze.

Variiert wurde auch die Größe der Attrappe. Große waren vom Männchen besonders begehrt, und den größten Anklang unter ihnen wiederum fand eine die natürliche Größe des Weibchens um das Vierfache übertreffende. Diese seltsame Bevorzugung großer Weibchen ist für die Zoologen vorerst ein völlig ungelöstes Rätsel.

Die Horste vieler Adler und Bussarde sind mit grünen Zweigen von Nadel- oder Laubbäumen geschmückt. Ist das eine Art Tarnung? Man meint, nein. Aber was dann? Vielleicht handelt es sich um ein Hochzeitsritual, ist Grün ein Zeichen der Begrüßung, eine Art Hochzeitspräsent, das den Partner zum beschleunigten Nestbau anregen soll. Schreiadler sind Waldvögel. Müssen sie aber an flachen Hängen in der Steppe nisten, wo es weit und breit keine Bäume gibt, fliegen sie große Strecken, um einen Kiefernzweig herbeizuschaffen und ihn in das Nest einzuarbeiten.

Steppenadler, die längst schon jede Beziehung zu Wäldern und grünen Zweigen verloren haben, zeigen eine Art »Ersatzreaktion«, wie die Verhaltensforscher sagen – sie ersetzen die »Hochzeitszweige« durch andere Gegenstände, die in der Steppe leicht zu finden sind.

»Arten, die nicht im Grünen nisten und ihre Nester bauen, bevor die Wüste oder Halbwüste zu grünen beginnt, tragen in ihre Baue – möglicherweise als ‚Begrünungsersatz' – Knochen, Lumpen, getrockneten Tierkot und ähnliches.« (Wolfgang Fischer)

Beispielloses Verhalten

Ein recht seltsamer Fisch ist der amerikanische Ährenfisch Leuresthes tenuis, in den USA auch Grunion genannt; er laicht nämlich am Ufer im feuchten Sand. Informationen darüber, wann und wo der Leuresthes voraussichtlich laichen wird, bringen sogar Zeitungen und Rundfunk, etwa der Art: »Morgen gegen Mitternacht ist eine Grunion-Invasion zu erwarten.«

Und dann ist dieses »Morgen« da. Es hat Mitternacht geschlagen, und Hunderte von Autos haben sich an seichten Stränden eingefunden. Überall an der Küste brennen Lagerfeuer, die die Nacht zum Tage machen. Man kann sehen, wie mit jeder Welle, die auf den Strand zueilt, silberglänzende Fische in großer Zahl ans Ufer springen und über den Sand gleiten. Immer neue Schwärme tragen die Wellen auf ihren Schaumkämmen heran.

Am Ufer aber wartet man schon auf sie. Scherzend und lachend sammeln die Leute die springenden Fische ein und tragen sie zu den Feuern, nehmen sie aus und räuchern sie. Man braucht weder Netze noch Angeln, man fängt die Fische einfach mit bloßen Händen.

Der Grunion gehört, wie gesagt, zur Familie der Ährenfische. Er lebt im Stillen Ozean an den Küsten Kaliforniens und Mexikos. Jedes Jahr von März bis August kommen bei Neumond und bei Vollmond, wenn die Flut am stärksten ist, nachts (drei, vier Nächte hintereinander) Schwärme von Tausenden Fischen ans Ufer.

Zusammen mit den Wellen landen die Fische an, die Sandstrände schimmern silbern. Die Weibchen wühlen Höhlen und graben sich, mit dem Schwanz nach unten, senkrecht in den Sand ein. In den Sandhöhlen legen sie ihren Laich ab, und die Männchen, die um die Weibchen herumgleiten, befruchten gleich an Ort und Stelle die Eier. All dies vollzieht sich in zwanzig, dreißig Sekunden, sozusagen zwischen zwei Wellen.

Vierzehn Tage lang entwickeln sich die Fischeier im warmen Sand in etwa fünf Zentimeter Tiefe in Klumpen bis zu zweitausend Stück. Genau zwei Wochen später spülen die Wellen sie ins Meer, wo aus den Eiern die Larven schlüpfen.

Aber warum gerade zwei Wochen später und nicht eher? Weil nur zweimal im Monat, gleich nach Neumond und Vollmond (in der Regel am dritten Tag), die Flut am stärksten ist. Hat die Flut doch ihre Ursache in der Gravitation des Mondes, aber auch der Sonne. Allerdings ist die Kraft, mit der die Sonne auf das Wasser der Erde einwirkt, nur knapp halb so groß wie die des Mondes. Am höchsten ist die Flut, wenn Mond und Sonne die Wassermassen gemeinsam in einer Richtung anziehen, in Opposition oder Konjunktion stehen, wie die Astronomen sagen. In diesem Falle

summieren sich nämlich ihre Anziehungskräfte; deshalb laufen dann die Wellen besonders weit aufs Ufer, und mit ihnen wird der Laich davongetragen.

An den folgenden Tagen wird die Flut schwächer, weil Sonne und Mond zur Erde in Quadratur stehen und ihre Anziehungskräfte schwächer, im rechten Winkel zueinander wirken. Es beginnt die Zeit des Niedrigwassers.

Die Kalifornier erwarten mit Ungeduld die Laichzeit des Grunion, die sie als »Invasion« bezeichnen. Im März ist hier jeglicher Fischfang untersagt: Bei den heimischen Fischen beginnt die Fortpflanzungszeit. Der Fang von Ährenfischen ist aber eher ein Spaß, eine lustige Abwechslung. Deshalb gestatten die kalifornischen Behörden auch den Grunionfang – allerdings unter einer Bedingung: Der Fisch darf nur mit bloßen Händen gefangen werden, also keine Netze, keine Kähne, weder Eimer noch Kescher!

Die Heimat des Waschbären ist Nord- und Zentralamerika. Er ist etwa so groß wie ein Fuchs, graubraun, hat auf der Schnauze eine Art »Maske« aus schwarzen Streifen. Der Schwanz weist ebenfalls vier bis sechs dunkle Streifen auf. Der Waschbär ist wohl der bekannteste unter den Kleinbären. Waschbär heißt er wegen seiner seltsamen Gewohnheit, jegliche Nahrung und selbst nicht freßbare Gegenstände im Wasser zu waschen. Alles, was er zu verspeisen beabsichtigt, spült er ab, reibt es, läßt es los und packt es von neuem mit den Vorderpfoten, und zwar so sorgfältig und so lange, daß man es nicht als zufällige Laune bezeichnen kann. Welcher biologische Sinn darin liegt, ist allerdings unklar. In Gefangenschaft waschen manche Waschbären sogar ihre neugeborenen Jungen, und dies mit so sinnlosem Eifer, daß diese bisweilen so eine »Wäsche« nicht überlebt haben.

Verhängnisvolle und unverständliche Gewohnheiten haben auch Wölfe. Selbst eine Glucke verteidigt ihre Küken, Wölfe aber gehen Menschen und Hunde, die die Höhle angreifen, nicht an, sondern fliehen und verbergen sich. Die Wolfsjungen verteidigen sich und schlagen sich mit den Hunden herum, niemals aber kommen ihnen die Eltern zu Hilfe. Merkwürdig! Ebenso merkwürdig ist auch, daß, wenn Jagdhunde mit Hatzgebell eine Wolfsfährte aufnehmen, die Raubtiere sich niemals umwenden, die Verfolger weder fortjagen noch sich mit ihnen einlassen. Die Wölfe laufen und laufen nur, und die Jagdhunde treiben sie früher oder später den Jägern vor die

Flinte. Wohl aber reißen Wölfe furchtlos Hofhunde. Es kommt vor, daß Wölfe einen verzweifelt winselnden Hund, einen Jagdhund, unter der Freitreppe hervorzerren; auch im Wald können sie einen direkt aus der Meute heraus packen (und das geschieht nicht selten, insbesondere, wenn die Stimme des Jagdhundes wie die eines Hofhundes klingt). Aber eben nur aus einer Hatz auf Hase oder Fuchs heraus und nicht dann, wenn der Hund die Wölfe selbst jagt (besonders, wenn er dabei so bellt, daß »es ihm beinahe die Lunge zerfetzt«).

Ähnlich verhalten sich Kröten angesichts einer Natter: Wenn eine Kröte auf diesen ihren Todfeind trifft, müßte sie sich eigentlich davonmachen! Aber nein, wie angewurzelt sitzt sie da, ohne einen Satz zur Seite zu machen. Lediglich eine Drohhaltung nimmt sie ein; sie bläst sich auf, reckt sich auf den Beinen hoch und schwankt leicht hin und zurück. Die Natter aber beeindruckt eine solche Drohhaltung nicht, im Gegenteil, sie erleichtert ihr sogar den Angriff, denn nicht immer kann eine Natter eine in Sätzen davonspringende Kröte einholen.

Diese seltsame »Tatenlosigkeit« angesichts eines Feindes demonstrieren besonders anschaulich Spinnen gegenüber Wespen, die die Spinnen stechen wollen.

Es gibt eine besondere Gruppe von Spinnen – die Wolfsspinnen. Sie jagen nachts und weben keine Fangnetze. Viele sitzen tagsüber irgendwo unter Steinen und warten auf die Dunkelheit. Hier stöbert sie oft ihr ärgster Feind auf, die rotschwarze Wegwespe. Sobald es zu einer solchen Begegnung kommt, ist die Spinne verloren. Sie setzt sich nicht einmal groß zur Wehr, als habe sie begriffen, daß ihre letzte Stunde geschlagen hat und es keine Hoffnung auf Rettung gibt. Zwei, drei Stiche der Wespe von unten nach oben der Spinne in die Brust, und die Beute ist »konserviert«. Nun muß die Wespe nur noch eine Höhle graben, wo sie sie versteckt. Der englische Zoologe W. S. Bristow hat einmal fünfzehn von einer Wespe gelähmte Spinnen ausgegraben und sie auf feuchte Watte gebettet. Ein Monat verging, und sie waren immer noch lebendig, bewegten leicht die Beinchen. Eine erwachte sogar plötzlich aus ihrer Lethargie, in die der tückische Wespenstachel mit dem Stich in die Nerven sie versetzt hatte, und lief davon.

Wie geschickt die Spinne sich auch zu verstecken weiß, die Wespe findet sie doch.

Die »geschickte« Spinne gräbt sich ihre T- oder Y-förmige Nesthöhle im Sand auf Hügeln, seltener an einem Fluß, und kleidet sie innen mit Seide aus. Ihre beiden oberen Verzweigungen sind nur etwas über einen Zentimeter lang, die untere reicht fünf Zentimeter tief in den Sand. Ein oberer Abzweig endet blind unmittelbar an der Oberfläche, der andere ist offen, und auf der Schwelle sitzt die hübsch weiß-rot-gelb-schwarz gefärbte Spinne, lauert vorbeikommenden Insekten auf. Wird sie selbst von jemandem behelligt, den zu bezwingen sie sich nicht traut, zieht sie einen Vorhang vor die Tür. Mit den Kiefertastern erfaßt sie die elastische Spinngewebeeinfassung am Höhleneingang und spannt sie, so gut es geht, vor das Nest wie einen Theatervorhang, der den dahinterliegenden Raum zu drei Vierteln versperrt. Das restliche Viertel der »Bühne« schließt sie sogleich schnell, mit dem Hinterteil zum Eingang gewandt, mit einem dichten Spinngeflecht. Die Tür ist verschlossen, die Spinne in Sicherheit!

Leider ist diese Sicherheit aber nur relativ. Schon naht ein Einbrecher, der diese Tür öffnen kann – jene Wespe. Im Zickzack stöbert sie auf den sandigen Hängen umher und läßt die Fühler spielen wie ein Spürhund seine Rute. Ein Stückchen fliegt sie über dem Grasteppich dahin, dann wieder läuft sie mit glitzernden Flügeln schnell über den Sand und wittert ständig. Plötzlich verharrt sie reglos, an einer Stelle, die wie jede andere zu sein, sich durch nichts von der Umgebung zu unterscheiden scheint. Der Wespe jedoch sagen ihr feiner Geruchssinn und die angeborene Reaktionsweise gleichzeitig, daß sie gerade hier graben muß. Also gräbt sie mit den Kiefern und vorderen Gliedmaßen, dreht sich aufgeregt dabei im Kreise, zwängt sich in das Grabloch und verschwindet im Erdreich. In diesem Augenblick kommt blitzschnell aus dem anderen Höhlenabzweig die Spinne herausgesprungen und verschwindet in der Nähe irgendwo im Sand: Ihr buntes Kleid macht sie, wenn sie sich in einer Sandmulde verbirgt, so gut wie unsichtbar.

In der nächsten Sekunde kommt auf dem gleichen Wege die Wespe aus der Nesthöhle hervor. Ihre Fühler rotieren ständig, überall ringsherum Witterung aufnehmend; in irrem Tempo dreht sie sich an der Höhle um die eigene Achse. Aber es gibt keinen Zweifel mehr, der Jäger hat das Wild entwischen lassen.

Die Wespe aber läßt es sich nicht verdrießen, Mißerfolge bekümmern sie nicht. Im gleichen irren Tempo rennt sie suchend auf dem lockeren Erdreich umher. Binnen einer Stunde hat sie noch zwei weitere Spinnen ausgegraben und ebenfalls entwischen lassen. Keine von ihnen hat auch nur den Versuch gemacht, ihr Haus zu verteidigen oder den dreisten Störenfried zur Räson zu bringen. Eine Spinne kletterte in panischem Entsetzen gar einen Grashalm hinauf, obwohl der normale Verhaltensablauf von Wolfsspinnen solche akrobatischen Exzesse nicht kennt.

Man hat den Eindruck, der Spinne ist ihre Reaktion auf das Eindringen der Wespe angeboren, sie kennt nur eins – Hals über Kopf fliehen, sich unverzüglich in Sicherheit bringen, ohne sinnlosen Widerstand zu leisten.

Um uns dies alles noch besser ansehen zu können, setzen wir eine Spinne in ein Glasröhrchen und geben eine Wespe hinein. Kaum berühren deren vibrierende Fühler die Spinne, verfällt diese in totale Starre und zieht die Beine ein. Die Wespe postiert sich indessen vor der Spinne, biegt ihren elastischen Hinterleib unter das Kopfbruststück der Spinne und sticht ihren Stachel von unten nach oben genau in das Nervenzentrum der vor Schreck wie gelähmten Spinne.

Die Tarantel ist eine große, starke und furchterregende Spinne. Doch wie furchterregend sie auch sein mag, sie hat unerschrockene Gegner, die sie überhaupt nicht fürchten, in erster Linie die Wegwespen: Pompilidae und ähnliche. Die Kalikuro zum Beispiel sucht besonders eifrig morgens und abends nach Tarantelhöhlen. Ist sie fündig geworden, kriecht sie in die Höhle und versetzt der furchterregenden Tarantel in deren eigenem Haus einen Stich. Der ist jedoch nicht tödlich, er lähmt die Spinne nur zeitweilig. Gleich an Ort und Stelle, in der Höhle, gräbt sie eine Nebenhöhle, zerrt die Spinne hinein, legt auf deren Brust eine lebendgeborene Larve und schüttet die Höhle zu. Die Larve entwickelt sich und nährt sich von der gelähmten Spinne.

Im Süden der Sowjetunion sind die großen, rötlichbraunen, flinken Amazonenameisen zu Hause. Nun sind Ameisen bekanntlich fleißige »Arbeiter«. Die Amazonenameisen dagegen könnte man als Schmarotzer bezeichnen, sie arbeiten überhaupt nicht. Wovon aber leben sie? Amazonenameisen sind so etwas wie Sklavenhalter! Auf Raubzügen bringen sie andere Ameisen, schwarzbraune Hilfsameisen, als Gefangene mit, aber nicht die ausgewachsenen, sondern deren Larven. Aus den Larven schlüpfen Arbeiterinnen, die sofort tätig werden: Sie säubern und erweitern das Nest der Amazonenameisen, füttern diese, versorgen deren Larven und ziehen sie auf wie eigene.

Und was tun die Amazonenameisen selber? Ihre Aufgabe besteht darin, das Ameisennest zu ernähren und zu verteidigen. Ihre Kiefer ähneln nicht den schartigen Schaufeln, wie die Arbeiterinnen sie haben, sie sind eher gebogene scharfe Dolche oder Säbel und somit vorzügliche Waffen.

Da kommen sie also in geschlossener Kolonne anmarschiert. Das Gelände ist uneben – Huckel und hohes Gras. In schnellem Lauf überwinden die leichtfüßigen rötlichbraunen Ameisen Hindernisse,

ohne die Marschordnung durcheinanderzubringen. Die Kolonne ist dreißig Zentimeter breit und vier Meter lang. Ganz so streng läßt sich die Marschordnung natürlich nicht einhalten, die Reihen geraten doch etwas durcheinander, aber die Konturen der Kolonne insgesamt bleiben ständig gewahrt.

Schon neigt sich die Sonne zum Untergang, lange Schatten liegen auf dem sandigen Hang am Waldesrand. Die Ameisen laufen, ohne von dem einmal eingeschlagenen Kurs abzuweichen, geradenwegs auf ihr Ziel zu. Schon ist es sichtbar: kleine schwarze Löcher im Erdreich – die Ein- und Ausgänge der Behausungen der »Sklaven«-Ameisen. Die Vorausabteilungen der Amazonenameisen sind am Ziel, ein rötlichbrauner Strudel bildet sich. Sie drängen in die Erde, in die Löcher. Von dort aber, aus dem Innern, quellen wie dunkle Rinnsale die Bewohner des Hauses hervor, in das die Räuber eingedrungen sind. Mit allen Kräften versuchen sie, die Amazonenameisen aufzuhalten: Sie packen sie an den Beinen, halten sie zu zweit, zu viert fest, lassen sie nicht ins Haus hinein. Schnell aber bricht der Verteidigungsring zusammen, und schon kommen die Räuber mit ihrer Beute aus dem Erdreich hervorgekrochen, in den Kiefern transportieren sie weiße »Kügelchen«. In ziemlich ungeordneten Haufen streben sie zurück auf demselben Weg, auf dem sie gekommen sind. Neue Reihen von Amazonenameisen rücken an und verschwinden in der Erde, aus der sie dann mit den in Kokons gewickelten Larven der schwarzbraunen Ameisen herausgerannt kommen.

Die letzten Amazonenameisen der Marschordnung plündern noch das fremde Haus, da nähern sich die ersten schon wieder dem »Räubernest«, das in die lockere Erde einer Kartoffelreihe gegraben ist.

Diese ungewöhnlichen Szenen aus einem Krieg zwischen Ameisen habe ich mehr als einmal in der Ukraine bei Kiew beobachtet. Und noch etwas Interessantes habe ich gesehen, worüber ich zuvor noch nie etwas gelesen oder gehört hatte. Komme ich doch eines Morgens zu einem Nest von Amazonenameisen, da sehe ich, wie zwei schwarzbraune »Sklaven« eine »Amazone« an den Beinen aus

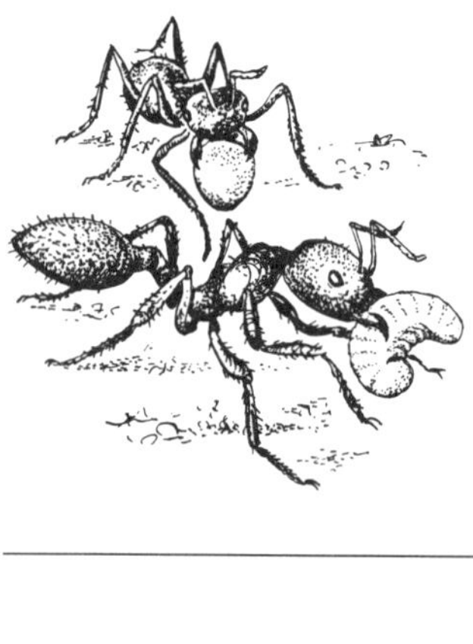

dem Eingang nach außen schleifen. Die aber wehrt sich, beißt allerdings nicht, es ist eher eine Art passiver Widerstand. Die beiden schleppen sie eine Handbreit vom Nest weg und lassen sie los. Sofort läuft die »Amazone« eilig wieder zurück. Die beiden »Sklaven« holen sie ein, packen sie an den Beinen und zerren sie erneut weiter vom Eingang weg, lassen sie dann los. Diesmal aber scheint sich die »Amazone« ins Unabänderliche zu fügen. Ein Weilchen bleibt sie an Ort und Stelle sitzen, putzt sich und zieht dann irgendwohin los in den Dschungel der Gräser auf Jagd, auf Nahrungssuche, wie ich meine. Anders kann ich mir all diese merkwürdigen Handlungen (sie wiederholten sich viele Male) der braunschwarzen »Sklaven«-Ameisen nicht erklären. Vielleicht trieben die »Sklaven« auf diese Art die »Herren« zur Arbeit, etwa zu Überfällen auf die Umgebung, damit sie nicht müßig blieben, sondern Nahrung suchten.

Konzerte für Fische

Wasser ist für den Schall so etwas wie dessen ureigenstes Element. In Wasser breitet er sich weit schneller aus als in Luft, rund fünfmal so schnell, das sind ungefähr anderthalb Kilometer in der Sekunde. Während der Strahl eines Scheinwerfers, ins Wasser gelenkt, schnell an Kraft verliert, ist eine ein Kilowatt starke Schallquelle vierzig Kilometer weit zu hören.

Man könnte die Leute, die sich mit Hydroakustik befassen, geradezu beneiden! Horchen sie den Ozean ab, hören sie, wie das Leben darin pulsiert. Für uns Laien ist das beschwerlich: Zu hoch ist der Zoll, der an der Grenze Luft – Wasser zu entrichten ist; hier wird beim Übergang von einem Medium in das andere fast die gesamte Schallenergie geschluckt (bis auf ein Zehntel Prozent).

Einige Wasserbewohner aber hören wir trotzdem. Charles Darwin ging einmal am Ufer des Río Uruguay in der Nähe von dessen Mündung spazieren, als er ein Knarren vernahm, durch das sich hiesige Fische aus der Familie der Welse verständigen. Bei malayischen Fischern steht bis heute noch jeder hoch in Ehren, der ein feines Gehör besitzt. Einen solchen Menschen nimmt man gegen doppelten Lohn mit auf das Meer hinaus, er taucht dort und lauscht auf Geräusche. Da, wo es am lautesten ist, ist in der Regel auch die begehrte Beute zu finden.

Ausgesprochene Nachtigallen gibt es unter den Fischen allerdings nicht, zu primitiv sind ihre »Instrumente«. Laute geben sie von sich, indem sie die Schwimmblase zusammenpressen, die Knöchelchen des Panzers (sofern vorhanden) knacken oder die Kiemendeckel klappern lassen, mit den Zähnen oder auch mit den Wirbeln knirschen. Dementsprechend sind die Laute geartet: Schläge, Prasseln, Knirschen, Heulen, Tschilpen, Grunzen. Und wie hören das alles die Fische selbst?

Daß sie nämlich hören, ist sicher, obgleich man sich wohl kaum einen Fisch vorstellen kann, der mit den Ohren wackelt. Dennoch haben sie Ohren, unsere Helden, nämlich innere Ohren. Hinter dem Auge sitzt ein knorpeliges Bläschen mit kleinen Steinchen (Otolithen). Sie werden von den Schallwellen zum Schwingen gebracht und vermitteln über die Nerven diese Signale an das Gehirn weiter.

Viele Menschen halten aber noch immer Fische für völlig taub (nicht genug, daß sie stumm sein sollen, wie man es ihnen von alters her nachsagt!). Experimente zur Erforschung des Gehörs bei Fischen gibt es schon seit langem. Bereits vor mehr als vierzig Jahren stellten Schüler Pawlows fest, daß Fische ausgezeichnet ein Telefonklingeln hören, ganz gleich, ob es sich im Wasser oder darüber befindet. 1938 veröffentlichte der deutsche Wissenschaftler Karl von Frisch seine Arbeit »Der Gehörsinn bei den Fischen«, worin er über seine Versuche mit Elritzen berichtet. So lehrte er sie, auf ein Pfeif- oder Stimmgabelsignal hin Futter zu holen. Sie hörten die Signale sogar auf dreißig Meter Entfernung. Im weiteren hat man untersucht, wie fein das Gehör von Elritzen im Vergleich mit dem menschlichen ist. Neben ihrem Aquarium wurde ein anderes, allerdings viel größeres aufgestellt. In dieses legte sich ein Mensch und tauchte unter Wasser, während gleichzeitig ein akustisches Signal ertönte. An der Reaktion der Elritzen konnte man feststellen, daß sie es hörten, »sogar etwas besser als der Mensch«.

Danach wurde getestet, ob Fische Töne unterscheiden können. Das Ergebnis: Fische unterscheiden zwei Töne mit einem Intervall von einer Oktave, für einen normalen Menschen eine ganz einfache Aufgabe. Doch den Unterschied zwischen Noten mit einem Intervall von nur einem Ton kann nicht jeder Mensch wahrnehmen, dazu muß er ein musikalisches Gehör besitzen. Elritzen allerdings können es!

Man stellte auch fest, daß beim Spiel einer rhythmischen Melodie auf der Geige (im Baßbereich) die Elritzen gleichsam im Takt dazu

»tanzen« – ihre Brustflossen vibrieren schnell. Hören Karpfen rhythmisch betonte Tanzmusik, beginnen sie gar richtig zu tanzen: Sie schwimmen auf und nieder.

Was man einem Fisch sonst noch beibringen kann

Nun, zum Beispiel Farben unterscheiden. Genauer gesagt, die Fähigkeit, Farben zu unterscheiden, ist dem Fisch angeboren, doch kann man ihn lehren, auf ein bestimmtes Farbsignal hin zur Fütterung zu kommen. Am besten erkennt er reine Farbtöne: Violett, Grün, Hellblau. Aber nicht nur das. Man hat einmal geprüft, wie Fische auf Farbschattierungen reagieren. Ihre Fähigkeiten auf diesem Gebiet gleichen denen des Menschen. Fische, die darauf trainiert waren, ihr Futter bei Auftauchen einer bestimmten Farbscheibe im Aquarium verabreicht zu bekommen, merkten sich dies einige Wochen, manche über einen Monat lang.

Gut können Fische auch die Form des Signals unterscheiden, das vor der Fütterung ins Aquarium gesenkt wird. Den Unterschied zwischen einem Kreis und einem Quadrat oder zwischen einem Quadrat und einem Kreuz stellen sie leicht fest. Mehr noch, sie verwechseln nicht einmal Kreis und Ellipse. Unter vielen Fischen zeigten Barsche und Elritzen dabei die besten Fähigkeiten.

Der englische Forscher Clifford Bower-Shaw wollte herausfinden, ob ein Barsch, der einmal an einen Angelhaken gegangen ist, sich dieses Fischfanggeräts erinnert, das ihm Unglück gebracht hat. Ja, er erinnerte sich. Einen Wurm an einem ins Wasser gesenkten Angelhaken mied er. Nach dem gleichen Köder aber, der ihm einfach an einem Faden angeboten wurde, schnappte er unverzüglich.

Zahme Elritzen und Goldfische wurden daran gewöhnt, das Futter ihrem Herrn direkt aus der Hand zu fressen. Als aber ihnen unbekannte Leute sie füttern wollten, holten sie sich ihr Futter nicht.

Verschiedene Experimente und Erfahrungen von Sporttauchern haben gezeigt, daß Fische im allgemeinen gut zwischen ihresgleichen und fremden unterscheiden können.

Einmal setzte man in ein Aquarium mit einem Goldfisch ein kleines Floß aufs Wasser. Auf dieses Floß schüttete man ein Häufchen Ameisenpuppen, und von einem Ende hing eine Schnur

ins Wasser. Der Goldfisch gewöhnte sich bald daran, an der Schnur zu »kauen«. Er nahm sie ins Maul und lutschte von ihr die mikroskopisch kleinen Algen ab, die sich dort angesiedelt hatten. Eines Tages nun zog er heftig an der Schnur, das Floß legte sich schief, und die Ameisenpuppen fielen ins Wasser. Das Fischlein verspeiste sie sogleich. Und was zeigte sich? Ein einziger Versuch hatte ausgereicht: Von jetzt an zog der Fisch bereits ganz zielgerichtet an der Schnur und gelangte so an das schmackhafte Futter.

Man hat Goldfischen auch beigebracht, auf Kommando einen kleinen Reifen zu durchschwimmen oder im Wasser Loopings zu schwimmen.

Ein Barsch, der vielleicht noch heute im Springbrunnen eines kalifornischen Parks lebt, schwamm ebenfalls auf einen Pfiff hin schnell durch einen Reifen. Danach folgte eine schwierigere Übung: Er sprang aus dem Wasser heraus seinem Dompteur, einem Parkwächter, direkt in die ausgebreiteten Arme. Hier, über Wasser, bekam er dann auch sein Futter, die Belohnung für seine Kunststückchen. Der Ichthyologe W. S. Berridge beschreibt dies in seinem Buch »Alles über Fische«.

Wie man sieht, lassen sich auch Fische dressieren. Dabei haben Barsche, Elritzen, Karpfen und Goldfische die besten Fähigkeiten gezeigt. Übrigens hatten die Experimentatoren keine große Auswahl: Gewöhnlich beschränkte sich diese auf Süßwasserfische. Bei manchen Seefischen können vielleicht auch größere Talente vorhanden sein. Raul Vasquez hat im Ozeanarium von Florida selbst einen grimmigen Barracuda so gezähmt, daß er innerhalb einer Woche »lieb wie ein Kätzchen« wurde.

Achtung Pilot, Vögel!

Ein solches »Verkehrszeichen« sollte eigentlich an allen Luftverkehrswegen aufgehängt werden, die die Flugrouten von Zugvögeln kreuzen.

So lange der Mensch fliegt, so lange währt auch schon der Konflikt zwischen Flugzeugen und Vögeln. 1910 begann er. Ein Flugzeug überquerte die Bucht von Long Beach in Südkalifornien und kollidierte mit einer Möwe. Die Schäden waren so erheblich, daß sich das Flugzeug nicht mehr steuern ließ und über der Küste abstürzte. Der Pilot fand den Tod.

Während des ersten Weltkrieges kam es häufig zu Kollisionen zwischen Flugzeugen und Vögeln. Zu jener Zeit konnten selbst kleine Vögel einem Piloten gefährlich werden. Ein Spatz stieß einmal gegen einen großen Aufklärer der britischen Luftstreitkräfte. Die Folge? Der Pilot sah sich gezwungen, mit seiner Maschine mitten zwischen Hügeln notzulanden. Eine Uferschwalbe durchstieß die Frontscheibe der Kanzel eines Transportflugzeuges mit solcher Wucht, daß sie durch die ganze Kabine weiterflog, deren hintere Wand durchschlug und erst im Gepäckraum liegenblieb.

Während des zweiten Weltkrieges stieß ein amerikanisches Jagdflugzeug mit hoher Geschwindigkeit in einen Starenschwarm. Es trudelte sofort steil ab und stürzte auf die Erde. 1942 zertrümmerte eine Wildente das Kabinenfenster eines amerikanischen Wasserflugzeuges und flog dem Piloten ins Gesicht. Ob sie ihn dadurch tötete oder nur betäubte – auf jeden Fall stürzte die Maschine dadurch ins Meer.

Kollisionen in der Luft mit großen Vögeln – Gänsen, Reihern, Kranichen oder Störchen – sind noch gefährlicher. Im zweiten Weltkrieg stürzte eine nicht geringe Zahl von Flugzeugen nach »Berührung« mit Vögeln ab, oder die Maschinen mußten beschädigt zu ihren Stützpunkten zurückkehren, ohne ihre Bombenlast abgeworfen zu haben. Auch jetzt noch stellen Vögel weiterhin eine nicht geringe Gefahr für die Luftfahrt dar.

4–1051

Die Düsenmaschine, auf der am 31. Oktober 1964 Freeman, einer aus der Gruppe jener Amerikaner, die für künftige Weltraumflüge ausgewählt worden waren, sein Training absolvierte, stieß in der Luft mit einer Wildgans zusammen. Die Gans schlug gegen den Rumpf der Maschine. Überreste des Vogels gerieten in das Düsentriebwerk und setzten es außer Betrieb. Freeman versuchte wohl noch, die Maschine mit dem zerstörten Triebwerk auf einem nahe gelegenen Flugplatz zu landen, als er aber bemerkte, daß er dies nicht schaffen würde – die Maschine näherte sich bereits den Gebäuden einer Siedlung der Luftstreitkräfte, der Basis Ellington –, wendete Freeman und sprang mit dem Fallschirm ab. Die Höhe war aber wohl zu gering, der Fallschirm konnte sich nicht mehr öffnen.

Man könnte noch so manche für Flugzeuge verhängnisvolle Begegnungen mit Vögeln aufzählen. Ob es eine Statistik gibt, die ausweist, wie häufig solche Fälle sind? In den USA gibt es im Durchschnitt zwei in der Woche, und während des Vogelzugs häufen sich die Kollisionen noch. Das Problem ist so ernst geworden, daß in vielen Ländern nach Methoden geforscht wird, wie die Luftfahrt sich vor Vögeln in der Luft, aber auch auf der Erde – auf Flugplätzen – schützen kann.

Wie groß ist die Schlagkraft so einer »gefiederten Bombe«? Sie ist von der Geschwindigkeit des Flugzeugs und der des Vogels abhängig und natürlich unterschiedlich. Wie die Erfahrungen zeigen, durchschlägt zum Beispiel ein entengroßer Vogel die drei Zentimeter dicke kugelsichere Frontscheibe der Kanzel, was einem Druck von 300 000 Atmosphären entspricht.

Adler greifen nicht selten Flugzeuge an. Daraus wurde im ersten Weltkrieg die phantastische Idee geboren, Adler dazu abzurichten, feindliche Flugzeuge anzugreifen! Tatsächlich wurden 1916 in Frankreich sechs Adler für ein solches Training ausgewählt. Zunächst gewöhnte man sie daran, das Dröhnen von Flugzeugen und den Knall von Schüssen nicht zu fürchten. Danach befestigte man Fleischbrocken an einem großen Flugzeugmodell. Die Adler gewöhnten sich daran, auf dem Modell sitzend dieses Fleisch zu fressen. Danach begannen die Tests in Luftkämpfen. Über deren Ergebnisse ist allerdings nichts bekannt geworden.

Hier sei noch ein Fall erwähnt, der nichts mit Vögeln zu tun hat. Ein Flugzeug kreiste sehr niedrig über der Serengeti-Steppe in Ostafrika, die Insassen wollten ein Löwenrudel fotografieren. Den Löwen gefiel aber der riesige metallene Vogel nicht, sie brüllten zu ihm hoch und preßten sich an die Erde. Plötzlich sprang einer hoch und kratzte über den Rumpf der Maschine.

Elefanten werden ebenfalls unruhig, wenn ein Flugzeug in geringer Höhe über sie hinwegfliegt, und sie versuchen, es mit dem Rüssel zu packen.

Das simple Leben einer Mücke

Man kann sagen, daß die Mücke ein Amphibium ist, ein Tier, das sowohl auf dem Lande als auch im Wasser lebt, das heißt, ihre Jugend verbringt die Mücke im Wasser, ihr Erwachsenendasein in der Luft. Das Mückenweibchen legt die winzigen Eierchen in einem stehenden Gewässer ab, und zwar eins nach dem anderen, und klebt sie dann mittels klebriger Ausscheidungen zusammen zu einem Klümpchen in Form eines Floßes. Dieses »Mückenschiffchen« schwimmt frei auf der Oberfläche des Teiches oder Tümpels; es ähnelt jenem »Kästlein von Rohr«, das einst für den kleinen Moses angefertigt worden sein soll, und enthält zweihundert bis dreihundert Eier.

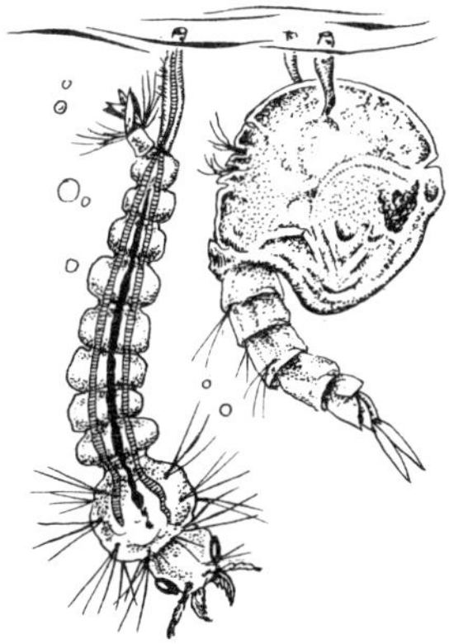

Es vergehen drei Tage, da platzen die Eier, oder besser gesagt, sie öffnen sich. An ihrem unteren Ende, das ins Wasser hängt, klappt wie eine Tür ein Deckelchen nach unten auf, und die einem Würmchen ähnelnde Larve sinkt, sich windend, in den heimatlichen

Sumpf. Sie ist so flink, daß sie nur schwer zu fangen ist. Man strecke die Hand aus, um das Mückenbaby zu packen, doch blitzschnell wird es einem durch die Finger schlüpfen.

Um die Mückenlarve besser betrachten zu können, wollen wir sie einmal in einem winzigen Wassertropfen unter das Mikroskop legen. Man erkennt einen Kopf und zwei große dunkelbraune Augen, eine kugelförmige Brust und dahinter einen »Schwanz«, genauer gesagt, einen gegliederten Hinterleib. An dem Kopf um den Mund herum sieht man etwas, was Fühlern ähnelt, die Kiefer. Sie sind in ständiger Bewegung: Sie spülen Wasser in den Mund mit mikroskopisch kleinen Algen sowie Zell- und Gewebetrümmern von Pflanzen und Tieren; davon ernährt sich die Mückenlarve. An einem Tag wird so bis zu einem Liter Wasser filtriert!

Am gegenüberliegenden Körperende erkennt man zwei andere höchst interessante Organe. Das hintere ähnelt einem Röhrchen und ist auch eines. Die Larve schiebt es aus dem Wasser heraus (wobei sie mit dem Kopf nach unten hängt) und saugt damit Luft ein. In diesem Lebensabschnitt atmet die Mücke also hauptsächlich mit dem Hinterleib. Das zweite Organ, seitlich orientiert, das »Haupttriebwerk«, ist Steuer und Ruder zugleich. Es hat vier Schaufeln und ähnelt auffallend einer Schiffsschraube.

Die junge Mücke verbringt zwei, drei Wochen als Larve. Danach legt sie sich horizontal zur Wasseroberfläche und verpuppt sich. Die Hülle ist kleiner als das in ihr eingeschlossene Lebewesen, und darum liegt das Insekt zusammengekrümmt in einer Chitinkapsel. In dieser Lage entwickeln sich bei der Puppe die Flügel, die Beine, der Saugapparat und alle anderen Organe der ausgewachsenen Mücke. Während dieser Zeit frißt die Mücke nichts, in der Puppenhülle ist auch gar kein Loch für den Mund. Das seltsamste aber ist die Veränderung der Atemorgane. Die Puppe atmet nicht mehr mit dem »Schwanz«, das frühere Atemröhrchen ist verschwunden, statt seiner haben sich zwei andere herausgebildet – auf dem Rücken. Um Luft zu schöpfen, taucht die Mücke jetzt nicht mit dem Kopf nach unten an der Oberfläche auf, sondern legt sich horizontal.

Schließlich ist der Augenblick da, in dem die Puppe zum letzten Mal an die Wasseroberfläche kommt, nämlich um die in ihr schon fertig ausgebildete Mücke in die Freiheit zu entlassen: Die Mücke reißt das obere Ende der Hülle auf und kriecht heraus. Schwach und ungelenk, müht sie sich, schnellstens ihre ausgediente Hülle abzuwerfen. Welch erstaunliche Verwandlung! So schnell entwickelt sich aus einem Wassertier ein geflügeltes Landtier mit allen für das Leben im neuen Element notwendigen Organen.

Wenn man aber denkt, die Puppenhülle sei nun für nichts weiter mehr tauglich, so irrt man. Sie dient der Mücke jetzt als eine Art kleines Boot, denn diese ist ja noch nicht trocken, hat noch nicht die Flügel entfaltet und kann noch nicht fliegen. Vorsichtig setzt sie ihre Stelzfüße auf das »Boot«, bemüht, nicht von ihm herunterzufallen. Wenn das nämlich geschieht, kommt sie um – sie ertrinkt in jenem Wasser, in dem allein sie bisher existieren konnte.

Das Mückenmännchen saugt niemals Blut. Es besitzt keinerlei Waffen, um jemanden anzugreifen, nur einen biegsamen Rüssel zum Sammeln von Pflanzensaft und süßem Nektar. Beim Mückenweibchen aber sind Kopfform und alle Organe, mit denen der Mund ausgestattet ist, anders. Im Mikroskop sieht man, daß das Männchen am Kopf um den Mund herum so etwas wie einen Bart hat – ein dichtes Borstengestrüpp, das mit feiner Behaarung versehen ist. Am Kopf des Mückenweibchens gibt es dagegen keinen »Bart«. Die Behaarung an den Fühlern ist kürzer, der Saugrüssel allerdings der gleiche. Aber etwas gibt es, was das Männchen nicht hat – fünf spitze, an den Enden schartige »Stilette«. Das Weibchen bündelt diese zu einer Art Ahle und durchbohrt damit die Haut von

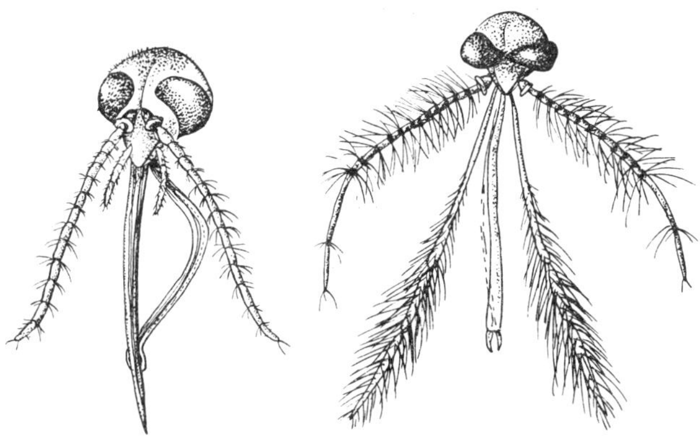

Mensch und Tier. Blut fließt aus der kleinen Wunde, und der Rüssel saugt es sofort auf. Das heißt, mit einem Organ sticht sie, mit einem anderen saugt sie. Saugt sie viel, schwillt sie zusehends an und sieht rot aus.

An ruhigen, windstillen Abenden vereinen sich die Mückenmännchen zu Schwärmen: Gewöhnlich tanzen diese über einem Baum, einem Strauch oder einem Glockenturm, mitunter gar über einem Menschen, der des Weges kommt. Die Köpfe gegen den Wind gedreht, rhythmisch steigend und fallend, tanzen die Mücken gleichsam auf der Stelle. Der Duft, den beim Flug spezielle Drüsen absondern, verstärkt sich tausendfach, wenn sie sich zu Schwärmen vereinigen. Beim Tanzen verteilen sie ihn nach allen Richtungen, und, angelockt durch diesen Duft, eilen von allen Seiten die Weibchen zum Tanze herbei. Manchmal versammeln auch sie sich zu einem Schwarm, der ein wenig unter den tanzenden Männchen kreist. Plötzlich löst sich das eine oder andere Weibchen daraus und schwirrt empor in die Gruppe der Männchen. Einen Augenblick später läßt sich das vereinte Pärchen zum Erdboden herab.

Wie findet ein Männchen so schnell ein Weibchen unter den Tausenden chaotisch auf und nieder schwirrenden Mücken? Es hört das Weibchen, es hört das Schlagen ihrer Flügel. Die schwingen fünfhundertmal in einer Sekunde, und unisono beginnen die Fühler des Männchens zu vibrieren. Ein spezielles, im zweiten Fühlerglied gelegenes Organ nimmt nur den Flügelschlag des geschlechtsreifen Weibchens wahr. Das nicht geschlechtsreife bewegt die Flügel genau wie die Mückenmännchen in einem anderen Rhythmus.

Das aufreizende »Sirren«, mit dem das Mückenweibchen seine Absicht bekundet, einen Menschen heimzusuchen, wird von zwei verschiedenen Instrumenten erzeugt. Die niedrigsten Töne verursacht das Vibrieren der Flügel. Die höheren, schärferen Töne der penetranten Melodie geben zwei spezielle Trommeln ab, die an den Öffnungen der Atemröhren gelegen sind – Luftwarzen, wie sie genannt werden. Die ausgewachsene Mücke atmet nämlich nicht durch das Rüsselröhrchen wie die Larve, auch nicht durch die beiden Röhrchen auf dem Rücken wie die Puppe, sondern durch die vielen winzigen Öffnungen, die in Reihen an den Seiten des gesamten Körpers verlaufen und sich in der Mücke mit dem weitverzweigten System der Atemtracheen vereinigen.

Im Herbst sterben alle Mückenmännchen, ihr Leben vergeht wie im Fluge und währt nur einen Sommer. Die Weibchen dagegen sind im Herbst und auch im Winter noch mobil und verkriechen sich vor der Kälte in Löchern und Ritzen. Dort ruhen sie bis zum Frühjahr in Anabiose. Im Frühjahr erwachen sie zu neuem Leben und machen sich eilig auf, Blut zu saugen, dabei entwickeln sie einen gewaltigen Appetit. So schließt sich der Lebenskreis der Mücke: Im Frühjahr (und auch im Sommer) schlüpft eine neue Mückengeneration, und alles beginnt von vorn.

»Ovod« – ein Übersetzungsfehler

Der Titel des englischen Romans »The Gadfly« von Ethel Lilian Voynich ist mit »Ovod« falsch ins Russische übersetzt*. Nicht »Ovod« (Dasselfliege), sondern »Slepen«, also »Bremse«, hätte er heißen müssen, denn Bremsen »stechen«, sogar sehr empfindlich, während Dasselfliegen nicht stechen.

Betrachtet man eine Bremse genauer, wird man ein wichtiges Merkmal entdecken, das die Bremse von Wespen, Bienen, Schmetterlingen, Libellen und anderen gewöhnlichen Insekten unterscheidet. Während diese allesamt vier Flügel haben, besitzen Bremsen und deren Verwandte aus der Ordnung der Zweiflügler – Mücken, Fliegen, Dasselfliegen und andere – nur ein vorderes Flügelpaar. Das zweite, hintere, ist durch winzige Rudimente vertreten, durch Schwingkölbchen, wie sie genannt werden. Daraus folgt, daß die Vorfahren der Zweiflügler vier Flügel hatten, sich aber aus uns unbekannten Gründen von einem Flügelpaar trennen mußten. Dessen Reste aber haben sich erhalten. Hier äußert sich eine merkwürdige Neigung der lebenden Natur, Rudimente von Organen zu erhalten, die schon längst nicht mehr benutzt werden. So bietet sich uns die Möglichkeit, den Stammbaum der Tiere kennenzulernen.

Der Stechapparat der Bremse ist anders aufgebaut als der der Mücke, wenngleich auch er aus den gleichen Mundanhängen besteht – zwei Lippen und zwei Kiefern. Die Bremse hat aber keinen separaten Saugrüssel. Sie sticht mit den zu einem Röhrchen zusammengelegten verlängerten Lippen und Kiefern und saugt mit demselben Röhrchen das Blut.

Bremsen sind große Fliegen (bis zu zwei, drei Zentimeter lang). Wie sehr ihr Stich schmerzt und wie lästig sie an heißen Sommertagen sind, weiß jeder aus Erfahrung. Haustiere, Wildtiere – Elche, Hirsche, sogar Nager, Vögel und große Eidechsen –, alle haben unter Bremsenstichen zu leiden. Blut saugen ausschließlich die

* Die deutsche Fassung heißt richtig »Die Stechfliege« (d. Ü.)

Weibchen (und mit einem Male soviel wie siebzig Mücken!), während sich die Bremsenmännchen genau wie die Mückenmännchen vom Nektar der Blumen, dem süßen Saft von Bäumen und von Honigtau ernähren, den in reichem Maße Blattläuse abgeben.

Nach einigen Tagen legt das Weibchen, das sich mit Blut vollgesogen hat, seine Eier ab. Später greift es erneut bedauernswerte Tiere an, danach erfolgt eine neue Eiablage, und das alles wiederholt sich bis zu fünfmal.

Gewöhnlich befestigen die Bremsen ihre Eier an Pflanzen an oder über dem Wasser. Die Larven leben im Wasser oder an feuchten Stellen auf dem Land. Beine haben sie nicht, diese werden durch Verdickungen und Knötchen am Körper ersetzt. Sie leben räuberisch und fallen Insektenlarven, Krebse sowie Regenwürmer an.

Dasselfliegen sind kleiner, aber noch weitaus unangenehmer als Bremsen und zugleich gefährliche Parasiten, deren Larven in oder auf Tieren schmarotzen. Es gibt Hautdasselfliegen, Magenbremsen oder Magendasseln, Rachendasselfliegen und andere.

Die Weibchen der Magendasseln legen ihre Eier auf der Haut von Eseln und Pferden ab, und zwar an Stellen, wo sich diese Unpaarhufer meistens mit den Zähnen kratzen, beispielsweise auf die Innenseite der Vorderbeine. In das Pferdemaul gelangt, leben und entwickeln sich die Larven der Magenbremse ungefähr einen Monat im Gewebe der Zunge. Danach bohren sie sich in die Schleimhaut des Mauls ein, auf der sie bis zum Rachen und zum Magen vordringen; dort leben sie nicht selten zu Dutzenden und Hunderten. Zur Verpuppung fertig, gelangen sie zusammen mit dem Kot nach außen und schließen, auf dem Erdboden angelangt, ihre Entwicklung ab.

Eine andere auf Unpaarhufern schmarotzende Dasselfliege legt ihre Eier auf den Lippen der Wirtstiere ab. Ihre Larven entwickeln sich nicht im Magen, sondern im Dünndarm. Noch eine andere klebt ihre Eier an das Gras. Pferde beispielsweise fressen dann diese Eier zusammen mit dem Gras.

Die Rachendasselfliegen sind lebendgebärende Insekten. Die Weibchen spritzen buchstäblich die fertigen Larven Pferden, Rot- und Damwild, Elchen, Rehen und Schafen in die Nüstern. Aber nicht alle Larven, die im Körper der Weibchen den Eiern entschlüpfen (es können fünfhundert sein), bringt das Weibchen in die Nüstern eines Tieres, sondern nur einen geringen Teil, denn zu viele würden das Wirtstier, in dem sie schmarotzen, zugrunde richten, was ihren eigenen Tod zur Folge hätte. Natürlich ist dies keine bewußte Handlung der Fliege. Aus den Nüstern kriechen die Larven ins Maul, in dessen Schleimhaut sie sich entwickeln, und anschließend gelangen sie durch die Nüstern nach außen. Bei Schafen dringen sie in die Stirnhöhlen vor, und wenn sich hier einige Dutzend Larven angesiedelt haben, erkrankt das Schaf an der Falschen Drehkrankheit: Es dreht und dreht sich im Kreise und verendet bald.

Die Schafs- und Pferdedasselfliegen spritzen ihre Larven auch in die Augen, und zwar nicht nur Tieren, sondern auch Menschen. Dann entzündet sich die Bindehaut, und der Mensch erkrankt an Konjunktivitis. Eine noch gefährlichere Krankheit ruft beim Menschen das Eindringen von Larven der Hautdasselfliegen in Kopf und Augen hervor. Um sie hieraus zu entfernen, ist eine Operation erforderlich.

Diese Larven schmarotzen auf Haus- und Wildtieren, gewöhnlich auf Huftieren. Sie zernagen die Haut, verbergen sich darunter und arbeiten sich danach durch das Unterhautbindegewebe oder durch die Muskeln nach oben zum Rücken des von ihnen befallenen Tieres. Dazu brauchen sie einige Monate. Unter der Rückenhaut bildet sich eine große Beule mit einer Fistel (sogenannte »Dasselbeulen« – d. Ü.), durch welche die zum Verpuppen reife Larve nach außen gelangt und auf den Erdboden fällt.

Erstaunlich ist die Fähigkeit der Dasselfliegen, sich an das parasitische Leben anzupassen. Nicht minder erstaunlich aber ist, wie jene Tiere darauf reagieren, die von Dasselfliegen angeflogen werden, die ihre Eier ablegen wollen, denn dies geschieht ja schmerzlos, im Gegensatz zu Stichen von Bremsen. Dennoch laufen Hirsche, Rehe, Rinder und Pferde beim Nahen von Dasselfliegen mit den Hufen ausschlagend und wild den Kopf schüttelnd in Panik davon. Wie merken sie, daß die anfliegende Fliege eine Dasselfliege ist und daß ein Kontakt mit ihr eine Erkrankung zur Folge hat? Noch ist das ein Rätsel.

»Milchvieh« für Ameisen

Der Wissenschaft sind annähernd dreitausend Arten von ihnen bekannt. Winzig und schwerfällig, krabbeln sie an Blättern und Zweigen von Bäumen und an Gräsern umher, die sie manchmal nahezu vollständig bedecken. Unsichtbar verrichten sie auch unter der Erde ihr schädliches Werk – sie saugen nämlich den Saft aus den Wurzeln.

Gemeint sind hier die Blattläuse, Insekten, die jeder kennt. Viele wissen auch, daß diese kleinen Pflanzenschädlinge jenen süßen, hellen, dickflüssigen und klebrigen Saft erzeugen, der bei warmem Sommerwetter die Blätter von Pflanzen bedeckt und »Honigtau« genannt wird.

Manch einer hat auch gehört, daß Ameisen Blattläuse regelrecht »melken«, so wie der Mensch Kühe melkt: Sie tätscheln sie mit ihren Fühlern und veranlassen sie so, süßen und nahrhaften Saft abzusondern, der für Ameisen dieselbe Bedeutung hat wie für uns die Milch. Eines aber muß gesagt werden: Nur Fachleute kennen das sonderbare und wechselvolle kurze Leben dieser winzigen Insekten.

Im Russischen gibt es die Redensart: »Dahinvegetieren wie eine Blattlaus«, und dieser Vergleich ist wirklich treffend. Blattläuse sind so schwerfällig und träge, wie ein sich kaum bewegendes Lebewesen überhaupt nur sein kann. An einem weichen Pflanzenstengel geboren, durchbohren sie ihn sogleich mit dem Rüssel und lassen sich hier sozusagen für unbestimmte Zeit häuslich nieder. Sie tun nichts weiter als Saft saugen und geben das Überschüssige in Form von Honigtau durch zwei röhrenartige Öffnungen am Ende des Hinterleibes wieder von sich.

Den seltsamen Lebenszyklus der Blattläuse betrachtet man am besten im Herbst. In dieser Zeit legen die Blattlausweibchen ihre Eier ab, die dann überwintern. Sie sind von Männchen befruchtet. Allerdings nur diese Eier, alle übrigen Blattläuse, die im Sommer geboren wurden, hatten keine Väter! Diese seltene Erscheinung – die Entwicklung einer Eizelle ohne Beteiligung eines Männchens, also ohne vorangegangene Befruchtung – wird Parthenogenese (Jungfernzeugung) genannt.

Die in den Eiern überwinternde Generation aber wurde nach der Befruchtung durch das Männchen zur Welt gebracht. Das Männchen stirbt nach der Vereinigung, während das Weibchen bestrebt ist, bis zum Einbruch der Kälte möglichst viele Eier in Blattknospen abzulegen. Im Vergleich zum Weibchen selbst sind diese sehr groß. Geht die Blattlaus an die Eiablage, sieht sie rund und wohlgenährt aus, gegen Ende aber wird sie irgendwie schrumpelig, als ob sie mit dem letzten Ei ihre letzten Kräfte hingegeben hätte. Völlig erschöpft, stirbt sie schließlich.

Die Eier überstehen gleichsam konserviert die Winterkälte, bis sie im März oder April zum Leben erweckt werden. Dann setzt in ihnen eine stürmische Entwicklung ein. Schon beim ersten warmen Lüftchen platzen die Eier, und die neuen Blattläuse schlüpfen.

Die eigentlichen Wunder aber beginnen nun erst! Die im Frühjahr geschlüpfen Blattläuse sind keine Männchen und Weibchen wie die Herbstgeneration ihrer Eltern. Sie alle sind nur Schwestern, ohne Brüder, also allesamt nur Weibchen! Alle wachsen sie und vermehren sich und kümmern sich dabei nicht im

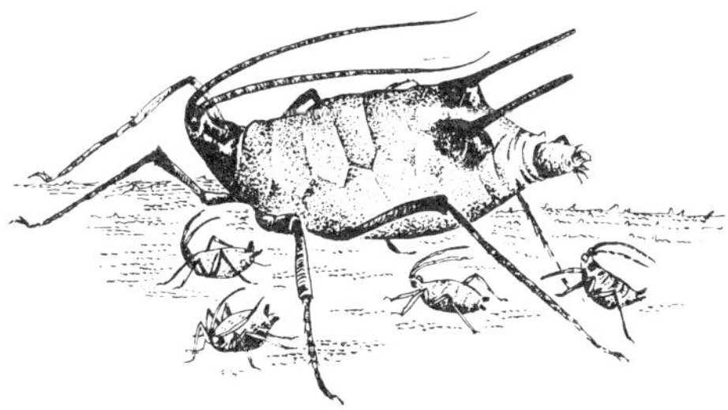

geringsten darum, einen Partner zu finden. Sie vermehren sich auch nicht durch Eier, sie bringen ihre Nachkommenschaft lebend zur Welt. Die aber besteht wiederum nur aus Weibchen! Im Verlauf eines Sommers kann es bis zu siebzehn solcher eingeschlechtlicher Generationen geben. In einigen treten geflügelte Blattläuse auf (immer alles nur Weibchen), die zu einer anderen Pflanze hinüberfliegen. Dort wiederholt sich dann alles, bald folgen flügellose, bald geflügelte Generationen aufeinander. Erstere vermehren sich auf der gleichen Pflanze, auf der sie geboren wurden, die zweiten fliegen auf eine andere – so breiten sie sich aus.

Es gibt sogenannte monophage Blattläuse: Ihr ganzes Leben, genauer gesagt, ihr ganzer Entwicklungszyklus verläuft auf Pflanzen einer ganz bestimmten Art. Es gibt aber auch solche, die auf verschiedenen Bäumen und Gräsern, selbst auf Farnen leben. Außerdem ist für die einen ein Wechsel der Pflanzenart notwendig, für andere wiederum nicht. St. Kéler hat errechnet, daß sich grüne Pfirsichblattläuse von Pflanzen aus neunundsechzig verschiedenen Familien ernähren.

Wenn der Herbst naht, werden in einer der vielen Blattlausgenerationen endlich geflügelte Männchen geboren. Sie suchen die

Weibchen auf, befruchten sie, und die Weibchen legen Eier. Jene überwintern, und im darauffolgenden Frühjahr beginnt der ganze Zyklus von vorn (es gibt übrigens auch Blattläuse, bei denen die Weibchen überwintern, niemals aber die Männchen).

Das ganze Leben der Blattlaus besteht in Fressen und in Zeugen von Nachkommenschaft. Futter gibt es stets im Überfluß; diese Insekten vermehren sich mit solch einer Geschwindigkeit, daß im Verlauf eines Sommers eine Blattlaus theoretisch 17 000 000 000 000 000 000 000 000 000 Nachkommen haben könnte. Die Blattläuse würden unseren ganzen Planeten füllen, hätten sie nicht Feinde. Und zwar viele: Vögel, Marienkäfer, Goldaugen (Florfliegen), Blattlauslöwen, Wespen, Schlupfwespen, Spinnen, Milben und viele andere.

Aber sie haben auch Freunde – und das ist unser eigentliches Thema hier –, die Ameisen! Anfangs haben diese wohl einfach nur den Honigtau von den Blättern abgeleckt. Danach aber lernten sie, ihn sich direkt vom Hinterleib der Blattläuse zu holen. Allmählich wurden dann die Beziehungen zwischen Ameisen und Blattläusen enger: Viele Blattlausarten verspritzen, wenn neben ihnen Ameisen hin und her eilen, ihre süßen Ausscheidungen nicht, sondern warten geduldig auf die Sammlerameisen und übergeben ihnen ihr Produkt. Blattläuse, die schon seit langem in Symbiose mit Ameisen leben, haben es überhaupt verlernt, »Honig« zu versprühen. Die Ameise kommt heran und betrillert die Blattlaus mit den Fühlern, sie »melkt« sie sozusagen, woraufhin die Blattlaus ein Tröpfchen von der süßen Flüssigkeit absondert. Die »Melkerin« nimmt es sofort auf und trägt es im Honigmagen davon, läuft den Stengel hinunter, bis sie auf eine als Trägerin fungierende Artgenossin stößt. Die hält sie an, und eine Zeitlang tauschen sie mit Hilfe der Fühler eine Information aus. Darauf übergibt die »Melkerin« der Trägerin die süße Last und eilt zur Blattlaus zurück. Einige Blattläuse sondern, werden sie von Ameisen »gemolken«, fast jede Minute ein Tröpfchen ab, das heißt, die Blattlaus ist im Grunde genommen eine Art lebende Pumpe geworden, die ununterbrochen Pflanzensaft aus Blättern (von ihr zusätzlich noch mit Zucker angereichert!) den Ameisen in den Mund pumpt. So produzieren beispielsweise auf einer Linde lebende Blattläuse am Tag je fünfundzwanzig Milligramm von dem süßen Sirup – das Mehrfache des Eigengewichts.

Unsere glänzendschwarze Holzameise, deren Kolonien in alten Baumstümpfen aus annähernd zwanzigtausend Individuen bestehen, kann in einem Sommer einen »Melkertrag« von über fünf

Litern haben. Sie »melkt« vorrangig Blattläuse, die auf Hülsenfrüchten leben.

Die braunschwarze Wiesenameise (auch Gartenameise oder Wegameise), die man draußen in Wochenendgrundstücken antreffen kann, ist mit Blattläusen einer anderen Art befreundet. Ihre Nester sind nicht sehr groß: Nur ungefähr viertausend Ameisen leben darin, und dementsprechend weniger »Milch« bringen sie in einer »Laktationsperiode« ein, bis etwa 1,7 Liter.

Das Fassungsvermögen der »Milchkanne«, des Honigmagens, in dem das Flüssigprodukt befördert wird, beträgt bei der glänzendschwarzen Holzameise ganze zwei Kubikmillimeter, bei der Wiesenameise noch weniger – 0,8 Kubikmillimeter. Ameisen der ersten Art müssen, wollen sie ihrem Nest fünf Liter »Süßmilch« liefern, mehr als zwei Millionen Mal auf die »Weide« und zurück laufen, die braunschwarzen Wiesenameisen den gleichen Weg etwa zwei-

einhalb Millionen Mal. Da nur etwa fünfzehn bis zwanzig Prozent der »Arbeitskräfte« des Ameisennestes »Melkarbeit« verrichten, zeigt die oben angestellte Berechnung, daß jede Arbeiterin bei den Holzameisen in einem Sommer fünfhundertmal auf die »Weide« gehen muß, bei den Wiesenameisen gar zweitausendfünfhundertmal, das heißt, sie muß fünfundzwanzigmal an einem Tag hin und zurück laufen!

Haben sich auf einer »Weide« die Blattläuse so stark vermehrt, daß nicht mehr genügend Platz für alle vorhanden ist, tragen die Ameisen sie zu neuen Zweigen oder Bäumen hinüber. Auch lassen sie sie nicht ohne Schutz: Aufmerksam halten sie Wache und schützen die Blattläuse vor Marienkäfern, Milben, Goldaugen und anderen Feinden. Sie vertreiben auch Ameisen anderer Arten oder Diebe aus fremden Ameisennestern. Um die Blattläuse kommt es zwischen ihnen mitunter zu regelrechten Kämpfen.

Um ihr »Milchvieh« besser vor Feinden und Schlechtwetter zu schützen, bauen die Ameisen »Ställe«: Sie bestreichen die Halme, auf denen sich die Blattläuse angehäuft haben, mit Erde und errichten über ihnen so etwas wie »Erdhütten«, unter deren Dächern die Blattläuse in vollkommener Sicherheit Pflanzensäfte saugen. Ein- und Ausgänge dieser »Ställe« werden von den Ameisen sorgfältig bewacht. Von Ameisen errichtete Schutzhütten für Blattläuse kann man an vielen Gräsern und Bäumen entdecken: an Wolfsmilch, Zichorie, am Wegerich, an Kiefern und Pappeln.

Zerstört man die aus Holzmulm gefügten »Ställe« der glänzendschwarzen Holzameisen, die sie über tiefen Rissen in der Pappelrinde errichtet haben, kann man darunter Blasenläuse sehen, die aufgeschreckt eiligst ihren langen Saugrüssel aus dem Holz herausziehen wollen, doch das ist nicht so schnell getan. Die sie bewachenden Ameisen stürzen sich, statt ihr Heil in der Flucht zu suchen, auf die im Holz steckengebliebenen Blattläuse, zerren mit allen Kräften an ihnen und helfen ihnen freizukommen. Dann packen sie ihr »Vieh« und machen sich mit ihnen zusammen davon. Einige dieser Blattläuse flüchten auf ihren eigenen Beinen und werden dabei von Ameisen eskortiert.

Blasenläuse hat man noch niemals ohne Ameisen angetroffen. Diese begleiten sie überall. Die Eier von Blasenläusen überwintern sogar in Ameisennestern. Die Ameisen belecken sie und kümmern sich um sie wie um ihre eigenen Eier. Im Frühjahr begleiten sie die aus den Eiern geschlüpften »Kälbchen« auf die Zweige von Bäumen. Einige Forscher behaupten sogar, daß die Blasenläuse von sich aus, ohne Hilfe von Ameisen, die süßen Tropfen gar nicht produzieren können. Nur infolge der »Massage« durch die Ameisenfühler seien sie überhaupt imstande, die halbverdauten Baumsäfte abzusondern.

Blattläuse, die auf Pflanzenwurzeln siedeln, sind noch weit stärker von Ameisen abhängig. Allein wären sie kaum in der Lage, sich mit ihren schwachen Beinchen den Weg zu den Wurzeln zu bahnen. Die Ameisen bringen ihre geflügelten »Milchkühe« unter die Erde, brechen ihnen dort die Flügel ab, bewahren die zahlreichen Nachkommen vor den Fährnissen des Lebens, verteilen sie in den unterirdischen Gewölben und infizieren dabei andere Wurzeln mit Blattläusen. Reißt man einmal eine Pflanze aus dem Boden, die Blattläuse zum Verdorren gebracht haben, kann man erkennen, wie Ameisen in heilloser Verwirrung ihr »Milchvieh« packen, das sich nicht widersetzt, und es hastig in die Erde in Löchern oder Ritzen verstecken.

Die Coleoptera und ihre Talente

Unter der wissenschaftlichen Bezeichnung Coleoptera sind die Käfer zu verstehen, von denen es ungefähr dreihunderttausend Arten gibt, annähernd sechsmal mehr als bei den Wirbeltieren – Fischen, Amphibien, Reptilien, Vögeln und Säugetieren zusammengenommen.

Einige Käfer hat die Natur mit erstaunlichen Fähigkeiten ausgestattet. Über drei von ihnen sei hier berichtet.

Da ist zum Beispiel ein »mathematisch begabter« Käfer – der schwarze Birkenstecher oder Birkenblattroller. Er ist winzig, mißt vom Rüssel bis zum Ende des Hinterleibes nur drei, vier Millimeter.

Wenn dieser kleine Rüsselkäfer eine Bleibe für seine Nachkommenschaft einrichtet, löst er jedesmal eine schwierige geometrische Aufgabe: die »Konstruktion einer Evolute nach gegebener Evolvente«. Dabei kommt er ohne Zeichnungen und komplizierte Berechnungen aus. Der »Instinkt« sagt ihm, wie man ein Birkenblatt einschneiden muß, damit es sich zu einer Röhre, genauer zu einem Kegel zusammendrehen läßt. Ist die Evolvente auf dem grünen Blatt richtig konstruiert, rollt sich der aus ihm zugeschnittene Kegel im Gegensatz zu allen anderen Schnittvarianten nicht wieder auf.

An einem warmen Maientag macht sich das Birkenstecherweibchen an die Arbeit. Etwas von der Mittelrippe des Blattes entfernt beißt es sich mit den scharfen Kiefern an ihm fest und führt, rückwärts gehend, den ersten bogenförmigen Einschnitt aus. Wenn es damit fertig ist, kriecht es zur anderen Blatthälfte und schneidet auch sie ein, aber in einer flacheren Kurve. Hat es diese Schneidarbeit besorgt, kehrt es dorthin zurück, wo es die Arbeit begonnen hatte, und wickelt in fünf bis sieben straffen Windungen die von dem ausgeschnittenen Sektor abgetrennte Blatthälfte zu einem schmalen Kegel. Danach windet es auf dieselbe Art die andere eingeschnittene Blatthälfte um den Kegel herum, jedoch in entgegengesetzter Richtung. So entsteht eine feste grüne Tüte. Der Käfer kriecht in sie hinein, legt dort drei bis fünf gelbliche Eier ab, kommt heraus, rollt den unteren Rand der Tüte zusammen und schließt so den Eingang.

Diese ganze mathematisch recht exakte Arbeit ist in einer halben Stunde getan. Doch das Käferweibchen gibt sich mit dem einen Kegel noch nicht zufrieden; sogleich nimmt es sich das zweite, das dritte Blatt vor, dreht so viele Blätter zusammen, wie seine Kräfte es zulassen.

Wenn für die im Kegel eingeschlossenen Larven die Zeit gekommen ist, sich zu verpuppen, reißen Regen und Wind die braun gewordenen Futterale von den Zweigen, und sie fallen zu Boden. Aus ihnen kriechen die Larven hervor, die sich anschließend ins Erdreich einwühlen, wo sie sich verpuppen. Diese Puppen begründen eine neue Käfergeneration.

Die Konstruktion einer Evolute auf einem Birkenblatt ist wirklich schon eine Art Wunder!

Übrigens benutzt der Käfer nicht nur Blätter der Birke. Mitunter löst er auch auf Weißbuchen-, Rotbuchen- und Erlenblättern oder auf Blättern des Haselnußstrauches die gleiche schwierige Aufgabe. Hier ist sie sogar teilweise noch komplizierter, weil die Blattform der genannten Bäume sich von der der Birke unterscheidet.

Ein schwarzer Käfer mit orangefarbenem Muster auf den dunklen Deckflügeln patrouilliert nachts durch Wald und Buschwerk. Er fahndet nach schwachen Düften in der Luft, die reizvoll für seinen »Geschmack«, uns dagegen widerlich sind. Hat er die gesuchten »Aromen« aufgespürt, fliegt er zu der Stelle, von der sie ausgehen. Eine tote Maus, ein verendeter Maulwurf, eine tote Schlange oder Eidechse, ein kleiner toter Fisch oder Vogel, das ist es, was ihn anlockt. Mögen diese Tiere auch erst vor wenigen Stunden den Tod gefunden haben, der Käfer wittert schon aus der Ferne die noch schwachen Verwesungsgerüche.

Unmittelbar bei dieser für ihn so wertvollen Beute setzt der Kleine Totengräber zur Landung an. Kriechend bahnt er sich einen Weg durch das Dickicht der Gräser. Von allen Seiten tastet er mit vibrierenden Fühlern das ab, was zuvor noch lebendig war, schubst

5–1051

es mit den Hinterbeinen, als wolle er prüfen, wie schwer sein Fund ist, ob es vieler Kraft und Zeit seinerseits bedürfe, ihn zu begraben.

Liegt beispielsweise eine tote Maus auf zu hartem Boden oder auf einem Stein, schiebt der Käfer sie mit einer für seine Größe erstaunlichen Kraft beiseite. Stören ihn Grashalme bei der Arbeit, beißt er sie gleich über dem Boden ab. Ist die Erde weich genug, macht er sich daran, sie aufzuwühlen und aufzulockern, kriecht dabei unter der Maus hin und her und schiebt jedesmal mit dem Kopf kleine Erdklümpchen unter seiner toten Beute hervor. Bald entsteht um diese herum ein kleiner Erdwall, sie sinkt unter dem Eigengewicht tiefer und tiefer in den Hohlraum, der vom Käfer gegraben wurde.

Diese Grube ist eine schräg nach unten führende kleine Mulde, und die Maus, die darin versinkt, biegt sich stark zusammen. Beine, Schwanz und Kopf schmiegen sich an den Leib an, und je tiefer das tote Tier – Maus oder auch ein Frosch – sinkt, um so mehr verwandelt es sich in ein festes, fast rundes Gebilde. Mit energischen und kräftigen Stößen rütteln die Käfer auf allen Seiten an ihrer Beute und beschleunigen damit noch deren Absinken.

Der Kleine Totengräber arbeitet selten im Alleingang. Der zuerst herbeigeflogene ist noch bei der Arbeit, da tauchen auch schon weitere auf. Der Finder macht nicht mit allen gemeinsame Sache. Männchen verscheucht er (wenn er selbst ein Männchen ist), mit einem Weibchen arbeitet er friedlich und gut aufeinander abgestimmt zusammen. Es kommt auch vor, daß eine ganze Gruppe Kleiner Totengräber beider Geschlechter friedlich zusammenarbeitet, bis alle Erdarbeiten abgeschlossen sind. Anschließend vertreiben aber das stärkste Männchen und das stärkste Weibchen die anderen Käfer, und alles weitere erledigen sie zu zweit. Bei den meisten Arten von Totengräbern aber verjagt das Weibchen auch das Männchen. Es bleibt im »Grabgemach« allein zurück, versorgt allein die Nachkommenschaft, die sich alsbald einstellt, und tut dies außerordentlich emsig, etwa wie ein Vogel sich um seine Nestjungen kümmert, aber nicht wie ein Insekt! Von dieser Brutfürsorge erfuhren die Biologen erst 1933!

Haben die Käfer ihre Beute nach drei bis zehn Stunden angestrengter Arbeit sechs bis zehn Zentimeter tief vergraben (die Großen Totengräber graben sie einen halben Meter und tiefer ein), entfernen sie (oder einer von ihnen, das Weibchen) auf allen Seiten die Erde um den Kadaver und schaffen so Freiraum für eigene Bewegungen. Von dieser unterirdischen Hauptkammer aus, Krypta genannt, graben sie einen Seitengang oder kleine Nischen; dort mauert das Weibchen einige Dutzend Eier ein. Anschließend kriecht es zurück in die Krypta. In das hier liegende Beutetier nagt es eine Mulde hinein (Krater oder Trichter genannt) und läßt tropfenweise herausgewürgten Verdauungssaft hineinrinnen. Diese Operation wird viele Male wiederholt, und so ist zu dem Zeitpunkt, da die Käferlarven aus den Eiern schlüpfen, was ungefähr am fünften Tag geschieht, der ganze tote Klumpen – der Maus-, Maulwurfs- oder Froschkadaver – weitgehend vorverdaut.

Für ein Käferweibchen sind das erstaunliche Leistungen, die es da vollbringt, aber sie sind nur wie ein Vorspiel zu weit erstaunlicheren, die bald darauf folgen. Einige Stunden vor dem Schlüpfen der Larven (wie weiß sie wohl, daß deren Zeit naht?) kriecht die Käfermutter ungefähr jede halbe Stunde, wie von Ungeduld gepackt, in den Seitenschacht, wo die Eier eingemauert sind. Den ganzen Unrat, Erdkörnchen und Steinchen (sie sind hier natürlich von der Decke gefallen), räumt sie weg, trägt ihn fort und ebnet so ihren Larven, die jeden Augenblick aus den Eiern kriechen können, den Weg. Jedesmal, wenn sie zu ihren herangereiften Eiern kriecht, zirpt die Käfermutter leise, so wie eine Henne gluckt und die Küken zur Eile mahnt, sie ruft und beruhigt. Sind die Larven geschlüpft, füttert sie sie wie ein Vogel seine Nestjungen! Haben sich die Larven in der Krypta versammelt, sitzen sie in den Vertiefungen im Aas, das durch den Magensaft der Mutter vorverdaut ist. Sie sitzen und drehen lebhaft die Köpfe hin und her, betteln um Futter (wie Jungvögel, nur daß sie nicht schreien). Ihre sechsbeinige Mutter, die jede Larve alle zehn bis dreißig Minuten aufsucht, stopft jeweils zwei bis vier Sekunden lang jedes der hungrigen Mäuler mit ein paar Tröpfchen einer Nahrungsmischung, die sie aus ihrem eigenen

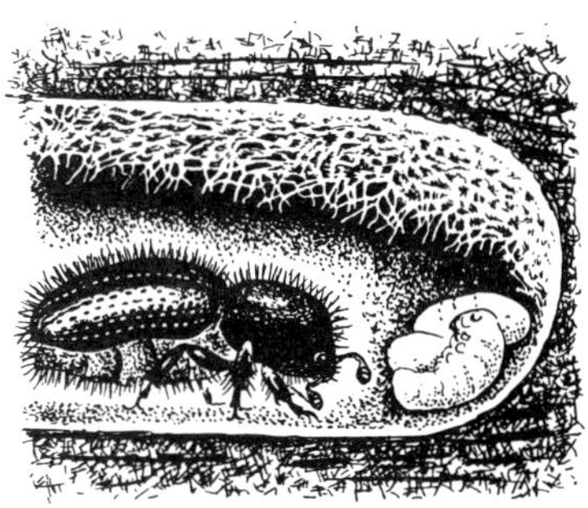

Mund herausgewürgt hat. Später fressen die Larven auch selbständig jenes Aas, das ihnen Mutter und Vater zubereitet haben. Ist in den ersten Lebensstunden der Larven die Mutter nicht da, beginnen sie, ausgehungert wie sie sind, selbständig von dem Aas zu fressen, auf dem sie sitzen; nach einer Woche verpuppen sie sich. Normal entwickelte Käfer aber gehen selten aus solchen von der Mutter nicht gefütterten Larven hervor. Dafür wachsen die gefütterten schnell: Nach sieben Stunden hat sich ihre Masse verdoppelt! Nach einer Woche (oder nach zwölf Tagen) verpuppen sie sich, nachdem sie sich zuvor in die Erdwände der Krypta hineingewühlt haben. Nach weiteren zwei Wochen zertrümmert der fertige Kleine Totengräber die Wand und kommt heraus. Manchmal überwintern spätgeschlüpfte, bereits völlig ausgebildete Larven auch im Boden; erst Ende Mai des darauffolgenden Jahres verpuppen sie sich und verwandeln sich in Käfer (etwa im Juni). In beiden Fällen verläßt die Mutter ihre Nachkommen, wenn diese nicht länger der mütterlichen Nahrung bedürfen, gräbt sich einen Gang nach oben, ins Freie, und wenn es Nacht wird, macht sie sich wieder eiligst auf die Suche nach toten Mäusen, Fröschen und Eidechsen.

Bereits 1826 teilte der deutsche Naturforscher Schmidberger mit, daß die Larven des Borkenkäfers Xyloborus, eines kleinen schwarzen Käfers, nicht das Holz selbst fressen, sondern den weißlichen, sahneähnlichen Bewuchs an den Wänden der Gänge, die das Käferweibchen in die Holzfaser der Eiche genagt hat. Worum handelt es sich bei diesem sahneähnlichen Bewuchs?

Man hat es später festgestellt: Es sind Pilze, die außerhalb der Behausungen dieses Borkenkäfers nirgendwo anders wachsen. Wenn die jungen Weibchen sich einen geeigneten Baum ausgewählt haben und unter der Rinde verzweigte Galerien nagen, bilden sich an deren Wänden die blassen samtenen Bänder eines Pilzmyzels. Die Pilzfäden dringen fünf Millimeter tief in das Holz ein, und an ihrem freien Ende reifen die »Früchte« – an Protoplasma reiche Schwellkörper.

Lange Zeit konnte man nicht ermitteln, wie das Borkenkäferweibchen die »Pilzsporen« von einem Baum zum anderen befördert. Erst unlängst, 1956, wurden auf dem Körper eines Käfers zwischen den Ringen der Chitinpanzerung kleine Täschchen entdeckt, die man als Pilzdepot bezeichnet hat. Wenn das Weibchen das elterliche Nest verläßt, trägt es in diesen Täschchen mikroskopisch kleine Myzelstückchen weg, die sie an einer neuen Stelle ansiedelt.

Spezielle Drüsen sondern in die mit Pilzen vollgestopften Täschchen eine eiweiß- und fettreiche Flüssigkeit ab, eine Art Nährbrühe, auf der die Pilze wie auf einer Nährlösung in mikrobiologischen Laboratorien wuchern.

Wenn die Pilze aus dem Samendepot auf die Holzfaser umgesiedelt sind, kümmert sich der Käfer weiter um sie. Von Zeit zu Zeit kriecht er durch die mit Pilzen bewachsenen Kammern und feuchtet dabei den Pilzrasen mit Absonderungen seines Körpers an. Diese Ausscheidungen wirken auf die Nutzpilze wie Stimuli und hemmen das Wachstum von Schadpilzen. So kämpft der Käfer mit ein und demselben Mittel gegen das »Unkraut« und düngt gleichzeitig damit die Nutzpflanzungen. Das Weibchen sichert im Nest die für das Wachstum der Pilze erforderliche Feuchtigkeit: Wird es in der Behausung zu trocken, verstopft es mit Holzmehl alle Ein- und Ausgänge; übersteigt die Feuchtigkeit die Norm, scharrt es die Stopfen auseinander.

Entfernt man das Weibchen aus dem Nest, sterben die Pilze bald ab. Danach sterben auch die Larven, die sich von ihnen ernähren.

Streng geschützt!

In Büchern, Zeitungsartikeln und Filmen liest, sieht und hört man immer wieder alarmierende und empörende Meldungen über das Verschwinden vieler Arten von Wildtieren. Von Jahr zu Jahr aber nimmt auch die Zahl der Menschen zu, die sich aktiv für deren Rettung einsetzen, weil sie wegen der rasch voranschreitenden Verarmung der natürlichen Ressourcen unseres Planeten ernstlich besorgt sind.

Was aber sind nun die Ursachen für das gänzliche Verschwinden ohnehin seltener Tiere? Da gibt es verschiedene. Zum Beispiel die Wilddieberei, doch dies ist nicht das Hauptübel. Einen nicht geringen Schaden fügen der Fauna in vielen Ländern private Tierparks zu, die seltene Tiere erwerben. Ein überzeugender Beweis hierfür, aber bei weitem nicht der einzige, ist der Fang von Orang-Utans. Dabei verfährt man üblicherweise wie folgt: Man tötet ein Weibchen, dessen Junges fällt vom Baum, man versucht, es einzufangen; doch das gelingt nicht immer, und oft zieht sich das Junge dabei tödliche Verletzungen zu.

Die Hauptursache für das Verschwinden vieler Tiere ist die Zerstörung ihres natürlichen Lebensraumes. Die verschiedenen Arten von Insektiziden, mit denen Felder bestäubt werden, die Erweiterung von Weideflächen für Haustiere und von Anbauflächen, das Roden von Wäldern, die Trockenlegung von Sümpfen, neue Siedlungen – dieser intensive Angriff des Menschen auf die unberührte Natur entzieht vielen Tieren ihre angestammten Lebensräume.

Nach Meinung vieler Zoologen ist es der »Störfaktor«, der in weit stärkerem Maße als die Jagd die Zahl der wildlebenden Waldbewohner reduziert. Touristen und Pilzsucher gehen zwar unbewaffnet in den Wald, doch tun sie es in immer größeren Scharen; sie zertrampeln dabei das Gras und vernichten das Unterholz. Am meisten leiden bodenbrütende Vögel unter der Masseninvasion von Waldbesuchern, sie werden in ihrer Ruhe gestört. Sie können weder unbehelligt ihre Eier bebrüten noch ihre Jungen aufziehen.

Es ist ein trauriges Bild, das sich da abzeichnet. Über hundert Säugetierarten und rund hundertvierzig Arten und Unterarten von

Vögeln sind durch die Schuld des Menschen schon ausgerottet. 1966 veröffentlichte die Internationale Union für den Schutz der Natur und der natürlichen Ressourcen (IUCN) die ersten Ausgaben eines »Roten Buches«. Schon etwa tausend Arten Säugetiere, Vögel und andere Wirbeltiere, die in den nächsten Jahren vom Aussterben bedroht sein werden, sind in ihren Listen verzeichnet.

1974 wurde auf Erlaß des Ministers für Landwirtschaft der UdSSR das »Rote Buch der UdSSR« angelegt und 1978 herausgegeben. In seinen Verzeichnissen seltener und vom Aussterben bedrohter Tiere sind zweiundsechzig Arten und Unterarten von Säugetieren, dreiundsechzig Vogelarten, acht Luchsarten und einundzwanzig Kriechtierarten aufgeführt. In der neuen sowjetischen Verfassung heißt es im Artikel 18, daß »in der UdSSR erforderliche Maßnahmen zum Schutz und zur wissenschaftlich begründeten, rationellen Nutzung des Bodens und der Bodenschätze, der Wasserressourcen, der Pflanzen- und Tierwelt...« ergriffen werden. In der Verfassung findet auch die Notwendigkeit der Reproduktion der Naturreichtümer Beachtung.

Somit ist die Rettung seltener Tiere schon zu einer Angelegenheit von staatspolitischer Bedeutung geworden, und die Hoffnungen der Menschen, denen das Schicksal der Tiere am Herzen liegt, haben einen nie gekannten Auftrieb bekommen. Für dieses Buch habe ich einige weniger bekannte Säugetiere und Vögel oder, im Gegenteil, gut bekannte ausgewählt, über die man oft lesen, die man in Zoos und Filmen sehen kann. Wir sind ja seit unserer Kindheit an den Gedanken gewöhnt, daß solche Wildtiere eigentlich doch ganz gut auf der Erde leben können. Aber da kommt dann plötzlich eine für viele völlig unerwartete Nachricht: Tiger sterben aus, Eisbären, Wale, Königsadler und andere Tiere, ohne die wir uns die freie Natur auf unserem Planeten gar nicht vorstellen können.

An die zweihundertfünfzig Tierarten sind also bereits durch Schuld des Menschen vernichtet worden. Und was sind das für Tiere? Nicht etwa lästige Fliegen, Küchenschaben oder Wanzen, sondern imposante Vertreter der Fauna unserer Erde. Im Verzeichnis der bereits verschwundenen Arten stehen der drei Meter große neuseeländische Laufvogel Moa, die plumpe, zutrauliche Dronte von den Maskarenen, der gewaltige Auerochse, die seltsame Stellersche Seekuh... Aus unerfindlichen Gründen scheint der Mensch eine besondere Vorliebe dafür zu haben, gerade wunderliche, zutrauliche, harmlose und dazu noch ungewöhnliche Tiere zu vernichten, ja der

Grad der Dezimierung einer Tierart kann geradezu als Kriterium ihrer Ungewöhnlichkeit, als »Visitenkarte« ihrer Einzigartigkeit dienen.

Aus ebendiesem Grunde ist es notwendig, über Tiere zu berichten, die unter Schutz gestellt werden müssen. Das »Rote Buch« der IUCN vertritt ihr Recht darauf.

Der Desman

Es gibt Forscher, die den Desman – auch Bisamspitzmaus, südrussischer Bisamrüßler oder Wychuchol genannt – mit dem Maulwurf zusammen zu ein und derselben Familie zählen. Andere wiederum sind der Meinung, die Desmane bilden eine gesonderte Familie.

Ehemals war dieses Tier in ganz Europa verbreitet (in frühgeschichtlicher Zeit auch in England). Heute gibt es noch zwei Arten – die Pyrenäen-Bisamspitzmaus und den südrussischen Bisamrüßler, den Wychuchol. Die erstere ist kleiner als die südosteuropäische, bei ihr ist der Schwanz nicht seitlich zusammengepreßt wie beim Wychuchol; sie lebt in Gebirgsflüßchen in den Pyrenäen.

Der südrussische Bisamrüßler hat sich hier und da noch in den Einzugsgebieten von Wolga, Don und Ural erhalten. Allerdings ist er auch nach Mordwinien, Baschkirien, in das Gebiet Smolensk und hinter den Ural – in die Niederungen an Ob und Irtysch, in die Gebiete Tomsk und Nowosibirsk – umgesiedelt worden (von 1948 bis 1970 nahezu zehntausend Exemplare). An manchen Stellen haben sich diese Tiere recht gut eingelebt.

Der Wychuchol ist im Wasser in seinem Element wie der Maulwurf unter der Erde, das sieht man sofort: Der Körper ist torpedoförmig; die Ohren sind klein, damit die Stromlinienform gewahrt bleibt. Der Pelz ist dicht, dick und warm. Die Grannen sind oben breiter als an der Basis – sie verkeilen sich gewissermaßen ineinander und fallen deswegen nicht locker auseinander. Die Unterwolle ist kraus; für Wassertiere ist das wichtig, denn in einem solchen Fell nimmt das Tier beim Tauchen viel Luft mit ins Wasser. So läßt es sich leichter schwimmen, und es ist auch wärmer im Wasser, da Luft ja ausgezeichnet isoliert. Am Bauch stehen dem Wychuchol die Haare sogar etwas dichter als am Rücken, bei Landtieren verhält es sich gerade umgekehrt. Da den Körper im

Wasser die Kälte von allen Seiten umgibt, muß der Bauch ebensogut in Fell gekleidet sein wie der Rücken. Auch am Ufer läuft der Wychuchol ja nicht im Trocknen: Die Beinchen sind kurz, deswegen befindet sich der Bauch immer nahe der feuchten Erde. Das dichte Fell kommt ihm hier wirklich sehr zustatten.

Wenn der Sommer da ist und es heiß wird, was macht der Wychuchol da, um nicht an Hitzschlag zugrunde zu gehen (was bei Wassersäugern durchaus vorkommt)? Man schaue sich einmal den Schwanz an: Er ist nicht nur ein vortreffliches Ruder, das der Schwimmer braucht, sondern auch noch ein »Strahler«! Nicht mit Fell, sondern mit hornigen Schuppen bedeckt, gibt er die überschüssige Wärme, die das Blut aus dem überhitzten, durch das Fell isolierten Körper dorthin transportiert, schnell an die Umgebung ab und kühlt das Tier etwa so wie ein Kühler einen Automotor. Die mit Schwimmhäuten versehenen, mit borstigen Fransen besetzten Hinterpfoten sind sozusagen die Antriebsschraube des Wychuchol. Die Vorderpfoten besitzen ebenfalls Schwimmhäute, sie sind jedoch kurz und brauchen nicht zu rudern: Wenn das Tier schwimmt, legt es sie an.

Das Schnäuzchen ist langgestreckt, die Atemlöcher befinden sich ganz am Ende, und um zu atmen, muß der Wychuchol es nur wenig aus dem Wasser herausrecken. Interessant ist auch, daß die Luftröhre von speziellen Gaumen- und Rachenmuskeln dicht verschlossen wird, so daß kein Wasser hineingelangt, selbst wenn der Wychuchol frißt, ohne aufzutauchen.

Das Herz ist bei Wassertieren gewöhnlich, relativ gesehen, nicht so groß wie bei Landtieren: Schwimmen ist leichter als auf festem Lande umherlaufen, und die Blutpumpe hat daher weniger Arbeit zu leisten. Doch ist die rechte Herzseite bei ihnen dicker und massiver als bei Landsäugern. Unter Wasser hat es die rechte Herzkammer schwerer, das Blut in die Lungen zu pumpen: Wasser hat eine größere Dichte als Luft und preßt den Brustkorb stärker zusammen. Um diesem Druck auf die Lungen standzuhalten, sind die Muskeln der rechten Herzkammer verstärkt durch zusätzliche Muskelfasern.

Der Wychuchol fühlt sich im Wasser fast wie ein Fisch. Fünf Minuten lang, nach einigen Angaben sogar noch länger, braucht er nicht aufzutauchen, um Atem zu schöpfen. Er friert nicht und schluckt auch kein Wasser, selbst wenn er mit seinen höckrigen Mahlzahnen Wasserkäfer, Schnecken, Libellen- und Mückenlarven oder Egel (die mag er ganz besonders), Würmer, Krebse, Fische,

Frösche, Kaulquappen, Laich, Schilf, Rohr, Pfeilkraut sowie Teich- und Seerosen zerquetscht und zermalmt. Sein Speisezettel ist überaus abwechslungsreich, er enthält ungefähr hundert verschiedenartige tierische und pflanzliche Gerichte.

Wenn der Wychuchol Kleingetier auf dem Grunde eines Gewässers fängt, wühlt er mit dem spitzen Schnäuzchen und den Vorderpfoten im Schlamm, als spaziere er mit dem Kopf nach unten auf dem Grunde umher.

Der Wychuchol jagt in der Dämmerung und nachts, seltener auch am Tage. Gewöhnlich verbirgt er sich aber tagsüber in seinem Bau. Der ist ziemlich tief und hat, wenn der Wasserstand im Fluß häufig schwankt, manchmal mehrere Etagen. Der Bau, sagt man, rieche nach Moschus; entsprechende Drüsen habe der Wychuchol unter dem Schwanz. Der Eingang zum Bau liegt immer unter Wasser. Drinnen befinden sich einige mit Laub und Gras ausgepolsterte Nestkammern sowie zwei, drei Reservekammern, wo sich das Tier nach einem ausgiebigen Unterwasserausflug trocknet. Im Bau wirft der Wychuchol nach vierzig bis fünfzig Tagen Trächtigkeit ein bis fünf, meist aber drei, vier Junge. Die Wurfzeit ist recht unterschiedlich, gewöhnlich im April/Mai oder im August/September, es kann aber auch im Oktober oder in jedem anderen Monat sein, selbst im Winter bis in den Januar hinein. Wovon diese Unterschiede in den Geburtsterminen abhängig sind, ist bislang ungeklärt. Das Männchen lebt mit dem Weibchen zusammen in einem Bau und kümmert sich um die Jungen, indem es sie mit dem eigenen Körper wärmt.

Wenn wenig Platz für weitere Höhlen vorhanden ist, bewohnen manchmal gleichzeitig mehrere Familien einen Bau. Im Winter ist dieser nicht selten von einem Dutzend Tieren belegt. In dieser Zeit

verschlafen die Wychuchols fast den ganzen Tag im Bau und verlassen ihn nur auf kurze Zeit zur Aufnahme von Nahrung, die im wesentlichen aus kleinen Fischen und den Wurzeln von Wasserpflanzen besteht.

Interessant ist, daß junge Wychuchols gern mit Spänen und Stengeln von Pflanzen spielen, die auf der Wasseroberfläche schwimmen. »Das Spiel besteht darin, daß sie die Gegenstände anstoßen und einander wegnehmen«, schreibt Professor Barabasch-Nikiforow. »Besonders hervorzuheben sind auch die eigenartigen freundschaftlichen Beziehungen zwischen Wychuchols und Bibern.« Häufig sind beider Baue untereinander verbunden. Im Naturschutzgebiet Woronesh siedelten die nahe einer Biberfarm freigelassenen Wychuchols bald in die künstlichen Biberburgen um, ließen sich dort häuslich nieder und kletterten schlafenden Bibern, die sie überhaupt nicht beachteten, sogar auf die Rücken.

Ganz anders aber ist das Verhältnis der Wychuchols zu Bisamratten. Diese sind aus Nordamerika eingeschleppt worden und haben sich in der Sowjetunion in vielen Gewässern akklimatisiert. Sie verdrängen die Wychuchols aus deren angestammten Verbreitungsgebieten und nehmen deren Baue in Besitz.

Die Erschließung vieler Gewässer für wirtschaftliche Zwecke richtete ebenfalls Verheerungen unter den Wychuchols an. Der Wychuchol ist ein seltenes, wertvolles Pelztier, das im internationalen und sowjetischen »Roten Buch« verzeichnet ist. Vor dem ersten Weltkrieg wurden in Rußland pro Jahr noch hunderttausend Wychucholbälge verkauft, dann aber ging es mit dem gewinnträchtigen Geschäft bergab: Heute ist die Jagd auf Wychuchols gänzlich verboten. Deren Gesamtzahl in der UdSSR schätzt man auf fünfzigtausend (1974). Zur Rettung dieses wertvollen Pelztiers wurden hier vier Naturschutzgebiete und an die vierzig Wildreservate eingerichtet.

Der Biber

»Ich habe Leute gekannt, die zwar lesen und schreiben konnten, die aber viel dümmer waren als ein alter erfahrener Biber«, sagt Falkenauge in Fennimore Coopers »Der Letzte der Mohikaner«. Schriftsteller und auch Zoologen bezeichnen den Biber als »Ingenieur«, und das so oft, daß man dessen schon überdrüssig ist, aber einen besseren Vergleich kann man sich wohl kaum ausdenken.

Äußerlich ist der Biber ein imposantes Tier. Sein edles Fell mit warmer Unterwolle und harten Grannenhaaren ist zwecks größerer Elastizität und besseren Nässeschutzes mit einem öligen Sekret eingefettet. Nach jedem Bad reinigt der Biber es sorgfältig und »pomadisiert« es neu.

Ehemals lebten Biber in ganz Europa (außer Spanien), in Sibirien, der Mongolei, in Nordchina und in Nordamerika von Alaska bis zum Rio Grande, aber sie wurden vielerorts erbarmungslos ausgerottet. Danach stellte man sie unter Schutz und siedelte sie erneut an.

In der UdSSR hatten um 1930 schätzungsweise etwa tausend Biber überlebt. Jetzt regeneriert sich in Europa ihr Bestand, und die alten Verbreitungsgebiete entstehen gewissermaßen neu. Allerdings sind sich die Spezialisten noch nicht einig, ob es nun eine oder zwei Biberarten gibt. Auf jeden Fall weist der europäische Biber außer einigen Besonderheiten des Schädels einen schmaleren und längeren Schwanz auf als der amerikanische, und das Rückenfell hat keine rötlichen Töne.

Biber wiegen zwischen neun und zweiunddreißig Kilogramm und können fünfundzwanzig Jahre alt werden, zumindest in Gefangenschaft. Sie haben einmal im Jahr, und zwar im April/Mai, drei bis fünf, selten sechs Junge. Bereits nach ein, zwei Tagen können die

Jungen schwimmen, und im Alter von drei Wochen fressen sie schon Pflanzen, obwohl die Mutter sie noch drei weitere Wochen säugt. Mit den Eltern bleiben sie bis zum Alter von zwei, drei Jahren zusammen. Biber fressen Rinde, Triebe, Blätter, wobei sie Espe und Weide, Sumpfgräser und Schilf, Schwert- und Wasserlilien bevorzugen. Für den Winter legen sie sich unter Wasser einen Vorrat an Zweigen an, mitunter fünfzig bis achtzig Kubikmeter!

Betrachtet man einen Biber von vorn, staunt man über seine stattlichen Schneidezähne, die über die Lippen hervorstehen. Dieses Grab- und Schneidewerkzeug ist universell einsetzbar. Mit ihm kann der Biber unter Wasser arbeiten, ohne das Maul zu öffnen. An der Nase fallen einem die beweglichen fleischigen Nüstern auf, die sich hermetisch schließen, wenn das Tier taucht. Es kann bis zu fünfzehn Minuten unter Wasser bleiben, ohne zum Atmen auftauchen zu müssen.

Wenige nur hatten Gelegenheit, zu sehen, wie Biber ihre Schneidezähne unter Wasser handhaben. Am Ufer jedenfalls entwickeln sie eine geradezu phantastische Produktivität: Innerhalb von zwei, drei Minuten fällen sie eine armstarke Espe!

In einem französischen Nationalpark beobachtete der Zoologe P. Richard Biber, die voll und ganz mit Bauarbeiten beschäftigt waren, doch sei mir gestattet, zunächst ein wenig abzuschweifen und kurz zu sagen, welche Bautypen Biber so errichten. Man kann sie nur bestaunen und sich nur schwer vorstellen, daß ein Tier zu solchen Dingen fähig ist!

Typ eins: die Biberbaue selbst. Die Tiere graben sie in hohe, feste Ufer, an Steilhängen. Der Eingang liegt ein oder zwei Meter tief unter Wasser; diese dunkle Öffnung, in die auch Fische hineinschwimmen dürfen, ohne daß die Biber sie behelligen, ist schräg nach oben gerichtet. Hat der Gang den Wasserspiegel des Flusses erreicht, wird er weiter unter die Wurzeln eines starken Baumes geführt. Dort wird der dunkle Schlafraum angelegt, der manchmal so groß ist, daß zwei Menschen gut und gern darin übernachten könnten. Hat der Fluß keine gleichbleibende Wasserführung, sinkt bei Trockenheit sein Wasserspiegel, wird unter dem ersten Eingang in Richtung auf den Schlafraum eine weitere Höhle gegraben. Der Eingang muß unter Wasser liegen, das ist unerläßliche Bedingung. Manchmal hält die »Decke«, die Erdschicht über dem Schlafraum, nicht stand und stürzt ein. Dann häufen die Biber darüber Reisig auf.

Bautyp zwei: Reisig- und Erdhütten, die anderthalb bis drei Meter über das Wasser hinausragen, ihr Durchmesser erreicht zehn bis zwölf Meter. Der Eingang befindet sich gleichfalls unter Wasser.

Typ drei: Kanäle. In sumpfigem Gelände verlaufen vom Bau aus wie Sonnenstrahlen auf einer Kinderzeichnung schmale und flache Wasserstreifen in verschiedene Richtungen – die Wasserstraßen der Biber zum Arbeitsplatz und zu ihrem »Speiseraum«.

Schon möglich, daß die Biber den Kanalbau gar nicht aktiv betreiben, sie gehen eben immer denselben Weg, und allmählich vertiefen sich die Pfade und füllen sich mit Wasser. Aufmerksame Beobachter aber behaupten, daß die Biber sich ganz eindeutig bemühen, ihre Kanäle in Ordnung zu halten. Sie haben es nicht gerne, wenn Unrat hineingelangt. Auf diesen Wasserwegen flößen sie Baumstümpfe und Abfall, das ist leichter, als alles mit den Zähnen und Pfoten zu schleppen.

Bautyp vier: das sind die Dämme, also jene Objekte, für die seit langem alle anthropomorphistischen Vergleiche, alle Lobesworte verwendet werden. Man behauptet, Biber hätten einmal einen Damm gebaut, der viereinhalb Meter hoch und 652 Meter lang gewesen sei!

In Gemeinschaftsarbeit häufen Biber in der Flußmitte Baumstämme, Steine, Zweige und Schlamm an, damit sich eine kleine Insel bildet. Danach türmen sie seitlich der Insel in Richtung Ufer Material auf, das sich für das Stauen von Wasser eignet, verflechten es mit Zweigen, bestreichen es mit Schlamm und Lehm, stützen das Ganze mit Lanzen und Streben aus Stämmen ab, wobei sie diese nicht selten mit dem einen Ende gegen den Damm und mit dem anderen gegen einen Baum gegenüber lehnen. Sie stapeln und verflechten alles miteinander, bis sie das Ufer erreicht haben. Das Wasser steigt, fließt über, spült Hohlräume aus, doch die Bauleute lassen sich nicht beirren. Sie schleppen und flechten, sie häufen auf, sie verschmieren... Schon hat sich der Wasserspiegel gehoben, glänzt eine ruhige, glatte Wasserfläche. Das überschüssige Wasser fließt durch einen gut funktionierenden Abfluß aus eng verflochtenen Zweigen ab. Eine solche Abflußrinne kann der Fluß nicht zerstören.

Doch mit einem einzigen Damm ist es nicht getan. Die Biber können nicht untätig mit ansehen, wie wertvolles Naß nutzlos irgendwohin abfließt. Also bauen sie stromab noch einen Damm, dann einen weiteren und immer noch einen... Das Ergebnis ist eine ganze Kaskade von Teichen, aufeinanderfolgend wie Stufen einer großen Treppe, besser vergleicht man sie noch mit Staustufen.

Manchmal allerdings stimmen die Biber ihre Vorhaben nicht mit den Plänen des Menschen ab und okkupieren ausgedehnte Heuwiesen für ihre Stauseen. In Amerika sind solche Fälle so häufig geworden, daß die Menschen Sprengstoff anwenden mußten. Doch die Biber stellen das Zerstörte schnell wieder her. Da verzichtete man auf Dynamit und trieb Dränagerohre durch den Damm, das heißt, man fügte dem nach Meinung der Biber ausreichenden Abfluß noch einen weiteren oder zwei hinzu. Diesmal, meinten die Farmer, sei alles »okay«, und freuten sich schon, doch...

An dieser Stelle ist es wohl Zeit, in den französischen Nationalpark zu der angekündigten Geschichte über den Versuch von Richard zurückzukehren. Dem Beispiel der Amerikaner folgend, trieb auch er durch so einen Damm ein Loch und führte ein Dränagerohr hindurch, lang genug, damit die Eingangs- und Ausgangsöffnungen in genügend großem Abstand zu beiden Seiten des Staudammes zu liegen kamen.

Das Wasser begann zu sinken. Die Biber wurden unruhig. Anfangs gingen sie eiligst daran, das Bauwerk oben aufzustocken. Sie stopften alle Abflüsse zu, doch das Wasser floß weiter ab, und sie gaben die sinnlose Arbeit auf.

Irgendwie aber müssen sie doch dahintergekommen sein, daß an allem das Rohr schuld war! Sie verstopften also die Einflußöffnung. Doch es gab nicht nur eine. Außer der Hauptöffnung waren da

noch ein paar seitliche Löcher, die Richard in die Rohrwand gebohrt hatte und die die Biber nicht verstopfen konnten. Das große hatten sie zwar geschafft, aber alles, was sie in die kleinen stopften, riß das Wasser weg. Da gaben sie auch diese Arbeit auf.

Zoologen, die die Tiere aus Verstecken heraus beobachteten, amüsierten sich: Zu drollig sah es aus, wie die Biber hin und her liefen und Ausschau hielten, was denn nun noch zu tun bliebe, genau wie Bauleiter auf einer Baustelle.

Die Biber kamen auf die Idee, auch das andere Ende des Rohres zu verstopfen. Doch dort erwies sich die Strömung, die im Rohr noch schneller wurde, als zu stark, und alles, womit sie die Öffnung zu verschließen suchten, wurde augenblicklich weggespült. Da gaben sie auch diese Arbeit auf. Trotzdem aber fanden sie einen Ausweg! Sie errichteten einen Damm, der die untere Ausflußöffnung umschloß. Wenn das Wasser schon wegfloß, dann doch wenigstens in ihren neuen Teich!

Nach dieser Geschichte wird man es wohl kaum noch jemandem verdenken, wenn er die Biber als wahre Ingenieure bezeichnet! Übrigens lassen sie im Winter einen Teil des aufgestauten Wassers ab, damit sich unter dem Eis Hohlräume bilden. In diesen Hohlräumen zwischen Eis und Wasser tummeln sie sich dann und fressen.

Und noch etwas. Die Mitglieder einer Biberfamilie sind verträglich und friedlich, sie lieben sogar Spaß und Spiel. Ein Männchen lebt in der Regel sein ganzes Leben lang mit demselben Weibchen zusammen, auch wenn es bisweilen andere nicht verschmäht. Mit fremden Bibern aber machen sie nicht viel Federlesens, besonders wenn ihr Nahrungsreviere und das Wasser mit knapper Not für sie

selber reichen oder wenn alle Weibchen längst vergeben sind. Dann bekämpfen sie einander erbarmungslos. Gibt es aber einmal eine große Trockenheit und die Gewässer werden seicht, dann sammeln sich alle dort, wo noch Wasser verblieben ist. Sie unterlassen ihre Raufereien, und die hier ansässigen Biber vertreiben die Gäste nicht. Dürre ist eben ein Unglück, das alle gleichermaßen trifft ...

Der Irbis

Der Irbis wird auch Schneeleopard genannt, doch ist er eigentlich gar kein Leopard, obwohl er ihm ähnelt. Sein rauchgraues Fell ist schwarz gefleckt, die Wolle lang und flauschig, besonders am Bauch, wo sie bis zwölf Zentimeter lang werden kann.

Der Irbis kommt im Altai, Pamir und Tienschan vor, in Tibet, im Himalaja und in der Mongolei. Im Sommer ist er in viertausend, ja sogar noch in sechstausend Meter Höhe anzutreffen. Im Winter kommt er, den Herden der Huftiere folgend, stellenweise bis auf sechshundert Meter Höhe herunter.

Das Revier eines Irbisses ist groß, andere Artgenossen gelten als Rivalen und werden darin nicht geduldet. Gehen Schneeleoparden gemeinsam auf Jagd, so sind es Männchen und Weibchen oder auch ein Weibchen mit herangewachsenen Jungen. Gewöhnlich halten sie sich im Rhododendrondickicht, auf alpinen Matten und auf kahlen Felsen an der Schneegrenze auf.

Stundenlang lauert der Irbis auf oder unter einem Felsen Schneeschafen und Wildziegen auf. Ganz allgemein aber ist er ein universeller Jäger: Er schlägt alles, von Mäusen bis zu Yaks. Er schleicht sich an die Beute und stürzt sich dann in gewaltigen Sprüngen auf sie: Sechs Meter und weiter kann ein Irbis in einem Satz wie ein Vogel über den Boden dahinfliegen.

Irbisse jagen in der Dämmerung und nachts, selten bei Tage. Sie ruhen in Höhlen, in Felsspalten, manchmal sogar in verlassenen Horsten von Geiern auf niedrigen Bäumen.

6-1051

In der Zeit von April bis Juni bringt das Irbisweibchen zwei, drei, selten fünf Junge zur Welt. Die ersten Tage krabbeln diese, eng aneinander geschmiegt, auf der weichen Wolle umher, die die Mutter sich vorher am Bauch ausgezupft und mit der sie die ganze Höhle ausgekleidet hat, was bei Katzen selten ist. Am sechsten bis neunten Tag öffnen sich die Augen der Jungen, und am zehnten Tag tappen sie auf unsicheren Beinen umher, ohne jedoch dabei die Höhle zu verlassen.

Der Irbis hat einen sehr langen und sehr buschigen Schwanz, wie kein anderes Raubtier ihn hat. Früher fragte man sich, wozu so ein Luxus wohl gut sei. Doch dann zeigte sich, daß der Natur auch hier kein »Konstruktionsfehler« unterlaufen ist. Wenn das Irbisweibchen mit seinen Jungen ruht, preßt es diese an sich und bedeckt sie von oben noch mit dem Schwanz wie mit einer Daunendecke. Dort, wo die Irbisse leben, ist es nämlich empfindlich kühl, besonders nachts.

Zwei Monate nach der Geburt verlassen die Irbisjungen zum ersten Mal vorsichtig ihre Höhle. Vor ihrer Behausung empfangen sie die Mutter mit der Beute, sie zanken sich darum und reißen einander die Fleischstückchen weg. Im Juli/August gehen sie mit der Mutter zusammen auf die Jagd. Kommt der Winter, überläßt die Mutter die jungen Irbisse nicht sich selbst. In der Regel leben sie alle zusammen. Möglicherweise gesellt sich auch der Vater zu ihnen, im Zoo jedenfalls kümmert er sich um die Kleinen.

Seines schönen dichten Felles wegen wird der Irbis überall gejagt. In der Sowjetunion und in Indien ist er zwar schon seit langem gesetzlich geschützt, doch Irbisfelle gelangen trotzdem auf den Weltmarkt, obwohl die internationalen Handelsorganisationen den Verkauf solcher Felle verboten haben.

Ein Irbis ist fast so groß wie ein Leopard, ein altes starkes Tier kann fünfundsiebzig Kilogramm wiegen, meist aber bringt der Irbis nur die Hälfte auf die Waage. Körpergröße und einige andere Besonderheiten stellen ihn in die Nähe der Großkatzen (von Tigern, Löwen und Leoparden), doch hat er auch einiges von den Kleinkatzen. Zum Beispiel schnurrt er, wenn er guter Laune ist, wie es auch Puma und Nebelparder tun. Einige Zoologen bezeichnen Nebelparder, Puma und Schneeleoparden als riesige Kleinkatzen. Heute dürften in der Sowjetunion insgesamt nicht mehr als tausend Irbisse leben.

Der Karakal

Der Wüstenluchs, der Karakal, ist unglaublich schnell und gewandt im Angriff. Er holt zum Beispiel einen Hasen ein, sofern die Laufzeit nicht zu lang ist, und fängt auch mit hohen Sprüngen tieffliegende Vögel. Dazu schleicht er sich an einen auf der Erde sitzenden Vogelschwarm an; fliegen die Vögel schreiend auf, schlägt er sie mit den Krallen in der Luft. In alten Zeiten wurden Wüstenluchse in Persien, Indien und anderen Ländern von Leuten gezähmt, die diese seltenen Fähigkeiten der Karakals zu schätzen wußten und mit Hilfe solcher Katzen kleine Antilopen, Füchse und Fasanen jagten.

Fast ganz Afrika, die Arabische Halbinsel, Klein- und Vorderasien bis Nordwestindien und in der Sowjetunion der Südwesten Mittelasiens – das ist das nicht gerade kleine Verbreitungsgebiet des Karakals. Doch heute steht er im »Roten Buch« verzeichnet, und zwar sogar auf dessen roten Seiten, das heißt, daß er ganz besonderen Schutzes bedarf.

Der Karakal ist ein Bewohner der Ebene; seine Lebensräume sind Savannen und Wüsten, wo Wasser nicht immer leicht zu finden ist. Doch Karakals können lange ohne Wasser auskommen, da sie das erforderliche Minimum an Flüssigkeit in den Körpern der Tiere finden, die ihnen als Nahrung dienen. Das sind gewöhnlich verschiedene Arten Nagetiere, Vögel, kleine Antilopen oder Eidechsen; sie fallen sogar brütende Strauße an, ebenso Igel und Stachelschweine.

Die Beine des Karakals sind zwar lang, doch beim Laufen entwickeln die Tiere nur auf kurze Entfernungen die Geschwindigkeit, die ausreichend ist, das schnellste ihrer Beutetiere zu erjagen. Deswegen schleichen sie sich so nahe wie möglich an, dann ein paar Sätze, und die Beute ist gepackt. Die Sätze sind mit fast fünf Metern nicht gerade kurz, für das kleine Raubtier (es ist nur sechzig bis achtzig Zentimeter lang) eine ausgezeichnete »Sprungleistung«.

Im Winter und Frühjahr jagen die Karakals tagsüber, in heißen Sommern dagegen nachts. Bei Tage verbergen sie sich dann in Bauen von Stachelschweinen und Füchsen, in dichtem Gestrüpp oder einer Felsspalte. Sein ganzes Leben verbringt der Karakal auf dem Boden. Sehr selten nur, etwa auf der Flucht vor Hunden, klettert er auf Bäume.

Ein bis drei, seltener vier Junge werden im April geboren. Die Mutter säugt sie zweieinhalb Monate lang.

Der Karakal hat einen Stummelschwanz, der aber etwas länger ist als der des Luchses, und am Ende der Ohren Pinselchen. Er besitzt keinen »Backenbart« wie Luchse, sein Fell ist von rötlichbeiger Farbe und ohne Flecken. Die Jungen allerdings sind gefleckt.

Ende des vorigen, ja sogar noch zu Beginn unseres Jahrhunderts war der Karakal in den Wüstenregionen auf dem gesamten linken Ufer des Amudarja bis hin zu dessen Mündung in den Aralsee nichts Ungewöhnliches. Heutzutage aber ist er selten geworden, und sein Verbreitungsgebiet ist nur noch auf Turkmenien, die Karakalpakische ASSR und den Süden Westkasachstans begrenzt. Im »Roten Buch der UdSSR« heißt es: »Am rechten Ufer des Amudarja in Usbekistan wurde der Karakal hin und wieder bei der Siedlung Dshingelda beobachtet.« Darüber hinaus ist er auf dem rechten Ufer des Amudarja in den letzten Jahren nirgend weiter angetroffen worden.

In der Natur hat der Karakal kaum Feinde. Hauptursache für das Schwinden der Population in Gebieten, wo er normalerweise lebt, sind die Erschließung von Wüstenregionen durch den Menschen, der verstärkte »Unruhefaktor« und Verluste durch Fallen, die eigentlich Hasen und Füchsen gestellt werden.

In der Sowjetunion leben in siebzehn zoologischen Gärten zur Zeit etwa drei Dutzend Karakals, je zur Hälfte Weibchen und Männchen. 1938 gelang es erstmals, im Zoologischen Garten von Dresden ein Jungtier aufzuziehen. In den letzten Jahrzehnten züchteten mehrere Tiergärten in der Welt Karakals.

Der Tigeriltis

Der Tigeriltis ist ein recht auffälliges Tier, das in seinem Verhalten sowohl an den Steppeniltis als auch an den amerikanischen Skunk erinnert. Seine Lebensweise entspricht im wesentlichen der des Steppeniltisses, doch die Art, sich zu verteidigen, der des Skunks – sein über dem Rücken aufgerichteter buschiger Schwanz ist das erste Warnzeichen. Wird das nicht beachtet, verspritzt er, unter dem Schwanz hervor, eine übelriechende Flüssigkeit. Will der Tigeriltis warnen oder ist er gereizt, keckert er nicht wie Iltisse und viele kleine Marderartige, sondern er kreischt. Sein Fell ist recht farbenfroh: Auf meist gelblichem Untergrund sind sehr willkürlich und bei den einzelnen Individuen unterschiedlich rötlichbraune und braune Flecken von unregelmäßiger Form verstreut. Bauch und Beine sind schwarzbraun, die Ohren weiß.

Das Verbreitungsgebiet des Tigeriltisses sind Steppen und Halbwüsten Südosteuropas, der Türkei, des Iran, Pakistans, Westchinas, des sowjetischen Schwarzmeergebietes, der Krim, des Kaukasus, des Unterwolgagebietes, Kasachstans, Mittelasiens und des Altai. Seine Beutetiere sind Nager, Eidechsen und Vögel; am liebsten jagt er im Morgengrauen und in der Abenddämmerung. Höhlen, manchmal Baumhöhlen, dienen ihm als Ruhe- und Schlafplatz.

Paarungszeit ist wahrscheinlich im August/September. Die Trächtigkeit beträgt fünf Monate; im März wirft das Weibchen bis zu vierzehn Junge.

Im europäischen Teil der Sowjetunion ist der Tigeriltis ein seltenes Tier, während er in Mittelasien häufig vorkommt.

Der Seeotter

Es gibt einen Otter, der ständig im Meer und an Meeresküsten lebt. Das ist der Seeotter, auch Kalan genannt. Seine Heimat sind die Kommandeurinseln und die Kurilen sowie Südkamtschatka, auf der anderen Seite des Stillen Ozeans die Aleuten, die Südwestküste von Alaska, und auch an der kalifornischen Küste ist er stellenweise anzutreffen.

Ehemals gab es viele Seeotter, jetzt sind es vermutlich noch sechs- bis siebentausend auf sowjetischen Inseln und einige tausend in Amerika. Die Jagd auf Seeotter – Seeotterfell ist sehr teuer – ist untersagt.

Seeotter sind friedliche und gutmütige Tiere. »Ihre Gesellschaft ist einfach erholsam«, meint der sowjetische Zoologe S. W. Marakow, der der Erforschung des Seeotters auf den Kommandeurinseln viel Kraft und Zeit gewidmet hat. Männchen und Weibchen halten sich getrennt und abseits voneinander auf, doch diese wie jene leben einträchtig in Gruppen. An Sommertagen schwimmen die Kalane gewöhnlich einige Kilometer aufs Meer hinaus und kehren in der Dämmerung zum Ufer zurück. Hier sind der Brandungsstreifen, Buchten mit Felsen und Steinen unter und über Wasser sowie Braunalgendickichte die von ihnen besonders bevorzugten Plätze. Seeotter können längere Zeit auf dem Rücken im Wasser schlafen, bei manchen schlafen, bequem zusammengerollt, auf der Brust auch die Jungen. Ihre Mütter sind sehr zärtlich und fürsorglich, doch leider kinderarm: Nur ein Junges haben sie im Jahr, Zwillinge sind sehr selten. Sie bringen ihre Jungen am Strand oder auf Felsen im Meer zur Welt (einige amerikanische Zoologen behaupten, manchmal auch im Wasser). Bereits dem erst zwei Wochen alten Jungen bringt die Mutter das Schwimmen bei: Sie legt es sich auf die Brust, hält es mit einer Pfote fest und schwimmt mit ihm rücklings aufs Meer hinaus. Es kommt vor, daß sie mit ihm auch nach Beute auf den Grund taucht. Die Beutetiere sind Seeigel, Seesterne, Fische, Tintenfische, Weichtiere und Krabben.

Sind die Seeotter untergetaucht, sammeln sie die Stachelhäuter, legen sie sich in Hautfalten »unter dem Arm« und pressen sie eng mit der Pfote an sich, um sie nicht zu verlieren. Die Haut liegt bei Seeottern dem Körper locker an, so daß es ihnen vermutlich nicht schwerfällt, mit ihrer Beute so zu verfahren. Zuweilen nehmen sie vom Grunde noch einen Stein mit und schwimmen nach oben. Was sie hier mit dem Stein machen, ist schon gesagt worden. Sie zerschlagen damit die Beute, Seeigel oder Weichtiere, und verzehren sie in aller Ruhe.

Hat der Kalan gefressen, gähnt er. Wie Marakow behauptet, gähnt er gern und oft und mit sichtlichem Behagen. Nach ausgiebigem Gähnen schläft er, auf dem Rücken liegend, gleich an Ort und Stelle auf dem Wasser ein. Er legt die Pfötchen auf der Brust zusammen, vergräbt in ihnen das Schnäuzchen und wiegt sich auf den Wellen wie in einer Hängematte.

Sind die Jungen herangewachsen und um die sechs Monate alt, geben die Mütter sie in die Obhut der Väter, die ihnen durch ihr eigenes Beispiel beibringen, wie man jagt und sich vorbeugend gegen Schwertwale und räuberische Zahnwale verteidigt. Für viele Meeresbewohner, vom Kalmar bis hin zum Bartenwal, ist der Schwertwal der schlimmste Feind und für die Seeotter dort, wo der Mensch ihnen nicht nachstellt, wahrscheinlich der einzige.

Der Eisbär

Es gibt sieben Bärenarten – den Eisbären, den Braunbären, zwei Schwarzbären (den Himalajabären und den nordamerikanischen Bären, den Baribal), den südamerikanischen Brillenbären und zwei südasiatische Arten – den Lippenbären und den Malayenbären.

Der Eisbär (die sibirischen Anwohner des Nordpolarmeeres nennen ihn Oschkui) ist das bekannteste Landtier der Arktis und gleichzeitig das am wenigsten erforschte, wie der namhafte sowjetische Zoologe Sawwa Uspenski meint.* Er ist ein imposantes Tier, das stärkste Raubtier unserer Erde, dessen Lebensweise an sich schon äußerst interessant ist.

Früher glaubte man, der Eisbär sei ein rastloser Vagabund, der sich auf den driftenden Eisfeldern der gesamten Arktis herumtreibe und nirgends besonders lange verweile. Heute weiß man, daß Eisbären stärker an bestimmte Örtlichkeiten gebunden sind, besonders an jene, wo es offenes, eisfreies Wasser gibt. Im Winter ist das der Südrand der arktischen Eisfelder. Im Sommer verstreuen sich die Eisbären über ausgedehntere Räume, manche wandern fast bis zum Nordpol (bis 88 Grad nördlicher Breite). Doch noch immer

* Seine Bücher »Heimat der Eisbären«, »Tiere in Eis und Schnee« und »Durch Alaska« sind auch in deutscher Übersetzung erschienen (A. d. Red.)

geben die Wanderwege der Eisbären den Fachleuten so manches Rätsel auf. Der Zoologe Jack Lentfer aus Alaska hat seit 1966 über zweihundert Eisbären markiert. Einige davon traf er später tausend Kilometer weit entfernt wieder, andere aber fast an dem gleichen Ort, an dem er sie markiert hatte. Mit dem driftenden Eis, das sich langsam, aber ständig wie ein riesiges Karussell zusammen mit den Wassermassen des Nordpolarmeeres im Uhrzeigersinn – von Grönland beispielsweise nach Kanada, Alaska und weiter zur Küste Sibiriens – im Kreise dreht, driften auch die Eisbären durch die Arktis.

Der Arktische Ozean ist seiner Fläche nach nicht sehr viel größer als Europa, so daß auch das Areal, das die Natur den Eisbären sozusagen zur Verfügung gestellt hat, gar nicht so sehr groß ist. Die wahre Heimat der Eisbären sind die Inseln in diesem Ozean, stellenweise auch die Küstengebiete der Kontinente. Irgendwo unterhalb schneeverwehter Hänge beginnen hier im Herbst die trächtigen Bärenweibchen ihren Winterschlaf, und hier werden auch die Bärenkinder geboren. Von hier also beginnen die Eisbären ihre Wanderungen durchs Leben und durchs Treibeis.

In einigen Regionen der Arktis verbringen alle oder beinahe alle Bären den Winter, in Schneehöhlen schlafend. In bestimmten Gegenden, auf der Wrangelinsel beispielsweise, sind es aber nur die trächtigen Weibchen. So hat man durch Zählung festgestellt, daß sich auf dieser Insel jährlich etwa zweihundertfünfzig weiße »Polardamen« zum Überwintern einfinden.

Ihr »Winterquartier« gräbt die Bärin in die Schneewehen am Ufer. Ein zwei, drei, bisweilen sogar sechs Meter langer Gang führt unter dem Schnee zu ihm hin. Bevor sich das Tier zum Winterschlaf niederlegt, errichtet es einen Schneewall am Höhleneingang. Der Schneesturm häuft neue Schneewehen auf diesem »Windschutz« an und schirmt die Höhle gegen Kälte und feindliche Blicke ab. Mag der Frost auch noch so klirren, in der Bärenhöhle bleibt ständig eine Temperatur um null Grad erhalten.

Im Dezember/Januar, manchmal auch erst im Februar, bringt die Bärin ein, zwei, selten drei oder vier Junge zur Welt. Diese sind hilflos, taub, blind und winzig. Mit drei Tagen sind sie lediglich dreißig Zentimeter groß und wiegen kaum mehr als ein halbes Kilogramm. Damit sie nicht frieren, hält die Mutter sie zwischen den Pranken und wärmt sie mit ihrem Atem. Im Frühjahr, so gegen März, verläßt die ganze Familie dann die Winterunterkunft. Die Tiere gehen meist im Gänsemarsch durch den Schnee – vorneweg die Mutter, hinterdrein, eines nach dem anderen, die Kinder. In das Wasser läßt die Bärin diese nicht, bevor sie ein Jahr alt sind. Die Mutter vermeidet es auch, sie auf festes Land zu führen, sie wandern meist durch das Eis: Dort ist es für die Kleinen nämlich weniger gefahrvoll, denn dort gibt es weder Menschen noch Wölfe. Die Eisbärin säugt ihre Kinder fast ein Jahr lang. So vergehen Frühjahr und Sommer, ein neuer Winter bricht an. Die bereits herangewachsenen Bärenkinder werden von der Eisbärin aber nicht sich selbst überlassen, die Mutter legt sich gemeinsam mit ihnen in die Bärenhöhle.

Zweijährige Bärenkinder können auch ohne die Mutter existieren, sie verlaufen sich dann irgendwohin. Doch kommt es vor, daß sie noch ein weiteres Jahr bei der Mutter leben.

Einen Eisbären hat wohl schon jeder einmal gesehen, fast jeder Tierpark besitzt einen, so daß sein Äußeres hier nicht beschrieben werden muß. Erwähnt sei lediglich, daß bei ihm nur die Nase schwarz ist. Der Bär selbst ist sommers wie winters weiß, im Gegensatz etwa zu Polarfuchs oder Schneehasen, die nur im Winter weiß sind. Die Sohlen der Tatzen sind beim Eisbären dicht mit Wolle bewachsen, die Zehen bis etwa zur Hälfte ihrer Länge durch Schwimmhäute verbunden. Eisbären schwimmen und tauchen ausgezeichnet. Zwei Minuten können sie unter Wasser bleiben, sie tauchen aber selten tiefer als zwei Meter hinab. Schon öfter hat man Eisbären weit draußen im offenen Meer gesehen, ja sogar Bärinnen mit Jungen. Sie schwimmen mit einer Geschwindigkeit von vier, fünf Kilometer in der Stunde, und daß sie weder Land noch Eis in der Nähe sehen, irritiert sie überhaupt nicht.

Der Eisbär jagt auch Robben nicht nur auf dem Eis, wo er sich an sie heranschleicht, oft greift er sie vom Meer aus an: In der Nähe von Robbenliegeplätzen gleitet er vorsichtig ohne Plätschern und Lärm ins Wasser und schwimmt dorthin, wo er die Robben ausgemacht hat. Unweit von ihnen taucht er lautlos unter und erst am Liegeplatz selbst wieder auf, klettert schnell auf das Eis und schneidet so den Robben den Weg zum rettenden Wasser ab. Steile »Eiswände« erklimmt er sehr gewandt, er kann aber auch direkt aus dem Wasser auf eine Eisscholle springen.

Robben, in der Regel junge, stellen die Hauptbeute des Eisbären im Frühjahr dar. Im Sommer ist seine Speisekarte abwechslungsreicher: In seichtem Wasser fängt er Fische, an der Küste Lemminge und Polarfüchse; wenn er hungrig ist, frißt er auch verschiedenes Aas, Beeren, Algen, Moose und Flechten.

Der Eisbär ist das imposanteste aller Landraubtiere überhaupt. Löwe und Tiger sind im Vergleich zu ihm leichtgewichtig: Das Durchschnittsgewicht einer Eisbärin beträgt dreihundertzehn Kilogramm, das männlicher Eisbären vierhundertzwanzig Kilogramm.

Immer noch werden Eisbären erlegt. Auf den Inseln der amerikanischen Arktis wurden noch vor etwa fünfzehn Jahren ungefähr sechshundert, im Raum zwischen Grönland und Spitzbergen weitere hundertfünfzig bis dreihundert Eisbären jährlich erlegt. Das sind nur ungefähre Berechnungen. Wer aber kennt schon die genauen Ziffern?

Auf einer 1965 in Alaska abgehaltenen internationalen Konferenz wurde der Beschluß gefaßt, die Jagd auf Bärinnen, die Junge führen, überall zu verbieten, und der Eisbär wurde zu einem Tier von »internationaler Bedeutung« erklärt. Als ein Jahr später der erste Band des »Roten Buches« erschien, wurde der Eisbär zusammen mit fast dreihundert anderen Säugern darin als ein Tier aufgenommen, das von völliger Ausrottung bedroht ist. Seit 1972 schützt ihn ein internationales Abkommen zwischen der UdSSR und den USA, Kanada, Dänemark sowie Norwegen.

Nach ungefähren Berechnungen leben in der Welt heute noch zehn- bis zwanzigtausend Eisbären, darunter fünf- bis achttausend in der sowjetischen Arktis.

Der Große Panda oder Bambusbär

Man schrieb das Jahr 1937. Der Große Panda, von den Chinesen Bej-schung (»Weißer Bär«) genannt, war 1869 entdeckt, das erste Exemplar aber erst achtundsechzig Jahre später gefangen worden. Eine Zeitlang galt er sogar als ausgestorben. Die Jahre gingen dahin, doch Jäger und Naturforscher, die sich auf die Suche nach ihm nach Südchina aufgemacht hatten, waren unverrichteterdinge zurückgekommen.

Zwei Amerikaner, F. Smith und W. Harkness, schworen sich, so einen Bej-schung, dessen bisher noch niemand habhaft geworden war, zu fangen. Also rüsteten sie eine große Expedition nach China aus. Da Harkness aber unerwartet in Schanghai starb, zerschlug sich das Unternehmen, und Smith kehrte nach Amerika zurück.

Nun beschloß die Witwe Harkness, die Arbeit ihres Mannes zu Ende zu führen, und dabei legte sie ungewöhnliche Härte und Ausdauer an den Tag. Viele Monate verbrachte sie im wilden Dschungel und unternahm verzweifelte Versuche, dieses höchst seltene Tier aufzuspüren. Bewohner der Provinz Sichuan, die den Mut der Frau bewunderten, halfen ihr schließlich, einen jungen Bej-schung einzufangen.

Dieser erste Panda, der in Gefangenschaft geriet, wurde Sulin genannt. Sulin lebte aber nur noch kurze Zeit, schon im März 1938 ging er ein. Da begab sich Frau Harkness aufs neue in den Dschungel. Weil sie jetzt schon über größere Erfahrung verfügte, brachte sie bald einen weiteren jungen Panda nach Amerika, den sie Mej-Mej nannte.

Im gleichen Jahre reiste auch F. Smith, ermutigt durch die Erfolge der Witwe Harkness, nach China und brachte von dort gleich fünf Bej-schung mit. Drei von ihnen erwarb der Londoner Regent's Park.

Fast hundert Jahre lang haben sich Wissenschaftler bemüht, das ihnen von der Natur aufgegebene Rätsel zu lösen und herauszufinden, welchen Platz der Große Panda im Tierreich einnimmt. Obwohl er Merkmale von Bär, Waschbär, Katze und Marder aufweist, gehört er offenbar doch weder zu den einen noch zu den anderen.

Als Wissenschaftler die Häute von vier bereits Ende des vergangenen Jahrhunderts in China erlegten Bej-schung untersucht hatten, entschieden sie zunächst, der Große Panda sei eine spezielle Unterart pflanzenfressender Bären, und gaben ihm die Bezeichnung Bambusbär. Eine Zeitlang hielt man den Bej-schung sogar für den ältesten Vertreter der Tierart Bär, ja fast für einen Vorfahren der heutigen Bären. 1936 gelangte Professor William King Gregory, amerikanischer Paläontologe und Fachmann für vergleichende Tieranatomie, nach sorgfältigen Untersuchungen jedoch zu dem Schluß, der Große Panda sei gar kein Bär, sondern ein riesiger

Waschbär. Er fand bei ihm viele anatomische Merkmale, die auch den amerikanischen Waschbären eigen sind.

Vor Jahrmillionen siedelten Vorfahren der Waschbären aus ihrer Heimat Nordamerika nach Asien um. Dabei nahmen sie ihren Weg über die Landbrücke, die seinerzeit Alaska mit der Tschuktschenhalbinsel verband. Sie verbreiteten sich weiter auch bis in die Wälder Asiens und Europas, und einige dieser vorzeitlichen Waschbären (die Vorfahren des Kleinen Panda) gelangten sogar bis nach England. Später starben sie hier aus, doch in den Bergen Tibets und im Himalaja überlebten zwei den Waschbären nahestehende Tierarten bis in unsere Tage: der Große und der Kleine Panda.

Die Fachleute haben nie bezweifelt, daß der Kleine Panda, ein rotbraunes, unserer Katze ähnliches Tier (deshalb auch Katzenbär genannt – A. d. Ü.), eine asiatische Variante des Waschbären darstellt. Der Große Panda ist nach Meinung von Professor Gregory ein riesiger Nachkomme des Kleinen Panda.

Übrigens ist die Frage der Abstammung des Großen Panda immer noch nicht schlüssig beantwortet. Ein belgischer Zoologe schlug vor, Pandas als selbständige Familie zu bezeichnen, die nach seiner Meinung zum einen mit den Bären und zum anderen mit den Katzen verwandt ist. Unlängst hat man untersucht, wie der Organismus des Großen Panda auf artfremdes Eiweiß reagiert. Es zeigte sich, daß Eiweiß von Bären biochemisch dem des Panda näher steht als das Eiweiß anderer Raubtiere.

Künftigen Zoologen ist es vorbehalten, noch einmal aufmerksam alle Angaben in der »Ahnentafel« des Großen Panda zu untersuchen, um endgültig zu klären, was er nun wirklich ist – Bär, Waschbär oder ein anderes, ganz spezielles eigenständiges Wesen.

Der Name Panda stammt von der in der Heimat des Tieres üblichen Bezeichnung Njala-pontscha, was »Bambusfresser« bedeutet. Obwohl der Abstammung nach Raubtiere, sind beide Pandas doch Vegetarier. Sie fressen im wesentlichen junge Bambustriebe. Zuerst war unklar, wie der Große Panda – seiner Erscheinung nach ein plumper Bär – mit seinen dicken Tatzen mit den dünnen Bambusstengeln hantieren kann. Er tut das aber ganz geschickt: Er hält sie in den Tatzen und frißt sie ringsherum ab. Dafür hat ihm die Natur so etwas wie einen sechsten Finger gegeben: Ein Handwurzelknochen ist verlängert und funktioniert wie der Daumen an der menschlichen Hand, der allen anderen Fingern gegenübergestellt werden kann. Deshalb vermag der Panda in den Tatzen selbst die dünnsten Bambusstengel festzuhalten.

Einheimische Jäger behaupten, der Große Panda klettere auf Bäume, wo er sich auch vor Hunden in Sicherheit bringe. In der kalten Jahreszeit, besonders dann, wenn Schnee fällt, verbirgt sich der Panda auf längere Zeit in Erdhöhlen oder geräumigen Baumhöhlungen. Ob er aber wie der Bär in einen Winterschlaf verfällt, ist nicht bekannt.

Das Verbreitungsgebiet des Großen Panda ist nicht erheblich, es erstreckt sich in Nordsüdrichtung offenbar nur dreihundert Kilometer. Es sind die Bergwälder der chinesischen Provinz Sichuan. Berghänge über dreitausend Meter Höhe, wo die Bambuswälder von Rhododendrongebüsch abgelöst werden, sucht der Panda wahrscheinlich nicht auf. In diesen Gegenden leben in seiner unmittelbaren Nachbarschaft solch seltene Tiere wie Stumpfnase oder Tibetlangur und Takin.

Feinde hat der Große Panda kaum. Außer dem Menschen sind es nur zwei – Leopard und Roter Wolf, doch diese sind in jenem Gebiet recht selten.

Wie viele Große Pandas es in Sichuan noch gibt, weiß man nicht, niemand hat sie gezählt.

Der Große Panda ist wirklich ein seltsames Wesen. Merkwürdig ist die Geschichte seiner Entdeckung, rätselhaft seine Abstammung, ungewöhnlich seine Lebensweise und auch seine Anatomie – jener zusätzliche »Daumen« an den Vorderpranken! Ähnliches hat kein anderes Säugetier aufzuweisen.

Der Wisent

Geologen haben nachgewiesen, daß vor nicht allzu fernen Zeiten, vor einigen zehntausend Jahren etwa, während der Eiszeit, die beiden Kontinente Asien und Amerika durch eine »Landbrücke«

miteinander verbunden waren, die breiter war als Alaska heute. Nunmehr ist diese »Brücke«, eine riesige Ebene, die sich über zweitausend Kilometer von Norden nach Süden erstreckt, vom flachen Wasser der Tschuktschensee und des Beringmeeres überflutet.

Noch vor fünfzigtausend Jahren schweiften riesige Herden wilder Tiere und Horden von Frühmenschen auf dieser Ebene umber, die das zurückweichende Meer einst freigegeben hatte. Es war dies eine Wanderung gewaltigen Ausmaßes, die sich da von Westen nach Osten, von Asien nach Amerika (in einigen Fällen natürlich auch in umgekehrter Richtung) vollzog. In die sogenannte Neue Welt strebten Mammuts, Elche, Moschusochsen, Bären, Dickhornschafe, Sibirische Steinböcke, Füchse und Wölfe. In ebendieser Eiszeit wanderten auch die Vorfahren der Bisons von der Tschuktschenhalbinsel hinüber nach Nordamerika, wo sie sich stark vermehrten. Seit jener Zeit ging die Evolution der beiden verwandten Wildrinderarten verschiedene Wege: Aus den Emigranten wurden die heutigen Bisons, aus den in Asien und Europa verbliebenen die Wisente.

Der Wisent ist eines der größten Wildrinder der Erde: Seine Höhe kann zwei Meter, sein Gewicht eine Tonne erreichen. Der mächtige Körperbau hindert ihn nicht, sich sehr schnell und gewandt zu bewegen. Er überspringt ohne weiteres einen drei Meter breiten Graben oder einen zwei Meter hohen Zaun, er erklimmt steile Hänge und meidet lediglich Felsen. In seinen Bewegungen wirkt er weder träge noch schwerfällig. Der sowjetische Zoologe D. Filatow beobachtete einmal einen Wisent im Kaukasus: »Er ging hin und her, riß Pestwurz ab, wandte sich um, hob zuweilen den Kopf und lauschte.« Dies alles in schnellem Tempo und leichtfüßig. Nichts Ungeschlachtes, Phlegmatisches, an das Verhalten eines Hausrindes Erinnerndes hatte er an sich. Da wehte der Wind in seine Richtung, der Wisent witterte die Menschen und verschwand mit langen Sätzen im Waldesdickicht, »ohne auch nur den Blick in unsere Richtung gewandt zu haben«, fügt Filatow hinzu.

Wisente halten sich in kleinen Herden oder, richtiger, in Grüppchen – Kühe, junge Bullen und Kälber – von sechs bis acht Tieren auf. Die älteren Bullen leben gewöhnlich in kleinen Gruppen von zwei, drei Tieren, seltener sind sie Einzelgänger. Nur in den Monaten August/September, wenn die Brunft naht, kehrt jeder Bulle zu seiner Herde, zu seinen Kühen zurück; hier vertreibt er die jungen zweijährigen Bullen, die bis zu jenem Tag ihr ganzes bisheriges Leben in einer »Weibergesellschaft« verbracht haben. Die Kälber kommen im Frühjahr und zu Sommerbeginn zur Welt. Eine Stunde alt, stehen sie schon, schwankend zwar, auf ihren Beinchen. Eine weitere halbe Stunde später stolpern sie bereits ihren Müttern hinterher.

Wisente ernähren sich von Zweigen, Gräsern, Blättern, von der Rinde von Weißbuche, Espe, Tanne, Fichte und Eberesche, sie fressen sogar Pilze (Hallimasch und Pfifferlinge).

Als die Völker Europas in die Geschichte eintraten, lebten Wisente überall in der Heimat der damaligen Gallier, Germanen, Schweden und Slawen. Nur in Griechenland, Nordspanien und England waren sie schon in vorhistorischen Zeiten ausgerottet.

»Noch im 16. und 17. Jahrhundert«, schreibt der sowjetische Zoologe S. W. Kirikow, der sich auf diesem Gebiet besonders gut auskennt, »waren Wisente in Rußland in der Waldsteppe vom Dnestr bis zum Don verbreitet. Mitte des 16. Jahrhunderts«, fährt er fort, »grasten sie in den Steppen Podoliens, die damals noch sehr dünn besiedelt waren, in großen Herden. Es kam vor, daß sie die Grenzpatrouillen des Starosten von Bar behinderten, weil sie die Spuren berittener Tataren zertrampelten, die über die Grenze eingedrungen waren.«

In Wolhynien waren vor fünfhundert Jahren die Wisente noch so zahlreich, daß der litauische Fürst Witold (Vytautas), als er 1430 die Nachbarfürsten nach Luzk zu Gast einlud, sieben Wochen lang zu den Festgelagen Fleisch von hundert Wildrindern je Woche auftischen lassen konnte. »Jeweils fünfhundert Jungrinder, fünfhundert Hammel, fünfhundert Wildschweine, hundert Wisente, hundert Elche und andere Leckerbissen ohne Zahl«, berichtet der Chronist.

Damals lebten Wisente auf dem heutigen Gebiet der Sowjetunion sowohl in Wäldern als auch in der Steppe: im Norden etwa von Riga ab in ganz Litauen und fast überall in Belorußland sowie südlich und östlich davon in der Gegend um Kursk und Woronesh. Um Moskau und Rjasan herum hat es sie in historischer Zeit offenbar nicht mehr gegeben. Auch im Don- und Dneprgebiet waren sie anzutreffen; im Süden bis hin zum Asowschen und Schwarzen Meer. »Über das Vorkommen von Wisenten auf der Krim«, meint Professor W. G. Geptner, »gibt es keine Daten.« Auch im Wolgagebiet lebten sie nicht – jedenfalls nicht in historischer Zeit. In der Steinzeit aber waren sie sogar jenseits der Wolga anzutreffen, unweit der Kamamündung und im südlichen Ural hat man nämlich Wisentknochen gefunden.

Bereits zu Beginn des 18. Jahrhunderts waren die Wisente in der Ukraine und am Don wohl schon vollständig ausgerottet. Als Peter I. dem Vizegouverneur von Woronesh, Kolytschew, nämlich befahl, fünf oder sechs Wisente einzufangen und sie nach Petersburg zu schicken, antwortete dieser dem Zaren, Wisente seien am Don zuletzt 1709 gesichtet worden.

Auch sonst starben sie überall sehr schnell aus. In Frankreich gab es schon im 6. Jahrhundert keine mehr, in Rumänien wurde das letzte Exemplar 1762, in Sachsen 1793 und im ehemaligen Ostpreußen 1755 erlegt, so daß diese Tiere zu Beginn unseres Jahrhunderts nur noch im Urwald von Belowesh (Białowieża) und im Nordkaukasus (am Oberlauf des Kuban, wo sich heute das Kaukasische Naturschutzgebiet befindet) überlebt hatten. Doch auch dorthin folgte der Mensch ihnen sehr bald.

In den sechziger Jahren des vergangenen Jahrhunderts wurden in den Wäldern des Kaukasus unerwartet Wisente in freier Wildbahn angetroffen. Als diese Kunde in die russische Hauptstadt gelangte, wurde sofort jegliche Jagd auf sie bei fünfhundert Rubel Geldstrafe verboten – eine für damalige Zeiten unerhörte Summe. Trotzdem stellte man dem Wisent weiter nach. Nur im Jagdrevier des Zaren am Kuban waren die Wildrinder relativ sicher – damit der Zar selbst sie schießen konnte.

Daß es im Kaukasus Wisente gab, war in Rußland (und nicht nur dort) seit langem bekannt. In Wereschtschagins Buch »Säugetiere des Kaukasus«, in dem der Autor umfangreiches Material über diese Tiere zusammengetragen hat, findet sich zum Beispiel folgende Mitteilung des persischen Chronisten Raschid-ad-Din aus dem 14. Jahrhundert: »Khan Hassan, Herrscher des Islam, kam im Winter des Jahres 1301 in das Tal von Kura und Aras, erstieg das Talysch-Gebirge und befahl, dort aus Stangen und Reisig zwei Zäune zu errichten, die einen Tagesmarsch lang sein, einen Keil bilden und am offenen Teil des Keils einen Abstand von ebenfalls etwa einem Tagesmarsch haben sollten..., und in dieser Sackgasse sei aus Holz eine Art Hürde zu bauen. Danach veranstalteten Krieger eine Kesseljagd und trieben das Wild – Bergbüffel, Wildziegen und Wildesel, Schakale, Füchse, Wölfe, Bären und alles mögliche andere Wild und Raubgetier – in die Umzäunung, bis sich alle in dem Pferch versammelt hatten. Der Herrscher des Islam thronte auf einem in der Mitte errichteten Podest und ergötzte sich am Anblick der Tiere. Ein Teil von ihnen wurde getötet, der andere freigelassen.«

7–1051

Mit den Bergbüffeln sind zweifelsohne Wisente gemeint. Demnach waren sie seinerzeit auch in Transkaukasien beheimatet. In der »Vollständigen Gesetzessammlung des Russischen Reiches« gibt es auch eine Eintragung, die auf die kaukasischen Wisente Bezug nimmt: »Persönliche Order, ausgegeben vom Kabinett Ihrer Majestät der Zarin Anna Johannowna, an den Astrachaner Oberkommandanten, betreffend den alljährlichen Fang und die Überführung verschiedener lebender Tiere an den Hof und den Tierpark Ismailowo... Wie uns noch bekannt, gibt es in der Kabarda wilde Bullen und Kdossy, dort Dombai genannt, für die Ihr aus unserer Staatskasse Geld erhaltet, damit die dortigen Fürsten je fünf oder zehn Bullen und junge Kühe einer Art einfangen und sie in die Festung Kisljar schicken lassen, wo sie einige Zeit zu füttern sind, um sodann, wenn sie sich eingewöhnt haben, auf dem Wasserwege nach Astrachan und von dort mitsamt den anderen Tieren nach Moskau gebracht zu werden.«

Demnach gab es auch in der Kabarda Wisente. Mitte des vergangenen Jahrhunderts aber hatten sie sich, wie schon erwähnt, nur noch im äußersten Westen des Nordhangs der Kaukasischen Hauptkette, am Oberlauf des Kuban, gehalten. Dort lebten damals noch ungefähr zweitausend Tiere, von denen Ende des vorigen Jahrhunderts nur noch ein Viertel dieser Zahl existierte. 1923, nach anderen Angaben 1922, wurden die letzten kaukasischen Wisente erlegt, und soweit den Zoologen bekannt ist, hat man hier niemals mehr welche gesehen. Damit endet die Geschichte der reinblütigen Dombais.

1940 tauchten erneut Wisente im Kaukasus auf, doch über das Wie und Woher sei später berichtet.

Die Wisente von Belowesh waren größer und heller als die kaukasischen. Sie sahen urtümlicher aus, hatten einen langen zottigen Bart, ihr Fell war nicht gelockt wie das des kaukasischen Wisents, sondern glatt. Es gab auch noch andere, allerdings geringfügige Unterschiede, für die Zoologen waren sie jedoch bedeutsam genug, die Tiere zwei verschiedenen Unterarten, das heißt geographischen Rassen zuzuordnen.

Die kaukasischen Wisente lebten in Gebirgswäldern, erklommen Höhen von mehr als zweitausend Metern, grasten auch auf alpinen Matten und stiegen manchmal zu solchen Höhen hinauf, die selbst im Sommer nicht völlig schneefrei waren.

Die Wisente von Belowesh dagegen haben aus Furcht vor dem Menschen in einer völlig anders gearteten Gegend eine letzte

Zuflucht gesucht – in versumpftem Niederungswald. Im Urwald von Belowesh gibt es kleine, mit Kiefernwald bestandene Hügel, dazwischen feuchte Senken mit Erlen-, Eschen- und Eichenbestand. Bülten, Sümpfe, Windbrüche – so sehen die Landschaften aus, in die der Mensch die letzten Wisente vertrieben hat. Freiwillig hätten sie sich wohl kaum in eine solche Gegend zurückgezogen, denn in früheren Zeiten bevorzugten sie ja lichte Laubwälder mit großen Waldwiesen, Auwälder und sogar die Steppe.

Am 10. Oktober 1802 gab Zar Alexander I. einen Ukas heraus. Darin hieß es: »Angesichts der besonderen Seltenheit der als Wisent bezeichneten Wildart ist es verboten, im Urwald von Belowesh Holz zu schlagen. Von nun an ist es auch einem jeden Sterblichen untersagt, Wisente zu schießen oder ihnen etwas zuleide zu tun.« Auf den Zaren selbst, seine Verwandten und seine Gäste erstreckte sich dieses Verbot natürlich nicht. Der Urwald von Belowesh wurde zum kaiserlichen Jagdrevier erklärt. Mit seinem Wunsch, die »seltene Wildart« zu schonen, verfolgte der Monarch alles andere als wissenschaftliche Zwecke. Aber wie dem auch sei, die Wisente standen jetzt unter Schutz, und die Population nahm merklich zu. Im Laufe eines einzigen Jahres, 1829/30, wurden siebzig Wisente geboren, so daß die Herde nun etwa tausend Tiere zählte.

Im Januar 1914 lebten in den Wäldern von Belowesh 727 Wisente; im August desselben Jahres begann der erste Weltkrieg. Ein Jahr später zogen sich die russischen Truppen nach blutigen Kämpfen zurück, und der Belowesher Urwald kam für drei Jahre in deutsche Hand. Während der Kämpfe um ihn erlitten nicht nur die Soldaten, sondern auch die Wisente große Verluste. Die verstörten und in die umliegenden Wälder vertriebenen Tiere endeten auf beiden Seiten der Front oft genug in Gulaschkanonen.

Gab es hier 1916 noch ungefähr zweihundert Wisente, so waren es ein Jahr darauf noch einhundertzwanzig und ein weiteres Jahr später ganze neun. Ende 1920 lebte nur noch eine einzige Kuh. Irgendwie war es ihr gelungen, den Menschen nicht unter die Augen zu kommen, doch im Februar des folgenden Jahres wurde sie von einem gewissen Bartolomeus Szpakowicz aufgespürt. War es Ironie des Schicksals oder einfach ein Zufall, jener Szpakowicz war seinerzeit Wildhüter in diesem Waldgebiet gewesen, als es noch zu Rußland gehörte. Mit ruhiger Hand und ruhigem Gewissen jagte dieser dem verängstigten Tier, das zu schützen er in seinem früheren Dienst doch verpflichtet gewesen war, eine Kugel nach der anderen in den Leib. So endete der letzte in freier Wildbahn lebende Wisent von Belowesh.

In Zoos und Privatbesitz gab es in West- und Mitteleuropa noch Nachkommen der Wisente von Belowesh, allerdings nur wenige. Eine der größten Herden beherbergte das Wildgehege des Fürsten Pleß im heutigen Pszczyna (Oberschlesien), sie zählte vierundsiebzig Wisente. Diese stammten von einem Bullen und drei Kühen ab, die Zar Alexander II. dem Fürsten zum Geschenk gemacht hatte. Doch als der Krieg begann, wurden diese Wisente von Marodeuren mit einem Maschinengewehr beschossen. Fast alle verendeten, nur drei konnten gerettet werden, jedem mußten allerdings mehrere Kugeln aus dem Körper entfernt werden. Die verwundeten Wisente überlebten aber, und bald stellte sich sogar Nachwuchs ein.

Eine wichtige Lehre aus der Geschichte der Wisente ist für uns zweifellos die: Selbst für das Wild ist ein Krieg eine Katastrophe! Erst als die letzten Salven verhallt waren, die Leidenschften sich gelegt hatten, die Köpfe wieder abgekühlt waren, begriffen die Menschen, wie sinnlos, wie erbarmungslos und dumm es war, die seltenen, schönen Tiere umgebracht zu haben.

Im Namen des schlechten menschlichen Gewissens, das sich zum Schutz der Wisente regte, erhob der polnische Naturforscher Jan Sztoleman seine Stimme. Auf einem Kongreß in Paris schlug er 1923 vor, eine »Internationale Gesellschaft zur Erhaltung des Wisents« zu gründen, solange es noch nicht endgültig zu spät sei. Sein Vorschlag wurde angenommen.

Am Anfang stand eine »Bestandsaufnahme«: sechsundfünfzig lebende Wisente in fünfzehn verschiedenen Ländern, achtzig ausgestopfte Wisente in Museen und hundertzwanzig Schädel. Von den lebenden Tieren waren mehr als die Hälfte alte Bullen.

In der ersten Zeit ging es mit der Arbeit nur langsam voran. Außerdem wurde die Herde in Deutschland von einer Krankheit befallen. Als 1932 das erste »Herdbuch« für Wisente veröffentlicht wurde, konnte es nur dreißig reinblütige Tiere und die sechs wichtigsten Zuchtzentren nennen: England, Deutschland, Niederlande, Schweden, Ungarn und Polen.

Da betraten zwei Deutsche, die Brüder Lutz und Heinz Heck, die Arena, in der der unblutige Kampf um die Erhaltung der Tiere ausgetragen wurde. Ihrem energischen Eingreifen ist es zu danken, daß der Wisent sozusagen wieder »aus dem Jenseits« zurückkehrte. Die Brüder Heck waren der Ansicht, die Rettung des Wisents sei am sichersten und am schnellsten durch Verdrängungskreuzung mit dem amerikanischen Bison zu bewerkstelligen. Erstens seien Bastarde bekanntlich lebensfähiger (die Genetiker bezeichnen dieses Phänomen als Heterosis), zweitens stünde eine größere Zahl von Kühen, aus Übersee importiert, zur Verfügung. Diese Rückkreuzungsmethode wurde zwar eine Zeitlang stark kritisiert, weil so angeblich nicht echte Wisente, sondern Bastarde gezüchtet würden, doch die Erfahrung zeigte, daß die Hybriden schon der ersten Generationen, denen jedesmal neu Wisentblut eingekreuzt wurde, selbst von Fachleuten äußerlich nicht von reinblütigen Wisenten zu unterscheiden waren.

Und so kam endlich der denkwürdige Tag, an dem nach dreißigjähriger Abwesenheit Wisente auch wieder im Kaukasus auftauchten. 1940 wurden fünf Bison-Wisente (allerdings mit Bluteinmischung vom echten Dombai) in das Kaukasische Naturschutzgebiet gebracht. Vier Jahre später zählte die Herde elf, weitere zwölf Jahre später schon einhundertsechs Tiere! (Nicht alle waren hier geboren, etliche hatte man aus anderen Teilen der Sowjetunion und aus Polen herangeschafft.) Unter dem Schutz berittener Hirten steigen sie jeden Sommer ins Hochgebirge auf zu den alpinen Matten; den Winter verbringen sie in tiefer gelegenen Tannenwäldern, an Gebirgshängen, wo man Heu für sie bereithält. Seit 1946 werden Wisente auch im sowjetischen Teil des Urwaldes von Belowesh, seit 1948 im Zentralen Wisentgehege bei Serpuchow südlich von Moskau (das erste dortige Paar stammte aus Polen) sowie in den Naturschutzgebieten am Chopjor (seit 1955) und seit 1956 auch in einem Naturschutzgebiet in der Mordwinischen ASSR gezüchtet.

Um die schädlichen Folgen von Inzucht zu vermeiden und die jeweils besten Paare aus den Stammlinien auswählen zu können, hat man fortpflanzungsfähige Wisente häufig von einem Reservat in ein anderes gebracht, ein zwar sehr aufwendiges Unternehmen, das jedoch beste Ergebnisse zeitigte.

1971 war die Zahl der Wisente (einschließlich der Hybriden) im Kaukasischen Naturschutzgebiet auf siebenhundert angewachsen, insgesamt gab es 1973 auf der Welt 1462 Wisente. Die meisten reinblütigen Tiere leben heute in der Sowjetunion. Am 1. Januar 1974 waren es 436 Tiere (beider Unterarten – der Beloweshér und der Kaukasischen). Auf sowjetischem Territorium sind zwölf freilebende Wisentherden gebildet worden, die in verschiedenen Jagdwirtschaften, Wildreservaten und Naturschutzgebieten frei umherschweifen. Außer den freilebenden Herden gibt es in der UdSSR noch drei Spezialzuchtanstalten, wo der Zuchtbestand konzentriert ist. Die in diesen Farmen gezüchteten Jungtiere werden zur Ansiedlung in den verschiedensten Gegenden der Sowjetunion gebraucht.

Die Reihen der Wisente füllen sich auf – eine erfreuliche Kunde! Im Namen aller Menschen sollten jenen Wissenschaftlern Dank und Anerkennung ausgesprochen werden, die sich für die Rettung des Wisents und vieler anderer seltener und vom Aussterben bedrohter Tiere einsetzen. Mit jedem Jahr wächst die Hoffnung, daß wir unsere Pflichten gegenüber künftigen Generationen erfüllen werden.

Die Geschichte der Rettung des Wisents zeigt: Die Wissenschaft ist fähig, das »Wunder« zu vollbringen, eine Tierart sozusagen »aus dem Jenseits« zurückzuholen. Sie zeigt auch, wieviel durch gemeinsame Anstrengungen von Wissenschaftlern aus verschiedenen Ländern zu erreichen ist. Eine Tierart wurde gerettet, die dem Menschen einst in jenen Ländern Fleisch lieferte, in denen einmal Wisente lebten, eine Tierart, die bei kluger wirtschaftlicher Nutzung des Bestandes zur Lösung von Ernährungsproblemen in der Zukunft beitragen könnte, denn bereits heute weiß man, daß wildlebende Huftiere mehr, billigeres und besseres Fleisch liefern als Haustiere.

Der Moschusochse

In Erdschichten, die Überreste von Mammuts, Wollnashörnern und anderen Tieren bergen, die während der Eiszeit in nördlichen Breiten gelebt haben, finden sich gelegentlich in nicht geringer

Menge auch Knochen eines weiteren Huftieres. Vor fast zweihundert Jahren schon ist es nach allen Regeln der Zoologie beschrieben worden und hat den lateinischen Namen »Ovibos« erhalten, was »Schafsochse« bedeutet. Äußerlich ist der Ovibos tatsächlich einem »Ochsen« ähnlich (an einen Hammel erinnert er aber auch irgendwie). In der zoologischen Klassifikation zählte man ihn früher zu den Rindern, jetzt aber zur Unterfamilie der Ziegen und Schafe, allerdings zu einer eigenständigen, das heißt zur Gruppe (Tribus) von Artverwandten. Dieser Tribus wird auch noch ein naher Verwandter, der Takin, zugeordnet, der allerdings sehr weit vom Verbreitungsgebiet des Moschusochsen entfernt lebt.

In der Eiszeit waren Moschusochsen über ganz Sibirien (nördlich der Mongolei), darüber hinaus in Europa – in England, Frankreich, Deutschland – sowie in Amerika – auf dem Territorium der heutigen Vereinigten Staaten – verbreitet.

Und heute? Nur im Nordosten Grönlands und Kanadas sind Herden wildlebender Moschusochsen noch erhalten geblieben (auf Spitzbergen, in Norwegen und Alaska zwar ebenfalls, doch die sind dorthin »exportiert« worden).

Wie viele solche Tiere gibt es überhaupt noch? Unterschiedliche Ziffern werden da genannt. Pessimisten sagen, es seien nicht mehr als zehntausend, Optimisten dagegen nehmen an, allein in Kanada lebten ungefähr dreizehntausend und in Grönland weitere elftausend Exemplare. Selbst wenn letzteres stimmt, sind es trotzdem nur wenige. Noch vor kurzer Zeit war der Moschusochse vom Aussterben bedroht, und gäbe es nicht die Anstrengungen von Menschen, die entschlossen sind, ihn zu retten, wäre er zweifelsohne in der Tat schon ausgestorben.

Moschusochsen vermehren sich nur langsam: Die Weibchen bringen lediglich einmal im Jahr (in den südlichen Regionen des Verbreitungsgebiets) oder einmal in zwei Jahren (in weiter nördlich gelegenen Regionen) ein Kalb zur Welt. Das Kalben erfolgt im Mai bis Anfang Juni und bisweilen auch im April, doch dann gehen viele der so früh geborenen Kälber zugrunde, sie erfrieren. Der Zuwachs ist gering: Selten hat man in einer Herde von zwanzig Moschusochsen mehr als drei bis vier Kälber angetroffen.

Eine weitere Ursache, die einer Ausbreitung dieser Tiere über die arktischen Inseln und die nördlichen Randgebiete der Kontinente entgegenwirkt, ist deren ausgeprägte Standorttreue. Sie verbleiben in den von ihnen schon bewohnten Gebieten und ziehen nicht umher, wandern weder im Sommer noch im Winter. Wie der sowjetische Zoologe Sawwa Uspenski schreibt, »kommt es vor, daß die Herde ein, zwei Jahre in ein und demselben Tal, an ein und demselben Berghang verbringt«.

Das ist verwunderlich! Selbst Rene ziehen im Winter in südlicher gelegene Weidegebiete, während der Moschusochse das ganze Jahr über im nahrungsarmen arktischen Winter lebt und nirgendwo hinwandert. Von einigen Merkmalen seiner einzigartigen Anpassung an das Leben jenseits des Polarkreises wird später noch die Rede sein, zunächst soll der Moschusochse von seinem Äußeren her vorgestellt werden.

Seine Widerristhöhe beträgt 110 bis 145 Zentimeter, das Lebendgewicht zweihundert bis vierhundert Kilogramm, bisweilen auch mehr. Sein Fell ist dunkelbraun gefärbt. Die Hörner auf der Stirn sind wie beim Kaffernbüffel in die Breite und Dicke gewachsen, das Ganze sieht aus wie eine Art Helm, den selbst eine Gewehrkugel nicht durchschlägt, wie es heißt. Der Schwanz ist kurz, nur sieben bis zehn Zentimeter lang, dafür ist die Wolle ungewöhnlich lang; es gibt kein Tier auf der Welt, das längere Wolle trägt. Man denke: Sogar auf dem Rücken sind die Haare sechzehn Zentimeter, am Hals, an den Flanken und am Bauch gar sechzig bis neunzig Zentimeter lang! Wie ein schwerer Store hängen ihm die winddichten Wollsträhnen bis zur Erde herab. So ergibt sich auch für die kleinen Kälber unter dem Bauch der Mutter ein gutes Versteck, in dem sie sich wie hinter einen warmen Vorhang bei Schneesturm verkriechen. Dem Moschusochsen selbst dient seine prächtige Wolle »als Decke und Matratze zugleich«, wenn er im Schnee liegt.

Bei heftigen Schneestürmen und bei starker Kälte legen sich die Moschusochsen allerdings nicht nieder. Dicht aneinandergedrängt stehen sie da – einen Tag, zwei Tage, bis der Schneesturm sich gelegt hat. Die ausgewachsenen Bullen bilden mit ihren in dicht geschlossenem Kreis stehenden Leibern einen Windschutz, in dessen Mitte die Kühe mit Kälbern Zuflucht finden. In der gleichen ringförmigen Verteidigungsstellung wehren die Moschusochsen Angriffe von Wölfen ab.

Erstaunlich anpassungsfähig ist das Kreislaufsystem bei Moschusochsen, und das hilft den Tieren die grimmige Kälte ertragen. Das Blut in ihren Beinen pulsiert langsam, die Beine werden zwar kalt, doch dafür halten wichtige Organe die Wärme, die verlorenginge, würde das Blut in den gegen Wind nicht geschützten Beinen schneller zirkulieren.

Nur selten versuchen Moschusochsen, den Menschen anzugreifen, in der Regel belassen sie es bei Drohgebärden. In scharfem Galopp kommen die Bullen auf den Menschen zu, doch bevor sie heran sind, wenden sie jäh, äugen drohend nach allen Seiten und kehren zur Herde zurück.

Im August/September haben die Moschusochsen Brunftzeit, das heißt Hochzeit. Große Bullen sind sehr aggressiv und verjagen jüngere und schwächere aus der Herde. Sie sind so »eifersüchtig«, daß sie sogar Eisfüchse und Vögel attackieren und verscheuchen. In dieser Zeit strömen sie einen scharfen Geruch aus, und das ist auch der Grund, weshalb sie Moschusochsen heißen.

Im Futter ist der Moschusochse bemerkenswert genügsam: Er wird selbst dort noch satt, wo ein Ren hungern würde. Blätter und Triebe von Weide, Kiefer, verschiedene Gräser, Flechten, alles frißt er mit dem gleichen Appetit. Im Winter wühlt er den Schnee auf, um an die verwelkten spärlichen Pflanzen der Polarzone zu gelangen. Deshalb müssen Moschusochsen bei starken Schneefällen hungern. In manchen Wintern decken Schneestürme im Norden und Nordosten Grönlands den Boden mit bis zu drei Meter hohen Verwehungen zu (normalerweise sind diese anderthalb Meter hoch). Deshalb beschlossen Zoologen, besorgt, solche Schneemassen könnten für die nordgrönländischen Moschusochsenherden das Ende bedeuten, einige nach dem Südwesten der Insel umzusiedeln. 1961 und danach 1964 fing man in Nordgrönland einige Dutzend Moschusochsen ein und schaffte sie in den Kopenhagener Zoo, wo sie überwinterten. Im Sommer wurden sie erneut verschifft und in Südwestgrönland freigelassen, wo sie in historischer Zeit, soviel bekannt ist, niemals gelebt haben.

Es ist dies nicht der erste Versuch gewesen, Moschusochsen in neuen Gebieten anzusiedeln. Bereits 1900 wurden sechs Kälber nach Schweden gebracht. Später versuchte man auch, Moschusochsen in Island zu akklimatisieren, doch sowohl in Schweden als auch in Island gingen alle Tiere an Lungenentzündung ein. Für die an trockenere frostige Winter gewöhnten Riesen ist das Klima in diesen Ländern zu feucht und deswegen ungeeignet.

Auf Spitzbergen, in Norwegen und in Alaska entwickelten sich die Dinge günstiger. Von den siebzehn Kälbern und Jungbullen, die 1929 nach Spitzbergen gebracht wurden, stammt die dortige Moschusochsenherde ab. 1942 zählte sie bereits siebzig Tiere. Im Krieg wurden viele von ihnen abgeschossen, aber die Überlebenden vermehrten sich weiter: 1960 zählte man einhundertfünfzig Moschusochsen auf Spitzbergen.

In Norwegen begann man mit der Akklimatisierung von Moschusochsen im Jahre 1932, als achtunddreißig Kälber und Jungbullen dorthin gebracht wurden. Da geschah etwas Merkwürdiges: Die Jungbullen ließen ihre jungen Artgenossinnen im Stich und schlossen sich einer Herde von Hausrindern an. Sie weideten gemeinsam mit ihnen und übernachteten sogar mit ihnen in einem Stall. Nur mit Mühe gelang es, sie wieder zu einer eigenen Herde zu vereinen, die an dem schönen Tal inmitten von Bergen Gefallen fand und noch heute dort lebt.

Die Moschusochsen, die nach langer Abwesenheit von neuem in Alaska »eingebürgert« wurden, mußten zuvor auf Schiffen und Zügen lange Reisen unternehmen – dreiundzwanzigtausend Kilometer legten sie dabei zurück! Man fing sie in Grönland ein, dreiundvierzig Tiere wurden auf ein Schiff verladen; zuerst schaffte man sie nach Oslo und von dort nach New York. Von Osten nach Westen durch die ganzen Vereinigten Staaten reisten sie mit der Eisenbahn nach Seattle. Dann gelangten sie schließlich auf dem Wasser- sowie auf dem Landweg nach Fairbanks in Alaska. Später wurde diese Herde auf der Insel Nunivak (im Beringmeer, der Küste Alaskas vorgelagert) angesiedelt, wo sie sich ausgezeichnet eingelebt hat; sie zählt schon über siebenhundert Tiere.

Moschusochsenfleisch ist von guter Qualität, die Haut ebenfalls, am wertvollsten aber sind die Flaumhaare, Giviot genannt, die Unterwolle. Sie ist hellbraun und teuer – hundert Dollar zahlt man für ein Kilogramm. Früher wurde sie einem erlegten Bullen ausgekämmt; bis zu fünf Kilogramm erzielte man von einem Tier, wie der oben erwähnte Professor Uspenski schreibt. Jetzt wird sie halbdomestizierten Moschusochsen ausgezupft, die man in Farmen in Norwegen, Kanada und Alaska gezüchtet hat.

Im Herbst 1974 kam es in der Tundra auf der Taimyrhalbinsel zu einem denkwürdigen Ereignis: Moschusochsen wurden angesiedelt. Hundert Hektar Land hatte man hier mit Draht eingezäunt und zehn aus Kanada importierte Jungbullen und Kälbchen in dieses Freigehege ausgesetzt. Später wurden weitere vierzig Moschusochsen mit einer AN 12 von Nunivak auf die Tschuktschenhalbinsel eingeflogen. Die Hälfte von ihnen schaffte man auf die Wrangelinsel, die restlichen zwanzig auf die Taimyrhalbinsel zu jenen zehn Moschusochsen, die man früher schon dort angesiedelt hatte.

Der »goldene« Takin

Lange waren die Argonauten unterwegs und sahen der Wunder nicht wenige. Sie durchquerten die schrecklichen Symplegaden, erreichten das Schwarze Meer, den Pontos Euxeinos, und gelangten wohlbehalten nach der Kolchis. Von dort brachten sie das »Goldene Vlies« mit. Dieses legendäre »Goldene Vlies« hat den Zoologen so manches Rätsel aufgegeben: Ein Schaf mit goldiger Wolle gibt es nicht, was für ein Tier also mochte das gewesen sein, das solche Wolle hat?

Vermutungen gab es viele; heute vertreten manche die Ansicht, jenes sagenhafte »Goldene Vlies«, das Iason von der kaukasischen Küste mit nach Griechenland gebracht habe, sei ein Takinfell gewesen.

Was ist das, ein Takin? Nur wenige Laien haben je diesen Tiernamen gehört, und nur wenig ist es, was Fachleute vom Takin wissen, er ist wohl das am wenigsten bekannte große Huftier überhaupt. Erst 1850 wurde es zum ersten Mal von Zoologen beschrieben. Eine Unterart, der Bedfordtakin oder Goldtakin, der die Bergwälder in der chinesischen Provinz Shanxi bewohnt, wurde der Wissenschaft erst in jüngster Zeit bekannt, in unseren Tagen, wie es so schön heißt, nämlich 1911.

Und was ist der Takin nun wirklich? Er ist weder eine Ziege noch ein Rind noch eine Gemse, obgleich er Züge der einen wie der anderen in sich vereint. Der Platz des Takin im zoologischen System ist noch viel unsicherer als der des Moschusochsen. Der Takin wird mit Ziegen und Schafen zusammen zu einer Unterfamilie gezählt, allerdings gemeinsam mit dem Moschusochsen zu einer selbständigen Tribus. Oder aber man ordnet ihn einer gesonderten Tribus zu, die insgesamt den Gemsen, Goralen und den amerikanischen Schneegemsen nahesteht.

Der Takin ist ein sehr großes Tier: Die Schulterhöhe erreicht eineinviertel Meter, die Lebendmasse dreihundertfünfzig Kilogramm. Die Tiere haben eine Rammsnase, einen kurzen Schwanz sowie nach hinten und nach oben gebogene Hörner. Auffällig und selten schön ist die goldgelbe Farbe des Takinfells, doch gibt es auch gelbgrau und sogar braun gefärbte Exemplare. Bei allen ist das wollige Fell reichlich mit Fett getränkt; dadurch wird es bei regennassem Wetter nicht durchfeuchtet und schützt das Tier ausgezeichnet vor den Früh- und Abendnebeln, die in seiner Heimat recht häufig sind.

Takins leben in Bhutan, Nordburma, Tibet sowie in den West- und Südprovinzen Chinas. Ihr Lebensraum sind die Bergwälder und das dortige Buschwerk. Im Sommer fressen sie Gras, im Winter bilden Bambus-, Weiden- und Rhododendrontriebe ihre Hauptnahrung.

Nur wenige Zoologen haben Takins in freier Wildbahn gesehen. A.R. Wallace traf einmal auf eine kleine Herde: In der Sonne golden glänzend, glitt ein kräftig gelber Fleck einen Berghang hinauf – so wirkte die Herde aus der Ferne. Im Fernglas sah man es dann genau: Drei Bullen, drei Kühe und zwei Kälber zogen gemächlichen Schrittes dahin. Es mag seltsam klingen, aber von hinten gesehen erinnerten sie an Bären, von vorn dagegen an Büffel! Als sie, aufgeschreckt, die Flucht ergriffen, da sprangen sie, wie Wallace anmerkte, wie Nashörner im Kanter, also in kurzem schnellem Galopp.

In nur wenigen Zoos der Welt leben Takins, so in Rangun, Peking, Berlin und New York. An ihre Pfleger gewöhnen sie sich schnell. Sie spielen und springen gern umher: Aus vollem Lauf heraus knuffen sie mit den Hörnern, die Stöße seien »recht schmerzhaft«, wie es heißt. Ja, das wäre auch schon alles, was wir über den Takin wissen.

Der Mandschurenkranich

Dieser schneeweiße Kranich mit schwarzem Hals, schwarzen Beinen und Armschwingen und einer roten Haube ist an sich schon ein sehr schöner Vogel, doch wenn er tanzt, stocke, so sagt man, dem Beobachter geradezu der Atem.

Der Mandschurenkranich oder Tantscho nistet in sumpfigen Niederungen der Mandschurei, Koreas und des Fernen Ostens der UdSSR (am Chankasee, im Ussurigebiet und am Mittellauf des Amur). Er überwintert in Japan und Korea. Außerdem lebt in Japan eine eigene seßhafte Population.

Wie andere Kraniche auch, ist der Mandschurenkranich immer zum Tanzen aufgelegt, doch im Januar, Februar und März tanzt er besonders oft und schön. Kraniche tanzen auch paarweise, ja selbst schwarmweise.

Der erste Tanz geht wie folgt vor sich: Beide Vögel (beim Mandschurenkranich sind Männchen und Weibchen äußerlich nicht voneinander zu unterscheiden) unterbrechen plötzlich zeitweilig ihre Jagd auf Frösche und wenden sich einander zu. Einer von beiden beginnt mit einer Verneigung: Er neigt den Hals in leichtem Bogen nach unten und reckt ihn dem Partner entgegen. In dieser Pose wippen Kopf und Hals des Kranichs graziös auf und ab. Danach schlägt der Vogel mit den Flügeln und geht im Tanzschritt umher, dabei wächst bei jeder neuen Wendung das Tempo. Dann springen beide Vögel, sich im Tête-á-tête gegenüberstehend, flügelschlagend in die Höhe. Im Luftsprung schlägt das linke Bein – der Vogel hält es etwas höher als das rechte – energisch aus. Auf dem höchsten Punkt beim Sprung – das kann in zwei Meter Höhe sein – spreizen die Vögel die Schwingen und schwimmen scheinbar einen Augenblick lang in der Luft. Bei besonders hohen Sprüngen vollführen die Kraniche einen »Aufschwung«: Langsam und graziös schweben sie Seite an Seite abwärts und landen etwa vierzig Meter von der Stelle entfernt, von der aus sie sich in die Lüfte erhoben haben. Gewöhnlich ist danach der Tanz zu Ende, sie schütteln ihr Gefieder aus und suchen aufs neue eifrig nach Fröschen.

In den Tänzen der Mandschurenkraniche gibt es noch weitere interessante Pas. Tanzend nehmen sie oft mit den Schnäbeln vom Erdboden verschiedene kleine Gegenstände auf – Stöckchen, trokkene Grashalme, Körner und sogar Papierschnipsel – und werfen sie in die Höhe. Danach dreht sich der Tänzer im Sprung mit dem Rücken zum Partner, die Schwingen so weit wie möglich ausbreitend. Dabei ist dann deren schwarzer »Besatz« gut sichtbar – ein hübscher Kontrast zum weißen Gefieder. Den Hals nach oben gereckt, den Schnabel an die Brust gepreßt (wie der Kopf bei straff gezügelten Pferden), halten die Vögel manchmal voreinander inne. So zeigen sie die roten Hauben auf dem Scheitel. Die Flügel halten sie leicht angehoben. Danach heben sie auch die Köpfe, die

Schnäbel gen Himmel gerichtet, und stoßen durchdringende Trompetentöne aus. In der Regel erfolgen diese choreographischen Übungen zu zweit in völliger Stille, wenn aber der ganze Schwarm tanzt, feuern die Kraniche sich gegenseitig durch Schreie an.

Lädt ein Kranich durch Kopfnicken seinen Partner zum Tanz ein, wird das Paar oft von Artgenossen umringt, die zuvor friedlich im Sumpf Futter suchten und nun ebenfalls zu springen beginnen. Manchmal tanzt ein ganzes Dutzend Kraniche gleichzeitig. Einige absolvieren den Tanz vollständig, andere lassen es bei einigen trägen Hüpfern bewenden, wieder andere stehen nur da und schauen zu. Weitere schließlich picken Körner oder putzen sich, ohne die Tänzer überhaupt zu beachten; in der Regel ergeht sich diese Gruppe abseits von den Tänzern auf der Wiese. Die Zunächststehenden können aber nicht widerstehen, sie müssen mittanzen. »Offensichtlich wirkt ein Tanz auf Kraniche ebenso ansteckend wie auf uns Menschen Gelächter«, schreibt S. Keith.

Die Tanzkunst müssen die jungen Kraniche nicht von den Alten erlernen, sie ist ihnen angeboren, einschließlich der Kenntnis aller Figuren und Pirouetten. Ein in Gefangenschaft lebendes winziges Kranichjunges vermochte schon mit fünf Tagen die Battements (das Umeinanderschlagen der Füße in der Schwebe) der Alten auszuführen – es sprang in die Höhe, verneigte sich und warf verschiedene Gegenstände in die Höhe, obwohl es niemals andere Kraniche tanzen gesehen hatte.

Von diesen eleganten Vögeln gibt es heute nur noch wenige. In der Sowjetunion nisten höchstens dreißig Mandschurenkranichpaare, und insgesamt gibt es in der Welt kaum mehr als zweihundertachtzig Vögel (nach Angaben aus dem Jahre 1977).

Der Schneekranich

»... In den letzten hundert bis hundertfünfzig Jahren ist die Population dieser Art insgesamt katastrophal zurückgegangen...« – diese deprimierende Meldung kann man im »Roten Buch der UdSSR« lesen. Vom Schneekranich ist hier die Rede. Und wie steht es heute um ihn?

Gegenwärtig nisten nur in zwei Gebieten im Norden der Sowjetunion Schneekraniche, und zwar in Ostsibirien (am Unterlauf des Ob) und in Nordostjakutien (vom Janadelta bis zum Mittellauf der

Alaseja). Die Schneekraniche vom Unterlauf des Ob überwintern in einem Naturschutzgebiet in Nordindien; auf dem Weg dorthin überqueren sie Kasachstan und das Wolgadelta. Wo die Schneekraniche der jakutischen Population überwintern, ist nicht bekannt. Die Schneekraniche vom Ob nisten in der ebenen Tundra und in der Waldtundra mit ihren vielen Seen, Sümpfen und Niederungen, die jakutischen dagegen in moosbewachsenen Sümpfen der Taiga. Am Ob leben noch ungefähr sechzig dieser Vögel, in Jakutien nicht mehr als dreihundert.

In zoologischen Gärten findet man Schneekraniche nur sehr selten (in Zoos der Sowjetunion überhaupt nicht). Wie aber sind die vom Aussterben bedrohten Vögel noch zu retten?

In der Sowjetunion lief in jüngster Zeit ein einzigartiges Experiment. Ornithologen suchten unter Leitung vom Professor W. Flint die schier grenzenlosen Weiten der Tundra im Frühling nach Schneekranichnestern ab. Die Gelege bestehen aus zwei Eiern, doch ein Jungvogel aus diesen beiden Eiern kommt gewöhnlich um. Also kann man, ohne die Art zu gefährden, ein Ei entnehmen und im Brutschrank einen Jungvogel ausbrüten lassen. So weit, so gut. Doch wie sollte man das Ei eines Vogels, der im Polargebiet lebt, aus der fernen Tundra zu seinem Bestimmungsort, dem Brutschrank, bringen, ohne daß es unterwegs verdirbt? Außerdem gab es Brutschränke, die sich für die Aufzucht von Kranichen eignen, damals in der Sowjetunion noch nicht.

Alles wurde operativ, sehr gut durchdacht und korrekt erledigt: Mit einem Hubschrauber und anschließend mit Flugzeug wurden die Schneekranicheier in Spezialverpackung binnen achtundvierzig Stunden in die USA in eine Zuchtfarm für Kraniche geschafft. Man hofft, daß die dort herangewachsenen jungen Schneekraniche Nachkommenschaft haben werden.

Inzwischen hat auch die Sowjetunion eigene Brutschränke für Kraniche, und zwar in der Zuchtanstalt des Oka-Naturschutzgebietes südlich von Moskau.

Der Gerfalke

Beizjagd ist der Anwurf zahmer Jagdvögel auf Wild und wird seit mindestens zweitausendfünfhundert Jahren betrieben. Sie kam in Vorderasien auf und breitete sich von dort über ganz Asien bis hin nach Japan und in westlicher Richtung über ganz Nordafrika und Europa aus. Ausgebildete Leute, die Falkner, fingen die Jagdvögel, Falken und Habichte, auf Feldern, in Wäldern und im Gebirge ein. Als beste Beizvögel galten Gerfalken. Sie waren teuer, besonders die weißen; in der Diplomatie gekrönter Herrscher stellte ein Gerfalke ein besonders wertvolles Geschenk dar.

Dieser Vogel bewohnt subpolare und polare Gegenden, Uferklippen und die Waldtundra, wo ihm die Falkner auch nachstellten. Russische Falkner begaben sich dazu in ganzen Artels (Genossenschaften), angeführt von einem »Ataman«, nach Nordrußland. Eben flügge gewordene Jungvögel (Ästlinge) und halbbefiederte Nestlinge nahmen sie kaum, vielmehr vor allem bereits jagderfahrene Falken. Sie verwendeten dafür ein Netz, das über der Erde auf einen Ring gespannt war und auf den Falken niederfiel, sobald der den Lockvogel (eine Taube, ein Rebhuhn, ein Küken) gepackt hatte.

Falkner westeuropäischer Länder holten sich ihre Gerfalken aus Nordskandinavien und Island. Grönland, wo es viele gab, liefen sie in der Regel nicht an: Der Unterhalt der dort gefangenen Vögel (am Fangort selbst und auf der Rückfahrt) war nämlich zu teuer. Selbst wenn sie von Island nach Kopenhagen gebracht wurden, »waren für den Unterhalt von zwölf Falknern und neunzig Gerfalken acht Ochsen und hundertsechsunddreißig Schafe erforderlich«.

Wie der sowjetische Ornithologe G. Dementjew schreibt, »verzehrten die 1762 in Island gefangenen Gerfalken (darunter zwei weiße) in Island selbst neun Ochsen und 523 Schafe und unterwegs weitere fünfzig Ochsen und zwanzig Schafe«. Ein schier unglaublicher Appetit!

Die Tracht (ein Fachausdruck bei der Beizjagd) des Beizvogels sah folgendermaßen aus: Er trug eine Haube, die ihm so über den Kopf gezogen wurde, daß sie seine Augen verdeckte. Mit der Haube auf dem Kopf wird der Falke nicht durch seine Umgebung irritiert, etwa durch Pferde, Hunde und viele ihm unbekannte Menschen. Diese Kappe trug er auch, damit er keinen zu weit entfernt auffliegenden Vogel erspähte und diesem nicht unnötig nachjagte. An den Fängen trug er das »Geschüh«, das waren Seidenschnüre oder Riemchen von etwa zwanzig Zentimeter Länge, die mit den beiden Enden dem Vogel jeweils an einen Fang gebunden und niemals abgenommen wurden, damit beim Schlagen der Beute beide Fänge gleichzeitig zum Einsatz kamen. Und noch etwas: Ist das Geschüh bis zum äußersten gespannt, bildet es für jeden Fang eine Art Stütze, und dieser wird durch die Wucht des Schlages nicht zur Seite oder nach hinten gedrückt.

Das ist gewissermaßen die Funktion des Geschühs »im Kampf«, in »Friedenszeiten« aber dient es als Griff, an dem man einen zur Unzeit auffliegenden Vogel bequem zurückhalten kann. Er wird durch eine 80 bis 150 Zentimeter lange Schnur zurückgezogen, die das Geschüh mit dem Handschuh des Falkners verbindet. Man darf den Vogel nämlich nicht an den Schwingen oder Fängen packen, da beides verletzt werden könnte. Am sichersten ist es schon, den Falken am Geschüh zu fassen und ihn »auf der Faust kröpfen zu lassen«. Dabei kann es freilich vorkommen, daß er mit dem Kopf nach unten kippt. Doch danach schwingt er sich kraft seiner Flügel wieder hoch, nimmt die richtige Haltung ein – den Kopf nach oben – und setzt sich dem Falkner auf die Hand. Silber- oder Kupferschellen (sogenannte »Bellen«, A. d. Ü.), an den Fängen befestigt, helfen dem Falkner bei der Suche nach dem Vogel, wenn er nicht auf die Hand oder zum Falkenhof zurückkommt. Gute Bellen sind einige hundert Meter weit zu hören.

Auf den Menschen zuzufliegen und »auf seiner Faust zu kröpfen« brachten alte isländische Falkner frisch gefangenen Falken auf folgende Art bei. Sie sperrten diese in einen Raum, in dem es keinerlei Gegenstände gab und dessen Boden unter Wasser stand. Der Falkner betrat den Raum und wartete ab, daß der vom Umherfliegen müde Vogel sich auf Kopf, Hand oder Schulter des Menschen niederließ, dem einzigen Ort, wo sich der Vogel in diesem Raum überhaupt niederlassen konnte.

Russische Falkner dagegen richteten Beizvögel durch »Halten« (oder »Abtragen«) ab. Dazu trugen sie den Falken in der »Tracht«, also mit der Kappe auf dem Kopf und dem Geschüh an den Fängen, vierundzwanzig Stunden ununterbrochen auf der Hand. Danach nahmen sie ihm die Kappe ab und boten ihm Futter an. Nahm er es nicht an, trugen sie ihn noch einmal vierundzwanzig Stunden umher und boten ihm erneut Fleisch an. In der Regel machte er sich danach gierig darüber her. Nahm er es immer noch nicht an, währte das »Abtragen« einen weiteren Tag.

Dann folgte das »Locken« – das Herbeilocken des Falken durch einen Ruf (gewöhnlich rief man »au-au«) und durch einen »Lockvogel«, Wabilo genannt – ein Paar Taubenflügel, auf ein dünnes Brett genagelt, das den Umrissen der Flügel entsprechend ausgesägt worden war. Der Falkner schwenkte dieses Wabilo über dem Kopf, und der Vogel gewöhnte sich allmählich daran, auf dieses Signal hin

8 – 1051

zum Menschen zurückzukommen und sich auf dessen rechte Hand zu setzen, wofür er selbstverständlich ein Stückchen Fleisch als Belohnung erhielt. Das Locken begann in einem geschlossenen Raum und wurde später im Freien, auf dem Hof fortgesetzt. Hier band man den noch nicht völlig abgerichteten Vogel mit dem Geschüh an eine lange Schnur, damit er nicht wegflog.

Der vollständig »abgetragene« Falke wurde zunächst in der Falknerei und erst danach im Freien auf lebendes Wild angesetzt. Die erste Zeit warf man ihn auf kleine Beute, wie Tauben, Saatkrähen und andere Krähen, an.

Ein »abgetragener«, jagderfahrener Gerfalke absolviert bis zu siebzig »Einsätze« (Anwürfe auf Wild) und jagt es viele Kilometer, ehe er es zum Erdboden niederschlägt. Üblich sind aber fünfzehn bis zwanzig Anwürfe. Nach deren Zahl bewertet man Ausdauer und Jagdeifer des Falken im Angriff: Ein Gerfalke bricht die Attacken nach mißlungenen Anwürfen nicht ab, sondern schlägt und schlägt, bis die Beute zu Boden geht. Es gibt natürlich auch Einsätze, die entweder gleich beim ersten oder doch beim zweiten, dritten Mal das Opfer tödlich treffen, wobei dieses von den Krallen des Falken wie von einem scharfen Messer aufgeschlitzt wird.

Um einen Schlag mit den Krallen anzubringen, greift der Gerfalke das Ziel im Sturzflug aus einem geringeren Abstand an als etwa der Wanderfalke, ein anderer Beizvogel, und verliert deshalb bei Fehlschlägen weniger an Höhe. Auf das Wild losgelassen, steigt er in einer steilen Spirale auf – er geht auf »Lauer«. Anders als der Wanderfalke greift er nicht nur einen fliegenden Vogel an, sondern auch auf dem Erdboden laufendes Wild, beispielsweise einen Hasen. Doch schlägt der Gerfalke den Hasen nicht wie etwa der Habicht, sondern er fliegt ihn immer wieder neu an und tötet ihn mit den Krallen.

Mit Gerfalken erlegte man sogar sehr große Vögel, wie Reiher, Trappen, Gänse, Kraniche und Schwäne, besonders dann, wenn man gleichzeitig zwei, drei Gerfalken aufließ. Selbst Adler hielten dann ihren abwechselnd erfolgenden Angriffen nicht stand. Der Würgfalke, ein dem Gerfalken verwandter, etwas kleinerer Falke, wird im Iran auch heutzutage noch sogar auf Antilopen angesetzt.

Gegenwärtig kommt in einigen Ländern Westeuropas die Beizjagd wieder neu in Mode und wird auch im Orient noch praktiziert. In der Sowjetunion ist in Mittelasien eine spezielle Zuchtfarm eingerichtet worden, wo Beizvögel gehalten und abgetragen werden.

Leider gibt es von diesen schönen, mutigen Vögeln nur noch wenige. Genaue Zählungen sind schwierig, doch seien hier einige Leitziffern aus dem »Roten Buch der UdSSR« angeführt: »Im Tundrasektor an der Murmanküste betrug der Abstand zwischen den Nestern einmal zwölf und das andere Mal fünfunddreißig Kilometer. Im Rayon Teriberka der Oblast Murmansk lebten auf einer Fläche von 1500 Quadratkilometern drei Paare. Im zentralen Teil der Halbinsel Kanin waren Gerfalken häufig. Im Norden Jakutiens kommen sie häufiger vor als in anderen Gegenden, sind aber sporadisch verbreitet...«

Der Steinadler

Der berühmte Steinadler ist ebenfalls seit alters ein Beizvogel. Auch heute noch wird in Kirgisien und Kasachstan mit ihm Jagd betrieben.

Der Steinadler ist ein starker Vogel, der Füchse, Gemsen und Junghirsche reißt; er schlägt Hasen, Rebhühner und Gänse überall dort, wo er in den weiten Räumen von der Waldtundra bis hin zum Kaukasus und Pamir nistet. Steinadler jagen oft paarweise, denn Männchen und Weibchen sind über Jahre hinweg unzertrennlich und an den alten Horsten standorttreu. An Horsten haben sie mehrere in Besitz, bis zu vier; bald brüten sie in dem einen, bald in dem anderen ein Ei (wenn es junge Vögel sind) oder zwei bis drei Eier (bei älteren Vögeln) aus. Diese Horste sind imposante Bauwerke, bisweilen zwei Meter hoch und drei Meter breit. Mehrere Zentner Zweige sieht man da aufeinandergetürmt.

Leider sind die schönen Adler sehr selten geworden. In Europa, wo sie seit langem gezählt werden, horsten nicht mehr allzu viele Paare, so in Skandinavien ungefähr hundert, in den Alpen annähernd hundertfünfzig, in der Bundesrepublik Deutschland (Bayern) ganze sieben. In Schottland und Irland würde eine Zählung sicher ähnliche deprimierende Ergebnisse erbringen.

Obwohl auf dem ganzen Territorium der Sowjetunion heimisch, ist der Steinadler auch hier ein seltener Vogel. Nach Angaben des »Roten Buches der UdSSR« sind »im Zentrum des europäischen Teils der UdSSR nicht mehr als zehn bis zwanzig horstende Paare bekannt«, in Estland etwa sieben Paare, im Transkarpatengebiet nisteten 1963 »nur wenige Paare« und im Zentralen Tienschan sechs Steinadlerpaare.

Für das Verschwinden des Steinadlers gibt es verschiedene Ursachen. Natürlich sind auch seine sehr langsame Entwicklung und die geringe Fruchtbarkeit von Bedeutung. Geschlechtsreif wird ein Steinadler erst im vierten, fünften Lebensjahr. Das Ausbrüten des einen Eis, selten sind es zwei oder drei Eier, dauert ungefähr vierzig Tage. Im Horst verbleiben die Jungvögel bis zu einem Alter von achtzig Tagen.

Eine nicht geringe Rolle spielt, wie im »Roten Buch der UdSSR« zu lesen steht, »die wirtschaftliche Erschließung von Ländereien, der verstärkte Einschlag von Hochwald und das direkte Nachstellen durch den Menschen«.

In Kirgisien und Kasachstan, wo die Jagd mit Beizvögeln verbreitet ist, werden Steinadler, die später zu dieser Jagd abgerichtet werden sollen, aus den Horsten genommen, was natürlich nicht zur Vergrößerung der Populationen dieser seltenen Vögel beiträgt. Steinadler verenden auch in Hochspannungsleitungen und an vergifteten Ködern, die für Wölfe und anderes Raubzeug ausgelegt wurden.

Obwohl Steinadler sehr häufig in zoologischen Gärten gehalten werden, vermehren sie sich nur in einem davon: im Zoo von Topika, im US-Staat Kansas.

Der Kalifornische Kondor

Der Kalifornische Kondor ist schwarz, auch seine Halskrause ist schwarz und nicht weiß, und einen Hautkamm trägt er ebenfalls nicht auf dem Kopf wie etwa der bekanntere südamerikanische Kondor. Er war einst über ganz Nordamerika von Kanada bis Florida verbreitet, jetzt sind nur noch in Südkalifornien kaum mehr als vierzig dieser Vögel übriggeblieben. Sie wurden ausgerottet oder gingen an Gift zugrunde, das Tierzüchter in für Wölfe und Kojoten bestimmten Rind- und Schafkadavern ausgelegt hatten.

Der Kondor pflanzt sich einmal in zwei Jahren fort: Das Weibchen brütet in dieser Zeit ein, selten zwei Eier aus; das Vogeljunge wird sechs Monate lang gefüttert, doch auch danach

»hudern« es die Altvögel noch über ein Jahr, schützen es und füttern es zusätzlich. Es wächst nur langsam und ist erst mit sechs Jahren voll ausgewachsen.

Noch im Pleistozän bewohnte die Gebirge Nevadas und Kaliforniens ein Kondor, der Teratornis incredibiles, ein »unglaublich riesiger Vogel« mit fünf Meter Flügelspannweite! Außer dem Pteranodon, einem Flugsaurier der Oberen Kreide, und einem ausgestorbenen Albatros hat es solche Riesenflieger weder vorher noch nachher je gegeben.

Fragen an die Auskunftei »Launen der Natur«

Geht der Krebs rückwärts?

Seltsam, warum überhaupt über diese Frage so oft gesprochen und geschrieben wird. Natürlich geht der Krebs rückwärts, aber das können ja andere Tiere auch! Warum der Volksglaube behauptet, der Krebs laufe stets mit dem Hinterteil nach vorn, ist ganz und gar unverständlich. Wenn dem so wäre, warum hat er Augen, Ohren und Fühler dann nicht hinten, sondern vorn? Und auch den Mund...

Im Fluß schwimmt und geht der Krebs mit dem Kopf nach vorn, und rückwärts geht er, wenn ihn etwas erschreckt hat. Vorsichtig weicht er zurück.

Die jahrhundertealte Mär vom Rückwärtsgang des Krebses ist offensichtlich in einer Küche geboren worden. Schüttet man nämlich gefangene Krebse aus dem Korb auf den Tisch, sind sie selbstverständlich durch diese unerwartete Umsiedlung erschreckt, deshalb gehen sie rückwärts.

»...allein der Schwan nimmt aufwärts seinen Flug,
der Krebs kreucht rückwärts, und der Hecht strebt in die Welle.«
(Iwan Krylow)

»Und hinter ihnen der Tintenfisch
gleitet immer weiter, kriecht immer weiter zurück.«
(Kornej Tschukowski)

In das erste Zitat hat sich ein »ärgerlicher Fehler eingeschlichen«, während die Aussage des zweiten, hier scheinbar deplacierten, wahr ist, denn der Tintenfisch streift in der Tat immer mit dem Hinterteil nach vorn durch die Meere, die ihm verwandten Kalmare ebenfalls. Der Krake, auch ein Artverwandter, bewegt sich gleichfalls mit dem Kopf nach hinten, wenn er mit Hilfe seines »Düsentriebwerks« schwimmt.

Das »Düsentriebwerk« ist übrigens eine uralte Erfindung der Natur. Es wirkt so: Ein fleischiger Trichter hinter dem Kopf dieser

Weichtiere öffnet sich mit dem weiten Ende ins Innere des Körpers und mit dem engen nach außen. Tintenfisch, Kalmar und Krake nehmen zuerst Wasser in den »Bauch« auf und stoßen es darauf mit Macht durch den Trichter zurück ins Meer. Der Wasserstrahl aus ihrem Körper schießt nach vorn, und der Rückstoß schubst den Kopffüßler nach hinten. Wasser durch sich hindurch pumpend, schwimmen sie auch.

Wo überwintern die Krebse?

Stellen wir uns einmal an ein steiles Ufer, wo der Fluß Strudel bildet. Im Abhang bemerken wir cinc Vielzahl kleiner Höhlen. Bräunlichgraue kleine Vögel fliegen bald ein, bald aus – es sind Uferschwalben, die in den kleinen Höhlen ihre Nester haben. Wenn wir aber den Blick abwärts gleiten lassen, sehen wir die gleichen Höhlen auch unter Wasser im Steilhang gähnen. Am Eingang einér jeden ist ein kompaktes Erdhügelchen aufgehäuft. Hier siedeln die Krebse.

Die kleinen Höhlen sind nicht nur in den Hang gegraben, sondern auch in den Grund des Flusses. Jede ist fünfundzwanzig bis fünfundsiebzig Zentimeter tief und endet in einer erweiterten Kammer. Diese kann einen einzigen Eingang haben, aber auch zwei oder drei. Ferner gibt es Nebenhöhlen, darin liegen gewöhnlich dürres Laub oder Früchte und Gemüse; das alles ist irgendwie in den Fluß gelangt und bildet den Nahrungsvorrat des Krebses.

Das unterirdische Gewölbe als Wohnstätte höhlt sich der Krebs mit den Scheren aus, und er stampft auch die Häuflein herausgeworfener Erde am Eingang mit den Scheren fest. Bei Hitze verschließt er den Eingang zur Höhle und bleibt darin, ohne sie zu verlassen. Auch bei normalem Wetter verläßt er seine Behausung in der Regel nur nachts, wenn er sich auf dem Grund des Flusses, Sees oder Teiches, in dem er lebt, auf Nahrungssuche begibt.

Kommt der Herbst, wird der Krebs träge. Er kriecht in die Höhle, verstopft den Eingang mit Erde und überwintert hier in freiwilliger Abgeschiedenheit.

Sterben Bienen nach dem Stich?

Der Giftapparat der Bienen ist im allgemeinen so eingerichtet, daß damit Insekten und anderen Tieren, die einen Chitinpanzer haben, Stiche beigebracht werden können. Hat die Biene das Chitin mit ihrem Stachel durchbohrt, kann sie ihn hernach recht leicht zurückziehen. Doch die Haut von Säugetieren (auch die des Menschen) ist geschmeidig und elastisch. Wie ein Stück Gummi drückt sie den Stachel der Biene zusammen, so daß es dieser selten gelingt, ihn wieder herauszuziehen. Außerdem ist er am Ende mit Widerhaken versehen (wie bei einer Harpune nach hinten gerichtet), was ihr das ohnehin nicht leichte Vorhaben noch mehr erschwert. Die Biene bemüht sich zwar nach Kräften, doch vergeblich; sie fliegt weg. Dabei läßt sie aber den Stachel in der Haut ihres Opfers zurück und zusammen mit dem Stachel auch die Giftdrüsen und einen Teil der Gedärme. Am Ende des Hinterleibs bleibt eine große Wunde zurück, und die Biene stirbt schließlich.

Viele Wespen aber haben diese Widerhaken am Ende des Stachels nicht, deshalb ziehen sie ihn ohne Schwierigkeiten selbst aus der Haut von Säugern heraus. Eine Hornisse zum Beispiel kann einige Male hintereinander stechen. Mit dieser großen Wespe (sie wird bis drei Zentimeter lang) ist nicht zu spaßen. Einst glaubte man, ein Mensch müsse sterben, wenn drei Hornissen ihn stechen, und ein Pferd überlebe sieben Hornissenstiche nicht. Heute aber weiß man, daß das eine Übertreibung ist. Ein Hornissenstich in die Zunge oder ein großes Blutgefäß wird allerdings gefährlich. Die Zunge schwillt derart an, daß sie das Atmen erschwert. Die Schädigung eines Blutgefäßes durch das Gift einer Hornisse ruft innere Blutung und Gewebeschwellung hervor, was die Blutzirkulation behindert.

An dieser Stelle ist die Frage angebracht, ob auch der Stich einer Biene gefährlich sei? Bei Bienen, die die Holarktis besiedeln, ist er nicht lebensgefährlich. Um einen gesunden erwachsenen Menschen zu töten, müßten Bienen ihm fünfhundert Stiche beibringen. Allerdings gibt es Menschen, die gegen Bienengift besonders allergisch sind. Sie können in einigen Fällen auch an einer geringeren Zahl von Stichen sterben, ja sogar an einem einzigen.

Wie lange leben Bienen?

Im allgemeinen nicht lange – nicht länger als zwei Monate, nur die Bienenkönigin lebt einige Jahre. Allerdings überwintern im Frühherbst aus den Larven geschlüpfte Bienen bis zum Frühjahr im Bienenstock.

Im Laufe ihres Lebens wechseln Bienen mehrfach den »Beruf«. Nach der Geburt müssen sie als erstes die Zellen reinigen. Am vierten Tag endet diese Tätigkeit. Es werden Pflegerinnen für die

Larven gebraucht, und die junge Biene hat sich um diese zu kümmern. Am achten Tag »entdeckt sie an sich« die Fähigkeit, eine gute Amme zu sein. Zu diesem Zeitpunkt beginnen bei ihr spezielle Drüsen Weiselmilch abzugeben, mit der sie die Bienenkönigin und die Larven füttert.

Einige weitere Tage sind der Aneignung verschiedener Spezialfertigkeiten gewidmet: Sie ist Nahrungsabnehmerin, Nahrungsverteilerin, Reinemachefrau in den Waben, Putzfrau für die von der Reise heimkommenden Artgenossinnen, Baumeisterin für Waben. Ganze drei bis vier Wochen sind erst seit ihrer Geburt verstrichen, und schon beginnt ihre zweite Lebenshälfte. Und erst wenn die Biene, nach unseren Begriffen, bereits »in die Jahre« kommt, bricht für sie ein besonderer Tag an, der Tag des ersten Ausflugs! Dieser Ausflug ist ein regelrechter Sprung ins Ungewisse. Lange scheint sie unentschlossen, kämpft mit sich am Ausflugsloch wie ein Neuling beim Fallschirmspringen. Doch bald ist auch schon der erste Schritt getan, und die Biene fliegt los.

Dieser erste Ausflug – und mit ihm gewisse Wesenszüge des Individuums oder irgend etwas anderes – bestimmt die weitere Spezialisierung unserer Biene. Was wird sie einmal werden – Nektar- oder Blütenstaubsammlerin? Auf welche Blume wird sie sich festlegen? Beobachter, die die Handlung eines Sammlerneulings verfolgt haben, berichten, daß die Biene anfangs höchst täppisch zu Werke geht. Sie müht und müht sich, zerknautscht die Blüte und beschmiert sich selbst derart, daß sie wie ein Malerlehrling aussieht. Doch schon bald wird sie geschickter, nur noch wenige Sekunden braucht sie für eine Blüte.

Sie fliegt einige Zeit aus, und da naht auch schon ihr Ende. Die Biene wird hinfällig und stirbt.

Woraus wird Honig gemacht?

Honig wird aus Blütennektar gemacht. Die Bienen tragen ihn in den Bienenstock und lassen ihn in die Waben fließen. Danach stehen sie über den gefüllten Wabenzellen und fächeln eifrig mit den Flügeln. So entfernen sie überflüssiges Wasser, dicken sie den Nektar ein.

Das »Eindicken« des Nektars ist aber nicht die einzige Arbeit, die für die Herstellung von Honig erforderlich ist. Dieser unterliegt im Honigmagen der Biene einer recht langwierigen und einstweilen noch nicht ergründeten Weiterverarbeitung.

Die Biene in der »Annahme« nimmt der Sammlerbiene den ganzen von ihr herbeigebrachten Honig ab und speichert ihn eine gewisse Zeit in ihrem Magen. Danach läuft folgendes ab: Die Biene öffnet die Kiefer, schiebt ihren Rüssel nach vorn und nach unten, und da erscheint auf seiner Oberfläche ein Nektartröpfchen. Sie verschluckt es, bringt anschließend wieder ein Nektartröpfchen aus dem Mund heraus und verschluckt es ebenfalls. So verfährt sie bis zu 240mal. Erst dann bringt sie ihr süßes »Halbfabrikat« in einer Wabenzelle unter. Doch auch damit ist es noch nicht getan: Andere Bienen setzen die komplizierte Arbeit der Umwandlung des Nektars in Honig fort. Sie tragen das noch flüssige »Halbfabrikat« – halb Nektar, halb Honig – so lange von einer Zelle zur anderen, bis es eingedickt ist. Es wurde bereits gesagt, daß zur Entfernung der überschüssigen Feuchtigkeit aus dem Nektar die Bienen mit dem »sachten Lüftchen« ihrer fächelnden Flügel (26 400 Schwingungen in der Minute!) den ganzen Bienenstock belüften. Außerdem wird das Wasser aus dem Nektar auch noch durch spezielle Drüsen des Honigmagens absorbiert und der Nektar selbst mit Fermenten, Vitaminen und Mikroben tötenden Stoffen angereichert und so keimfrei gemacht. Deswegen bleibt Honig viele Jahre lang frisch und verdirbt nicht, Bakterien können ihm nichts anhaben.

Man hat berechnet, daß zur Herstellung von hundert Gramm Honig die Sammlerbienen den Nektar von ungefähr einer Million Blüten einholen müssen! Annähernd fünfzehntausend Ladungen dieses »Göttertranks« sind heranzuschaffen (wenn sich die Nektarträger höchstens anderthalb Kilometer vom Bienenstock befinden). Doch manchmal fliegen die Bienen zur Nektaraufnahme sogar acht Kilometer weit, so daß ihr Weg hin und zurück dann insgesamt sechsundvierzigtausend Kilometer lang ist! Dies käme einer Erdumrundung längs des Äquators gleich. Welch gigantischer Arbeitsaufwand für ganze einhundert Gramm Honig!

Die Fluggeschwindigkeit einer Biene ohne Last beträgt (wie beim besten Rennpferd) fünfundsechzig Kilometer in der Stunde. Mit einer Last, die drei Viertel ihres Eigengewichts ausmacht, fliegt die Biene träge und nur halb so schnell wie ohne Last.

»Honig ist Saft vom himmlischen Tau, den die Bienen bei gutem Wetter von wohlriechenden Blüten sammeln, und hiervon hat er viel Kraft in sich und taugt als Heilmittel gegen viele Krankheiten. Honig tut übelriechenden Wunden gut, das Auge befreit er von Verfinsterung, so man ihn aufträgt oder ein Pflaster auflegt, er heilt Mundfäule, ist wassertreibend, er macht den Bauch weich, lindert

Husten, er heilt giftige Stiche und macht den Biß eines tollwütigen Hundes unschädlich, einer tiefen Wunde tut er wohl, der Lunge und allen inneren Gelenken ist er unsagbar heilsam«, heißt es in einer Handschrift von 1672, betitelt »Der kühle Garten...«

Vor Jahrtausenden schon waren die Ärzte fast überall der Ansicht, daß der Honig »der Kräfte viele in sich berge«. Zu beinahe allen Rezepten von Arzneimitteln gehörte als eine Hauptkomponente Honig, so zum Beispiel im alten Ägypten und Griechenland, in Babylon und Assyrien, Indien und China. Jahrhunderte vergingen, neue Völker betraten die Arena der Geschichte, aber auch für sie besaß der Honig Heilkräfte. Sowohl Ärzte als auch Kurpfuscher suchten bei vielen Leiden Hilfe beim Honig.

Seine »viele Kraft« hat der Honig auch in unseren Tagen nicht eingebüßt. Mit Honig werden nach wie vor verschiedene Krankheiten behandelt: Erkältungen, Erkrankungen der oberen Luftwege und des Verdauungstrakts sowie Hautkrankheiten. Man wendet ihn auch in der Kosmetik an. Immer neue Wirkstoffe werden in Honig entdeckt, und das gilt auch für die Propolis, das sogenannte Kittharz oder Vorwachs, das zudem noch starke antiseptische Eigenschaften hat.

Was hat es mit dieser Propolis auf sich?

Kittharz ist ein »Bienenleim«, mit dem die Bienen die Ritzen im Bienenstock verschmieren; bisher ist nicht recht bekannt, woher sie ihn nehmen. Verschiedene Forscher nennen als wichtigste Rohstoffquellen für die Herstellung von Kittharz Blütenstaub von Pflanzen sowie Harzstoffe aus Rinde und Knospen von Bäumen (Weiden, Pappeln, Kiefern, Tannen, Fichten, Birken).

Bienen, die Pflanzengummi – harzige Absonderungen – sammeln, hat man öfters beobachtet. Hat eine ein Klümpchen klebrige Masse mit den Kiefern gepackt, zieht sie es zu einem Faden aus. Um ihn abzureißen, fliegt sie auf, landet Sekunden später auf dem alten Platz, streift mit dem zweiten Beinpaar den Faden von den Kiefern und legt ihn in ihr Blütenstaubkörbchen. Das setzt sie fort, bis beide Blütenstaubkörbchen mit der klebrigen Masse gefüllt sind.

Im Bienenstock nimmt die Biene nicht selbst das Gummi aus dem Körbchen heraus, dies tun ihre im Stock verbliebenen Artgenossen. Faden um Faden ziehen sie es heraus und manchmal so heftig, daß sie die Sammlerin mit wegziehen.

In den frühen Morgenstunden sammeln Bienen keinen »Rohstoff für das Kittharz«, sondern zur Mittagszeit, in der größten Hitze. Es kommt vor, daß den Sammlerinnen, die mit solcher Last am Abend zurückkehren, das Gummi so starr geworden ist, daß die Korbbienen nicht genügend Kraft haben, die Körbchen zu leeren. Den Sammlerinnen bleibt dann nichts weiter übrig, als mitsamt ihrer Last zu übernachten. Am Morgen erwärmen sie sich auf dem Einflugbrett an der Sonne, und erst zur Mittagszeit befreien die Bienen in der »Annahme« sie von dem in der Hitze weichgewordenen Kittharz. Ist die Tracht gut, sammeln die Bienen fast kein Gummi.

Worin unterscheidet sich der Hase vom Kaninchen?

Äußerlich in sehr wenigem. Nur sind Ohren und Läufe beim Kaninchen kürzer als beim Hasen. Im Verhalten beider Tiere gibt es allerdings viel Unterschiedliches. So graben Hasen keine Erdbaue, wohl aber die Kaninchen, und die leben auch in ihnen, bringen hier auf einem Polster aus Gras und Unterwolle ihre Jungen zur Welt.

Bei der Geburt sind die jungen Kaninchen ganz klein, nackt, ohne Fell, blind, taub und können kaum krabbeln. Erst nach zwei Wochen öffnen sich ihre Augen. Die Kaninchenmutter verläßt ihre Jungen fast nie. Sie läuft nur kurz weg, um Blättchen zu zupfen, und eilt dann wieder zurück in den Bau zu den Kleinen. Beim Säugen liegt sie, während die Hasenmutter sitzend säugt. Das Kaninchenmännchen lebt nicht bei seiner Familie und kümmert sich nicht um die Jungen, sondern streift allein umher. Der Hase aber verteidigt seine im Grase verborgenen Jungen. Kleinere Feinde schlägt er kühn in die Flucht, größere, mit denen er nicht fertig wird, lenkt er durch schlaue Manöver ab, von seinen Jungen weg. Hasenjunge sind durchaus nicht so hilflos, blind und nackt wie die von Kaninchen, sie werden auch nicht in einem Bau geboren, sondern direkt auf dem Erdboden in einer flachen Sasse. Kaum auf die Welt gekommen, können sie sofort laufen. Ihre Mutter überläßt sie sich selbst, manchmal kehrt sie erst am nächsten Tag zu ihnen zurück. Sie säugt sie insgesamt nur wenige Male, danach können sie schon selbst ihr Grün zupfen.

Trifft eine Häsin (nicht die Mutter) auf ein im Gras verborgenes fremdes Junges, läuft sie nicht vorbei, sondern füttert es auf jeden Fall. Bei Kaninchen gibt es eine solche Verhaltensweise nicht, Kaninchenmütter füttern fremde Junge nie.

Warum hat der Hase ein so dünnes Fell?

Beim Hasen ist die Haut dünn wie dünnstes Pergament, und diese Dünne hat eine Schutzfunktion. Bekommen Wolf oder Fuchs einen Hasen an der Flanke zu fassen, zerrt der Hase kräftig, der Balg reißt leicht, und der Hase entkommt. Dort, wo ein Fellstück herausgerissen ist, tritt nicht ein einziges Blutströpfchen aus. Über der Wunde wachsen schnell neue Haut und neues Fell. Man könnte es als eine Art Autotomie bezeichnen, also etwa mit der Fähigkeit der Eidechsen vergleichen, bei Gefahr ihren Schwanz abzuwerfen. Allerdings fällt dieser sozusagen »von selbst« ab, während die Haut des Hasen einfach leicht reißt. Autotomie ist ja ein altes Mittel der Natur, eine Art Lebensversicherung bei vielen Tieren. So trennt sich die Heuschrecke leicht von einem Stelzbein, ebenso der Weberknecht. Auch der Krake bietet seinem Feind einen Arm an, um so sein Leben zu retten. Bei den Bilchen, kleinen Säugern, gleitet die Haut schnell vom Schwanz, wenn die Tiere kräftig daran gezogen werden. Eine auf tropischen Inseln lebende Eidechse fährt buchstäblich aus der Haut, wenn sie einem Feind in die Klauen gerät. Nackt, aber dafür lebendig entschlüpft sie ihm. Eine neue Haut wächst ihr schnell wieder, das Leben verliert man aber nur einmal.

Schielt der Hase?

Man sagt, der Hase schiele, doch das stimmt nicht *. Manche Leute meinen, diese Behauptung stamme von den Jägern. Werden Hasen von Hunden gehetzt, zeigen sie nämlich eine Besonderheit.

Die Jagd mit Jagdhunden beruht darauf, daß ein von diesen aufgestöberter Hase in der Regel auf seine eigene Fährte zurückkehrt. Der Jäger muß nur einen günstigen Platz auswählen und darf nicht danebenschießen. Der Hase beschreibt in diesem Fall, wie man sagt, einen Kreis. Zeichnet man diesen aber einmal auf Papier, entsteht ein solches Gebilde, daß ein Uneingeweihter unwillkürlich an der Sicherheit der Hand zweifelt, die ihn aufgezeichnet hat, kurz, der »Kreis« wird kein Kreis sein. Eine Vielzahl von Schlingen, Ausbuchtungen (»Haken«), unerwartete Richtungswechsel, manchmal diametral entgegengesetzt, scheinbar unnötige Wendungen – dies alles macht ein Hase, um die ihm auf seiner Fährte

---

* Im Russischen ist Meister Lampes Spitzname Kossoi (»Schielender«) (A. d. Red.)

folgenden Jagdhunde zu irritieren; also beschreibt er im Wald Achten und Schleifen, bevor er seinen obligatorischen und verhängnisvollen Kreis schließt. Lassen sich die Schlingen und alle übrigen Manöver noch als Abwehrmaßnahmen werten – daß er aber wieder bei seiner Sasse oder in deren nächster Nähe anlangt, das könnte man nicht als solche bezeichnen. Doch weshalb tut es der Hase dann? Man erklärt das unterschiedlich. Am einleuchtendsten scheint die Annahme zu sein, er habe sein bestimmtes Revier, sein eigenes Territorium, ein bis drei Quadratkilometer groß, dessen Grenzen zu überschreiten er »kein Recht« habe. Sei er gezwungen, einem Verfolger auf begrenztem Terrain zu entkommen, kehre er wohl oder übel in seine »angestammte« und ihm bekannte Gegend zurück.

Andere »erklären« das Verhalten des Hasen allen Ernstes damit, daß der Hase im Kreis laufe, weil er schiele. Diese Meinung verdient ebenfalls gewisse Beachtung, obwohl das Imkreislaufen nicht Sache der Augen, sondern der Läufe ist. Bei vielen Säugern wurde eine noch nicht völlig geklärte seltsame Asymmetrie im Bau bestimmter Organe festgestellt, die von Natur aus, so sollte man meinen, symmetrisch sein müßten. So ist die rechte und die linke Seite des Schädels etwa bei Zahnwalen ungleich entwickelt, das Meerschweinchen hat auf der linken Kieferseite mehr Zähne, das linke Horn ist beim Gaur, einem Wildrind, und einigen Hirschen länger und dicker. Die rechten und die linken Beine gleichen bei vielen Säugern einander nicht. Bei Wölfen und Füchsen sind die linken oft länger als die rechten, deswegen durchmessen die linken beim Laufen eine größere Distanz. Dies führt zu einer ständigen Krümmung des Weges nach rechts.

Möglich, daß es sich auch beim Hasen ähnlich verhält. Es läuft ja auch der Mensch, der sich im Walde verirrt hat, meist im Kreis.

Warum haben Kraniche nur ein Junges?

Ein Kranichpaar hat in der Regel zwei Eier in seinem Nest. Man sollte deshalb meinen, daß es auch zwei Junge habe, aber die meisten Kraniche haben immer nur eines. Warum? Der Grund dafür klingt brutal.

Ein junger Kranich, der gerade aus seinem brüchigen Schalenverlies herausgekrochen ist, liegt eine Zeitlang flach ausgestreckt im Nest. Er ist völlig mit einer Art Schleim bedeckt. Richtet man auf ihn einen Wärmestrom, trocknet er ab, und alsbald erkennt man, daß er in dichten Flaum gekleidet ist. Der junge Kranich erhebt sich schwankend auf seinen schwächlichen Beinchen und hält Umschau. Doch jetzt folgt etwas völlig Unbegreifliches: Sobald er neben sich sein gleichaltriges aus dem anderen Ei geschlüpftes Geschwister entdeckt, stürzt er sich auf dieses, bestrebt, es mit dem Schnabel am Hals zu packen und zu töten, und jenes tut mit nicht geringerer Vehemenz das gleiche. So kämpfen die beiden Neugeborenen verbissen, bis der Stärkere den Schwächeren getötet hat. Die Kranicheltern schauen gelassen dem »Morden« zu und mischen sich nicht ein.

Selbst wenn man ein nur entfernt an einen Vogel erinnerndes Gummispielzeug dem soeben geschlüpften Kranich ins Nest legt, stürzt der sich auch auf dieses wie auf jeden lebenden Vogel, der etwa so groß ist wie er. Warum? Ein ungelöstes Rätsel.

Sind vier Wochen vergangen, verliert sich das aggressive Verhalten, freilich nicht endgültig: Mit Erlangen der Geschlechtsreife, das heißt mit anderthalb Jahren, wird dieser Instinkt erneut in dem jungen Kranich mächtig, und mit der gleichen Heftigkeit wie zuvor wird er bestrebt sein, andere junge Kraniche mit einem Schnabelschlag auf den Kopf zu töten.

Ein Holzhaus stürzt ein

In Holzhäusern, in Zimmern mit Holztäfelung oder auch in alten Möbeln kann man von April bis Juni leise rhythmisch aufeinanderfolgende Töne vernehmen, so als ticke leise eine Wanduhr. In manchen Gegenden bezeichnet man sie im Volke mit »Totenuhr«, die den baldigen Tod des Hausherrn ankündigen soll. Es sind in der Tat Signale, die nahen Untergang verkünden, doch nicht den des Hausbesitzers, sondern den seines Heimes oder seiner Möbel.

Es ist ein winziges Käferchen, das durch leichtes Klopfen seines Kopfes gegen Holz sein Weibchen zu einem Stelldichein ruft. Lange hat der Käfer als Larve in Häuserwänden, in allem möglichen Holz gelebt, hat an diesem Holz genagt und unter der glatten, scheinbar unberührten Oberfläche ein Netz kleiner Gänge ausgehöhlt. Dann ist er aus der Puppe geschlüpft und begegnet nun bald einer Partnerin, die ebenfalls aus dem Holz herausgekrochen ist.

Diese wird danach erneut in Tischbeine oder Balken eindringen, und neue Larven beginnen dort ihr Zerstörungswerk. Solch ein Haus, das, von außen gesehen, völlig intakt erscheint, wird dann plötzlich bröckeln, nicht etwa in Tagen, sondern in Stunden, und schließlich ganz von innen ausgehöhlt, in sich zusammenfallen.

In Kalifornien ist vor gar nicht langer Zeit ein ganz merkwürdiger Bohrkäfer entdeckt worden, der sich, man stelle sich das einmal vor, im Mantel von Fernmeldekabeln ansiedelt und ihn ganz und gar durchlöchert. Regenwasser sickert ein, und schon ist der Kurzschluß da. Deswegen nennen die Amerikaner diesen Käfer auch »Kurzschlußkäfer«.

Wer behandelt denn unsere »guten« Anzüge so schlecht?

Eine Motte zu beschreiben erübrigt sich: Jeder kennt dieses schlimme Schadinsekt.

Durch das Zimmer schwirren winzige Falter. Besorgt starren die Wohnungsinhaber auf sie, springen mitten in angenehmster Unterhaltung wie von der Tarantel gestochen hoch, versuchen die Motten zu fangen. Aber das ist nicht so einfach, die sind sehr wendig im Flug.

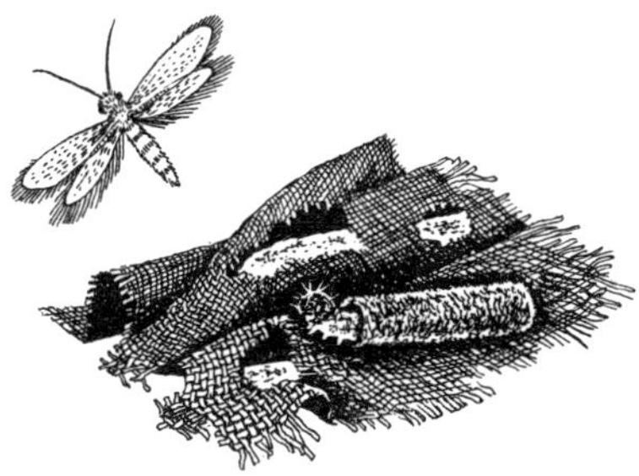

Übrigens kann man sich das getrost sparen. Die im Zimmer umherflatternden Motten sind nämlich die Männchen, während die Weibchen, die die Hauptgefahr darstellen, fast gar nicht umherfliegen. Im verborgenen laufen sie in Kleiderfalten, an Wänden hinter Teppichen, in dunklen Ecken umher, wo sie in Massen Spinnen zum Opfer fallen. Dreihundert Eier legt jedes, aus denen Larven kriechen, und die sind es, die unsere Textilien zerfressen. Sie umgarnen sich mit einer Art Spinngewebe, bilden daraus röhrenartige Gehäuse, in denen sie, diese immer weiter aufstockend, auch leben. So entstehen richtige kleine Tunnel aus Spinnweb. Nach zwei

9–1051

bis drei Wochen verpuppen sich die Larven, und bald fliegen erneut Motten im Zimmer umher.

Was tun? Schnellstens in einen Laden rennen und ein Insektizid kaufen – oder aber Spinnen züchten!

Woher stammt der Wurmfraß in den Äpfeln?

Diese vermaledeiten Maden in den Äpfeln sind die Raupen des Apfelwicklers. Den ganzen Winter haben sie unter der Rinde der Apfelbäume verschlafen, einige überwintern auch in Obst- und Gemüselagern. Wenn dann im Frühjahr die Apfelbäume blühen, verpuppen die Raupen sich, und zwei, drei Wochen später schlüpfen daraus Falter. Tagsüber bekommt man sie nicht zu Gesicht. Sie sitzen reglos in der Krone des Baumes, auf dem sie geschlüpft sind. Kaum aber geht die Sonne unter, entfalten sie ihre Flügel, fliegen zu den Fruchtknoten und legen auf dem Laub um sie herum bis zu hundertsechzig Eier ab. Reifen die Früchte, reifen auch die Raupen in den Eiern. Sechs bis fünfzehn Tage vergehen, da kriechen die Raupen aus den Eiern und fressen sich gleich an Ort und Stelle in

den Apfel hinein. Den ersten Tag fressen sie nur Fruchtfleisch. Danach dringen sie zu den Kernen vor und vertilgen auch diese. Sie wachsen und wachsen und kriechen schließlich auf den zunächst hängenden Apfel hinüber und zerfressen auch ihn. Im Herbst lassen sie sich an Fädchen auf Äste und Stamm herab und suchen sich Ritzen unter der Rinde, um in ihnen zu überwintern.

Sind behaarte Raupen giftig?

Ja, das sind sie. Aber nicht ihr Biß, wie der Laie vielleicht meinen könnte, sondern die Haare, mit denen die Raupen dicht bewachsen sind. Diese vergifteten Mini-Lanzen sitzen so locker in der Raupenhaut, daß sie sich bei der leisesten Berührung von ihr ablösen. Sie können sich einem in die Hände bohren oder, was noch schlimmer ist, in Mund, Nase und Auge. Hier entstehen sofort Entzündungen, und manchmal kommt es gar zur Blasenbildung. Selbst wenn man nur einen Ast packt, auf dem behaarte Raupen entlanggekrochen sind, kann es zu den genannten Schmerzempfindungen kommen.

Vögel meiden im allgemeinen behaarte Raupen, der Kuckuck allerdings frißt sie, ohne sichtbar Schaden zu nehmen.

Duftet der Fuchs nach Veilchen?

Michail Prischwin erzählt in einer seiner Geschichten folgendes: Auf der Jagd war ein Fuchs geschossen worden. Bei der Rast fiel Prischwin ein, in einem guten Buch gelesen zu haben, unter dem Schwanz habe der Fuchs eine spezielle Drüse, deren Absonderungen nach Veilchen duften, und das beschloß er jetzt nachzuprüfen. Also machten sich die Jäger daran, unter dem Fuchsschwanz zu schnuppern, doch nach Veilchen roch es dort nicht, ganz im Gegenteil...

Da kamen Bauern in einem Schlitten vorübergefahren und riefen: »He, Jäger, ihr habt nicht an der richtigen Stelle geschnuppert!«

Und das stimmte.

Die »Veilchendrüse«, die in der Paarungszeit besonders groß ist und stark duftet, befindet sich nämlich nicht unter dem Schwanz des Fuchses, sondern oben auf dem Schwanz, fast an dessen unmittelbarem Ansatz, nur einen Zentimeter davor. Auf jeden Fall aber hat die Natur die Füchse nicht deshalb damit ausgestattet, damit sie (wie Jäger hier mitunter behaupteten), wenn sie verwundet sind und ihre Kräfte nachlassen, sich nach hinten drehen, um die Veilchendüfte und mit ihnen zusammen auch Frische einzuatmen. Der Herzschlag würde so beschleunigt und die Düfte würden den abgehetzten Füchsen neue Kräfte verleihen. Viel eher ist es wohl so, daß die »Veilchendrüse« Duft-»Leitfäden« verbreitet, damit der fuchsrote Freier die Füchsin im Walddickicht oder in den Weiten der Steppe leichter findet.

Gibt es in Sümpfen Schlangen?

Viele Leute meinen: Ja, im Sumpf leben Schlangen; deshalb treten sie nur mit Angst auf die Bülten darin. Indessen trifft man im Sumpf Schlangen nur selten an; natürlich meine ich damit giftige Ottern.

Ottern mögen keine Feuchtigkeit, sie lieben trockene Stellen – Beerengesträuch im Wald, sonnige Lichtungen, Schneisen, Rodungen und Hänge von Hügeln. Dort leben sie auch im wesentlichen, nicht aber im Niedermoor (an Seeufern, in Flußauen), wo sie nur zufällig hingeraten sein können. Dafür gibt es in Hochmooren, in Torfmooren und Nadelholzdickichten viele Ottern.

Leben im Schwarzen Meer Haie?

An den Badestränden des Schwarzen Meeres kann man mitunter die durchaus nicht müßige Frage hören: Gibt es hier Haie? Die Antwort ermuntert nicht gerade sehr zum Baden, sie lautet nämlich: »Ja, es gibt welche, und zwar Dornhaie.« Die Katzenhaie sind kaum erwähnenswert, da sie hier äußerst selten sind, Dornhaie dagegen kommen häufiger vor. Sie sind größer als Katzenhaie, werden anderthalb bis zwei Meter lang, doch sind sie gleichfalls ungefährlich! Allerdings verursachen ihre spitzen und mit giftigem Schleim überzogenen Dorne (die sich vorn auf jeder Rückenflosse befinden) schmerzhafte Verletzungen. Ein gefangener Hai kann, sich windend, sehr geschickt mit ihnen operieren.

Bei Tage schwimmen Dornhaie unweit von den Stränden am Meeresgrund, nachts dagegen kommen sie an die Oberfläche. Die Weibchen der Schwarzmeerdornhaie sind mit siebzehn Jahren fortpflanzungsfähig. In den Monaten April und Mai treffen sie in

vierzig bis hundert Meter Tiefe mit den Männchen zusammen. Über ein halbes Jahr tragen die Weibchen die sich entwickelnden Embryos aus und gebären im nächsten Winter oder im darauffolgenden Frühjahr ein, zwei Dutzend junge Haie.

Die beruhigende Gewißheit, daß Schwarzmeerhaie harmlos sind, sollte allerdings Badende nicht dazu verführen, sich gar zu sehr in Sicherheit zu wiegen. Auf Sandbänken kann man hier den Stachelrochen antreffen, einen Verwandten des Hais. Am peitschenförmigen Schwanz trägt er einen vergifteten »Dolch« – einen langen Stachel mit einer Giftdrüse an der Basis. Ein Rochen schlägt mit dem Schwanz wie mit einer Knute und stößt dem Menschen, der ihn aufgestört hat, seinen Stachel in den Leib. Im Körper des Opfers bricht der Stachel gewöhnlich ab und läßt sich nur schwer herausziehen. Es hat schon Fälle mit tödlichem Ausgang gegeben.

Dort, wo man Gefahr läuft, auf Stachelrochen zu stoßen, empfiehlt es sich, durch das Flachwasser zu schlurfen, um sie zu vertreiben.

Wie viele Federn hat ein Vogel?

Es sind mehr, als man mit bloßem Auge Sterne am Himmel sieht! Der am stärksten befiederte Vogel ist mit fünfundzwanzigtausend Federn der Schwan. Nur ein Fünftel davon aber trägt er am Rumpf, die übrigen hat er am Kopf und an seinem schönen Hals. Die Stockente beispielsweise hat nur halb so viele Federn, und bei der Taube sind es insgesamt lediglich rund zweitausendsechshundert.

Welche Vögel sind auf der Erde am zahlreichsten vertreten?

Man höre und staune: nicht etwa die Tauben, die einem in allen Städten vor den Füßen herumtrippeln, und auch nicht irgendwelche anderen Piepmätze, sondern die ganz gewöhnlichen Haushühner! Sie leben überall: in Farmen, in entlegenen Walddörfern von Indianern, Afrikanern und Papuas... Ob es überhaupt möglich wäre, einmal zu zählen, wie viele Hühner es auf der Erde gibt? Genaue Angaben liegen bisher natürlich nicht vor, Wissenschaftler schätzen aber, daß es mindestens drei Milliarden sind. Da entfällt also auf zwei Menschen ein Huhn!

Welcher natürliche Faden ist der dünnste?

Der Faden der Spinne! Das menschliche Haar ist tausendmal dicker.

Stärke und Festigkeit von Garnen und Fasern werden in manchen Ländern noch in einer Maßeinheit gemessen, die man Denier nennt. Ein Denier ist das Gewicht eines neun Kilometer langen Fadens in Gramm. Ein solcher Faden der Seidenraupe wiegt ein Denier, ein menschliches Haar dieser Länge fünfzig Denier, doch der Fangfaden einer Spinne nur ganze 0,07 Denier. Das heißt, ein Spinnfaden, am Äquator um die Erdkugel gespannt, würde kaum mehr als dreihundert Gramm wiegen.

Der Faden der Spinne ist doppelt so reißfest wie Stahl, fester als Viskose, herkömmliches Nylon und fast ebenso fest wie hochfestes Spezialnylon, das jedoch dem Faden der Spinne in seiner Dehnbarkeit deutlich nachsteht und folglich bei gleicher Belastung eher reißt.

Der Spinnfaden ist ein Synthesegebilde aus Aminosäuren, ein reines Eiweiß.

Sind Spinnen giftig?

Ganz allgemein muß gesagt werden, daß fast alle Spinnen mehr oder weniger giftig sind, doch die Bisse der meisten sind für den Menschen ungefährlich, ja sogar schmerzlos. So ist zum Beispiel der Biß einer gewöhnlichen kleinen Hausspinne oder der Kreuzspinne nicht schmerzhafter als ein leichter Nadelstich. Der Biß der Wasserspinne jedoch verursacht einen sehr starken brennenden Schmerz, der sich von der Bißstelle noch etwas über den Körper ausbreitet. Die Bißstelle wird für einige Zeit gefühllos, doch verschwinden nach einigen Tagen die Schmerzempfindungen ohne Folgen. Ebenso schmerzhaft ist der Biß des Männchens der sehr seltenen und schönen schwarzroten Röhrenspinne Eresus.

In der Sowjetunion sind nur zwei Spinnen gefährlich, die beide im Süden vorkommen – die Tarantel und die Karakurt, besonders die letztere.

»Der Stich einer Karakurt schmerzt kaum, doch die Krankheit ist sehr schwer«, behaupten Leute, die das am eigenen Leibe erfahren haben. Die Karakurt beißt den Menschen gewöhnlich dann, wenn er schläft, und er verspürt im Schlaf den Biß nur wie einen Nadelstich. Doch nach fünf bis zehn Minuten treibt ihn ein heftiger Schmerz an der Bißstelle hoch, anschließend verbreitet sich ein Kribbeln über den ganzen Körper. Die Beine sind taub, der Mensch kann nicht gehen, er fällt hin. Ihn quälen Atemnot, Durst und schreckliche Schmerzen, besonders im Bauch, in der Brust und im Kreuz. Die Bauchmuskeln sind gespannt und hart wie ein Brett, die Augen blutunterlaufen, der Atem ist oberflächlich, das Gesicht schweißüberströmt, die Körpertemperatur etwas erhöht, normal oder gar unter normal. Der Mensch wirft sich hin und her, liegt der Länge nach in verschiedenen Stellungen da, und all das läßt ihn glauben, sein letztes Stündlein habe geschlagen. Die Erregung ist heftig; Alkohol, selbst in großen Mengen genossen, macht ihn nicht betrunken. Schreie, Stöhnen, hysterische Hilferufe – fürchterlich das Ganze!

In schweren Fällen tritt nach ein bis zwei Stunden der Tod ein. Manchmal vertragen Menschen den Biß einer Karakurt (möglicherweise einer noch nicht geschlechtsreifen oder eines Männchens) allerdings leicht. Rechtzeitig ergriffene Maßnahmen helfen auf jeden Fall in der Regel bald. Leider kennen aber nicht alle Ärzte sich in den Symptomen einer Vergiftung durch den Biß einer Karakurt aus. Da kommt es dann vor, daß sie der »harte Bauch« und die Schmerzen in der Magengegend irreführen und sie eine falsche Diagnose stellen, etwa Magendurchbruch, akute Blinddarmentzündung, Darmverschlingung. Unnötige Operationen werden vorgenommen, wertvolle Zeit geht verloren. »Viele sinnlose Operationen«, schreibt ein amerikanischer Biologe, »könnten vermieden werden, wenn alle Ärzte wüßten, daß heftige Schmerzen, Härte und Rigidität des Bauches, mäßiges Fieber, Leukozytose, gelegentliche Übelkeit und Erbrechen vom Biß einer Schwarzen Witwe (einer amerikanischen Kugelspinne, mit der Karakurt eng verwandt – A. d. Ü.) herrühren können.«

Wichtig ist es auch, zu wissen, daß das Gift gerade von einer Karakurt und nicht von einem anderen giftigen Tier stammt. Eine Schlange hinterläßt an der Bißstelle gewöhnlich Spuren des Giftzahnpaares (selten nur die eines Giftzahnes) und eine rasch sich ausbreitende Schwellung. Der Biß eines Skorpions dagegen bewirkt heftigen Schmerz, Brennen, eine lokale Schwellung, Ödem und Schmerz in den Lymphknoten. Der Biß einer Tarantel hat ein gravierendes Krankheitsgefühl, ausgedehnte Rötung und Schwellung des Gewebes (an der Bißstelle) zur Folge. Schmerzen im ganzen Körper treten nach einem Tarantelbiß nicht auf, doch der Mensch fühlt Schwere, Apathie, Schläfrigkeit, nicht aber Erregung.

Spucken Spinnen?

Es gibt Spinnen, die haben die gleichen schlechten Manieren wie Kamele, denen von Kindheit an ihre Mütter zu spucken erlauben, deren Mütter sogar selbst spucken. Es sind dies Speispinnen. Sie leben in unseren Häusern. Bei Tage bekommt man sie allerdings nicht zu Gesicht, nur in der Dämmerung kriechen sie aus allen möglichen Ritzen hervor. Netze weben sie nicht, sondern sie jagen wie Wölfe. Sie marschieren gemächlich an der Decke oder an der Wand entlang, die Vorderbeine nach vorn gestreckt. Hat eine Spinne eine schlafende Fliege aufgespürt, nähert sie sich ihr bis auf etwa sechs Millimeter Entfernung, und aus diesem Abstand gibt sie ihren wohlgezielten Schuß ab. Sie bespuckt das Opfer mit einem klebrigen Saft, so daß alle sechs Fliegenbeine und die zwei Flügel fest an der Decke haften. Die von der Spinne ausgespiene Flüssigkeit erstarrt, sobald sie die Fliege getroffen hat, und fesselt diese wie ein Strick an Beinen und Flügeln.

Bei einer in Sri Lanka beheimateten Speispinnenart ist die ausgespiene Substanz nicht nur klebrig, sondern auch noch giftig: Trifft sie damit eine Fliege, wird diese dadurch gefesselt und getötet!

Mit dem Verspritzen von Leim kühlt die Speispinne auch die Angriffslust feindlicher Artgenossen. Sie ist also eine Spinne, die sich mit Spucke wehrt, sie kann nicht nur eine Fliege an die Decke bannen, sondern auch so manches stärkere Opfer.

Südlich der Sahara

2

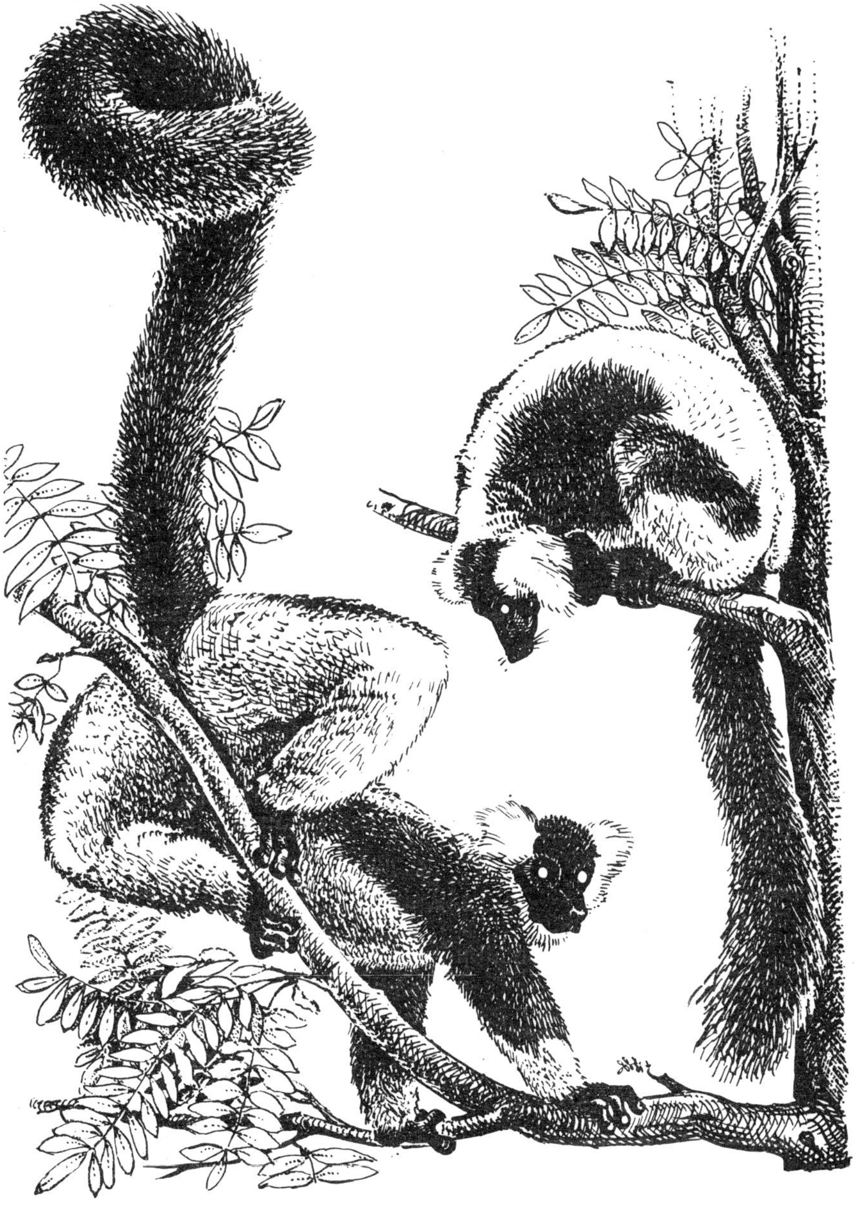

Ungewöhnliches im Alltäglichen

Prügel für den Leoparden

Schon lange fahndet die Wissenschaft nach den Vorfahren des Menschen, und die Suche dauert immer noch an. Die Urahnen des Menschen sind aber längst ausgestorben und haben uns nur Trümmer ihrer Gebeine, erste Werkzeuge, Gerätschaften und Reste ihrer Behausungen (sowie Wandmalereien in Höhlen) hinterlassen.

Welches von den heute existierenden Lebewesen also ist unser nächster Blutsverwandter? Jeder weiß es, es ist der Affe. Doch welcher Affe?

Unser nächster Verwandter innerhalb der Tierwelt lebt in Afrika südlich der Sahara, in der äthiopischen tiergeographischen Region. Tropische Regenwälder und die Savannen an deren Rändern haben ihm Zuflucht gewährt. Nördlich des Kongo, von Guinea im Westen über Kamerun bis Uganda im Osten, ist der Schimpanse beheimatet, und von ihm soll hier die Rede sein.

In unserem Jahrhundert des technischen Fortschritts haben wir beeindruckende Erfolge in der Handhabung von Werkzeugen erzielt. So ist es nicht verwunderlich, daß wir bei der Beurteilung von Fähigkeiten bei Tieren entsprechende Anforderungen an sie stellen: Wir beurteilen sie nach ihrem Vermögen, mit Gegenständen zu hantieren, nach ihren Fähigkeiten im Umgang mit Werkzeugen bewerten wir den Intelligenzgrad der Versuchstiere.

Wenn man diese Tests zugrunde legt, dann ist der Schimpanse zweifellos allen lebenden Geschöpfen auf der Erde (mit Ausnahme des Menschen) voraus. In Gefangenschaft können Schimpansen unter Leitung eines Dresseurs oder Experimentators verblüffende Erfolge im Umgang mit Werkzeugen und Mechanismen erzielen.

Doch auch in freier Wildbahn nimmt ein Schimpanse beim Erlangen von Futter oder bei der Verteidigung gegen Feinde mancherlei Gegenstände zu Hilfe, meist Stöcke unterschiedlicher Länge und Stärke. Die kleinsten – Stengel und kleine Gerten (vorher von Blättern befreit) – sind zum Beispiel geeignet, Honig aus Baumlöchern und Termiten aus ihren Nestern herauszuholen, und die größten – Knüppel – dienen ihm zur Verteidigung.

Adrian Kortlandt von der Universität Amsterdam hat zusammen mit seinen Mitarbeitern viele Male und an verschiedenen Orten interessante Versuche angestellt. So schafften sie einen ausgestopften Leoparden mit einer speziellen elektrischen Vorrichtung, die das »Raubtier« Kopf und Schwanz drehen ließ, in den Wald und in die Savanne, um zu beobachten, wie Schimpansen auf ihn reagieren. Bei einigen Versuchen hielt der Leopard eine Puppe in den Pranken, die Imitation eines Schimpansenjungen, und dann führten sich die Schimpansen besonders mutig und aggressiv auf.

Die Waldschimpansen griffen den »Leoparden« mit Geheul und Gekreisch an. Sie rüttelten an Bäumen, brachen Äste ab, rissen kleine Stämme mitsamt den Wurzeln aus, fuchtelten mit ihnen wie mit Knüppeln herum und versuchten mit allen Mitteln, das Raubtier einzuschüchtern. Halbkreisförmig umringten sie den ausgestopften Balg. Einige kletterten auf Bäume, um besser sehen zu können. Der »Leopard« schien für sie ein großes Problem darzustellen. Mancher von uns, der eine schwierige Aufgabe zu lösen hat, kratzt sich nachdenklich den Kopf, und auch die Affen wurden unvermittelt von Juckreiz befallen. Sie kratzten sich heftig, aber nicht den Kopf, sondern den ganzen Körper. Wahrscheinlich beunruhigte sie das Schicksal des jungen Schimpansen sehr. Ihre Kleinsten trugen sie beim Angriff an der Brust oder auf dem Rücken. Die älteren Jungen hielten sich im Hintergrund. Bald liefen die Mütter zu ihnen zurück und nahmen sie auf den Arm, bald wieder überließen sie sie sich selbst und gingen erneut zum Angriff über.

Den Ausbrüchen von Aggressivität, bei denen die Schimpansen gemeinsam gegen den Feind anstürmten, folgten Pausen relativer Ruhe und Erholung. Dann saßen sie da, schauten friedlich auf den ausgestopften Balg mit dem wackelnden Kopf und aßen ihre Bananen. Eine halbe Stunde nach der ersten Attacke ging langsam die Sonne unter, und die Schimpansen verzogen sich ins Dickicht, wobei sie auf dem Schlachtfeld »zwölf abgebrochene und ausgerissene Papayabäume zurückließen«.

Ein Jahr darauf beobachteten die Zoologen an der gleichen Stelle folgende interessante Szene. Der »Leopard« mit der Puppe in den Pranken war zuvor auf einem Schimpansenpfad aufgestellt worden. Als ihn die Schimpansen entdeckten, unternahmen sie einen gemeinschaftlichen Angriff. Die Szene vom Vorjahr wiederholte sich, allerdings mit dem Unterschied, daß ein altes Weibchen ganz nah an das »Raubtier« heranging und aus entsprechend sicherer Entfernung die Puppe beschnupperte. Danach kehrte sie zu den anderen Affen zurück, die abseits warteten, und schüttelte einige Male »verneinend« den Kopf, als wollte sie sagen: »Das Junge ist keines von uns« oder, möglicherweise, »Es ist schon tot«, worauf alle Schimpansen sich schweigend entfernten.

Bei keinem einzigen von ähnlichen Versuchen mit Waldschimpansen in Zaïre und Guinea wurde der »Leopard« nach Strich und Faden mit Stöcken verprügelt. Es gab überhaupt keinen richtigen Kampf, es blieb bei Drohgebärden.

Anders sah es bei den Schimpansen in der Savanne aus; diese zogen ernstlich gegen den »Leoparden« zu Felde. Dazu rissen sie Stämmchen aus, die zwei Meter und länger waren, gingen direkt auf den »Leoparden« los (selbst Weibchen mit Jungen auf dem Rücken) und schlugen mit solcher Wucht zu, daß sie einem lebenden Leoparden durchaus das Rückgrat hätten brechen können. Die Geschwindigkeit, mit der solch ein Knüppel niedersauste, betrug, wie Berechnungen nach den Filmstreifen ergaben, neunzig Kilometer in der Stunde!

Schließlich packte das Leittier das erschlagene »Raubtier« am Schwanz, zerrte es zu sich heran und riß ihm den Kopf vom Rumpf. Damit hatte sich's, der Feind war tot! Bald kamen die anderen Affen, nun schon ohne Angst, an den »verreckten Leoparden« heran, und selbst die Jungen wagten ihn zu berühren.

Proästhetik bei Tieren?

Wieviel sarkastische Bemerkungen und Spötteleien sind nicht schon über die Malkünste von Affen geäußert worden. Doch die Zeit ist darüber hingegangen, neue Versuche sind unternommen worden, und heute haben die Biologen eine andere Einstellung zu zeichnenden Affen gewonnen.

Die ersten Experimente mit einem zeichnenden Schimpansen wurden schon im vorrevolutionären Rußland von Nadeshda Ladygina-Kots (1889–1963) durchgeführt. Der Schimpanse Jonny, den Frau Ladygina-Kots beobachtete, zeichnete zuerst nur einfach gerade Linien. Je mehr er sich aber im Zeichnen vervollkommnete, desto sorgfältiger zeichnete er seine Linien. Später versah er sie mit Querlinien, die im rechten Winkel auf die Längslinien trafen, und dabei blieb er. Größere Erfolge erzielte er nicht.

Frau Ladygina-Kots verglich das »Kunstwerk« des Schimpansen mit den Zeichnungen ihres vierjährigen Sohnes und stellte fest, daß der Affe, der anfangs das gleiche gezeichnet hatte wie das Kind, mit zunehmendem Alter des Kindes diesem gegenüber im Zeichnen zurückblieb. Jonny hat zum Beispiel niemals einen Kreis zeichnen können. Kreise zeichnen ist nun einmal für alle Affen, die sich mit Zeichnen beschäftigen, die Grenze des Erreichbaren, während Kinder anfangs in ganz konkreten Etappen von Krakeln zu geraden Linien übergehen und schließlich einen Kreis zeichnen. Die folgende Etappe kindlicher Übungen mit Bleistift und Papier sind Darstellungen des menschlichen Gesichts und danach dann auch menschlicher Gestalten. Das ist für den Affen unerreichbar. Noch kein einziger Affe ist in seinem malerischen Schaffen weiter als bis zur Darstellung eines Kreises vorgedrungen.

Eine Mitarbeiterin eines Kindergartens in San Francisco hat zweihunderttausend Kinderzeichnungen aus vierzehn Ländern der Erde gesammelt und folgendes festgestellt: »Sie gleichen einander auf der jeweiligen Entwicklungsstufe des Kindes in erstaunlicher Weise. «Allmählich wurden die Zeichnungen komplizierter, die einen der Kinder vervollkommneten sich schneller als andere, doch »sie alle durchliefen den gleichen Weg«.

Desmond Morris, Kurator des Zoologischen Gartens London, hat einmal eingehend Kinderzeichnungen mit Zeichnungen von Schimpansen verglichen. Bis zu dem Tag, da ein Kind ein menschliches Gesicht zu zeichnen beginnt, verlaufen Vervollkommnung der Zeichentechnik und zunehmende Kompliziertheit der Zeichnungen bei Kindern und Schimpansen in gleichen Etappen. Der Schimpanse Kongo, den er beobachtete, übertraf im Zeichnen alle seine Artgenossen: Er zeichnete nicht nur einen Kreis, sondern »verzierte« ihn auch noch mit Punkten. In zwei Jahren »malte« Kongo 384 Zeichnungen. Sie alle waren »nach bestem Wissen und Gewissen angefertigt, waren auch keine Kopien von Vorlagen und beruhten nicht auf Vorgaben des Wissenschaftlers«. Nachdem Kongo die für Affen höchste Stufe der Meisterschaft erreicht hatte – die Darstellung eines Kreises mit Punkten –, begann er sich zu langweilen. Er verlor das Interesse am Zeichnen, das ihm zuvor soviel Spaß gemacht hatte. Man merkte, er hatte die Grenze dessen erreicht, wozu ein Affe fähig ist.

Affen beachten bei ihren Zeichnungen eine erstaunlich strenge Symmetrie in der Komposition und übertreffen in dieser Hinsicht Kinder. Mit mathematischer Genauigkeit ordnen sie die Zeichnung exakt in der Mitte des Blattes an. Falls sie die Ecken ausfüllen, tun sie das ebenfalls mit großer Sorgfalt, sie achten streng darauf, daß die Größe der Zeichnungen in allen Ecken die gleiche ist. Ornamente in der Mitte der Zeichnung gestalten sie ebenfalls symmetrisch, wozu kein einziges Kind im Alter bis zu vier Jahren fähig ist.

Jeder Affe hat sozusagen seine eigene Handschrift beim Zeichnen, seine eigenen Darstellungsformen. Bekommt der Experimentator die Zeichnung eines Affen vorgelegt, wird er auf Anhieb sagen können, welches seiner Versuchstiere sie angefertigt hat. Das Lieblingsmotiv, das Kongo immer wieder zeichnete, war ein Fächer. Eine Vielzahl von Fächervarianten brachte er zu Papier und war stets bemüht, den Fächer genau auf Blattmitte anzuordnen.

Bis 1961 haben sich unter Aufsicht von Experimentatoren dreißig Affen mit Zeichnen befaßt, davon dreiundzwanzig Schimpansen, drei Orang-Utans und vier Kapuzineräffchen. Wenig später gab man den »Künstlern« auch Farben. Zunächst malten sie mit dem Finger, später lernten sie schnell und gern Pinsel und Faserstift gebrauchen. Zuvor hatte ein Institut für moderne Kunst in einer Ausstellung Bilder von Kongo und Betsy (aus dem Zoo Baltimore) gezeigt. Die Leiter der Zoos wünschten nicht, daß jemand die Affenzeichnungen kaufte, da die Experimente noch nicht abgeschlossen waren, und setzten deshalb sehr hohe Preise für die Schaffensproben der Affen fest. Doch fast alle Bilder wurden verkauft, und für die Zoos tat sich so eine neue Einnahmequelle auf.

Die Bilder erwarben nicht nur reiche Snobs, die damit ihre blasierten Gäste unterhalten wollten, sondern auch so bekannte Kunstexperten wie Pablo Picasso, Herbert Reed und der namhafte Biologe Julian Huxley.

Die Affen hatten nämlich fleißig an ihren Werken gearbeitet, es war nicht einfach nur so ein Schnickschnack. Die Tiere kamen dazu in das Labor, wo Bleistift und Papier für sie bereitlagen, wie zu einer richtigen Unterrichtsstunde. Kaum nahmen sie den Bleistift zur Hand, vergaßen sie sogleich alles, sowohl den Biologen neben ihnen als auch ihre Lieblingsfrüchte. »Ein Affe bringt es zu einer Konzentration, wie man sie früher bei ihm für unmöglich hielt.«

»Die Tiere wurden wütend, wenn sie aufhören sollten; wenn man ihnen während der Arbeit die Zeichnung wegnahm, wurden sie ganz nervös. Offensichtlich haben sie eine Vorstellung davon, wie die fertige Zeichnung auszusehen hat. Nahm man Kongo eine noch nicht fertiggestellte Zeichnung weg und gab sie ihm später zurück, zeichnete er an jener Stelle weiter, an der er die Arbeit unterbrochen hatte. Folglich empfindet ein Affe ganz eindeutig, daß die Zeichnung noch nicht vollendet ist. Wenn man Kongo überreden konnte, keine neue Zeichnung zu beginnen, sondern an jener weiterzuarbeiten, die von ihm aus bereits ‚abgeschlossen' war, verlor der Affe die Geduld, begann zu quengeln und zu winseln. Wurde er aber mit Nachdruck dazu genötigt, so begann er die Zeichnung zu zerstören. Er versah sie mit ‚sinnlosem Gekritzel'.« (Sally Carrighar)

Ist es schwierig, einem Affen das Zeichnen beizubringen?

Nein, man muß es ihm überhaupt nicht beibringen, er lernt es selbst im Laufe der Arbeit. Man gibt ihm einfach einen Bleistift, legt ihm ein Stück weißes Papier vor, und schon ergreift ihn eine Art schöpferische Unruhe, er beginnt zu zeichnen. Zuerst einfache Linien (oder Streifen, wenn er mit Farben malt), doch bald fährt er zeichnend mit der ganzen Hand über das Papier. Allmählich verbessert er seine Maltechnik: Er hält den Bleistift bereits wie wir, preßt ihn mit dem Zeigefinger an und führt ihn nur mit den Fingern über das Papier.

Zeichnen ist für Affen eine höchst unterhaltsame Tätigkeit. Sie können sich den ganzen Tag damit beschäftigen. Der Schimpanse Alpha erbettelte sich von den Mitarbeitern des Zoos ständig Notizbücher und Bleistifte und konnte sehr böse werden, wenn er sie nicht bekam. Der Affe Gua zeichnete, wenn er keinen Bleistift und kein Papier hatte, mit den Fingerspitzen oder Fingernägeln auf beschlagenem Fensterglas. Der Gorilla Meng versuchte viele Male, seinen eigenen Schatten auf die Wand zu zeichnen.

So also stehen die Dinge. Die Biologen haben begriffen, daß höhere Affen eine gewisse künstlerische Begabung besitzen, daß sie so etwas wie eine schöpferische Inspiration, einen starken Drang zum Malen empfinden. Also ist ihnen ein ästhetisches Empfinden eigen. Manche Biologen bezeichnen es nicht direkt so, sondern ziehen es vor, dieses Vermögen vieler Tiere als eine Vorstufe dazu anzusehen (als Proästhetik).

»Bombardement« im Kampf um ein Stück Brot

Es gibt noch ein weiteres Tier der Äthiopis, das ähnlich dem Schimpansen bei der Nahrungsbeschaffung Werkzeuge benutzt, doch nicht Stöcke, sondern Steine. Es ist der Bartgeier, der hoch oben im Gebirge lebt. Ein Leckerbissen sind für ihn Schildkröten. Ist die Schildkröte allerdings groß und kann er mit Schnabel und Krallen ihren Panzer nicht öffnen, nimmt er sie in die Fänge und schwingt sich hoch in die Lüfte. Von dort oben wirft er sie dann auf die Felsen hinunter. Der Panzer platzt, und der Bartgeier fliegt zum Schmaus herbei. Der römische Naturforscher Plinius der Ältere schreibt, ein Bartgeier habe einmal das kahle Haupt des altgriechischen Dichters Aischylos für einen Stein gehalten und eine Schildkröte darauf fallen lassen. Daran sei nach Plinius' Meinung Aischylos gestorben.

Für den Bartgeier haben Steine die Funktion von Ambossen. Doch die Wissenschaft erfuhr unlängst von erstaunlichen Fähigkeiten noch anderer Vögel – der Aasgeier: Der Stein dient diesen schon als echtes Werkzeug.

Ein Steppenbrand vertrieb einmal Strauße von ihren Nestern, die Straußeneier lagen unbewacht. Da kamen Geier angeflogen und versuchten, die Eierschalen mit dem Schnabel aufzubrechen, ohne Erfolg. Bald darauf tauchten weitere Liebhaber von rohen Eiern auf – zwei Aasgeier. Sie gingen geschickt zu Werke. Sie flogen wieder weg und trugen in den Schnäbeln bis zu dreihundert Gramm schwere Steine herbei, die sie auf die Erde legten. Sie besichtigten die Eier »fachmännisch«, beklopften sie mit den Schnäbeln, als wollten sie die Härte prüfen. Danach nahmen sie die Steine erneut in die Schnäbel, richteten sich zu voller Größe auf, hoben den Kopf und schleuderten plötzlich die Steine auf die Eier. Bei einem Versuch allein gingen die Eier noch nicht entzwei, doch das schienen die Geier auch gar nicht erwartet zu haben. Immer aufs neue bewarfen sie die Eier mit den Steinen. Vier bis zwölf solcher

»Bombardements« bedurfte es, bis diese platzten. Nun machten sich die Geier ans Mahl.

In einem Film des sowjetischen Regisseurs A. Sguridi hat man Aasgeier bei der Arbeit gesehen. Die einzigartigen Bilder haben alles dokumentarisch belegt.

Ein Beistandspakt

Zwei Tiere haben untereinander eine Art Beistandspakt geschlossen. Es sind dies der afrikanische Honigdachs und der Honiganzeiger, ein kleiner grauer Vogel mit grünlichem Bauch. Wie sieht nun diese Zusammenarbeit der beiden Tiere aus? Man würde so etwas gar nicht glauben wollen, zwänge einen nicht die Autorität namhafter Ornithologen dazu.

In Afrika bauen viele wilde Bienen ihre Nester in der Erde, und nach diesen sucht der afrikanische Honiganzeiger. Sowie er eines ausgespürt hat, fliegt er zu einem Dachsbau, flattert über diesem herum und ruft mit seinem »Tschurr-tschurr« den Dachs heraus. Jener weiß natürlich, worum es geht, kommt eiligst aus dem Bau heraus und trottet dem Vogel hinterdrein. Der Honiganzeiger aber flattert von Strauch zu Strauch und wartet auf den Dachs. Dabei ruft er ohne Unterlaß. So führt er den Honigdachs von einem Strauch zum anderen bis hin zum Bienennest. Hier nun tritt der Dachs in Aktion: Er plündert das Bienennest. Der Vogel aber verbirgt sich auf einem Baum, ruft auch nicht mehr und wartet...

Hat sich der Dachs satt gefressen, zieht er befriedigt ab. Jetzt eilt der Honiganzeiger zu dem verwüsteten Nest und frißt die Honigwaben.

10–1051

Auch das klingt wieder sehr unwahrscheinlich, denn für einen Tiermagen ist Wachs ja unverdaulich! Lediglich die Bienenlaus, deren Larven im Bienenstock leben, ist fähig, sich von Wachs zu ernähren. Wie man aber sieht, ist es nicht nur sie allein, auch der Honiganzeiger kann es. Man untersuchte seine Verdauungsorgane und fand in ihnen symbiontische Bakterien und Hefepilze. Sie sind es, die das Wachs in Fettsäuren aufspalten, die dann im Darm des Vogels verdaut werden.

Die Honiganzeiger kooperieren übrigens nicht nur mit Honigdachsen, sondern auch mit Pavianen.

Nun sind die Afrikaner ja Menschen, die sehr gut beobachten. Sie wissen bereits seit langem von dieser Freundschaft zwischen Honigdachs und dem Vogel und sind gleichfalls ein Bündnis mit dem Honiganzeiger eingegangen, der gern auch mit ihnen zusammenarbeitet und sie zu den Bienennestern führt. Und zwar zeigt er ihnen nicht nur die Nester von Erdbienen (Sandbienen), sondern auch die von Baumbienen. Offensichtlich aber tut er sich nicht mit jedem Menschen zusammen. So beschreibt der italienische Forscher Franco Prosperi die bedauerlichen Mißerfolge eines Mitarbeiters seiner Expedition:

»Ein Honiganzeigerpaar flog jeden Morgen über Buschwerk hinweg zum Fluß; es sah so aus, als versuchten die Vögel tatsächlich mit ihren Flügen unsere Aufmerksamkeit auf sich zu lenken. Also beschloß Stanis, ihnen zu folgen. Da stellte sich jedoch heraus, daß zumindest am ersten Tag die Vögel nicht recht wußten, wo genau sich das Bienennest befand. Stanis absolvierte einen gesundheitsfördernden Spaziergang bei glühender Sonne und bahnte sich einige Stunden lang durch Dornengestrüpp seinen Weg. Nachdem er sich aber überzeugt hatte, daß weder er noch die Vögel wußten, wer denn nun wen zu führen habe, ging er zum Fluß zurück... Der Test dauerte zwei, drei Tage, mit immer wieder dem gleichen Ergebnis: Gegen Ende eines jeden Tages empfingen die Kameraden den erfolglosen Honigsucher mit mehr oder weniger geistreichen Spötteleien. Das Honiganzeigerpaar aber stattete uns weiterhin seine Besuche ab und forderte Stanis zu dem üblichen Spaziergang auf, der ihnen offensichtlich Vergnügen bereitete.

Am fünften Tag allerdings wurde unser heimkehrender Kamerad nicht mehr mit Witzen und Spötteleien bedacht: Er kam mit einem derart finsteren, geschwollenen Gesicht zurück, daß wir nicht zu fragen wagten, wie alles abgelaufen sei; außerdem wußten wir ja alle nur zu gut, durch wessen Schuld seine Wangen so schrecklich geschwollen waren.«

Da hatte ein Wissenschaftler auf der Smithsonian Institution in den USA gewissenhaftere Führer. Dreiundzwanzigmal geleiteten ihn Honiganzeiger erfolgreich zu Bienennestern. Das Verhalten der Honiganzeiger beschreibt er so:

»Will ein Vogel einen Menschen führen, fliegt er zu ihm hin, schnalzt und wartet, daß der Mensch sich ihm nähere. Seine Stimme ist jenem Laut sehr ähnlich, den eine halbvolle Streichholzschachtel abgibt, wenn man sie schüttelt. Kommt der Mensch heran, fliegt er fünfzehn, zwanzig Fuß weiter, schnalzt ständig und entfaltet den Schwanz zu einem Fächer. Gewöhnlich setzt er sich auf einen vorstehenden Zweig, schnalzt heftig und spreizt die Flügel so, daß in den Achseln die gelben Streifen seines Gefieders sichtbar sind.«

Ist der Mensch wieder heran, fliegt er fünf bis fünfzehn Meter weiter auf einen anderen Baum hinüber. Der Mensch muß ihn nicht unbedingt sehen, wichtig ist, daß er ihn hört. Der Vogel schnalzt ohne Pause und wartet, daß der Mensch ihm folgt. Ist er wieder heran, fliegt der Vogel abermals weiter, und das Ganze wiederholt sich viele Male, bis der Honiganzeiger ihn zum Bienennest hingeführt hat. Hier wartet er wiederum geduldig, bis der Mensch den Honig eingesammelt hat. Honigsammler überlassen dem Honiganzeiger in der Regel einen Teil der Waben. Sobald sie sich entfernen, fliegt der Vogel zu der ihm überlassenen Nahrung. Was dann folgt, wissen wir bereits.

Es gibt siebzehn verschiedene Arten Honiganzeiger, fünfzehn in Afrika, zwei in Indien und Indochina. Sie bauen weder Nester, noch brüten sie Junge aus; sie legen, wie der Kuckuck, ihre Eier in fremde Nester. Ein junger Honiganzeiger ist bei der Geburt mit einer gefährlichen Waffe versehen, einem spitzen »Eizahn«, einem Haken

an der Spitze vom Unter- und Oberschnabel. Schließt sich der Schnabel, bildet er eine Zange. Mit dieser gefährlichen Waffe tötet der Vogel die neugeborenen Jungen seiner »Gastgeber«, oder er zerbeißt ihre Eier. Die Vögel aber, deren Nest die jungen Honiganzeiger okkupiert haben, füttern nichtsahnend das fremde Vogeljunge wie ihr eigenes.

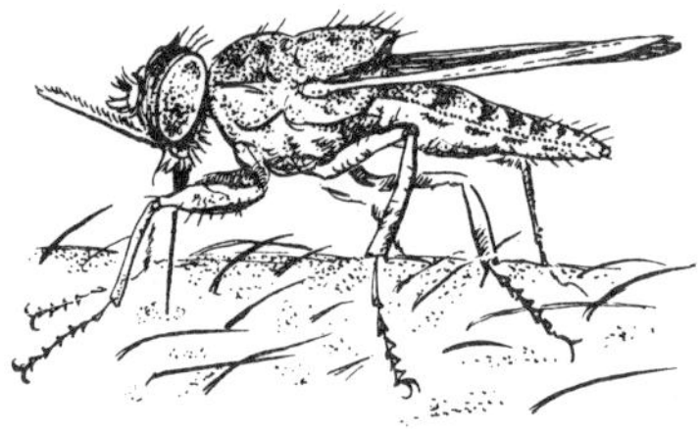

Die Tsetsefliege

Die Tsetsefliegen sind in dreißig Arten in Afrika beheimatet. Die einen leben in Trockensavannen, andere im tropischen Regenwald; die einen stechen den Menschen und große Huftiere, andere wiederum Vögel, Hasen, Füchse, Warane und Krokodile.

Eine Tsetsefliege ist leicht von anderen Fliegen zu unterscheiden. Sie ist größer als unsere Stubenfliege, und wenn sie sich irgendwo niederläßt, legt sie die Flügel fest an, so daß diese auf ihrem Rücken wie ein Satteldach zu liegen kommen und nicht fächerähnlich wie bei der Stubenfliege. Auch fliegt sie »sehr schnell und zielgerichtet«.

Bernhard Grzimek, ehemaliger Direktor des Zoos Frankfurt/M., schreibt in einem seiner Bücher, daß jedesmal, wenn sie durch ein Wäldchen oder Flußtal fuhren, das ganze Auto augenblicklich voll von diesen Tsetsefliegen war. Ihm kam es vor, als fänden diese ihre Opfer nicht etwa mit Hilfe des Geruchssinns, sondern verfolgten einfach ein beliebiges sich bewegendes großes Objekt, und deshalb auch zögen Autos sie so an. Einmal habe eine ganze Wolke das Auto umkreist, an die hundertfünfzig Exemplare, wenn nicht mehr, und es lange verfolgt. Als er ausstieg, um sich ein wenig die Beine zu vertreten, habe auch nicht eine einzige Tsetsefliege ihn beachtet: Das Auto war bedeutend größer, folglich attraktiver für sie als er. Zuweilen hätten sie sogar versucht, sich auf die sich drehenden Autoräder zu setzen.

Blut saugen nicht nur die Weibchen wie etwa bei den Mücken, sondern auch die Männchen. Ähnlich der Bienenkönigin wird eine

Tsetsefliege nur ein einziges Mal in ihrem ganzen zweihundert Tage währenden Leben von einem Männchen befruchtet, das reicht für die Vermehrung aus. Diese läuft aber bei ihr nicht so ab wie bei allen anderen Fliegen. Sie legt keine Eier, sondern bringt lebende Larven zur Welt! In ihrem Hinterleib bildet sich eine Art Gebärmutter, wo sich nur ein einziges Ei entwickelt. In dieser »Gebärmutter« nun schlüpft aus dem Ei eine große Larve und ernährt sich von speziellen Säften, die die »Gebärmutter« absondert.

Kommt der Zeitpunkt der Geburt heran, setzt sich die Fliege in einem verborgenen Winkelchen auf den Boden, wo es feucht und kühl ist, und hier gebärt sie auch. Die Larve wühlt sich in die Erde ein und verwandelt sich dort in eine ausgewachsene Fliege. Im Laufe eines Monats bringt eine Tsetsefliege zwei bis drei, in ihrem siebenmonatigen Leben acht bis neun Larven zur Welt.

Übrigens sei dieses Insekt der einzige Beschützer von Elefanten und Zebras dort, wo der Mensch versucht, diesen Tieren die Heimat zu rauben, meint Professor Bernhard Grzimek. Diese gefährliche Fliege ist nämlich Überträger der furchtbaren Schlafkrankheit. Dort, wo sich die Tsetsefliege stark vermehrt, siedelt kein Mensch, weidet kein Vieh, alle fliehen voller Furcht aus diesen Gegenden. Wer bleibt, den erwartet ein qualvoller Tod. So geschah es zum Beispiel zu Beginn unseres Jahrhunderts am Fuße der Murchisonfälle am Victorianil in Uganda. Im Jahre 1907 weilte Winston Churchill dort. Nach dessen Worten waren damals »schon alle Dörfer ausgestorben«. Sogar Elfenbeinjäger wagten sich selbst noch Jahrzehnte später nicht in jenes Gebiet vor. Binnen zehn Jahren starben dort eine halbe Million Menschen an der Schlafkrankheit.

Haustiere dürfen gleichfalls nicht in Gegenden gehalten werden, die von der Tsetsefliege verseucht sind, denn nicht nur dem Menschen wird dieses Insekt gefährlich: Kühe, Schafe, Ziegen, Pferde und Schweine gehen an der Nagana-Seuche zugrunde, die ebenfalls von der Tsetsefliege übertragen wird. Wildtiere allerdings sind von Natur aus gegen die Nagana immun, sie sterben nicht an der Trypanosomenkrankheit. Nicht die Tsetsefliege selbst stellt nämlich die eigentliche Gefahr dar, sondern es sind die Trypanosomen, kleinste (ein zwanzigstel Millimeter große) einfachste Organismen, die zu den Geißeltierchen gehören. Wenn die Tsetsefliege bei einem Wildtier Blut saugt – bei Antilopen, Zebras, Schakalen, Hyänenhunden und anderen –, gelangen zusammen mit dem Blut auch Trypanosomen in ihren Darm. Dort vermehren diese sich schnell, und zwei Wochen später wandern sie durch die

Eingeweide zum Mund der Fliege hin, von wo aus sie in deren Speicheldrüsen eindringen. Mit dem Speichel gelangen sie in das Blut des Menschen, den die Tsetsefliege sticht. Diese Trypanosomen sind also die eigentlichen Erreger der Schlafkrankheit, die folgendermaßen beginnt: Zwei, drei Wochen nach dem Stich zeigt sich an der Stichstelle eine Blase, Schmerzen im Hinterkopf treten auf, die Lymphdrüsen schwellen an, die Kehle schwillt zu. Die Temperatur steigt auf vierzig bis einundvierzig Grad, auf der Haut zeigt sich Ausschlag; die Fieberanfälle ziehen sich mit Unterbrechungen von einigen Tagen über Wochen hin, der Kranke klagt über Schwäche und Schlaflosigkeit, dies aber nur zu Beginn der Krankheit, später über nicht zu überwindende Schläfrigkeit und Schlafsucht. Der Mensch schläft nur noch, kommt völlig von Kräften und stirbt in der Regel nach zwei Jahren.

Heute kann die Medizin die Schlafkrankheit erfolgreich bekämpfen. Gut helfen das schon klassische Germanin und neuere andere Medikamente. Nur in entlegenen Waldgebieten gehen heute Menschen an dieser Krankheit noch zugrunde.

Tränke in der Wüste; eine afrikanische Gefangene

In der Wüste herrscht bekanntlich großer Wassermangel. Ohne Wasser aber gibt es kein Leben. Und doch lebt die Wüste!

Auf verschiedene Art und Weise haben sich die Bewohner dieser kärglichen Landstriche die Fähigkeit erworben, hier an das kostbare Naß heranzukommen. Eine so einzigartige Wasserversorgung allerdings wie bei den afrikanischen Flughühnern gibt es bei keinem anderen Lebewesen auf der Welt.

Flughühner sind relativ kleine Vögel, etwa taubengroß und auch mit den Tauben verwandt. Sie bewohnen Steppen, Wüsten und Halbwüsten. Die einen holen ihren Jungen Wasser von fernen Tränken in ihren Mägen (bis zu einem Glas voll je Flug), andere wieder bringen es, so unglaublich es klingen mag, fertig, es im Brust- und Bauchgefieder heranzuschaffen.

Wenn gegen Abend die Hitze ein wenig nachläßt, machen sich die Männchen zur zuweilen dreißig Kilometer entfernten Tränke auf, wo sie bis zur Brust ins Wasser steigen. Fünfzehn Minuten lang nehmen sie ein solches Bad. Wenn sich das Gefieder gründlich mit Wasser vollgesogen hat, kehren sie wieder zu den Jungen zurück.

Schnell eilen diese herbei, nehmen die feuchten Federn des Altvogels in den Schnabel und »saugen« sie aus!

Man hat das Bauchgefieder dieser Flughühner untersucht und einen speziellen hochhygroskopischen Aufbau der Feder entdeckt, der bewirkt, daß sie die Nässe besser aufnimmt und diese auf weiten Flügen beibehält.

Nashornvögel wiederum haben sehr seltsame Nistgewohnheiten. Die Weibchen brüten die Eier in einer Art freiwilliger Einzelhaft aus. Wo und wie geht das vor sich? In einer Baumhöhle! Den Zugang zu ihr verkleistern die Vögel mit Lehm, der mit Kot und Fruchtfleisch vermischt ist. Nur ein kleines Fensterchen lassen sie offen: Durch dieses füttert das Männchen seine isolierte Gefährtin mit Früchten oder Insekten.

Die Weibchen hocken in manchen Fällen drei bis vier Monate in ihrer Zelle, mausern dort auch, setzen Fett an und verbringen so ihre Tage. Die Männchen aber haben es in dieser Zeit nicht leicht. Sie müssen sich um die Ernährung der Weibchen, später auch der Jungen kümmern und kommen dabei gänzlich von Kräften. Dafür brauchen sie aber weder Schlangen noch Affen oder andere Nestplünderer zu fürchten, die ihren Familien Schaden zufügen.

Die allerkleinsten Nashornvögel sind die Tokos, die sich von Insekten ernähren. Wenn die Tokojungen heranwachsen, schafft es der Vater allein nicht, jedes Insekt einzeln im Schnabel heranzubringen und dabei genügend Beute zu machen. Kurz, lange kann er allein die Familie nicht ernähren. Deshalb ist das Weibchen gezwungen, zwei, drei Wochen nach der Geburt der Jungen ihre angenehme Gefangenschaft aufzugeben und dem Vater zu helfen, die Jungen zu füttern.

Wenn die beiden Altvögel gemeinsam die feste Wand niederreißen, die den Eingang zum Nest verschließt, und das Weibchen herauskriecht, müssen die Eltern als erstes den Kindern schleunigst Lehm bringen: Diese mauern sich nämlich selbst wieder ein, um noch die zwei Wochen in Sicherheit abzusitzen, die ihnen bis zum Verlassen des Nestes verbleiben.

Ein Blick unter die Wasseroberfläche

Da schwimmt ein Wels – mit Barteln, breitmäulig, wie es sich für einen Wels gehört, doch ist das kein gewöhnlicher Wels, sondern ein elektrisch geladener, ein Zitterwels! Fast sein ganzer ein Meter langer Körper ist vom Kopf bis zum Schwanz von einer dicken, zu einem elektrischen Organ umgebildeten Haut überzogen, die so etwas wie ein Akkumulator ist. Und dessen Spannung kann 360 und mehr Volt betragen! Mit einem solchen Wels in Berührung zu kommen ist gefährlich. Ihn an der Angel zu fangen sollte man besser unterlassen, denn über die feuchte Angelschnur wird der Strom schnell übertragen, und der elektrische Schlag streckt den Angler zu Boden.

Zitterwelse sind in Flüssen und Seen Afrikas vom Unterlauf des Niger und Oberlauf des Nil bis nach Tansania hin zu Hause.

Im Kongobecken (in Seen und Flüßchen mit träger Strömung) ist zudem ein anderer merkwürdiger Artgenosse beheimatet – der Rückenschwimmende Kongowels. Ihn als Wels zu bezeichnen geht einem allerdings irgendwie gegen den Strich. Mit einer Länge von

nur acht bis zehn Zentimetern ist er sozusagen ein Miniwels. Aus unbekannten Gründen nimmt dieser Zwergwels eine inverse Schwimmlage ein, er schwimmt nämlich wie ein verendeter Fisch mit dem Bauch nach oben und nährt sich von Insekten, die ins Wasser gefallen sind. Er ist weiß oder cremefarben und dunkel marmoriert, der Bauch fast schwarz, so daß er weder für fischende Vögel gegen den dunklen Grund des Gewässers von oben noch für Raubfische gegen den hellen Himmel von unten sichtbar ist.

Damit wäre eigentlich begreiflich, weshalb er mit dem Bauch nach oben schwimmt: Weil der Bauch eben schwarz ist und eine bessere Tarnung abgibt. Aber ein heller Bauch und ein dunkler Rücken, wie alle anderen Fische sie haben, gibt doch auch eine zuverlässige Tarnung ab, natürlich vorausgesetzt, sie schwimmen in normaler Lage. Wozu die Natur sich also solch widersinnige Kapriolen erlaubt, ist einem unverständlich.

Die Jungen des schwarzbäuchigen Rückenschwimmenden Kongowelses schwimmen in ihren ersten Lebenstagen übrigens normal wie alle anderen Fische auch. Im Alter von sieben bis zehn

Wochen drehen sie sich jedoch mit dem Rücken nach unten und behalten so bis zum Ende ihrer Tage diese Schwimmlage bei.

In Seen und Flüssen fast ganz Afrikas (außer in der Sahara und im Süden des Kontinents) leben die Nilhechte. Sie kommen hier in bis einhundertfünfzig verschiedenen Arten vor, von denen viele ein geradezu bizarres Äußeres haben: Das Maul ist nach vorn und nach unten zu einem langen Rüssel ausgezogen (bei einigen ist er fast halb so lang wie der Körper), oder er trägt einen langen krummen

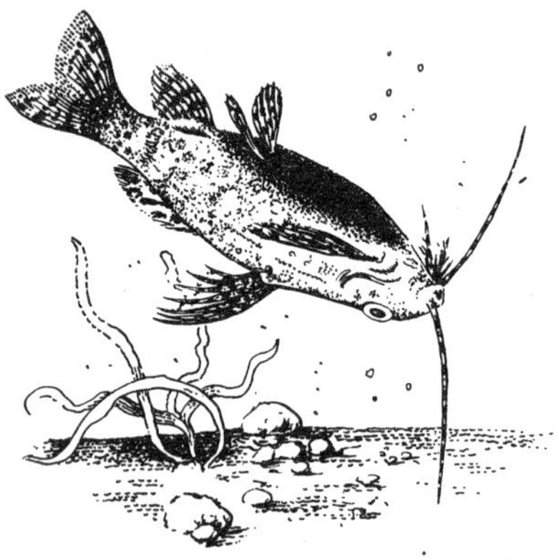

»Hauer« am »Kinn«. Manche Nilhechte haben regelrechte Vogelköpfe. Den Gnathonemus ibis, bei dem man das Maul im Profil sieht, könnte man durchaus für den Vogel halten, dessen Namen er trägt.

Es gibt auch Nilhechte, die Aalen ähnlich sehen, doch viele sehen aus wie andere Fische auch – sie sind ohne Rüssel, Hauer und anderes. Alle aber haben zu beiden Seiten des Schwanzes und im Schwanzstiel ein elektrisches Organ.

Nilhechte (Nasennilhecht, Großnilhecht, Kinnrüsselhecht und andere) werden oft als Fische mit Radar bezeichnet. Sie besitzen tatsächlich Organe, die die gleiche Funktion haben wie Radargeräte, nämlich Ortungsfunktion.

Das physikalische Wirkprinzip von Radargeräten und das der elektrischen Organe der Nilhechte ist aber nicht das gleiche. Diese tasten ihre Umgebung nicht mit einem elektromagnetischen Strahl ab, sondern bauen um sich herum ein ständiges elektromagnetisches Feld auf. Dazu senden sie kurze elektrische Impulse aus, gewöhnlich einige hundert in der Sekunde. Die Spannung ist allerdings gering, sie beträgt zwei Volt, selten sieben bis siebzehn Volt. Störungen dieses Feldes werden von speziellen Organen in der Haut des Fisches (Mormyromasten) wahrgenommen, von denen sich besonders viele am Kopf befinden.

Nilhechte können Gegenstände gleicher Form, Farbe, Größe, gleichen Gewichts und Geruchs, doch unterschiedlicher elektrischer Leitfähigkeit deutlich voneinander unterscheiden, zum Beispiel zwei Porzellanzylinder, von denen der eine mit destilliertem Wasser, der zweite mit Aquariumwasser gefüllt ist. Keine dem Menschen bekannte Empfindungen, allein die Fähigkeit, Störungen des elektrischen Feldes wahrzunehmen, lassen den Fisch die richtige Wahl treffen.

Nilhechte sind im wesentlichen nachtaktiv, sie durchwühlen den Schlamm trüber Seen und Flüsse auf der Suche nach Futter. Bei dieser Suche helfen ihnen ihre elektrischen Organe ebenso wie bei der Verteidigung gegen Feinde, die sich heimlich unter dem Schutz der Dunkelheit und des aufgewühlten Schlamms anschleichen.

Der Nilbarsch, die Tilapia, ist kein elektrische Impulse aussendender Fisch und für Physiker deshalb uninteressant (cs sei denn in gastronomischer Hinsicht, denn sein Fleisch ist sehr schmackhaft), für Biologen jedoch nicht weniger attraktiv als Nilhechte. Als während Napoleons Ägyptenfeldzuges Europäer die Möglichkeit

bekamen, die großartigen Pyramiden aus der Nähe genau zu betrachten, fand man unter Zeichnungen auf dem altehrwürdigen Gestein auch die Darstellung eines seltsamen Fisches mit scheinbar aufgeblähtem Kopf, und neben dem Kopf waren irgendwelche Strichelchen zu sehen. Bald fand sich auch das Vorbild der

Ritzung – der insgesamt nicht eben große Nilbarsch, der auch heute noch unweit davon im Nil vorkommt. Wie sich herausstellte, ist sein Kopf deshalb so groß, weil er einen kleinen Schwarm Jungfische im Maul hat (auf dem Stein als Strichelchen dargestellt). Ebenfalls dort, im Nil und in ganz Ostafrika bis hin zu den großen Seen verbreitet, lebt ein naher Verwandter der Tilapia, der Haplochromis, dessen Weibchen die Jungen ebenfalls im Maul trägt.

Diese ungewöhnliche Sorge für die Nachkommenschaft beginnt mit der Inbesitznahme eines Reviers auf dem Gewässergrund. Das Männchen legt sich hier der Länge nach hin, peitscht mit dem Schwanz das Wasser, wälzt sich auf der Stelle, so daß sich im Sand eine kleine Mulde bildet. Anschließend begibt es sich auf die Suche nach einem Weibchen. Hat es eines gefunden, »tanzt« es. Das Nilbarschmännchen schwimmt, den Kopf in einem Winkel von dreißig bis sechzig Grad gesenkt, seitlich langsam an dem Weibchen vorbei. Hält das Weibchen an, wartet das Männchen. Danach schwimmt dieses erneut in der gleichen seltsamen Pose – dem Weibchen die Seite zuwendend und den Kopf nach unten – zu seiner Mulde und lockt seine Partnerin dorthin.

Der oben erwähnte Haplochromis dagegen umwirbt das Weibchen ein wenig anders. Er verharrt ebenfalls vor ihr in seltsamer Pose: Die hintere Körperhälfte befindet sich parallel zum Flußgrund, die vordere krümmt er so, daß sie in einem Winkel von dreißig bis vierzig Grad nach oben ragt.

Das Weibchen legt auf dem Boden der Mulde fünfzehn bis hundert Eier (die Große Tilapia manchmal auch vierhundert). Wenn es das letzte gelegt hat, »schluckt« es eines nach dem anderen. Hat sich das Weibchen das Maul mit Laich vollgestopft, verbirgt es sich zwischen Wasserpflanzen und steht hier unbeweglich, entweder zehn bis elf Tage (Haplochromis) oder zwei Wochen (Tilapia), einige andere Arten gar einen Monat lang; es frißt nichts, atmet nur schwer und wälzt den Laich im Maul von Zeit zu Zeit um, damit er sich besser entwickelt. Einige Tilapiaarten fressen übrigens doch ein wenig.

Aber dann ist es schließlich soweit, die Larven erblicken das Licht der Welt. Sie sind groß, bei einigen Nilbarschen zwei Millimeter lang, und leben die ersten Tage im Maul der Mutter. Kurz bevor sie dieses verlassen, schwimmt die Fischmutter aufgeregt aufwärts und abwärts, schabt mit dem angeschwollenen Kopf über den Sand, als ob die Kleinen sie nervös machen. Schlüpft aber eines heraus und schwimmt fort, stürzt sie hinterher und »schluckt« es aufs neue.

Doch dann kommt der Augenblick, da die Kleinen, wie Erbsen aus einem löchrigen Sack, aus dem Maul der Mutter herauspurzeln, und wenn sie sich in einem kleinen dichten Schwarm um das Weibchen herum tummeln, beruhigt sich dieses. Droht jedoch Gefahr, flitzen die Kleinen »Hals über Kopf« zu ihrer Mutter und verbergen sich in deren Maul. Das Alarmsignal (»Schnellstens zurück ins Maul!«) ist für sie eine spezielle »diagonale« Stellung des Weibchens in einem Winkel von zehn bis zwanzig Grad zur Waagerechten, wobei sich die Tilapia etwas zurückbewegt, der Haplochromis dagegen die Rückenflosse aufrichtet und wieder senkt, wenn er die Kleinen ins Maul zurückruft. Haben die Jungen das Signal bemerkt, drängen sie sich in einer dichten Traube am Kopf der Mutter zusammen und tauchen schleunigst ins Maul. Die Mutter ihrerseits »fängt« eilig jene ein, die es noch nicht geschafft haben. Hat sie den letzten »verschluckt«, verläßt der Fisch den gefährlichen Ort.

In der ersten Zeit löst jeder Lärm im Raum, in dem das Aquarium steht – etwa das Klappen einer Tür, das Erscheinen eines Menschen im Zimmer – bei dem wachsamen Fisch Alarm aus, und mit dem Signal »Schnellstens zurück ins Maul!« holt er die Kleinen zusammen. Doch allmählich gewöhnt er sich an diese niemanden bedrohenden Geräusche und löst Alarm nur noch bei realer Gefahr aus.

Vier oder fünf Tage genießen die jungen Haplochromis und Tilapia die mütterliche Fürsorge. Sie übernachten sogar in dem sicheren Versteck hinter der Palisade der mütterlichen Zähne, doch wenn sie heranwachsen und kräftiger werden, verlassen sie es für immer.

Streng geschützt!

Das Aye-Aye

Im Nordosten und vereinzelt auch im Nordwesten Madagaskars lebt in den noch verbliebenen Wäldern und im Bambusdschungel das Aye-Aye, das Fingertier.

Da erwacht also bei Sonnenuntergang das Aye-Aye, kommt aus seinem Loch heraus und macht, wie bei den Lemuren üblich, als erstes »Toilette«. Eifrig reinigt es sein grauschwarzes Fell, auch Ohren, Augen und Nase. Es hat unwahrscheinlich lange Finger, der Mittelfinger ist besonders dünn und sieht wie verdorrt aus, als bestehe er nur noch aus den spindeldürren langen Knochen. Mit ebendiesem Mittelfinger aber besorgt das Fingertier die Säuberung. Ist es damit fertig, springt es auf den Bäumen umher. Hat es einen alten Baum ausfindig gemacht, den Käferlarven völlig zerfressen haben, klopft es mit dem dürren Fingerchen, wie ein Specht mit dem Schnabel, gegen die Rinde. Dabei legt es die großen hellhörigen Ohren an den Stamm und lauscht, ob sich irgendwo unter der

Rinde ein Hohlraum befindet, ob sich nicht etwa eine fette Larve durch ängstliches Rumoren verrät.

Sobald das geschieht, bringt das Fingertier unverzüglich sein seltsames Gebiß zum Einsatz. Dieses gleicht dem des Eichhörnchens: Es hat keine Eckzähne, nur je zwei Schneidezähne oben und unten. Die sehen aus wie die von Nagern, sie haben keine Wurzeln und wachsen, solange das Tier lebt. Zahnschmelz ist nur vorn vorhanden, hinten fehlt er, so daß sich die Zähne von selbst abschleifen. Dieser Zähne wegen meinte man früher, die Fingertiere stünden den Nagern näher als den Primaten, und richtete eine spezielle Ordnung für sie ein. Doch der berühmte englische Biologe Richard Owen untersuchte die Milchzähne von Fingertieren und stellte fest, daß es in allen Merkmalen Primatenzähne sind. Mit zunehmendem Alter verändern sie sich sehr, und zwar deshalb, weil das Fingertier, auch wenn es kein Nager ist, sie zum Nagen braucht. Hat das Aye-Aye nun den genauen Verlauf der verzweigten Gänge der Borkenkäfer ermittelt, nagt es an der Rinde. In das so entstandene Loch steckt es den langen Mittelfinger und zieht die Larve heraus.

Das Aye-Aye frißt Zuckerrohr, zernagt die harte Schale von Kokosnüssen, frißt Früchte, die es in den Mangrovebüschen findet. Gibt man ihm ein rohes Ei, nagt es sauber ein Löchlein hinein, holt anschließend mit seinem langen Finger, ohne daß es die Eischale zerbricht, nach und nach den gelbweißen Inhalt heraus und frißt ihn.

Das Aye-Aye »trinkt« auch mit dem Finger! In Windeseile taucht es ihn immer wieder ins Wasser und lutscht ihn ab.

Das kunstvolle, einem Eichhörnchenkobel ähnelnde Kugelnest mit einem Durchmesser von einem halben Meter flicht das Fingertier aus den Blättern des bekannten »Baumes der Reisenden«, der Ravenala, und verfestigt es durch trockene Zweige.

Das Aye-Aye ist ein schweigsames Tier. Selten hört man seine Stimme, die an den Klang aneinanderreibender Metallstücke erinnert, in der Angst aber stößt es Schreie aus, die wie »Rrontsit!« klingen und nicht etwa wie »Aye-aye!«, wie man anfangs meinte. Den Menschen fürchtet es nicht übermäßig, und statt zu fliehen, kratzt und beißt es oft. Jahrhundertelang schützte es menschlicher Aberglaube. Wer ein Fingertier tötet, so besagt ein alter Volksglaube, unterschreibe sein eigenes Todesurteil, das spätestens nach Ablauf eines halben Jahres in Kraft trete. Schlafe ein Mensch im Wald ein und ein Fingertier entdecke ihn und richte ihm ein Kissen aus Zweigen unter dem Kopf, so werde er zu Reichtum gelangen, liege es jedoch zu seinen Füßen, gerate er ins Unglück und sterbe bald.

Aber vieles hat sich heute auf Madagaskar geändert, und das schlimmste ist, daß die Wälder, in denen die Fingertiere leben, abgeholzt werden. Die Tiere sind sehr selten geworden und sterben langsam aus. Allerdings hat die Regierung der Republik Maßnahmen zur Rettung des Aye-Aye beschlossen und dafür eine kleine Insel vor der Nordostküste Madagaskars zur Verfügung gestellt. Auf Madagaskar selbst aber leben, wie Fachleute schätzen, nur noch etwa fünfzig Exemplare.

Gefangenschaft erträgt das Aye-Aye ganz gut. Im Londoner Zoo lebte eines neunzehn Jahre, im Amsterdamer Zoo dreiundzwanzig Jahre. Gegenwärtig gibt es Vertreter dieser Tierart weder in zoologischen Gärten noch in Privatbesitz.

Im Südwesten Madagaskars sind fossile Knochen einer anderen, bedeutend größeren Fingertierart gefunden worden. Möglich, daß dieser Primat zu jenen noch nicht gar so fernen Zeiten gelebt hat, als Madagaskar von den Menschen besiedelt wurde, und dann nicht ohne deren Zutun ausgestorben ist.

Der Vari

Der Ordnung der Primaten, zu der ja auch der Mensch mit seinen nächsten Verwandten, den Affen, zählt, gehören auch die Lemuren an, allerdings bilden sie eine eigene Familie. Zu dieser zur Unterordnung der Halbaffen gehörenden Familie rechnet man dreiundfünfzig Arten. Die Spitzhörnchen (mit achtzehn Arten) und Koboldmakis (mit drei Arten) werden in der Regel nicht Lemuren genannt, nur die übrigen zweiunddreißig Arten von Halbaffen tragen diesen »dämonischen« Namen (Lemuren waren in den Glaubensvorstellungen des antiken Roms die »Geister der Toten«). Drei Arten davon kommen in Südostasien vor, acht auf dem afrikanischen Kontinent und einundzwanzig Arten ausschließlich auf Madagaskar.

Millionen von Jahren haben die dichten Wälder den dort lebenden Lemuren Obdach und Nahrung gewährt. Heute aber sind neun Zehntel der Wälder auf Madagaskar abgeholzt und niedergebrannt, haben Weiden und Äckern Platz gemacht, und dieser zerstörerische Angriff des Menschen auf die unberührte Natur bedroht viele Lemurenarten. Zum baldigen Aussterben verurteilte wildlebende Bewohner Madagaskars sind auch die Varis.

Am Tage schläft der Vari, im dichten Laubwerk verborgen, er ist ein nachtaktives Tier. Früh am Morgen, bei Sonnenaufgang, nimmt er ein Sonnenbad. Mit dem Rücken gegen einen Baumstamm gelehnt, streckt er Arme und Beine von sich, reckt die Schnauze in die Sonne und wärmt sich. Es sieht aus, als bete er die Himmelsleuchte an, wie die Bewohner Madagaskars meinten. Nach dem Volksglauben waren diese Lemuren heilige, unantastbare Tiere, man tat ihnen nichts zuleide, und sie gewöhnten sich an den Menschen. Heutzutage haben Zivilisation und Bildung das Ihre getan, daß viele sich von alten abergläubischen Vorstellungen trennten, und so gingen die Varis ihrer jahrhundertelangen Unantastbarkeit verlustig. So seltsam und auf so verschiedene Art und Weise hängen Wohlergehen oder Aussterben von wildlebenden Tieren vom alten Glauben des Menschen an das Übernatürliche ab.

Das Fell des Vari ist dicht und kräftig, der tropische Platzregen durchdringt es nicht. Dieses prächtige Fell sieht sehr hübsch aus: schwarzweiß bei der einen Unterart, rötlichweiß bei einer anderen. Es gibt aber auch Varis, deren Fell andere Farbtöne aufweist; häufig sind die Flecken an der linken und an der rechten Körperseite nicht symmetrisch verteilt. Asymmetrische Färbung aber ist bei wildlebenden Tieren höchst selten.

Das zweite, was den Vari von anderen Lemuren unterscheidet, ist seine ungewöhnlich laute Stimme. Unvermittelt stört sein ohrenbetäubendes Lamentieren die Stille des in Dunkelheit getauchten Waldes, es klingt schrill und unheimlich. Kaum zu glauben, daß ein so kleines Wesen wie der Vari so laute Töne von sich gibt.

Drittens ist der Vari unter den rezenten Lemuren der einzige, der Nester baut. Bevor das Weibchen ein Junges zur Welt bringt, zupft es sich an den Flanken Wolle aus und polstert damit das Nest. Ist das Junge herangewachsen, nimmt die Mutter es nachts mit auf die Suche nach Früchten und Blättern, der Hauptnahrung dieser Lemuren. Das Junge klammert sich ans Fell der Mutter und hängt wie ein Gürtel quer über ihrem Bauch. Wird es noch größer, klettert es der Mutter auf den Rücken. Ein zwei Monate alter Vari spielt schon mit dem Vater, der sich die ganze Zeit über in der Nähe aufgehalten, sich aber bis zu diesem Zeitpunkt nicht in Familienangelegenheiten eingemischt hat.

11-1051

Der Sifaka

Ebenso wie der Vari (und aus demselben Grund) gelangte der Sifaka oder Larvenmaki im Volksglauben in den Ruf, ein Sonnenanbeter zu sein. Ist er früh am Morgen erwacht, klettert er auf einen Baum und sitzt dort auf einem Ast, die Arme erhoben, die Schnauze nach Osten gewandt: Er sonnt sich und trocknet das von der feuchten Nacht noch nasse Fell. Doch der Aberglaube hat für dieses Verhalten eine eigene Erklärung: Der Sifaka verrichte sein Morgengebet.

Die Fama schreibt ihm auch gewisse medizinische Kenntnisse zu: Ein verletzter Sifaka suche sich Blätter von heilkräftigen Pflanzen und lege sie sich wie ein Pflaster auf seine Wunden. Man erzählt sich ferner folgendes: Das Sifakaweibchen baue kurz vor der Geburt eines Jungen aus Zweigen ein Nest und belege dieses, damit der Wind es nicht fortträgt, zur Verstärkung mit Steinen. Hernach zupfe es sich Wolle von der Brust und bereite daraus eine weiche Unterlage.

Doch das sind alles nur Gerüchte. Das Sifakajunge braucht gar kein Nest: Gleich nach der Geburt krallt es sich in das wollige Fell am Bauch der Mutter und bleibt dort fast einen Monat lang hängen, wohin die Mutter auch immer geht, womit sie sich auch immer befaßt. Die Mutter aber klettert in diesen Zeiten vorsichtig in den Bäumen umher, sie hat Angst, das hilflose Junge an Ästen zu verletzen. Die eleganten Sprünge von Baum zu Baum, die mit Jungen nicht belastete Sifakas vollführen, muß sie jetzt unterlassen. Ist das Sifakakind einen Monat alt, zieht es auf den Rücken der Mutter um. Nun kann diese sich schon schnellere Bewegungen erlauben, ja auch ihr Kind vermag jetzt bereits selbst zu springen und erforscht selbständig die Umgebung. Wird es noch älter, schließt es Freundschaft mit den Nachbarn und spielt mit anderen Sifakas. Mit Balgereien, Sprüngen und geräuschvollen Mahlzeiten verbringt es seinen Tag. Ermüdet von den ausgelassenen Spielen, erinnert es sich plötzlich der Mutter und ruft sie mit kläglichem »Miauen« herbei. Die Mutter findet das Junge, das kriecht zu ihr auf den Rücken, und erneut trägt sie es umher. So geht das sechs Monate lang, erst dann lösen sich die letzten Mutter-Kind-Bande.

Wenn Sifakas auf Bäumen herumspringen, stoßen sie sich nur mit den Hinterbeinen vom Ast ab. Ihr Körper schnellt dabei blitzartig wie eine Feder vor; die nach vorn gerissenen Arme bilden mit Rumpf und Beinen eine Linie. Bei der »Landung« auf einem anderen Baum streckt der Sifaka schnell die Beine nach vorn, und sobald er mit ihnen einen Ast berührt hat, klammert er sich an ihm mit den zupackenden Fußsohlen fest, biegt die Knie durch, und schon steht er aufrecht auf dem Ast; es wirkt wie ein Wunder, wie er nach dem ungestümen Zehnmetersprung sein Gleichgewicht bewahrt.

Der lange Schwanz hat als Ruder oder Balanciergerät bei den Sprüngen überhaupt keine Bedeutung. Der verlängerte Hautlappen allerdings, der die Arme bei diesen Lemuren zu beiden Seiten säumt (vom Handteller bis zu den Achselhöhlen), ist zweifellos die Vorform eines »Fallschirms«, wie wir ihn in weiter vervollkommneter Form bei Flughörnchen und anderen Gleitfliegern unter den Säugern beobachten können.

Vom Baum auf die Erde klettern die Sifakas ebenso wie ein Mensch mit dem Hinterteil voran den Stamm hinunter, wobei sie irgendwie unsicher wirken. Auf dem Erdboden springen sie auf den Hinterbeinen in Viermetersprüngen umher! (Dabei ist der Sifaka selbst nicht groß, sein Körper mißt ungefähr einen halben Meter, und ebenso lang ist der Schwanz.)

Früchte, Blätter, Blüten, die Rinde bestimmter Bäume – das ist auch schon alles, wovon sich Sifakas ernähren. Im tropischen Regenwald ist für sie der Tisch immer reichlich gedeckt. Doch die Wälder auf Madagaskar verschwinden schnell, wie schon gesagt, und die Sifakas, vieler für ihre Lebensweise geeigneter Landschaften beraubt, sind ebenfalls in raschem Aussterben begriffen. Die Regierung von Madagaskar hat die Ausfuhr dieser Lemuren von der Insel verboten, selbst in die Zoos anderer Länder, wo sie ohnehin schon seltene Gäste waren. Wer also einen lebenden Sifaka sehen will, kann sich diesen Wunsch nur erfüllen, wenn er den Zoo der madagassischen Hauptstadt Antananarivo besucht.

Zum Schluß sei noch folgendes gesagt: Lemuren kommen nur in Afrika, vor allem auf Madagaskar, und in südasiatischen Ländern vor. Warum nur hier, fragt man sich. Die wahrscheinlichste Erklärung hierfür ist die: Irgendwann bildeten diese heute weit voneinander entfernt liegenden Kontinente und Inseln ein zusammenhängendes Festland. Dieser hypothetische Superkontinent wird Gondwana genannt. Mit der Entstehung der heutigen Kontinente zerbrach Gondwana. Afrika und Asien trennten sich wohl zuletzt voneinander. Sie verband eine feste Landbrücke, die sich über das Gebiet der heutigen Inseln Madagaskar, die Malediven, Lakkadiven und andere erstreckte. Diesen Teil des einstmaligen Kontinents nennt man Lemuria. Möglich, daß eben hier das Evolutionszentrum der Lemuren gelegen hat.

Der Gorilla

Lebensweise und Gewohnheiten dieses nach früheren Begriffen grimmigen wilden Säugetiers sind lange Zeit, bis in die erste Hälfte unseres Jahrhunderts etwa, rätselhaft gewesen. Ende der fünfziger Jahre hat jedoch der amerikanische Zoologe G. B. Schaller zusammen mit seiner Frau zwanzig Monate in den Wäldern Zentralafrikas verbracht, hauptsächlich an den Hängen des Virungagebirges. 314mal hat er Gorillas von Angesicht zu Angesicht gegenübergestanden und sie so gründlich erforscht, wie noch kein anderer Affe erforscht worden ist.

Schaller sah erstaunliche Dinge, die er in seinem Buch »Ein Jahr unter dem Zeichen des Gorillas« (1964) schildert. Viele Male beobachtete er den typischen »Tanz« der Gorillas, jenes Ritual des »Sich-an-die-Brust-Schlagens«, das Jäger und andere Leute, die unverhofft im Wald auf einen Gorilla stießen, früher so erschreckt hat.

Junge, erst drei bis vier Monate alte Gorillas erproben bereits dieses Ritual, doch das Privileg, es richtig zu zelebrieren, gebührt alten ausgewachsenen Männchen mit ergrautem Rücken. Die »Vorstellung« spielt sich gewöhnlich bei der Begegnung mit anderen Männchen oder mit einem Menschen ab und beginnt mit schrillen Schreien. Danach reißt der «Tänzer« einen Zweig von einem Baum, preßt ihn zwischen die Lippen, erhebt sich zu voller

Größe, reißt wie ein Rasender das Laub ab und schleudert es umher. Doch nun erst kommt der Höhepunkt: Der Gorilla winkelt die Arme an und schlägt sich abwechselnd bald mit der einen flachen Hand, bald mit der anderen gegen die Brust. Ein Bein ist gewöhnlich etwas angehoben, und die Wut – vielleicht ist sie auch nur gespielt – dieses schrecklich anzuschauenden schwarzen, zottigen und riesigen Tieres scheint jedes Maß zu übersteigen. Danach springt der Gorilla schnell beiseite, reißt im Laufen weitere Blätter und Zweige ab. Als Finale bearbeitet er dann mit den Handflächen den Erdboden.

Man könnte denken, das sei ein »Drohtanz«, doch das so beeindruckende »Sich-an-die-Brust-Schlagen« vollführt der Gorilla auch in friedlichen Augenblicken, wenn keine Feinde in der Nähe sind. Ob das Exerzitien sind? Oder ist es einfach Zeitvertreib?

Gewöhnlich drohen Gorillas mit bohrenden Blicken, wild gerunzelten Brauen und zusammengekniffenen Lippen. Hat man dem standgehalten und den Blick nicht abgewendet, ist die Herausforderung sozusagen angenommen. Und dann – o Graus! – stürzt sich der Gorilla auf den »Gegner«. Schwarz, mit gesträubtem Fell, furchterregend wie der Teufel in Person, schnell wie der Wind und stark wie ein Löwe kommt er angestürmt, bricht Zweige ab, und plötzlich bleibt er keine drei Meter von einem entfernt stehen und trommelt sich wie rasend mit den Fäusten gegen die Brust. Oder aber er schießt keuchend und schnaufend an einem vorbei. All das ist nur Drohgehabe und kein Angriff, zu dem es auch gewöhnlich gar nicht kommt. Tapfere Gorillajäger haben, wie gelähmt vor Angst, der Kraftdemonstration des zottigen Riesen nicht zu trotzen vermocht, haben vielmehr auf den angreifenden Gorilla einen gezielten Schuß abgegeben und später mit Ausdrücken, die einem das Blut in den Adern stocken ließen, die durchlebten »Gefahren« beschrieben.

Den anderen Gorillas macht die Wut ihres Anführers gar keine Freude, und sie mögen es nicht, ihre Nerven solchen Kraftproben auszusetzen. Unter dem Blick des Ranghöheren wenden sie demütig die Augen ab. Selbst den Kopf drehen sie zur Seite, um auch nicht den geringsten Zweifel darüber aufkommen zu lassen, daß sie ihm nicht trotzen, daß sie sich nicht schlagen wollen und sich unterordnen. Wenn das nicht genügt, nicken sie, wie überhaupt Nicken Zeichen freundschaftlicher Begrüßung bei den Gorillas ist.

Will ein Gorilla niederen Ranges einem »hochgestellten« Artgenossen seine volle Unterwürfigkeit demonstrieren, fällt er vor ihm auf den Bauch und liegt auf der Erde, Arme und Beine unter den Bauch geklemmt, wobei ganz junge Gorillas mit einer Hand auch noch das Genick bedecken. Angesichts solch übertriebener Unterwürfigkeit verraucht die Wut des Anführers sogleich, und großmütig verzeiht er dem Sünder.

Falls die Demutshaltung nicht eindeutig genug zum Ausdruck gebracht wird oder wenn ein schwächerer Gegner lange den Blick nicht abwendet und die Geduld des alten Männchens erschöpft ist, stürzt dieses sich auf den Frechling, rennt hinter ihm her (im Galopp!) und beißt ihn in Beine, Hände und Rücken, die empfindlichsten Körperstellen. Die Bisse sind niemals tödlich, ja nicht einmal gefährlich.

Gorillas leben in Familienverbänden von fünf bis fünfundzwanzig Tieren unterschiedlichen Alters. Gibt es in so einer Gruppe mehrere ausgewachsene Männchen, so sind jene die ranghöchsten, deren Rücken schon silbrig schimmern – ein spezielles »Altersmerkmal«, das sich bei Gorillamännchen ab dem zehnten Lebensjahr zeigt. Gorillas werden, zumindest im Zoo, bis zu fünfunddreißig Jahre alt. Den zweiten Rang nehmen die Weibchen ein, in erster Linie jene, die Junge haben, und je kleiner die Jungen sind, desto höher im Rang steht das Weibchen. Die »halbwüchsigen« Männchen haben den dritten Platz inne, und auf der niedrigsten Stufe der Hierarchie stehen die jungen Gorillas beiderlei Geschlechts, die schon nicht mehr bei der Mutter leben, aber auch noch nicht erwachsen sind.

George Schaller beobachtete zum Beispiel eine Szene, die die Struktur der Unterordnung in Gorillafamilien deutlich macht: Es regnete. Ein junges Männchen hatte sich einen trockenen Platz unter einem Baum gesucht und sich dort, an den Stamm gelehnt, niedergelassen. Ein Weibchen kam zu ihm heran, und sofort sprang das Männchen auf, trat dem Weibchen den Platz ab und ging in den Regen hinaus. Kaum hatte es sich die Gorilladame auf dem trockenen Platz bequem gemacht, da erschien ein Männchen mit silbrigem Rücken und nahm neben ihr Platz. Dann stupste er sie langsam, nicht grob, doch nachdrücklich, mit der Hand so nach und nach aus dem Unterschlupf hinaus und besetzte den gesamten trockenen Platz allein.

Regen aber mögen Gorillas nicht. Sie suchen sich eine möglichst trockene Stelle, sitzen, in sich zusammengesunken, mit hängendem Kopf und über der Brust verschränkten Armen da, halten die Handflächen schützend über die Schultern. Die Mütter stecken sich die Jungen unter die Brust. Sie sind apathisch und reagieren auf nichts. Schaller ging einmal bei Regen mitten durch eine Gruppe geduckt dasitzender Gorillas, die ihn überhaupt nicht beachteten.

Sonne aber lieben diese Affen sehr. Stundenlang liegen sie in der Hitze da und dösen selbstvergessen wie Urlauber am Strand vor sich hin, daß ihnen der Schweiß auf die Schnauzen tritt. Wenn sie tagsüber ruhen, wählen sie stets ein sonniges Plätzchen, sofern es ein solches im dichten Urwald gibt. Düstere hochstämmige Wälder meiden sie, sie streifen lieber in Tälern, an Flußläufen und auf Wegen rund um die Dörfer umher.

Wo leben nun Gorillas, und wie viele gibt es noch? Sie sind schwer zu zählen, doch man nimmt an, daß es mindestens fünftausend, höchstens fünfzehntausend sind. Der Flachlandgorilla bewohnt die tropischen Regenwälder Westafrikas etwa zwischen den Strömen Niger und Kongo. Obwohl man jene Unterart auch Küstengorilla nennt, kommen diese Tiere gewöhnlich nur bis fünfzig Kilometer von der Küste entfernt vor. Ihr Areal reicht aber stellenweise fünfhundert Kilometer in den Kontinent hinein. Die zweite Unterart, der Berggorilla, ist tausend Kilometer weiter östlich beheimatet: in Westuganda und den angrenzenden Regionen von Zaïre, ebenfalls in tropischen Wäldern in zwei- bis dreitausend Meter Höhe (im Gebiet der Virungavulkane Mikeno und Karisimbi, um den Kyoga- und Mobutu-Sese-Seko-See sowie am Nordwestufer des Tanganjikasees). Die meisten Berggorillas gibt es jedoch im tropischen Regenwald des Tieflandes bedeutend weiter westlich der genannten Berge und Seen. Nach Angaben aus dem Jahre 1971 haben sich nur noch wenig über tausend Berggorillas erhalten.

Das Leben der Gorillas, die Vegetarier sind, verläuft ruhig und friedlich: Es besteht aus Schlaf und geruhsamem Suchen nach allem möglichen genießbaren Grünzeug. In der Hauptsache fressen sie Blätter und junge Triebe, nicht aber Früchte wie die Schimpansen. Fast jede Pflanze, auf die sie unterwegs stoßen, kosten sie, wenn sie saftig und frisch ist. Über hundert Pflanzenarten hat Schaller auf ihrem Speisezettel gezählt, nie aber konnte er beobachten, daß Gorillas Insekten oder irgendein anderes Tier fraßen, wie er auch nie gesehen hat, daß sie jemals Wasser tranken: Die Pflanzensäfte löschen ihren Durst ausreichend. Auch gehen sie nie ins Wasser, nicht einmal in eine kleine Lache oder einen flachen Bach – entweder springen sie darüber hinweg, oder sie reißen einen Baum um und überqueren darauf das Wasser wie auf einer Brücke.

Nach dreizehn Stunden Schlaf erwachen die Gorillas nach Sonnenaufgang und fressen zwei Stunden lang ihr Grünzeug. Gegen neun oder zehn Uhr beenden sie das Frühstück, es folgen Mittagsschlaf und Mittagsruhe. Die Gruppe lagert sich in zwanglosen Posen: Einer liegt auf dem Rücken, ein anderer auf dem Bauch, auf der Seite, manche sitzen, an einen Baum gelehnt, oder liegen auf Ästen.

Aber nicht alle dösen oder schlafen; manche putzen und lecken ihre Jungen oder kauen träge auf Blättern herum. Das bei anderen Affen übliche gegenseitige Flöhen des Fells ist bei Gorillas nicht sehr verbreitet. Während die erwachsenen Tiere drei Stunden in süßem Nichtstun verbringen und bei der mittäglichen Siesta ihr kalorienarmes Frühstück verdauen, spielt und tummelt sich die Jugend. Ihre Spiele gleichen denen unserer Kinder: Sie haschen sich, rutschen »Berge«, hier Baumstämme, herunter, kämpfen um einen Hügel oder einen Strauch, oder sie spielen »Zug«, das heißt, sie legen einander die Hände auf die Schultern und laufen hintereinander her.

Dann steht der Anführer, der »Oberpascha«, auf, und alle gehen auf Nahrungssuche. Ohne Eile schlendern sie durch den Wald, fressen, dösen, sonnen sich und fressen erneut. An einem Tag legen sie so manchmal nur hundert Meter, manchmal aber auch fünf Kilometer zurück, wie es ihnen gerade gefällt oder inwieweit die Vegetation der Gegend ihren Hunger stillen kann. Jede Familiengruppe hat ein fünfundzwanzig bis vierzig Quadratkilometer großes Revier, dessen Grenzen jedoch oft von Nachbarfamilien verletzt werden. Begegnen sie einander, kommt es zu keinerlei Raufereien. Freilich führen die männlichen Anführer einander unbedingt die bekannten Shows vor mit Umherwerfen von Zweigen und dem Sich-an-die-Brust-Schlagen; manchmal gehen sie auch aufeinander zu und blicken einander drohend ins Gesicht. Danach fressen sie wieder ein bißchen, sitzen ein Weilchen da, bis sich von neuem ihre Blicke kreuzen und sie zu ihrem unblutigen Duell aufeinander losgehen. Wer als erster die Nerven verliert, entfernt sich gewöhnlich, und die Familie folgt ihm.

Bei Eintritt der Dämmerung (in den Tropen unmittelbar nach Sonnenuntergang, in der Regel nach achtzehn Uhr) scharen sich alle Gorillas um den »Chef«, und der macht sich daran, die Zweige eines Strauchs herunterzubiegen. Sofort, wie auf Kommando, dem man sich zu fügen hat, beginnen auch alle anderen mit dem Bau von Nestern für das Nachtlager: die Männchen sowohl auf der Erde als auch auf einem Baum, die Weibchen und das junge Volk nur auf Bäumen, und dann schläft alles bis zum Morgengrauen.

Mit ihren Jungen gehen Gorillas zärtlich, fürsorglich und sehr duldsam um. Selbst die Männchen allerhöchsten Ranges in »Silbergrau« dulden es, daß diese auf ihnen oder in der Nähe umherspringen und -klettern. Wenn eine unerfahrene Mutter ihren Erstling nicht annimmt, was auch bei Gorillas vorkommt, wird ihn ein anderes, älteres Weibchen unbedingt annehmen, ihn füttern und ihn versorgen wie ein eigenes Junges.

Die Trächtigkeitsdauer beträgt bei Gorillas acht Monate. Zwillinge sind sehr selten. Ein Neugeborenes wiegt wenig über zwei Kilogramm und entwickelt sich etwa doppelt so schnell wie ein Menschenkind. Mit zweieinhalb Monaten frißt das Junge bereits Pflanzen, mit sechs Monaten klettert es auf Ästen umher, mit einem Jahr wiegt es sechzehn Kilogramm. Weibchen sind mit sechs bis sieben Jahren, Männchen mit neun bis zehn Jahren geschlechtsreif. Mit zwanzig, dreißig Jahren wiegen Weibchen hundert bis hundertvierzig, Männchen zweihundert bis zweihundertfünfundsiebzig Kilogramm, in Zoos, wo sie durch Bewegungsarmut fett werden, gar dreihundertfünfzig! Ein solcher Gorilla ist, wenn er steht, 1,75 Meter groß und kann, vom Scheitel bis zu Sohle gemessen, bei durchgedrückten Knien 2,30 Meter erreichen.

Niemand hat bisher gesehen, daß wildlebende Gorillas wie die Schimpansen zu speziellen Zwecken – bei Kämpfen oder zur Erlangung der Nahrung – Stöcke, Steine oder andere Gegenstände zur Hand genommen hätten. In Gefangenschaft erlernen sie das aber schnell. Man hat auch keine Kämpfe um die Weibchen beobachtet. Überhaupt raufen sich Gorillas fast nie, weder untereinander noch mit anderen Tieren. Zum Beispiel können Schimpansen seelenruhig in Gorillareviere eindringen, ohne dadurch den Zorn oder zumindest den Protest der Gorillas zu erregen. Mit allem Getier leben die Gorillas in Frieden. Lediglich Leoparden stören sie manchmal nachts in ihrer Ruhe, wenn sie kleine und schwache Gorillas angreifen.

Selbst dem Menschen tun Gorillas von sich aus nie etwas. Obgleich sie manchmal kaum dreißig bis siebzig Meter von menschlichen Siedlungen entfernt übernachten, gibt es nur wenig Leute, die unter Gorillas zu leiden hatten, und wenn, dann sind es in der Regel ungefährliche Bisse in Beine, Arme oder Gesäß gewesen. Es geschah dies dann, wenn jemand einen Gorilla verwundet und danach versucht hatte davonzulaufen. In Kamerun gilt es als Schande, wenn jemand eingestehen muß, ihn habe ein Gorilla gebissen, da hier jedermann weiß, daß diese Affen nur denjenigen beißen, der sich in Panik davonmacht.

Wenn Gorillas immer wieder Bananenhaine verwüsten, kreisen die Dorfbewohner sie ein, treiben sie in Netze, schlagen mit Knüppeln und stechen mit Speeren auf »alles, was sich in diesen Netzen regt«.

Alte, doch erst unlängst wieder in der Presse verbreitete Storys über den zottigen und grimmigen »Walddämon«, dessen Augen »buchstäblich Flammen sprühen«, sind nichts weiter als Hirngespinste, mit denen man den friedlichen Vegetarier in Mißkredit bringen will.

Der Zwergschimpanse Bonobo

Klein-Schimpansen sind sehr betriebsam, freundlich und gesellig, sie »schwatzen« ständig miteinander. In ihren Schreien sind die Vokale »a« und »e« herauszuhören. Wenn sie »reden«, gestikulieren sie lebhaft. Ein Zoowärter äußerte Wissenschaftlern gegenüber die Ansicht, daß Klein- und Groß-Schimpansen einander nicht verstünden, sie »sprächen«, so meinte er, verschiedene Sprachen.

Groß-Schimpansen sind aufbrausend und geraten zuweilen in unbändige Wut. Ihre Stimme ist dumpf, und andere Vokale, »o« und »u«, sind in ihren durchdringenden Schreien herauszuhören. Die Tiere stürzen sich aufeinander, beißen und kratzen einander. Wenn Affen sich balgen, sind sie bemüht, mit ihren starken Armen den Gegner möglichst an sich heran zu ziehen und sich in ihn zu verbeißen.

Klein-Schimpansen geraten selten in Wut, streiten und balgen sich auch selten. Bei Balgereien beißen sie einander nie, sondern bringen sich gegenseitig nur Schläge bei, sie »boxen« gewissermaßen. Affen haben nicht viel Kraft in den Fäusten, deshalb teilen sie ihre Schläge lieber mit den Füßen aus.

Im Jahre 1954 veröffentlichten die deutschen Wissenschaftler Eduard Tratz und Hein Heck (sen.) eine interessante Arbeit. Im Ergebnis eigener Beobachtungen und Forschungen und der anderer Zoologen und Anatomen waren sie zu dem Schluß gelangt, daß die zwergwüchsige Schimpansenunterart eine völlig eigenständige Art und Gattung von Menschenaffen darstellt. Zu deutlich unterscheiden sich die Zwergschimpansen von allen anderen Affen sowohl in ihrer Psyche als auch in ihrem Verhalten sowie in ihrer Anatomie. Die Wissenschaftler gaben der neuen Gattung den Namen Bonobo – so werden diese Affen in ihrer Heimat von der einheimischen Bevölkerung genannt, die den Bonobo von Schimpansen und anderen Affen klar unterscheidet.

Oft wird gefragt, welche Affen ihrer Anatomie nach dem Menschen am allernächsten stehen. Diese Frage läßt sich nur schwer eindeutig beantworten. Nach gewissen Merkmalen ist es der Schimpanse, nach anderen wieder der Gorilla, nach dritten Merkmalen sogar der Orang-Utan. Doch so seltsam es klingen mag – nach einer Reihe von Merkmalen, besonders dem Schädelbau nach, scheint der Bonobo dem Menschen am nächsten zu stehen!

So weist zum Beispiel der abgerundete voluminöse Schädel des Bonobo nicht jene stark ausgebildeten Augenbrauenbögen und -wülste auf, die den Kopf des Gorillas und des Schimpansen so verunstalten. Bei allen anderen Affen steht die Schnauze auffällig vor, die Stirn ist wenig gewölbt und stark fliehend, wie von vorn nach hinten weggeschnitten. Beim Bonobo ist die Stirn stärker entwickelt, ihre Wölbungen beginnen gleich hinter den Brauenbögen, die Schnauze ragt wenig vor. Sein Hinterkopf ist ebenfalls abgerundet und gleichmäßig gewölbt.

Die Zoologen stellten noch weitere unterscheidende Merkmale fest: kleine Ohren, schmale Schultern, ein schlanker Körperbau, der Fuß nicht breit, sondern schmal und gut geformt. Der Bonobo ist wohl der einzige Vertreter des Tierreichs, dessen Lippen nicht schwarz, sondern rötlich sind, fast wie beim Menschen. Auf dem Kreuz haben sie einen weißen Fleck.

Eine weitere verblüffende Tatsache sei noch erwähnt: Die Menschenaffen bewegen sich auf dem Erdboden auf halbeingeknickten Beinen, und sie stützen sich dabei auf die Hände. Der Bonobo stützt sich beim Gehen zwar ebenfalls auf die Hände, doch drückt er die Beine genau wie der Mensch in den Knien völlig durch.

Wo leben denn nun die Bonobos, woher kommen sie? Soweit bisher bekannt, sind sie im dichten tropischen Regenwald in den westlichen Regionen des Kongobeckens, südlich des Flusses selbst, heimisch. Nur wenige große Tiere haben sich dem Leben im finsteren, feuchten und undurchdringlichen Inneren des tropischen Urwaldes anzupassen verstanden. Deshalb hat der Bonobo auch wenige Feinde, die ihm gefährlich werden können. Trotzdem aber sterben diese Zwergschimpansen aus. Die Hauptursache dafür ist wahrscheinlich, daß der hochstämmige Wald immer mehr abgeholzt wird und die Savanne in den tropischen Dschungel vordringt.

In zoologischen Gärten leben insgesamt etwa zwanzig Bonobos, schöne, liebe und freundliche Tiere, doch lediglich dem Zoo Frankfurt am Main ist es 1962 und 1963 gelungen, Nachkommenschaft bei ihnen zu erzielen.

Der Gepard

Ein seltsames Tier ist er schon, der Gepard! »Ein Hund mit einem Katzenkopf« – so könnte man sein ungewöhnliches Äußeres am treffendsten beschreiben. Der Gepard gehört zur Familie der Katzen, doch die langen schlanken Läufe, die schmalen, kleinen Tatzen mit den Krallen, die nicht wie bei den Katzen einziehbar sind, all das ist mehr für Hunde als für Katzen charakteristisch. Eine erstaunliche Leistung dieses Tieres ist der absolute Geschwindigkeitsrekord, der Gepard ist das schnellste Tier der Erde. Hundertzehn, ja gar hundertvierzig Kilometer in der Stunde – mit dieser Geschwindigkeit jagt er bei der Verfolgung einer Beute dahin. Zwar sind die hundertfünfzig Meter, die er dieses ungestüme Tempo durchhält, nicht viel, doch sie reichen in der Regel aus, jede Antilope, einen Wildesel oder ein Zebra einzuholen, von kleineren Huftieren, der Hauptbeute des Gepards, ganz zu schweigen.

Der Gepard hat seinen eigenen Jagdstil, der von dem der Katzen abweicht. Von einem Hügel oder einem anderen erhöhten Ort aus hält er Ausschau nach äsenden Gazellen (Hasen interessieren ihn gleichfalls). Hat er eine Beute ausgemacht, schleicht er sich an, dicht an den Erdboden geschmiegt. Zwanzig bis hundert Meter vor dem Ziel nimmt er die Verfolgung auf und entwickelt dabei sofort erstaunliche Schnelligkeit: In einer Sekunde schafft er zwanzig

Meter. Hat er die Beute eingeholt, schlägt er mit den Vordertatzen zu, streckt das Tier zu Boden und verbeißt sich sofort in dessen Kehle. Holt er das fliehende Tier auf den ersten hundert Metern nicht ein, verfolgt er es nicht weiter, sondern kehrt wieder zu seinem Beobachtungspunkt zurück und hält nach neuen Zielen Ausschau.

Es wurde hier bisher von dem Gepard, der sich auf den »Jagdpfad« begibt, in der Einzahl gesprochen, woraus man schließen kann, daß diese Katze als Einzelgänger lebt und sich auch im Alleingang ihre Nahrung beschafft, also nicht auf Jagdzügen gemeinsam mit anderen Artgenossen. Diese Meinung herrschte jedenfalls bis vor gar nicht langer Zeit vor. Genauere Beobachtungen haben aber nun gezeigt, daß sich Geparden nicht selten auch zu kleinen Gruppen zusammenschließen, und zwar sind es Weibchen mit herangewachsenen Jungen oder aber einige ausgewachsene Männchen, die gemeinsam jagen und in ihre »Männergesellschaft« auch Weibchen aufnehmen. Gruppen, die ausschließlich aus Weibchen bestehen, wurden noch nie gesehen.

An verborgenem Ort bringt das Gepardenweibchen ein bis fünf Junge zur Welt. Der Vater beteiligt sich an der Pflege, bringt ihnen Futter. Selbst wenn die Mutter umkommt, verläßt er die Jungen nicht. Drei Wochen alte »Kätzchen« nehmen außer Milch schon Fleisch zu sich. Interessant ist, daß sie in früher Jugend, fast bis zu vier Monaten, wie alle Katzen die Krallen in die Pfoten zurückziehen können. Mit zunehmendem Alter verlieren sie allerdings diese Fähigkeit. (Übrigens behaupten einige Forscher, daß auch schon Jungtiere die Krallen nicht einziehen können.)

Die ersten acht Lebensmonate sind für einen jungen Gepard am gefährlichsten. Seine Hauptfeinde sind Löwen, Leoparden, Hyänen und Hyänenhunde. Über die Hälfte einer heranwachsenden Gepardengeneration wird nicht einmal ein Jahr alt. Die Hauptursache für das Aussterben dieser Tierart ist aber das Vordringen des Menschen in Steppen und Savannen, den Lebensraum dieses Raubtiers. Die letzten Refugien nimmt der Mensch ihm weg. Aufnahme in das Verzeichnis der im Verschwinden begriffenen Tiere – das ist das traurige Los, das heute den Gepard erwartet.

Sein einstiges Verbreitungsgebiet war riesig und umfaßte fast ganz Afrika (außer den tropischen Wäldern und der zentralen Sahara), Vorderasien, Turkmenien, Indien. Heute haben sich Geparden in Nordafrika nur noch in wenigen Regionen Libyens sowie in Naturschutzgebieten in anderen Teilen Afrikas erhalten. Bei entsprechendem Schutz wird dieses Raubtier dort überleben.

In der Türkei und in Arabien schlug bereits Ende des vergangenen Jahrhunderts die letzte Stunde des zum Aussterben verurteilten Gepards. Heute trifft man ihn in Asien nur hier und da noch in Turkmenien und vielleicht in den Wüsten Irans an. In der Sowjetunion ist er gesetzlich geschützt. In Indien ist es seit 1952 generell verboten, Geparden zu fangen und zu töten. Doch wie die BRD-Zoologen I. Weigel und H. Wendt schreiben, war es da bereits zu spät: Kurz zuvor hatte man die letzten drei indischen Geparden »nördlich von Bastar« geschossen. Dabei gab es in vergangenen Jahrhunderten Zeiten, da haben Maharadschas in Indien in speziellen Farmen Hunderte von Geparden gezüchtet. Wozu? Jahrtausendelang ist der Gepard eine Art Windhund bei den Jagdsafaris orientalischer Fürsten und Könige gewesen. So weiß man, daß bereits dreitausend Jahre vor unserer Zeitrechnung in Babylon mit Geparden auf alle möglichen Huftiere Jagd gemacht wurde, später dann auch in Ägypten, in Indien, Armenien, Äthiopien und anderen Ländern des Orients und des Okzidents.

Der Venezianer Marco Polo, der im 13. Jahrhundert eine für jene Zeit einmalige Reise in ferne Reiche des Orients unternommen hat, schrieb, in die Heimat zurückgekehrt, daß es in Kublai-Khans Residenz Karakorum ungefähr tausend zahme Geparden gegeben habe. Ritte man zur Jagd aus, zöge man diesen schnellen Raubtieren Kappen über die Köpfe, die ihnen die Augen verdeckten. In unmittelbarer Nähe des gesichteten Antilopen- oder Hirschrudels würden den Geparden die Kappen und die Zügel abgenommen, und wie ein Wirbelwind schössen da die Tiere los, überholten die Reiter und jagten der Beute hinterdrein.

Vom Orient aus verbreitete sich diese uralte Jagdmethode weit nach Westen. Im Mittelalter jagten manche österreichische und französische Könige ebenfalls mit Geparden. Als der Normannenherzog Wilhelm der Eroberer im 11. Jahrhundert England unterwarf, brachte er auf diese neblige Insel auch seine Geparden mit.

Im 11. und 12. Jahrhundert betrieben russische Fürsten ebenfalls mit Geparden in den Weiten der Steppe Jagd auf Saigaantilopen. In der Rus wurden die Jagdgeparden »Pardus« genannt, sie waren in jener Zeit sehr geschätzt. Ein abgerichteter Gepard galt als fürstliches Geschenk. Für ihn zahlte man sowohl mit »Zobeln und Hermelinen als auch mit schwarzen Mardern, Polarfüchsen und weißen Wölfen« sowie vielen anderen Pretiosen, womit man sich Luxus, Wohlstand und alle Güter dieser Erde erkauft.

Fragen an die Auskunftei »Launen der Natur«

Steckt der Vogel Strauß wirklich den Kopf in den Sand?

Entgegen anderslautenden Behauptungen in vielgelesenen Büchern wage ich zu sagen: Er tut es! Doch nicht aus Angst, wie es immer heißt, sondern wegen der Parasiten. Gewöhnlich nimmt der Vogel danach ein Sandvollbad, es muß aber nicht sein.

Hat der Strauß den Kopf in den heißen Sand gesteckt und seine großen Augen geschlossen, verharrt er so eine gewisse Zeit, damit die Parasiten, von denen es in seinem Gefieder eine Menge gibt, in dem heißen Sand umkommen oder den Kopf eiligst verlassen. Dann kann er die Erhitzung schließlich selbst nicht mehr aushalten, er zieht den Kopf aus dem Sand und schüttelt sich. Anschließend gräbt er sich gewöhnlich mit Kopf, Hals und Brust im Sand ein und wirbelt ihn mit den Flügeln auf. Das Sandbad dient, wie man vermutet, ebenfalls der Reinigung, in diesem Fall der Abwehr von Parasiten im Gefieder.

Fürchten wilde Tiere das Feuer?

Nein, sie fürchten es nicht! So behauptet es jedenfalls Professor Bernhard Grzimek aus der BRD. Er habe niemals bemerkt, so schreibt er einmal, daß Tiere eine angeborene Angst vor Feuer hätten, wie dies oft in Büchern behauptet werde. Löwen zum Beispiel gingen ruhig ganz nahe an ein Feuer heran und legten sich sogar in die noch warme Asche. Einmal hätten er und seine Leute ein großes Lagerfeuer entfacht und es sich darum herum in Liegestühlen bequem gemacht, um sich ein wenig aufzuwärmen. Da sei nur sechs Meter von ihnen entfernt eine Löwenfamilie vorübergezogen, habe aber weder den Menschen noch dem Lagerfeuer irgendwelche Beachtung geschenkt.

Antilopen äsen unmittelbar am Rand eines Flächenbrandes in der Steppe; Vögel versammeln sich hier zu Scharen und machen Jagd auf Insekten, die vor dem Feuer fliehen.

Wieviel Großwild schlägt ein Löwe in einem Jahr?

Im Durchschnitt fünfzehn Tiere mit einem Gesamtgewicht von etwas über anderthalb Tonnen. Daraus ergibt sich, daß ein Löwe am Tag ungefähr 4,5 Kilogramm Fleisch frißt.

Warum ist es gefährlich, in Gewässern Afrikas zu baden?

Es gibt in Afrika Flüsse, da geht man besser nicht hinein, nicht einmal bis zu den Knien. Nicht Krokodile stellen hier die Gefahr dar und natürlich auch nicht die harmlosen Flußpferde, sondern kleine parasitäre Würmer – Bilharzien oder Pärchenegel (aus der Gattung der Saugwürmer). Vollständig ausgewachsen sind sie 1 bis 2,5 Zentimeter lang. Bilharzien durchdringen die Haut des Badenden und bahnen sich ihren Weg durch die Blutgefäße bis zu den Lungen, »rufen einen trockenen Husten« hervor. Danach dringen sie auch in Leber und Harnblase ein. Sie leben in den Venen, hauptsächlich der Leber und der Eingeweide. Sie können bis zu zwanzig Jahre alt werden und bereiten dem von ihnen befallenen Menschen quälende Schmerzen. Freilich gibt es schon Mittel, mit deren Hilfe man die Bilharzien aus dem menschlichen Organismus vertreiben kann, doch sich vor ihnen schützen kann man nur auf eine Art und Weise, nämlich die, nicht in verseuchtem Wasser zu baden.

Viele Gewässer Afrikas, besonders der Mobutu-Sese-Seko-See und der Nil, sind mit Bilharzien verseucht. Mit Exkrementen gelangen die Bilharzieneier ins Wasser. Die aus den Eiern geschlüpften Larven siedeln sich in Schnecken an. Dort verwandeln sich die Larven in Würmer, die frei im Wasser schwimmen und auf einen Wirt warten, den sie befallen können.

Welche Giftschlange ist die allerschnellste?

Eine gefährliche Schlange Afrikas ist die Mamba. Weder die Kobras noch die Vipern sind hier so gefürchtet wie diese schlanke Baumschlange. Es hat Fälle gegeben, da starben Menschen zwanzig bis dreißig Minuten nach dem Biß einer Mamba. Gewöhnliche Giftschlangen bewegen sich mit einer Geschwindigkeit von annähernd einem Kilometer in der Stunde. Die Mamba aber entwickelt eine für Schlangen einfach schwindelerregende Schnelligkeit. Auf dem Erdboden hat man bei ihr eine Geschwindigkeit von 11,3

12–1051

Kilometern in der Stunde mit der Stoppuhr gemessen. Im Geäst ist die Mamba womöglich noch schneller. Sie beißt oft ohne Vorwarnung oder mit kaum erkennbarer Drohung: Sie hebt nur wenig den Kopf, reißt den Rachen weit auf und zischt leise. Im Laubwerk ist sie ausgezeichnet getarnt (von vier oder fünf Mambaarten sind drei grün gefärbt), die recht langen Giftzähne und die nicht seltene Wahrscheinlichkeit, einer Mamba nicht nur mitten im Wald, sondern auch auf Feldern, in Siedlungen und selbst in Häusern zu begegnen, erklären hinreichend die verständliche Angst der Leute vor der Mamba überall in Afrika, wo sie vorkommt (von der Sahara bis zum Süden des Kontinents).

Woher kommt das Schlangengift?

Bei Amphibien sondert die Haut das Gift ab, bei Schlangen erzeugen es Drüsen des Verdauungssystems, und zwar Speicheldrüsen! Schlangen zerbeißen und zerreißen die Beute nicht in Stücke, sondern schlucken sie im ganzen. Um den nicht zerteilten Nahrungsklumpen zu verdauen, bedürfen sie schnellwirkender, gewebezerstörender körpereigener Stoffe. Je eher die Verdauung beginnt, desto früher ist sie beendet. Deshalb wirken starke Fermente nicht erst im Magen, sondern schon im Maul der Schlange auf die Nahrung ein. Natürliche Auslese über Jahrmillionen hat die Effektivität der Fermente so erhöht, daß diese auch für lebendes Gewebe gefährlich wurden. Es entstand also ein Gift, anfangs schwach, dann immer toxischer!

Das Gift hat auch heute seine ursprüngliche verdauende Wirkung nicht eingebüßt. Die Jararacussa zum Beispiel verdaut eine von ihr gebissene Ratte in vier bis fünf Tagen, für eine nicht mit Gift bearbeitete (nicht gebissene) braucht sie die doppelte Zeit. Schnürt man bei einem Versuchstier die Kanäle der Giftdrüsen ab, lebt die Schlange nicht mehr lange. Weil das Gift nicht an der Verdauung beteiligt ist, verläuft diese träge und anomal, und die Schlange leidet an Stoffwechselstörung. Je toxischer ihr Gift ist, desto schneller und erfolgreicher verläuft die Verdauung und um so stabiler ist die Gesundheit des Reptils. Vermutlich ist die Funktion des Giftes als Schutz und Waffe der Schlange nur sekundärer Art. Primäre Bedeutung hat die Beschleunigung der Verdauung durch das Gift.

Wie wirkt Schlangengift?

Nach seiner physiologischen Wirkung unterscheidet man zwei Typen von Schlangengift: neurotoxisches Gift, das die Nervenzentren lähmt, und hämolytisches Gift, das die Erythrozyten und das in ihnen enthaltene Hämoglobin zerstört. Ersteres haben die Kobras, die Kraits (Bungarus) und andere Giftnattern wie auch Wasserschlangen. Besonders starke Schmerzen verursacht deren Gift nicht, und die Bißstelle schmerzt fast gar nicht, doch der Mensch klagt über Schwindelgefühl, Ohnmachtsanfälle und Atemnot. Das zweite Gift findet sich bei Vipern, Dreiecksköpfen, Klapperschlangen, der Jararaca und anderen Grubenottern. Starke Schmerzen, Blutungen, Gewebenekrosen, Schwellungen sind typisch für eine Vergiftung durch Biß dieser Schlangen. Das Gift von Vipern und Grubenottern enthält auch neurotoxische Stoffe, allerdings relativ wenige. Schließlich sind bei einigen Schlangen im Gift beide Stoffe enthalten, die fast gleich stark wirken, zum Beispiel beim Taipan, bei der Massasauga oder Kettenklapperschlange, der Gabunviper, beim Cascabel und anderen.

Welche Schlange ist die gefährlichste?

Diese Frage eindeutig zu beantworten ist schwer. Der Grund hierfür ist der:

Die giftigsten Schlangen der Welt sind die australische Tigerschlange, der Taipan, die Todesotter, die asiatische Königskobra, die afrikanischen Mambas, die amerikanische Klapperschlange, der Cascabel und einige Seeschlangen. Laboruntersuchungen und die traurigen Erfahrungen des tropischen Alltags liefern den überzeugenden Beweis: Fünfzig bis achtzig Prozent der von diesen Schlangen gebissenen Menschen sterben (wenn ihnen keine sofortige medizinische Hilfe zuteil wird). Nach dem Biß einer gewöhnlichen Otter sterben nur fünf bis acht Prozent der Betroffenen.

Schlangen mit einem sehr toxischen Gift sind aber nicht immer die gefährlichsten. Hier ist neben der Stärke auch noch die Dosis des Giftes zu berücksichtigen, das die Schlange in die Wunde injiziert; außerdem spielt eine Rolle, wie tief die Giftzähne eingedrungen sind, ob sie zum Beispiel erst Kleidung oder Schuhe durchbohrt haben, ferner ob die Schlange aggressiv ist oder eiligst davonkriecht, ob sie sofort zubeißt oder erst durch Drohgebärde

und lautes Zischen warnt, wie etwa die Kobra, wie gut ihre Färbung sie tarnt, wo sie lebt – in menschenleeren Wäldern oder in Dörfern –, ob sie nacht- oder tagaktiv, zahlreich oder selten ist...

So ist zum Beispiel das Gift der Boomslang fünfmal stärker als das der Kobra, doch befinden sich ihre Giftzähne nicht vorn in den Kiefern, sondern hinten im Rachen und verletzen so den Menschen nicht bei jedem Biß. Seeschlangen wären sehr gefährlich, wären ihre Zähne nicht kurz, die Giftdosis nicht klein und sie selbst nicht so friedlicher Natur, beißen sie doch nur ungern, wie auch Kraits, Kobras, Gabunvipern und Klapperschlangen. Die Königskobra verabreicht ihrem Feind eine große Dosis Gift, doch auch ihre Zähne sind kurz, und das Gift ist schwächer als beispielsweise das des Taipan und der Tigerschlange. Beim Buschmeister sind sowohl die Zähne lang (bis vier Zentimeter) als auch die Giftdosen bedeutend, und das Gift ist außerdem recht effektiv, doch ist diese Schlange selbst in den tropischen Wäldern des Amazonasbeckens, ihrem Hauptverbreitungsgebiet, recht selten.

Auf das Konto der Jararaca (Lanzenschlange) aber, der häufigsten Schlange in Brasilien, kommen bis zu neunzig Prozent aller Schlangenbisse in diesem Land, doch in bezug auf die Stärke ihres Giftes steht sie nicht nur dem Taipan und der Tigerschlange, sondern auch dem Cascabel nach.

Wieviel Menschen sterben an Schlangenbissen?

Vor dreißig Jahren bestätigte die Statistik: Am Biß von Giftschlangen sterben jährlich in der Welt ungefähr dreißigtausend Menschen, davon zwei Drittel in Indien, etwa ein Fünfzehntel in

Burma und ebenso viele in Brasilien; dahinter folgt Afrika (insgesamt ungefähr tausend Menschen im Jahr), Sri Lanka (ein Drittel davon) und Venezuela (wiederum ein Drittel von diesen). Nach der Zahl der Todesfälle pro Kopf der Bevölkerung nahm in diesem düsteren Register Burma den ersten Platz ein (fünfzehn auf hunderttausend Einwohner), danach folgen Indien und Sri Lanka. In Europa stirbt alle paar Jahre ein Mensch durch einen Schlangenbiß, in den Vereinigten Staaten sind es im Jahresdurchschnitt fünfzehn Personen.

Gegenwärtig kommen auf diese oder jene Weise durch Schlangenbisse jährlich etwa eine halbe Million Menschen zu Schaden (in der Sowjetunion ungefähr zweihundert Menschen), doch ist die Sterblichkeit auf ein Minimum reduziert worden, das man früher für unmöglich gehalten hat: Nur anderthalb bis zwei Prozent der Gebissenen sterben. Das zum ersten Male 1895 im Pasteur-Institut in Paris hergestellte Gegengift rettet heute vielen tausend Menschen das Leben. Pferde werden durch kleine, laufend erhöhte Dosen Schlangengift immunisiert; nach einem bis anderthalb Jahren bilden sich im Pferdeblut so starke Antikörper, daß das Tier hundert tödliche Giftdosen überstehen kann. Mit dem Serum des Blutes von solchen Pferden werden Schlangenbisse behandelt.*

Wieviel Arten Giftschlangen gibt es?

Es gibt 410 Arten, mehr als ein Sechstel aller Schlangenarten überhaupt! Die wenigsten Giftschlangenarten – 49 an der Zahl – finden sich unter den Seeschlangen. An Vipern gibt es 58 giftige Arten. Grubenottern (darunter auch die Dreieckskköpfe in der Sowjetunion, die südamerikanischen Jararacas, die Buschmeister und Klapperschlangen) bilden 122 Arten. Giftnattern (Kobras, Bungarus oder Pamas, Mambas, Taipane, Tiger- und Todesschlangen) kommen in 181 Arten vor.

Spucken Schlangen?

Ja, sie spucken, und zwar meisterhaft! Allerdings nicht alle, sondern nur zwei Arten der afrikanischen Kobra, die Ringhalskobra und die

* Es gibt Seren, die gegen unterschiedliche Schlangengifte injiziert werden, und andere, die jeweils auf ein bestimmtes Gift wirken (A. d. Red.)

Schwarzhalskobra, sowie eine asiatische Art, die Indische Speikobra.

Der Speichel dieser Schlangen ist giftig: Er enthält vier Milligramm Gift. Er schnellt aus den Kanälen der Giftzähne hervor und fliegt zwei bis drei Meter weit! Die Schlange kann bis zu dreißigmal hintereinander speien!

Die Kobra zielt gewöhnlich auf die Augen des sich nahenden Menschen oder Tieres, und sie trifft genau. Freilich schleudert sie manchmal das Gift irrtümlich auf glitzernde Knöpfe, Schnallen oder Armbanduhren.

Ein Treffer ins Auge ist gefährlich: Es treten starke Schmerzen, Entzündungen, vorübergehende oder irreparable Erblindung auf. Selbst wenn die Kobra das Auge verfehlt und einfach das Gesicht trifft, ist der Betroffene nicht besser dran; bei Bewohnern der Tropen hat die Gesichtshaut oft Schrunden, in die der Speichel schnell eindringt. So kann es zu einer schweren Vergiftung kommen.

Welches kleine Tier schlägt selbst Löwen und Elefanten in die Flucht?

Es ist die Treiber- oder Wanderameise! Diese Ameisen haben keinen festen Lebensraum, die meiste Zeit ihres Lebens wandern sie umher, gewöhnlich unter dem Schutz der Nacht oder der Dämmerung. Bei manchen Arten ist die Front ihrer Marschkolonnen Hunderte von Metern, bisweilen sogar einen Kilometer breit. Diesen Ameisen zu entkommen ist nicht leicht. Sie verschlingen auf ihrem Wege buchstäblich alles, was da kreucht und fleucht.

Die »Soldaten« der Wanderameisen haben messerscharfe Kiefer, mit denen sie aus den Leibern ihrer Opfer Fleischstückchen herausschneiden. Selbst ein großes Tier, das in ihre Umzingelung gerät, ist in wenigen Minuten bis auf die Knochen abgenagt. »Wenn man bestimmten Meldungen glauben kann«, schreibt der amerikanische Wissenschaftler Osmond Breland, »so ist sogar einmal ein Elefant, dem die Flucht nicht rechtzeitig gelang, wie eine Maus oder Raupe umgekommen.«

Einmal haben Wanderameisen sogar einen eingesperrten Leoparden »aufgefressen«, ebenso einen Python, der nach reichlichem Mahl nicht schnell genug war. Bis auf die Knochen verspeisen sie angebundene und vergessene Hunde, in Ställe gesperrte Schweine, Ziegen und Hühner. Einen Verbrecher, den die davongelaufene

Wache in einem Gefängnis zurückgelassen hatte, bissen die Ameisen zu Tode.

Im übrigen wird in vielen Geschichten die Gefahr, der sich Menschen bei Begegnungen mit Wanderameisenarmeen aussetzen, gewöhnlich übertrieben.

Bei einem Angriff von Wanderameisen auf Dörfer verlassen deren Bewohner in aller Seelenruhe ihre Häuser und begeben sich, die Angriffsfront der Ameisen umgehend, auf die Felder. Sämtliches Hausvieh, überhaupt alle Haustiere nehmen sie natürlich mit, wobei es allerdings nicht ohne Verluste abgeht. Dafür vernichten die Ameisen in den Häusern alle Parasiten, Skorpione, Ratten, und das ist schon viel wert.

Können Fische Ball spielen?

Bisher ist nur ein Fisch bekannt, der das kann: der Nilhecht Gnathonemus petersi, der heute zu einem gefragten Bewohner von Aquarien geworden ist. Wirft man einen kleinen Schaumstoffball ins Aquarium, schwimmt der Fisch sofort zu ihm hin und spielt scheinbar mit Vergnügen mit dem Ball, wobei er ihn mit dem Kopf hochstößt, dann wegschwimmt und sich von neuem auf sein Spielzeug stürzt.

Wer trinkt Wasser mit dem Schwanz?

Bei Babuin-Pavianen hat man folgendes beobachtet: Wenn sie weder mit den Händen noch mit dem Mund ans Wasser gelangen, »schöpfen« sie es – mit dem Schwanz. Sie krallen sich mit den Vorderpfoten an einem Vorsprung der Uferböschung, an einer Wurzel oder einem Ast fest und bemühen sich nach Kräften, mit dem Schwanzende das Wasser zu erreichen. Hat der Pavian das geschafft, klettert er flink ans Ufer und lutscht das Schwanzende schnellstens ab, ehe es in der afrikanischen Hitze wieder getrocknet ist. Danach holt er sich auf die gleiche Weise eine neue Portion Wasser, bis er sich satt getrunken hat. Babuine kommen allerdings mit wenig Wasser aus, mit drei bis vier Gläsern am Tag. Deshalb schaffen sie es durchaus, in der beschriebenen Art ihren Durst zu stillen. Müssen sie aber nicht auf Abhängen herumklettern, um ans Wasser zu gelangen, trinken sie wie alle anderen Tiere mit dem Maul.

Welcher Papagei ist der gesprächigste?

Der anerkannt größte Sprechkünstler ist der Jako. Sein Gefieder hat hellgraue Färbung, sein Schwanz leuchtet knallrot. Man erkennt ihn sofort, Verwechslungen mit ähnlichen Papageien gibt es nicht.

Über hundert Wörter und Wendungen kann sich ein Jako merken. Vieles »spricht« er, so könnte man meinen, mit Sinn, wie etwa »Guten Morgen«, »Auf Wiedersehen« oder »Hallo«, wenn das Telefon klingelt. Viele Wörter merkt sich der Jako zehn Jahre lang und länger, auch wenn er sie niemals selbst ausspricht, als habe er sie vergessen. Jahre später aber erinnert er sich ihrer plötzlich wieder.

Der Jako ist in den Wäldern Afrikas zu Hause – von Guinea und Angola im Westen bis zu den großen Seen.

Welches Tier jagt mit einem Wurfnetz?

In Afrika lebt die Spinnenart Menneus. Vor Sonnenuntergang knüpft die Menneus aus elastischen Fäden ein dichtes Netz von der Größe einer Briefmarke. Sie verbirgt sich in Zweigen und wartet auf Falter und andere dämmerungsaktive Insekten. Sobald sich ein geflügeltes »Wild« nähert, dehnt die Spinne augenblicklich zwischen ihren weit gespreizten Beinen das Netz aus und wirft es treffsicher auf das fliegende Insekt. Das gespannte Netz ist fünf- bis sechsmal größer als das nichtgespannte.

Wer hat das festeste Spinngewebe der Welt?

In Afrika leben die großen, leuchtend gefärbten Seidenspinnen. Die Fäden ihrer Netze sind so fest, daß sich bisweilen sogar kleine Vögel in ihnen verheddern können.

Auf Madagaskar gehen die Frauen in den Wald wie zum Pilzesuchen und sammeln diese Seidenspinnen in Bastkörbchen ein. Zu Hause ziehen sie mit geschickter Hand aus den Spinnen Fäden heraus und weben sich dann aus dem goldgelben Gespinst Bänder, die so hübsch aussehen, daß Europäer von deren Anblick ganz hingerissen sind.

Die Seidenspinnen sind Verwandte unserer Kreuzspinnen. Sie weben Fangnetze, die den allseits bekannten Radnetzen ähneln. Nur sind die Räder größer, und gewöhnlich fehlt die obere

Radhälfte, dafür findet man an dieser Stelle eine weitmaschige Gespinstkuppel, einen Schutz vor Feinden, von denen das dicke, »appetitlich« aussehende Seidenspinnenweibchen viele hat.

Seidenspinnen fangen in ihren Netzen Insekten und fressen sie. Einige Forscher behaupten, daß sie auch mit Vögeln, die sich in ihrem Gespinst verfangen haben, ihren Speisezettel ergänzen. Unklar ist nur, wie sie die Vögel töten, ist doch das Gift der Seidenspinne nicht stark.

Die Männchen der Seidenspinnen sind winzig, ihr Gewicht beträgt nur ein Tausendstel von dem des Weibchens! Die Männchen gehen nicht auf Jagd, sie fressen als Schmarotzer ihr Gnadenbrot im Gespinst des Weibchens, nähren sich also sozusagen von den »Brosamen«, die von dessen Tische fallen.

Indomalayische Wunder

3

Ungewöhnliches im Alltäglichen

Der Asiatische Elefant im Krieg und bei der Arbeit

Zunächst ein paar Zahlen:

Der Asiatische oder Indische Elefant kann eine Höhe von drei Metern und ein Gewicht von fünf Tonnen erreichen; sein Herz wiegt zwölf Kilogramm und schlägt vierzigmal in der Minute. In der gleichen Zeit atmet er an die zwölfmal; die normale Körpertemperatur des Elefanten beträgt 35,9 Grad.

Innerhalb von achtzehn Stunden kann ein Elefant dreihundertsechzig Kilogramm beliebige Nahrung zu sich nehmen; je Tag säuft er ungefähr neunzig Liter Wasser; er schläft täglich nur zwei bis vier Stunden.

Die Tragzeit der Elefantenkuh dauert zwanzig bis zweiundzwanzig Monate. Das erste Junge bringt sie in der Regel mit zehn Jahren zur Welt; im Laufe ihres Lebens gebiert sie an die sieben Junge; das neugeborene Elefantenjunge wiegt einhundert Kilogramm und hat eine Höhe von rund einem Meter. Die Elefantenkuh gebiert stehend; der Fettgehalt der Milch beträgt bis zu zwanzig Prozent. Das Junge wird annähernd ein halbes Jahr lang gesäugt, zuweilen aber dauert diese Zeit auch zwei bis drei Jahre.

Das Höchstalter eines Elefanten, in Gefangenschaft registriert, betrug siebenundsechzig Jahre, doch in freier Wildbahn, im Dschungel, werden Elefanten in der Regel nur fünfunddreißig bis siebenunddreißig Jahre alt.

Wasser wittert der Elefant auf eine Entfernung bis zu einem Kilometer (manche behaupten, bis zu fünf Kilometer!).

Trotz seines riesigen Wuchses und Gewichtes übt ein stehender Elefant auf den Boden einen nur minimalen Druck aus – ganze sechshundert Gramm pro Quadratzentimeter Fläche. Er läuft sehr leise und macht dabei nicht mehr Lärm als ein auf eine ruhige Wasserfläche fallendes Blatt, behauptet der italienische Biologe Lino Penati. Eine friedlich dahinziehende Elefantenherde legt sieben Kilometer in der Stunde zurück, doch kann diese Geschwindigkeit leicht auf fünfzehn Kilometer erhöht werden. Ein wütender Elefant verfolgt ein Auto mit einer Geschwindigkeit von vierzig Kilometern in der Stunde.

Vor einer Million Jahren etwa lebten auf der Erde 452 Elefantenarten (so viele sind zumindest der Wissenschaft heute bekannt). Übriggeblieben sind aber nur zwei: der Afrikanische und der Asiatische oder Indische Elefant. Vor etwa fünf-, sechstausend Jahren bewohnte der Afrikanische Elefant sogar die heutige Sahara, die damals vegetationsreicher war. Auf der Sinai-Halbinsel mag er wohl dem Asiatischen Elefanten begegnet sein, der noch im zweiten Jahrtausend vor unserer Zeitrechnung sowohl in der heutigen Türkei als auch im Tigris- und Euphratgebiet, in Persien und in China vorkam. Heute aber ist dessen Areal auf Sri Lanka, Südwest- und Ostindien, Burma, Indochina, Malaysia, Sumatra und Kalimantan beschränkt. Es muß aber dazu gesagt werden, daß er auch in den genannten Ländern schon weitgehend ausgerottet und nur noch örtlich anzutreffen ist. Wahrscheinlich haben in Asien und Afrika lediglich vierhunderttausend Elefanten bis heute überlebt, von denen jährlich an die fünfundvierzigtausend getötet werden. Man kann sich leicht ausrechnen, wie lange dieses Tierart überhaupt noch auf der Erde existieren wird.

Vom Asiatischen Elefanten gibt es vier Unterarten. Am zahlreichsten ist der Indische Elefant: zwanzigtausend Exemplare gibt es noch, die zahmen eingerechnet! Die auf Sri Lanka vorkommende Unterart hat häufig keine Stoßzähne (nur jeder zehnte Bulle habe Stoßzähne, wird behauptet). Ihre Zahl beträgt ungefähr zweieinhalbtausend. Der Sumatraelefant ist weitgehend ausgerottet. Auf den übrigen Inseln des Malaiischen Archipels leben noch annähernd siebenhundertfünfzig solche Tiere.

In der Vergangenheit gab es vier weitere Unterarten: den mesopotamischen, den persischen, den chinesischen und den javanischen Elefanten, die aber alle schon im Altertum und im Mittelalter ausgerottet worden sind.

»Angesichts der Tiere und des Königs machten die Makedonier halt. Die inmitten der Krieger stehenden Elefanten sahen von weitem wie Türme aus. Poros war größer als ein normaler Mensch, doch besonders groß wirkte er dank dem Elefanten, auf dem er ritt und der um so viel die anderen Elefanten überragte wie der König die übrigen Inder« (Quintus Curtius Rufus).

»Endlich sehe ich mich einer Gefahr gegenüber, die meiner würdig ist«, soll Alexander von Makedonien gemurmelt haben. Vor sich hatte er das Heer des indischen Königs Poros. Zweihundert Elefanten, in Schachbrettordnung aufgestellt, mit jeweils dreißig

Meter Zwischenraum, den das Fußvolk einnahm. Das trug sich 326 v. u. Z. in der Schlacht am Hyphasis zu.

Doch mag Quintus Rufus berichten, was weiter geschah.

»‚Unsere Speere sind lang und stark genug', sprach Alexander, ‚gerade sie können uns gegen die Elefanten nützlich sein... Eine solche Art Schutz, wie die Elefanten es sind, ist gefährlich... Den Feind greifen sie auf Befehl an, die eigenen Leute aber vor Angst.' Nachdem er so gesprochen hatte, trieb der König als erster sein Roß an.«

Die Schlacht begann und war ungewöhnlich erbittert.

»Besonders schrecklich war es, mit anzusehen, wie die Elefanten mit den Rüsseln die Bewaffneten packten und sie über ihre Köpfe hinweg ihren Treibern übergaben... Die sieggewohnten Makedonier sahen sich bereits nach einer Fluchtmöglichkeit um... Somit verlief die Schlacht unentschieden: Bald verfolgten die Makedonier die Elefanten, bald flohen sie vor ihnen; bis spät währte das wechselnde Glück, bis sie den Elefanten mit eigens dafür bestimmten Äxten von unten in die Beine hieben. Mit den leicht gebogenen Schwertern, Copiden genannt, schlugen sie den Elefanten die Rüssel ab...

Da trampelten die durch die Verwundungen schließlich entkräfteten Elefanten auf ihrer Flucht die eigenen Leute nieder... So verließen die Inder das Schlachtfeld aus Angst vor den Elefanten, deren sie nicht mehr Herr werden konnten.«*

Und so war es fast immer: Der Nutzen, den die Elefanten den eigenen Truppen brachten, war gering, der Schaden aber groß! Trotzdem legten fast alle Feldherren des Altertums darauf Wert, Kriegselefanten zu erwerben, selbst Cäsar. Elefanten haben in der Antike an vielen Schlachten teilgenommen. Gewöhnlich wurden einige Dutzend in den Kampf geführt, doch manchmal auch ein paar hundert, beispielsweise in der Schlacht bei Ipsos 301 v. u. Z., die von Elefanten entschieden wurde (auch das kam also vor!).

Kriegselefanten bekamen Panzer angelegt, an die Rüssel band man Schwerter und an die Stoßzähne vergiftete Speere. Auf dem Elefantenrücken ragte eine regelrechte Festung empor – ein Holzturm, mit Metallplatten bewehrt; darin waren Bogenschützen und mit Speeren Bewaffnete untergebracht sowie nicht selten der »Generalstab« des gesamten Heeres.

---

 * Aus dem Russischen übersetzt (A. d. Red.)

Es gab auch eine »Panzerabwehrartillerie« oder richtiger: eine »Elefantenabwehrartillerie«, spezielle Wurfgeschosse und Katapulte, die die dickhäutigen Riesen niederstreckten. Man hatte ferner, wie bei Rufus zu lesen ist, Spezialäxte und -sicheln, mit denen man den Elefanten Beine und Rüssel abschlug.

In der Schlacht von Thapsus, einem Städtchen in Nordafrika, kamen in einem Krieg Cäsars die lebenden »Panzer« zu ihrem letzten und wiederum mißglückten Einsatz, und dies sozusagen auf »europäischem« Kriegsschauplatz, schon innerhalb der Grenzen des Römischen Reiches. In tropischen Ländern kämpften sie allerdings noch lange nach Cäsar zusammen mit Soldaten in Reih und Glied. So hielt es beispielsweise der indische Großmogul Akbar (Dschelal ed-Din, 1556–1605) bei der Erstürmung der von achttausend Kriegern verteidigten Festung Chitor für angebracht, Elefanten in den Kampf zu werfen, und der Großmogul war ein ausgezeichneter Feldherr. Ein Augenzeuge berichtet:

»Der Anblick war zu grauenvoll, als daß man ihn mit Worten beschreiben könnte, denn die in Wut geratenen Tiere zertrampelten diese tapferen Krieger wie Heuschrecken; sie töteten jeweils drei von vier Mann.«

Auch in unseren Tagen noch hat die Geschichte der Kriegselefanten ihre Fortsetzung gefunden. Im zweiten Weltkrieg gehörten zur Ausrüstung der britischen Armee, die in Burma operierte, zweihundert Elefanten. Sie transportierten auf dem Höhepunkt der Regenzeit zwanzigtausend Tonnen Kriegsausrüstung.

Elefanten gab es auch in der japanischen Armee, als diese im März 1944 ihren mißlungenen Einfall in Indien unternahm. Hier trafen zum ersten Mal in der Geschichte auf dem Schlachtfeld die lebenden »Panzer« des Altertums und die Kampftechnik der Gegenwart aufeinander. Englische Sturzkampfbomber griffen die japanischen Transporte an, und bei einem dieser Angriffe kamen auf einen Schlag vierzig Elefanten um.

Das letzte Mal prallten Elefanten und Flugzeuge im Vietnamkrieg aufeinander. Ein amerikanischer Bomber beschoß mit Maschinengewehren und Bordkanonen eine Kolonne von zwölf Lastelefanten und tötete neun Tiere.

»Warum aber holen die Elefanten nicht die Menschen von ihren zahmen Artgenossen herunter, wenn diese eine Herde wilder Elefanten jagen? Diese Frage habe ich mir oft selbst gestellt, doch beantworten kann ich sie nicht. Alles, was ich weiß, ist dies: Ein Mensch, der auf dem Rücken eines zahmen Elefanten sitzt, verbleibt inmitten einer Herde wilder Elefanten in völliger Sicherheit«, schreibt der englische Tierfänger Charles Mayer.

In Gefangenschaft vermehren sich Elefanten schlecht. So wurden in europäischen und amerikanischen zoologischen Gärten zwischen 1902 und 1965 nur siebenundsechzig Elefanten geboren, von denen die Hälfte einging, bevor sie ausgewachsen waren.

In Asien ist man kaum erfolgreicher in der Nachzucht von Arbeitselefanten. Doch hier sind es wirtschaftliche Gründe, die die Elefantenbesitzer veranlassen, eine Vermehrung der Tiere zu verhindern, denn Elefanten haben eine lange Tragzeit (sie ist sogar länger als bei Walen), sie fressen zudem viel, und auch das Elefantenjunge muß lange aufgezogen und gefüttert werden, bevor es zur Arbeit taugt (bis zu zehn Jahren). Deshalb ist es vorteilhafter, die Arbeitselefantenherde durch gefangene und abgerichtete wilde Tiere aufzufüllen. Ein solcher Elefantenfang heißt Khedda (nicht selten wird mit Khedda auch der Kraal bezeichnet, in den die wilden Elefanten getrieben werden).

Bis zu fünfzig der stärksten Arbeitselefanten und bis zu zweitausend Treiber holt man dafür zusammen. Zuerst spürt man im Dschungel die Herde wilder Elefanten auf, umzingelt sie und läßt sie nicht mehr weiterziehen. Gleichzeitig errichtet man in der Nähe einen Kraal. Gewöhnlich ist das ein zweihundert Meter langer Korridor aus dicken Balken. Auf der Seite, auf die man die Elefanten zutreibt, erweitert sich der Eingang zu einer Art Trichter, der mit seinem engen Ende zum Kraal zeigt. An dessen gegenüberliegendem Ende befinden sich eine Falltür und dahinter ein eingezäuntes Areal, die Arena, von zwölf Meter Durchmesser.

In den fertigen Kraal werden die wilden Elefanten hineingetrieben, bisweilen an die hundert Tiere. Nachts wird die in die Arena führende Tür hochgezogen. In der Arena selbst liegt ein Haufen Zuckerrohr. Wenn dann endlich von den gefangenen und ausgehungerten Tieren einige sich entschließen, aus dem Korridor in die Einzäunung überzuwechseln, wird sofort hinter ihnen die Tür heruntergelassen. Danach fesselt man sie mit Hilfe der Arbeitselefanten und führt sie an den Fluß, damit sie sich dort satt saufen und ausgiebig baden können. Die nächste Etappe des Transportes ist das Basislager, in das man nach und nach alle gefangenen Elefanten schafft. Dort werden sie nach Größe und Geschlecht sortiert, und man malt ihnen mit Farbe eine große Nummer auf die Flanken.

Nun beginnt die Abrichtung; sie dauert nicht lange. Wilde Elefanten, selbst ausgewachsene, werden erstaunlich schnell, schon nach einigen Monaten, zahm. Die Fertigkeiten von Arbeitselefanten sind höchst vielfältig. So schleppen sie auf Teakholzeinschlägen in Burma Stämme (in Burma gibt es sechstausend zahme Elefanten), aber nicht etwa auf Wegen, sondern oft genug durch scheinbar undurchdringlichen Dschungel. Je nach Beschaffenheit der Gegend trägt der Elefant den Baumstamm bald mit dem Rüssel, bald zerrt er ihn durch enge Durchlässe zwischen den Bäumen. Nicht selten muß er in die Knie gehen und mit der Stirn den schweren Stamm durch Niederholz und Lianengewirr vorwärts stoßen.

Elefanten schleppen ihre Lasten an Schluchten heran und werfen sie genau an der richtigen Stelle ab, danach steigen sie auf abschüssigem Pfad hinab, nehmen den Stamm wieder auf und tragen ihn weiter zu einem Fluß und von dort zur Flößerei. Auf diesen Flößereien arbeiten sie ebenfalls: Kommt es zu einem Stau, steigen sie ins Wasser und tragen ihn ab. Auch sammeln sie Reisig für den Herd und Früchte für das Mittagessen, sie lassen Menschen auf sich reiten, in Sägewerken schleppen sie Stämme heran, schieben sie unter die Säge, tragen die gesägten Bretter weg und schichten sie sehr sorgfältig zu Stapeln auf; sie blasen sogar von ihnen die

13–1051

Sägespäne herunter! Sobald jedoch die Glocke Feierabend verkündet, rührt sich kein einziger Rüssel mehr für die »Produktion«!

Der Arbeitstag eines Arbeitselefanten ist streng geregelt. Nach zwei Stunden Vormittagsarbeit folgt in der heißesten Zeit des Tages, von zehn bis fünfzehn Uhr, eine Pause. Dann kommen das Baden im Fluß und das Mittagsmahl – Bananen, Zuckerrohr, Blätter von solchen Bäumen, die sie besonders bevorzugen.

Elefanten arbeiten in den Monaten Juni bis Februar, gewöhnlich nur jeweils zwanzig Tage im Monat. In den drei in Burma heißesten Monaten haben sie »Urlaub«. Im Durchschnitt arbeitet ein Arbeitselefant im Jahr tausenddreihundert Stunden.

Einfach nicht auszurotten!

Woher sind sie gekommen? Woher stammen sie? Wer weiß das schon genau? Bis jetzt gilt die Version, die Heimat der Ratten sei Südchina, der Norden der Indomalayischen Region.

»Ein durchschnittlicher Vertreter dieser Nagetierart ist in der Lage, durch ein Loch vom Durchmesser einer kleinen Münze zu kriechen, eine Ziegelmauer hochzuklettern wie eine Leiter, ungefähr einen Kilometer zu schwimmen und sich drei Tage und drei Nächte lang über Wasser zu halten. Mit ihren meißelscharfen Zähnen, die den unwahrscheinlich hohen Druck von 1688 Kilogramm auf einen Quadratzentimeter ausüben, durchnagt eine Ratte spielend Bleirohre oder Schlackenbetonblöcke. Spült man sie im Toilettenbecken hinunter, überlebt sie und kann auf dem gleichen Weg zurückkommen. Stürzt eine Ratte vom fünften Geschoß eines Hauses herunter, bleibt sie heil und unversehrt. Auch vermehren sich diese Nager unwahrscheinlich schnell: Ein Rattenpärchen kann es innerhalb eines Jahres auf fünfzehntausend Nachkommen bringen.« (Thomas Canby)

Mit was für Giften hat man ihnen nicht alles beizukommen versucht, wie viele Arten von Fallen erfunden, regelrechte technische Wunderwerke! Rattenlöcher begast man, setzt sie unter Wasser, gießt Petroleum hinein, Ratten werden bestrahlt, um sie zu sterilisieren, man setzt sie unter Strom, verseucht sie mit Mikroben... Ist das ihr Ende? Eine neue Katzenrasse wollte man gar züchten! Doch vorerst ist im jahrhundertelangen Krieg des Menschen gegen die Ratten kein Sieger in Sicht.

Die Misere liegt in der »Universalität« der Ratte. Sie ist ein »Allesfresser«, und das im wahrsten Sinne des Wortes! Ratten können Bettücher, Schuhe, Bücher, Leder, Knochen und Baumrinde fressen, aber natürlich nur dann, wenn gerade kein Roquefort-Käse da ist, den sie besonders gern mögen.

Ratten sind Vogelfeinde. Ihre nächtlichen Ausflüge zu Vogelnestern auf der Jagd nach Eiern und Jungvögeln stellen geradezu eine Geißel für die Vogelwelt dar. Ratten mischen sich unter Gänse und durchnagen den Ärmsten die Schwimmhäute an den Pfoten. Jungenten jagen sie direkt im Wasser. Sie sind auch die Feinde von Haustieren. Schweinen und Schafen nagen sie die Flanken an, ein Kalb können sie bis auf die Knochen auffressen. Und nicht nur das: Der Tod von drei Elefanten des seinerzeit berühmten Dresseurs und Tierhändlers Karl Hagenbeck in einer Nacht war das Werk von Ratten. Sie hatten den Elefanten die Sohlen von den Füßen gefressen.

Ratten greifen selbst Menschen an. Ihre Opfer sind vor allem Kinder, doch auch Erwachsene können von ihnen gebissen werden.

Ratten sind bei der Wahl ihrer Wohnstätten erstaunlich anspruchslos. Sie können auf einer Insel im Stillen Ozean in den Kronen von Kokospalmen leben, ohne generationenlang auf die Erde herunterzukommen. Sie verfügen über erstaunliche Fähigkeiten, wenn es gilt, eine Gefahr zu erkennen und sich Mitteln anzupassen, mit denen der Mensch sie zu vertilgen sucht.

1960 traf aus Schottland eine erste Nachricht von »Superratten« ein. Auf einer Farm wurde eine Rattenpopulation gefunden, auf deren Vertreter normale Rattengifte nicht wirkten. Die ungewöhnlichen Nager wurden untersucht, und man stellte fest, daß sie tatsächlich, niemand weiß, wieso und woher, resistent gegen Antikoagulantien sind.

Ratten haben ein geradezu übernatürliches Talent, vergiftetes Futter von giftfreiem zu unterscheiden, selbst dann, wenn das Gift auf ein Millionstel verdünnt ist.

»Ratten«, schreibt der schon erwähnte Canby, »ist ein fast schizophrener Argwohn gegenüber allem Neuen und Ungewöhnlichen eigen. Man braucht nur eine Falle aufzustellen oder nur einen harmlosen Ziegelstein zu werfen, schon verschwinden sie für ein, zwei Nächte.«

Unsere Nöte mit Ratten aber sind nichts im Vergleich zu dem, was sie in den Tropen, in ihrer Heimat und den angrenzenden Ländern anrichten. Ein Bewohner der gemäßigten Klimazone wird niemals den ganzen Ernst des Rattenproblems in den Tropen verstehen. Als Beispiel sei hier eine Alltagsbegebenheit geschildert, wie Thomas Canby sie bei Untersuchungen in einem kleinen Dorf auf den Philippinen erlebte.

Der Kutter fuhr über einen See auf der Insel Luzon, und von dem Motorenlärm erschreckt, stoben ganze Scharen von Ratten in alle Winde auseinander. Die einen versteckten sich im dichten Dschungel der Wasserhyazinthen, andere sprangen wie Frösche von den breiten Lilienblättern ins Wasser. Doch das war bei Tage, wenn Ratten ganz allgemein keine Spaziergänge machen. »So richtig kann man sie erst bei Sonnenuntergang erleben«, meinte Canbys Begleiter. Dann rotten sie sich zusammen und ziehen zum Fressen auf die Reisfelder. Kaum glaublich, aber wahr: Berechnungen haben ergeben, daß Unmassen schwarzer Ratten in diesem See hausen, mehr, als alle Kultur- und Wildpflanzen der Gegend zusammengenommen ernähren könnten, sie haben einfach nicht genug Lebensraum. Die Populationsdichte ist geradezu unwahrscheinlich hoch: Auf 0,8 Quadratmeter kommt eine Ratte!

Bei Sonnenaufgang begaben sich die Forscher auf ein Reisfeld, wo gerade die Ernte eingebracht wurde. Da ging's erst richtig los! Zu Dutzenden sprangen die Ratten unter den Füßen der Schnitter hervor. Kinder stürzten sich mit Stöcken auf sie, schlugen sie tot, warfen sie auf einen Haufen, und weiter ging die irre Jagd. »Die Ratten sprangen aus dem Gestrüpp hervor mitten unter die gröhlenden, Stöcke schwingenden Kinder, zu denen sich auch Erwachsene gesellten. Die Schnitter zerquetschten die Ratten mit bloßen Händen und Füßen, hieben mit Sicheln auf sie ein, von Zeit zu Zeit schrie einer auf, weil er gebissen worden war...«

Zuvor aber, vor der Ernte, waren die Bauern abwechselnd jede Nacht die Felder abgegangen und hatten auf Konservenbüchsen geschlagen, um die Ratten aufzuschrecken. Die Ernte hatten sie zehn Tage vorverlegt, ernteten aber trotzdem nur ein Drittel dessen, was gewachsen war. Benachbarte Äcker, die niemand in den Nächten zuvor bewacht hatte, waren von Ratten gänzlich kahl gefressen worden.

Interessant war, daß die Kinder in Jagdpausen den getöteten Ratten das Fell abzogen. Selbst die Rattenkadaver warfen sie nicht weg; später gelangten sowohl die Felle als auch die Kadaver auf den Markt zum Verkauf: Ratten kosteten dort fünf Centavos das Stück. In vielen Ländern des tropischen Afrika und Asien dienen »im Freien«, also nicht in Häusern erlegte Ratten armen Leuten als Nahrung.

In Asien vertilgen diese Schädlinge alljährlich schätzungsweise achtundvierzig Millionen Tonnen Reis, eine Menge, die ausreichen würde, eine Viertelmilliarde Menschen zu ernähren. In Indien fressen Ratten so viel Getreide, daß, würde man es auf Güterwagen verladen, der Zug fünftausend Kilometer lang wäre!

Weltweit gesehen, vernichten sie jedes Jahr ein Fünftel aller Getreidesaaten. Doch ist das nur die eine Seite des Problems. Die Hauptgefahr, die der Menschheit von Ratten droht, besteht nicht darin, daß sie unsere Nahrungsmittel vertilgen. Von dieser unheimlichen Hauptgefahr erfuhr man erst zu Beginn unseres Jahrhunderts.

Als 1347 von Übersee kommende Schiffe am Kai von Genua gelöscht wurden und dabei Ratten mit an Land kamen, sahen Kaufleute und Bürger das gelassen mit an. Doch die Ratten brachten Schreckliches mit. Schon bald bekamen viele Genuesen Lymphdrüsenschwellungen, die Haut zeigte dunkle Flecken – unheilverkündende Symptome der Beulenpest! Von Genua aus verbreitete sich der »schwarze Tod« über ganz Europa. Aus Akten der päpstlichen Kanzlei ist bekannt, daß damals zweitausend Städte verödeten. Als nach drei Jahren die Pest erlosch, stellte sich heraus, daß sie fünfundzwanzig Millionen Menschen dahingerafft hatte – ein Viertel der damaligen Bevölkerung Europas.

Doch die Pest war nicht völlig erloschen. In den folgenden Jahrhunderten brach sie bald hier, bald da erneut aus. Siebzigmal suchte sie Venedig heim, 1865 erlagen ihr hunderttausend Londoner, am Ende des vergangenen Jahrhunderts gelangte sie sogar bis nach San Francisco.

Wenig später, ein Jahr vor der Jahrhundertwende, wurde der Erreger der Pest entdeckt. Außerdem befaßte man sich näher mit einer längst bekannten Tatsache: Dort, wo die Pest wütet, findet man auch Massen von verendeten Ratten, in ihnen entdeckte man denselben Pesterreger. 1908 war dann alles klar: Der Pestbazillus entwickelt sich in Flöhen, die Parasiten von Ratten sind. Verendet eine Ratte, nehmen die Flöhe die nächstbeste Gelegenheit wahr, auf einen Warmblüter überzusiedeln, unter anderem auch auf den Menschen.

Weitere Forschungen ergaben, daß Ratten außer der Pest mindestens noch zwanzig andere gefährliche Krankheiten übertragen, darunter Thyphus, Brucellose, Rotlauf, Trichinose, Salmonellose, Leptospirose sowie das Lassa-Fieber – eine der gefährlichsten Krankheiten überhaupt. Fachleute und Laien sind sich jedenfalls in der alarmierenden Feststellung einig, daß die Ratte sich beim Menschen noch viel zuviel erlauben kann!

Wer kann ohne Flügel fliegen?

Halbdunkel herrscht im tropischen Regenwald. Um aber einen Taguan, das größte Flughörnchen der Ordnung Nager, zu Gesicht zu bekommen, muß man schon tiefes Nachtdunkel abwarten, denn tagsüber schläft der Taguan in seinem meterbreiten Nest. So sei er hier erst einmal ganz verbal beschrieben: vorstehende Augen, Ohren kurz und breit, Rücken schwarz mit Grau, Kopf, Halsseiten, Beine und die Flughaut zwischen ihnen kastanienfarbig, die Flughaut unten graugelb mit aschbraunem Saum. Länge (mit Schwanz) 1,2 Meter, »Flügelspanne« sechzig Zentimeter, Gewicht 1,4 Kilogramm.

In der Vielzahl wilder Schreie, die in einer Tropennacht zu vernehmen sind, ist sein leise pochendes Schnalzen nur schwer herauszuhören, es ähnelt dem Stampfen von Hufen. Jetzt ist der Taguan aufgewacht! Er ist zwar ängstlich, doch in der Nacht durch die Dunkelheit vor feindlichen Blicken geschützt, gleitet er von Baum zu Baum. Er knabbert Blätter, Nüsse und Früchte – einzig davon scheint er sich zu ernähren. Fast im Sturzflug kann er zum Erdboden hinuntergleiten und dann, ohne aufzusetzen, sich elegant wieder nach oben schwingen. Wie ein schwebender Vogel oder ein Segelflugzeug vermag er im Gleitflug am Himmel Kurven und »Todesspiralen« zu beschreiben und unter Ausnutzung der Thermik fast einen halben Kilometer weit über bewaldeten Tälern dahinzufliegen.

Soviel zum Taguan. Ähnlich klingt auch der Name eines weiteren Tieres des Indomalayischen tiergeographischen Gebiets – Kaguang. Diese Pelzflatterer ist ebenfalls ein großer Könner unter jenen Tieren, die die Natur nicht mit echten Flügeln, sondern nur mit einer lediglich zum Gleitflug geeigneten Flughaut ausgestattet hat.

Die einen Fachleute meinen, der katzengroße Kaguang sei ein Insektenfresser, eine Art fliegendes Erdhörnchen. Andere möchten nachweisen, daß er ein Lemur ist (ein fliegender natürlich). Dritte wiederum nehmen an, der Kaguang sei weder das eine noch das andere, sondern ein exklusives Wesen, das als einziges für eine ganze Ordnung steht. In Kopf und Schnauze ähnelt der Kaguang (oder Cobego) in der Tat einem Lemur, doch sein Gebiß ist das eines Insektenfressers.

Seine Flughaut ist größer als bei jedem anderen Großgleitflieger. Ledern und mit Fell überwachsen, reicht sie fast vom Kinn bis zu den Zehenenden aller vier Pfoten (deren Krallen seltsamerweise einziehbar sind wie bei Katzen) und weiter bis zum Ende des kurzen Schwanzes. Wenn der Kaguang seinen »Fallschirm« vollständig geöffnet hat, schwebt er nach unten wie ein Papierdrachen – seine Konturen stellen ein fast ideales Rechteck dar. In einem einzigen Sprung von einem Baum schwebt er an die siebzig Meter durch die Luft.

Es kommt vor, daß ein Kaguang vom Baum herunter auf die Erde klettert, doch lange hält er sich dort nicht auf. Er hat es eilig,

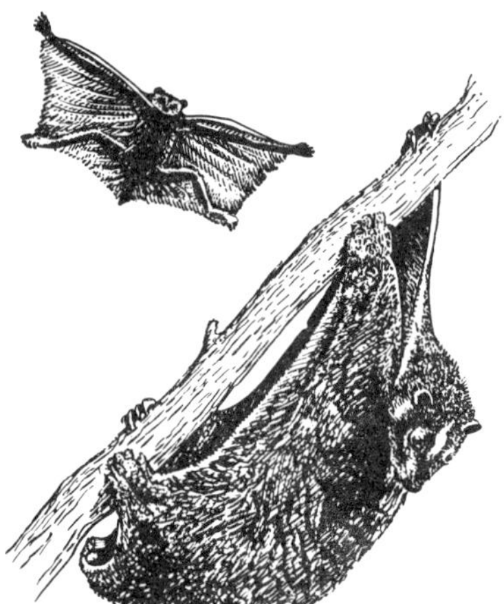

in plumpem Galopp so schnell wie möglich den Stamm wieder hochzuklettern und wieder über dem üppigen Grün durch die Luft zu gleiten.

Tagsüber schläft der Kaguang in Baumhöhlen oder an einem Ast hängend, wobei er sich mit seinem »Fallschirm« zudeckt. Sein Fell ist grauocker gefärbt und marmoriert, es ähnelt farblich stark den Flechten, mit denen in den Tropen die Bäume bewachsen sind. Zusätzliche Tarnung verschaffen ihm spezielle »Puderdosen« auf seiner Haut; aus ihnen rieselt in ziemlicher Menge ein grünlichgelbes Pulver, deshalb ist das Fell des Kaguang ständig im Farbton von Baumrinde und Blättern eingepudert. Berührt man es, bekommt man gelbe Finger.

Wenn der Kaguang bei Sonnenuntergang aus dem Halbschlaf erwacht, reißt er, von einem Riesenappetit in Bewegung gesetzt, Blätter und Früchte ab, verändert jedoch seine Haltung nicht: Er hängt dabei so da, wie er die Stunden im Schlaf verbracht hat, nämlich mit dem Rücken nach unten, und frißt lange, da seine Nahrung kalorienarm ist.

Stellt man den Kaguang vor, muß man unbedingt auch seine universal einsetzbaren Zähne erwähnen. Die Schneidezähne sind stark nach vorn gebogen und schartig. Mit ihnen schabt er nicht nur das Fleisch aus Früchten heraus, sondern er kämmt sich auch damit wie mit einem Kamm. Wenn er gegen Abend aktiv wird, bringt er als erstes sein im Schlaf zerdrücktes eingepudertes Fell in Ordnung, er kämmt und putzt sich. Im Laufe der Dämmerung und der Nacht putzt er sich noch so oft, daß sein »Kamm« bald voller Haare ist. Doch sind zu seiner Reinigung sogar »Spezialbürstchen« vorgesehen. Der Kaguang hat nämlich an seiner Zungenspitze zahlreiche Knötchen, damit reibt er blitzschnell an den Zähnen entlang und entfernt so die Haare darin.

Die Natur hat zwei Kaguangarten am Leben erhalten – den philippinischen und den malaiischen. Sie leben in den Bergwäldern der Philippinen, Indochinas sowie auf den Inseln Java, Sumatra, Kalimantan, dort also, wo auch andere seltsame Gleitflieger zu Hause sind.

Einer davon ist ein kleiner grüner Frosch. Grün ist er übrigens nicht immer, er kann seine Hautfarbe ändern. Von oben gesehen, sind die Beinränder und die Zehen orangefarben, und zwischen den Zehen hat er sehr breite Häute. Von der äußeren Zehe zum »Ellenbogen« ist ebenfalls eine dünne Haut gespannt. Spreizt der Frosch alle Häute, entsteht eine Art sicherer Fallschirm. Je größer die Höhe, von der der Frosch springt, desto weiter fliegt er (die Flugbahn ist eine Parabel!). Mißt man die Fluglänge (von der Landestelle auf der Erde bis zu dem Baum, von dem der Frosch gestartet ist), beträgt sie ungefähr zwei Fünftel der Höhe, von der aus der Flug begann.

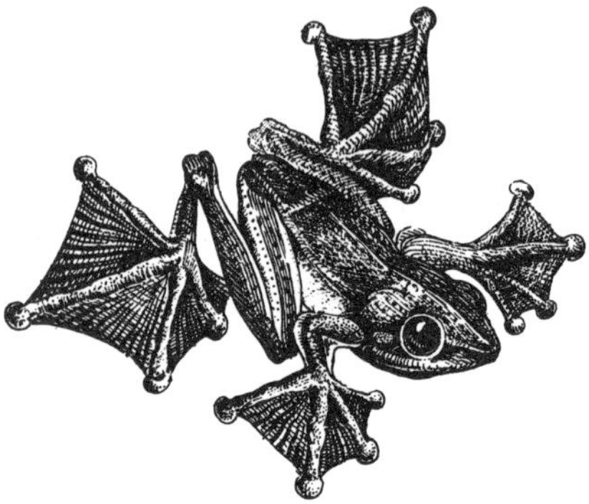

Diese Frösche, Kalimantanflugfrösche genannt, leben auf Kalimantan, Sumatra und einigen Inseln der Philippinen in Wäldern, im Buschwerk und selbst in hohem Gras. Nachts versammeln sie sich in Massen auf Ästen und Zweigen in Wassernähe. Während die Männchen »trommeln« (ihr Quaken hört sich an, als trommle jemand mit dem Finger auf einen aufgeblasenen Luftballon), haben die Weibchen Wichtigeres zu tun. Sie suchen sich passende Zweige aus, die über dem Wasser hängen, und kleben daran ihre Nester. Anfangs sind diese schaumig, später aber härten sie außen zu einer braunen Rinde. Auf einem Blatt oder Zweig, auf Rinde oder auf einem Stein über Wasser schlägt das Froschweibchen emsig mit den Hinterbeinen eine Flüssigkeit, die es selbst abgesondert hat, so wie eine Hausfrau Sahne schaumig schlägt. Die Schaumkappe auf dem Blatt wird größer und größer, und darin verbirgt der fürsorgliche Frosch seinen Laich. Außen überzieht sich die Schaumwiege alsbald mit einer festen Kruste, während innen die Feuchtigkeit lange erhalten bleibt. Kaulquappen schlüpfen aus dem Laich, und bei ihrem ungeduldigen Gezappel durchbrechen sie die Wände ihres Häuschens (oder ein Platzregen spült es vom Blatt). Sie fallen ins Wasser darunter, und dort leben sie, bis sie sich in kleine Frösche verwandeln.

Flugfrösche leben nur in asiatischen Ländern: der Kalimantanflugfrosch, von dem gerade die Rede war, weiter der Javaflugfrosch – er ist smaragdgrün, gelbbäuchig und hat hellblaue Flecken auf den Flughäuten der Füße – und noch einer, der in den Wäldern Kalimantans, Sumatras, der Malaiischen Halbinsel und von Laos zu Hause ist. Dieser gleitet gar noch besser als alle anderen fliegenden Amphibien: Springt er von einem fünf Meter hohen Baum, legt er fliegend eine Entfernung von sieben Metern zurück.

Einige südamerikanische Baumfrösche verstehen sich ebenfalls etwas aufs Fliegen, doch nicht von ihnen soll nun die Rede sein, sondern von einem anderen Flieger unter den »zum Kriechen Geborenen«.

Der Draco volans – so lautet seine wissenschaftliche Bezeichnung –, auf deutsch Flugdrache, ist eine kleine, höchstens handgroße Baumechse. Sitzt sie auf Baumrinde, fällt sie gar nicht auf. Doch auf einmal wachsen ihr Flügel von einem leuchtenden Orangerot! Schon ist unser Minidrache von einem Ast abgesprungen und hat

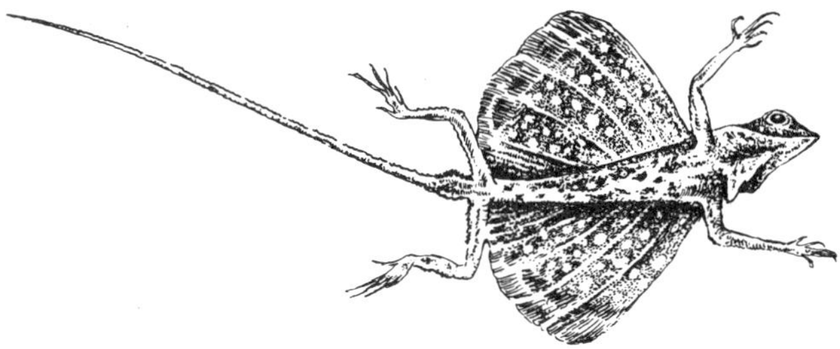

zehn oder auch fünfzig Meter im Flug zurückgelegt, ohne ein einziges Mal seine farbenprächtigen Flügel zu bewegen und fast ohne an Höhe zu verlieren. Mit Schwanz und Flügelenden dabei wie mit einem Höhenruder steuernd, entfaltet er sich ganz, daß sein ultramarinfarbener schwarzgefleckter Bauch glitzert, und läßt sich elegant auf dem Ast eines anderen Baumes nieder, wobei er vor der Landung noch etwas an Höhe gewinnt und so die Fluggeschwindigkeit abbremst. Sofort sind die Flügel spurlos verschwunden, als hätte es sie nie gegeben. Das Geheimnis ihres Auftauchens und Verschwindens ist einfach: Die fünf, sechs sehr langen falschen Rippen der Flugeidechse schieben sich, wie an Scharnieren, weit zur Seite, dehnen die in Falten gelegte elastische Haut an den Flanken der fliegenden Echse, und schon ist das »Segelflugzeug« zum Gleitflug startbereit! Ist das Tier wohlbehalten gelandet, zieht es die Rippen ein – und schon sind die Flügel verschwunden. Es kriecht flink an der Rinde empor, verspeist unterwegs Ameisen, sein

Lieblingsgericht, spannt wieder seinen orangefarbenen »Fallschirm« auf und springt hinunter, auf einen anderen Zweig.

Aus zehn Meter Höhe gestartet, können diese tüchtigen Segler (fast horizontal!) bis zu sechzig Meter weit fliegen. Solche Leistungen wurden jedenfalls von Biologen der Universität Kuala Lumpur (Malaysia) registriert. In freier Natur müssen sie allerdings selten so weite Flüge absolvieren: Einige Meter sind völlig ausreichend, um eine lichte Stelle im Wald oder einen Bach zu überqueren.

Die Flügel dienen dem Flugdrachen nicht nur für Flüge. Bald öffnet das Tier sie, bald faltet es sie wieder zusammen, läßt sie feurig aufblitzen, bläst zusätzlich noch seinen grellgelben Kehlsack auf und schreckt dadurch seine Feinde, das Flugdrachenmännchen aber auch Rivalen. Mit dem gleichen Feuerwerk sprühender bunter Blitze werben Flugdrachen um die Weibchen. Das Weibchen nimmt die farbenfrohen Geständnisse entgegen, es sitzt unbeweglich da, während das Männchen um es herumläuft und seine Vielfarbigkeit demonstriert.

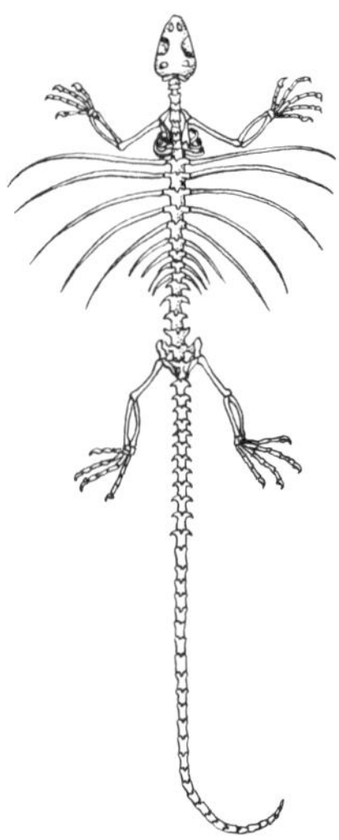

Nach vollzogener Hochzeit schwebt das Weibchen zur Erde und gräbt dort zwei bis fünf Eier ein. Werbung und Eiablage der Flugdrachen erfolgen in dem warmen Klima ihrer Heimat das ganze Jahr über.

Der gewöhnliche Flugdrache lebt in den Wipfeln des tropischen Regenwaldes (dort aber, wo die Wälder abgeholzt sind, in Kautschuk- und anderen Plantagen) in Indonesien, Malaysia, auf den Philippinen und den Maluku (Molukken), der schwarzbärtige Flugdrache (seine Flügel sind schwarz mit kleinen gelben Flecken) in den Wäldern der Malaiischen Halbinsel, Sumatras und Kalimantans.

Weitere Arten von Flugechsen (insgesamt gibt es sechzehn) sind ebenfalls in Südostasien (Südindien, Indochina, Südchina, Indonesien, Philippinen) beheimatet. Alle haben kräftig gefärbte Flügel – eine sogar rote – mit dunklen querverlaufenden Flecken und gelber Tüpfelung.

Andere Flugechsen gibt es nicht. Es heißt zwar, zu einer Art Gleitsegeln seien auch Schmetterlingsagamen fähig, die den Flugechsen (Flugdrachen) aus der Familie der Agamen verwandt sind und das gleiche Verbreitungsgebiet haben. Auch sie dehnen in bestimmten Perioden ihres Lebens durch Spreizen der Rippen die elastische Haut an den Seiten mit ihrer schwarzweißen oder schwarzroten Zeichnung aus, als wollten sie jeden Augenblick losfliegen. Aber sie fliegen nicht, sie drohen lediglich Feinden oder locken durch das Spiel der Farben die Weibchen an.

Es gibt allerdings im gleichen Verbreitungsgebiet auch andere Verwandte der geflügelten Echsen – flügellose, beinlose (echt Kriechende unter den Kriechtieren!), die immerhin doch fliegen können, freilich nicht sehr gut.

Jede Kokospalme oder andere Palme hat ihre eigenen Bewohner – Insekten und Reptilien. So klettern Geckos auf der Jagd nach Insekten auf Palmen und quartieren sich für längere Zeit auf ihr ein. Auf der Jagd nach Geckos kriechen wiederum Baumschlangen auf die Palmen. In Indonesien, auf den Philippinen oder auch in Sri Lanka sind es gewöhnlich Baumschmucknattern der Gattung Chrysopelea. Diese Baumschlangen haben einen schlanken Körper, ein zierliches Köpfchen, und ihr Schuppenpanzer schillert so prächtig und in so bunten Farben, wie man das nur bei tropischen Schmetterlingen und einigen Vögeln findet.

Die Schlange gleitet mühelos am Stamm der Palme empor, wobei sie sich an jeder Unebenheit mit den Schuppen am Bauch festklammert. Dieser ist bei ihr auf beiden Seiten gleichsam gesäumt von vorstehenden Kielen, die ihr ein Hängen an diesen Unebenheiten und ihr senkrechtes Hinaufkriechen erleichtern. Die Schlange lebt von den Echsen, die sich auf der Palme niedergelassen haben, und hält sich selbst monatelang im Wipfel auf. Alles schön und gut. Doch da geht ihr eines Tages der Lebensmittelvorrat auf dieser Palme aus: Alles Freßbare hat die Schlange bereits verspeist. An dem glatten Stamm entlang abwärts kriechen kann sie jedoch nicht – nur aufwärts. Wie soll es also weitergehen? Sie wird doch auf den Wedeln der Palme nicht warten, bis der Hungertod sie ereilt...

Aber da springt die Schlange aus fünfzehn, ja zwanzig Meter Höhe einfach nach unten! Sie spannt die Muskeln, reckt sich, daß sie steif wird wie ein Stock, und spreizt die Rippen zur Seite. Im Schrägflug von oben nach unten landet sie wie ein guter Pilot unversehrt und wohlbehalten auf der Erde.

Schlangen, die imstande sind, von den Wipfeln von Palmen und anderen Bäumen hinunterzuspringen, werden Flugschlangen genannt, wenn es sich hierbei natürlich auch nicht um einen echten Flug, ja nicht einmal um echtes Gleiten handelt, es ist sozusagen nur ein erster Schritt auf dem Weg dazu.

Streng geschützt!

Der Orang-Utan

Orang-Utans leben nur in den Regenwäldern Kalimantans und Sumatras. Die Eheleute Harrison, zwei von den wenigen Fachleuten (wenn nicht gar die einzigen!), die das Leben von Orang-Utans in freier Wildbahn studiert haben, vermuten, daß es 1961 auf Kalimantan und Sumatra noch etwa fünftausend dieser Primaten gegeben hat. Heute sind es wohl nur noch halb so viele. In Sarawak, im Norden Kalimantans zum Beispiel, leben in einem neuntausend Quadratkilometer großen Revier weniger als tausend Exemplare. Werden nicht Sofortmaßnahmen ergriffen, werden diese Tiere, die noch gar nicht richtig erforscht sind, das Ende unseres Jahrhunderts nicht mehr erleben. Was wissen wir über sie?

Der Orang-Utan ist ein rotbrauner oder brauner Menschenaffe. Seine Behaarung ist lang, auf den Schultern erreicht sie eine Länge bis zu einem halben Meter. Alte Männchen haben Kinn-und Oberlippenbärte, ebenso auch »Backenbärte«, die denen des

Menschen sehr ähneln, jedoch nicht aus Haaren bestehen, sondern aus Haut (von innen durch Bindegewebe verstärkt) und an den Wangen halbrunde Wülste bis zu zehn Zentimeter Breite und zwanzig Zentimeter Länge bilden. Der Kehlsack – ein den Schrei verstärkender Resonator – ist bei den Männchen besonders groß und faßt etliche Liter Luft. Die Arme haben ausgestreckt zusammen zweieinviertel Meter Länge. Die Beine sind im Vergleich zu denen anderer Menschenaffen kürzer. Das Weibchen wiegt vierzig bis achtzig Kilogramm, das Männchen bis einhundertfünfzig Kilogramm. In Gefangenschaft werden Orang-Utans aus Bewegungsmangel mitunter allerdings sehr fett und schwerfällig. Solche Tiere wiegen bis zu einhundertneunzig, nach anderen Angaben sogar bis zu zweihundertfünfzig Kilogramm.

Orang-Utans leben in Baumwipfeln und kommen so gut wie gar nicht auf die Erde. Sie bewegen sich im Geäst mit der Kraft ihrer starken Arme. Sie fressen Früchte, Lauch, kleine Vögel und deren Eier sowie Schnecken. Flüssigkeit nehmen sie auf, indem sie Moos, Orchideen oder ihre zuvor ins Wasser getauchte Hand ablecken, oder sie saugen das mit Nektar vermischte Regenwasser auf, das sich in großen Blütenkelchen gesammelt hat. Tagsüber streunen sie familienweise oder auch einzeln umher und übernachten auf Bäumen, auf denen sie sich eine Art Plattform als Schlafstelle errichten. In regnerischen Nächten decken sie sich mit großen Blättern zu.

Seine »Brautwerbung« beginnt das Männchen mit einer »Serenade«: Zuerst ist es ein verhaltenes vibrierendes Heulen, danach folgt ein durch den Kehlsack auf volle Lautstärke gebrachter Schrei. Das »Lied« endet in einem mit Baßstimme vorgetragenen Knurren.

Nach acht- bis neunmonatiger Tragzeit bringt das Weibchen ein völlig hilfloses, ungefähr anderthalb Kilogramm schweres Junges zur Welt, das sich sofort mit allen vier Pfoten an die Wolle der Mutterbrust klammert. Die Mutter säugt es anfangs mit Milch aus Brustwarzen, die bei ihr fast unter den Achseln sitzen, danach füttert sie es mit gründlich vorgekautem Grünzeug: Die Lippen vorgestülpt, gibt sie aus ihrem Mund den Brei weiter in den Mund des Jungen. In kühlen Nächten wärmt sie ihr Kleines, an heißen Tagen reinigt und kämmt sie es, ja badet es sogar im warmen Regen!

Nicht alle Mütter aber sind sorgsam und geschickt in der Pflege ihrer Kinder. Einige, insbesondere junge, wissen nichts mit ihnen anzufangen. Verwirrt schleppen sie ihr Junges im Käfig von einer

Ecke in die andere, ja scheinen es sogar zu fürchten wie etwas Fremdes, dessen Herkunft man nicht kennt. So fuhr einmal ein solches in Mutterschaftsdingen unerfahrenes Orang-Utan-Weibchen erschreckt auf, als sich das Junge an ihr Fell klammerte, und versuchte, dessen Fingerchen zu lösen. Fest entschlossen, sich von ihm zu befreien, streckte sie ihr Kind dem Orang-Utan-Vater hin, doch der, ebenfalls noch jung, prallte mit einem Schrei zurück an das Gitter und versuchte, aus dem Käfig zu fliehen.

In einer Horde in freier Wildbahn und auch in einem Zoo, in dem es gleichzeitig noch andere säugende, erfahrene Orang-Utan-Mütter gibt, kommt ein nicht angenommenes Junges nicht um, es wird von einer anderen Mutter »adoptiert«. Gibt es die aber nicht, geht das Junge einer so »pflichtvergessenen« Mutter allerdings ein.

Marius, ein altes Orang-Utan-Männchen im Zoo München, führte eine eigene Ordnung zur Wahrung von Sauberkeit im Käfig ein. Er nutzte einen Stahlhelm zu höchst friedlichen und häuslichen Zwecken, nämlich als Nachtgeschirr. Hatte er, auf dem Helm sitzend, sein »Geschäft« verrichtet, trug er ihn vorsichtig zum Gitter und goß den Inhalt durch die Gitterstäbe in die Abflußrinne. Marius war überhaupt sehr reinlich: Wenn er beim Essen den Käfig verunreinigt hatte, kehrte er alles unter das Gitter weg in eben jenen Abflußgraben. Die Pfleger brauchten fast nie bei ihm saubezumachen.

Junge Orang-Utans wachsen langsam. Bis zum Alter von vier Jahren leben sie noch bei der Mutter, dann selbständig, gewöhnlich in einer kleinen Gruppe mit Gleichaltrigen, in der einer vom anderen viel lernen kann. Manche Forscher nehmen an, daß das Lernen und die Lebenserfahrung in ihrem Dasein mehr Gewicht haben als die angeborenen Verhaltensweisen.

Völlig erwachsen sind Orang-Utans erst mit zehn Jahren; sie werden in Freiheit bis zu dreißig Jahre alt. Wie Barbara und Tom Harrison annehmen, gebären Orang-Utan-Weibchen deshalb in ihrem ganzen Leben nur vier oder fünf Junge. Da aber fast die Hälfte von ihnen bereits in der Jugend oder Kindheit zugrunde geht, hat jedes Weibchen im Durchschnitt nur zwei bis drei als Nachkommen, die das geschlechtsreife Alter erreichen.

14–1051

Der asiatische Löwe

In Europa gibt es schon längst keine Löwen mehr. Und wie steht es mit Asien? Zu Beginn unseres Jahrhunderts kamen sie noch im Irak vor, wurden aber nach dem ersten Weltkrieg im Zweistromland zwischen Tigris und Euphrat völlig ausgerottet, danach (zwischen erstem und zweitem Weltkrieg) auch im Iran. 1941 hat allerdings ein Zoologe im wilden Bergland von Südwestiran wieder einen Löwen gesehen, später folgte noch eine ähnliche Meldung, aber dann war endgültig Schluß.

In Indien lebten bis etwa Mitte vergangenen Jahrhunderts Löwen in Pandschab und sogar in Bengalen. Außerhalb der Halbinsel Kathiawar (im Westen Indiens) wurde der letzte indische Löwe im Jahre 1884 erlegt, auf dieser Halbinsel aber gibt es noch heute Löwen, wenn auch nur wenige – 177 Tiere (nach Angaben aus dem Jahre 1969).

Im Girwald (im Süden von Kathiawar) gewährte ein Nabob des Fürstentums Junagadh, zu dessen Territorium der Girwald zum großen Teil gehörte, ungefähr hundert Löwen Asyl. 1900 wurden diese Löwen unter staatlichen Schutz gestellt, allerdings war es dem Nabob nach wie vor gestattet, zur Unterhaltung seiner Gäste Löwenjagden zu veranstalten.

Was hat es nun mit dieser letzten Zufluchtsstätte für asiatische Löwen auf sich? Der Girwald ist zu einem großen Teil mit Teakbäumen bestanden, um die herum sich ein undurchdringlicher Dschungel von Dornengestrüpp ausbreitet. An manchen Stellen hat man Felder »hineingetrieben« – die »Wirtschaften« von siebentausend Menschen, deren Dasein mit dem Girwald eng verbunden ist. Sie besitzen siebenundfünfzigtausend Haustiere, die ebenfalls vom Wald leben.

Dieser Wald ist etwa hundertdreißigtausend Hektar groß, bis zwanzig Meilen breit, bis vierzig Meilen lang. Jedes Jahr holt sich die Wüste Thar ein etliche hundert Meter breites, durch Vieh und Holzeinschlag vernichtetes Stück, und wenn das so weitergeht, wird er nach Meinung von Fachleuten in wenigen Jahrzehnten verschwunden sein. Alle Hoffnung ruht nun auf einer 1965 erlassenen Verfügung, die 129 500 Hektar des noch vorhandenen Bestandes zum Wildreservat Girwald erklärt. Möglicherweise könnte eine Umsiedlung der dortigen Löwen in geeignete Gegenden für diese

Tiere Rettung bedeuten. Ein Anfang ist bereits gemacht: 1957 wurden drei Löwen in das Reservat Chandraprabh im Staate Uttar Pradesch überführt. Seitdem soll sich diese kleine Gruppe gut vermehren.

Rotwolf oder asiatischer Rothund

Rudyard Kipling war es, der in seinem »Dschungelbuch« die Rotwölfe als eine alles hinwegfegende Lawine über den Dschungel hereinbrechen läßt.

In dieser Hinsicht wich er nur wenig von der Wahrheit ab: Wenn sich Rotwölfe familienweise zusammentun, verheeren sie eine Gegend ziemlich schnell, auch wenn sie sich nie lange darin aufhalten. Sie sind nämlich ständig in Bewegung und legen auf ihren Jagdzügen in den Wäldern Tibets, Indiens, Sumatras, Javas und anderer Gegenden, wo sie noch in Rudeln umherstreifen, riesige Entfernungen zurück. Ziegen, Wildschafe, Hirsche, ja sogar im allgemeinen furchtlose Wildrinder wie etwa Gaur und Banteng, die selbst von Tigern ohne Not nicht angegriffen werden, fliehen vor Rotwölfen in panischer Furcht. Die Wildrinder verteidigen sich gegen sie, im Kreis zusammenstehend. Die Wölfe sind bestrebt, die schwächsten, kranken und jungen Tiere von der Herde zu isolieren. Sie zerbeißen ihnen die Sehnen der Beine, beißen in Bauch und Kehle. Selbst einem Tiger, so sagt man, ergeht es schlecht, wenn er auf ein Rudel Rotwölfe stößt und gerade kein sich neigender Baum in der Nähe steht, den er schnell erklettern kann. Auch der Kragenbär, der selbst einem Tiger übel mitspielen kann, läßt Prestige Prestige sein und macht sich eiligst aus dem Staube, kaum daß er den Rotwolf wittert. Es gibt außer dem Elefanten wohl kein Tier, das imstande wäre, auf sich allein gestellt dem wütenden Angriff von Rotwölfen lange standzuhalten.

In der UdSSR sind Rotwölfe zwar selten, doch im Ostpamir, Tienschan, Altai und Sajan sowie in den Gebirgen um den Baikal immerhin noch anzutreffen; etwas zahlreicher sind sie im Ussurigebiet.

Die Autoren des »Roten Buches der UdSSR« nehmen an, daß die Gesamtzahl der Rotwölfe in der Sowjetunion »fünfzig bis hundert Exemplare nicht überschreitet«. An gleicher Stelle heißt es weiter, daß die Ursachen für die zahlenmäßige Veränderung der Population nicht nachgewiesen sind, daß der Bestand sowie Einzelheiten über die Fortpflanzung in Gefangenschaft unbekannt seien.

Der Tiger

Von allen Katzen der Erde ist der Tiger die größte, besonders der im Fernen Osten der Sowjetunion vorkommende Amurtiger. Zweihundertsiebzig, ja sogar dreihundertzwanzig Kilogramm kann so ein Tiger wiegen (zum Vergleich: Löwen wiegen 125 bis 225 Kilogramm).

Groß ist die Kraft dieser gestreiften Katze. Ein Tiger zerrte einmal einen toten Gaur fast zwölf Meter weit auf dem Erdboden entlang – ein ausgeweidetes Exemplar dieses Wildrindes bringen aber nicht einmal ein Dutzend Männer von der Stelle! Ein anderer

Tiger schleifte ein von ihm geschlagenes Pferd fünfhundert Meter weit.

Es kommt zwar selten vor, doch auch junge, von der Herde getrennte Elefanten werden in hartem Kampf von Tigern besiegt. Man hat sogar beobachtet, schreibt die deutsche Zoologin Ingrid Weigel, wie zwei Tiger einen ausgewachsenen Elefanten anfielen und ihn überwältigten. Ihre übliche Beute bilden jedoch Wildschweine, Hirsche und Antilopen. Gegebenenfalls verschmähen sie aber auch Hasen, Füchse, Dachse und Schakale nicht. Sind sie hungrig, fressen sie selbst Nager, Frösche und Beeren.

Wieviel Beute muß wohl ein Tiger machen, um satt zu werden? Der schon erwähnte Gorillaforscher George Schaller hat sich in den sechziger Jahren auch mit indischen Tigern befaßt. Nach seinen Beobachtungen und Berechnungen ergibt sich, daß ein Tiger im Durchschnitt sieben bis neun Kilogramm Fleisch je Tag braucht, das sind in einem Jahr ungefähr 2,5 bis 3,5 Tonnen, also fast doppelt soviel, wie ein Löwe braucht! Wenn man dabei noch Knochen, Fell und alles übrige, was ein Tiger nicht frißt, berücksichtigt, dann beträgt das Gesamtgewicht seiner Opfer im Jahr an die viereinhalb Tonnen.

Es versteht sich, daß der Tiger diese Durchschnittsration von sieben bis neun Kilogramm nicht jeden Tag bekommt. War die Jagd erfolglos, muß er hungern. War ihm das Jagdglück hold, frißt er sich zum Bersten voll. Der Amurtiger kann an einem Tag (mit kurzen Ruhe- und Saufpausen) dreißig bis vierzig Kilogramm Fleisch verschlingen.

Jim Corbett, ein bekannter Großwildjäger und Schriftsteller, sagt, ein indischer Tiger fresse einen Sambarhirsch binnen zwei und einen Büffel in drei, vier Tagen auf. Hat er sich voll gefressen, bedeckt er die Reste der Beute mit Blättern, Zweigen und Gras, versteckt sie so vor Hyänen, Schakalen, Leoparden und anderen Räubern. Er selbst lagert sich in der Nähe und ruht. Hyänen und Schakale, die trotzdem irgendwie an die versteckte Beute gelangen, stören ihn nicht selten in seiner Ruhe. Dann muß er aufstehen und sie verscheuchen.

Wenn der Tiger Mahlzeit hält, läuft er, falls es in der Nähe Wasser gibt, oft dorthin und säuft ausgiebig. Dabei taucht er den ganzen Rachen in die kühlen Fluten, als wolle er ihn spülen. Wasser liebt er wie keine andere Großkatze (außer vielleicht dem Jaguar). An Plätzen, wo man ihn nicht stört, kann er an heißen Tagen stundenlang am Wasser oder auch im Wasser liegen. Hier sucht er

Schutz vor der Hitze und kühlt sich ab. Tiger schwimmen gern und gut: Große Flüsse, selbst den Ganges, durchschwimmen sie mühelos.

Ein Tigerweibchen wirft nicht jedes Jahr Junge. Gewöhnlich zählt ein Wurf zwei bis vier Jungtiger, selten nur einen, und noch seltener werden bis sieben geboren. Die Nachkommenschaft scheint also gar nicht so gering zu sein. Doch man muß berücksichtigen, daß Jungtiger zwei bis drei Jahre, manchmal bis zu fünf Jahren bei der Mutter leben, und von diesen ihren zehn bis zwanzig Sprößlingen kommt gewöhnlich die Hälfte schon im Jugendalter um.

In den ersten zwei Monaten werden die Jungen nur gesäugt, erst dann gewöhnen sie sich allmählich an Fleisch. Dennoch säugt das Tigerweibchen seine Jungen zusätzlich noch lange (dreizehn bis vierzehn Monate, wie man beobachtet hat). Sechs Monate alte Jungtiere läßt sie schon einmal für einige Tage allein. Etwa in diesem Alter (manchmal später oder früher) gehen sie auch zum ersten Male mit der Mutter auf Jagd.

Schaller hat einmal eine Tigermutter mit ihren etwa vier Monate alten Jungen beobachtet. Fünf Tage lang entfernten sie sich nicht weit von der Beute, einem Gaur, den die Tigerin gerissen hatte. Nachts fraßen und schliefen sie. Morgens veranstalteten sie eine Balgerei sowie verschiedene Spielchen und untersuchten ihre nähere Umgebung. Hörten sie ein Rascheln im Gras, schlichen sie sich an und haschten in einem drollig anzusehenden Sprung nach der »Beute« – sicher irgendwelchen Insekten, wie Schaller meint. Wenn die Sonne höher stieg und es heiß wurde, führte die Tigermutter ihre Kleinen zu einem schattigen Plätzchen.

Bereits bei den ersten gemeinsamen Jagdausflügen bringt die Mutter den Kleinen bei, wo und wie man einer großen Beute auflauert und wie man sie schlagen muß. Der Unterricht sieht beispielsweise so aus: Die Tigerin hat einen Büffel aufgespürt, ihn stark verletzt, zu Boden gerissen und hat sich dann entfernt. Die jungen Tiger fallen über den Büffel her. Der aber lebt ja noch, kann sich ihrer erwehren, erhebt sich und will fliehen. Doch da reißt die Tigerin ihn erneut zu Boden, und die jungen Tiger erledigen diesmal ihre Aufgabe.

»Bestimmt wurden diese Jungen hier zum ersten Male an eine Beute herangeführt, und es war außerordentlich interessant, das Bemühen der Mutter zu beobachten, ihnen begreiflich zu machen, wie gefährlich ihr Vorhaben war... Die Jungen liefen genau in der Spur der Mutter, ohne auch nur ein einziges Mal zu versuchen, einander zu überholen, und umgingen jedes Hindernis, das auch die Tigerin umging... Reglos standen auch sie, sobald die Mutter stehenblieb...

Die Tigerin lagerte sich so auf dem Erdboden, daß sie die Beute in dreißig Yard Entfernung direkt vor sich hatte, was offensichtlich für die kleinen Tiger das Signal war, sich dorthin zu begeben, wohin sie sie mit dem Blick wies.« (Jim Corbett)

Solange die Jungtiere noch ganz klein sind, läßt die Mutter den Vater nicht in ihre Nähe. Später aber wird das Tigermännchen von Zeit zu Zeit möglicherweise seine Familie aufsuchen. Viele Zoologen sind übrigens der Ansicht, daß dies nicht geschehe. Schaller hat jedoch einmal einen ausgewachsenen Tiger, zwei Weibchen und vier Junge gesehen, die friedlich einen Büffel auffraßen. Ein anderes Mal hielten eine Tigerin und vier Junge ihr Mahl, als ein ausgewachsener Tiger auftauchte. Er war unverkennbar hungrig und warf von Zeit zu Zeit einen gierigen Blick auf die Beute. Doch wartete er »höflich« abseits, bis sich die Jungen satt gefressen hatten, erst dann fraß er selbst.

Der Tiger steht im »Roten Buch« verzeichnet und ist unter dem Druck des Menschen, der immer intensiver in die unberührte Natur eingreift, überall in raschem Verschwinden begriffen. Noch 1930 lebten auf der Erde wohl an die hunderttausend Exemplare, davon vierzigtausend in Indien. Heute nennen die Zoologen ganz deprimierende Zahlen: Nur noch rund fünftausend Tiger gibt es wohl auf der Welt. Genauere Berechnungen sind schwer anzustellen, deshalb weichen die Angaben bei den einzelnen Autoren voneinander ab, in der Größenordnung allerdings ähneln sie einander.

In Indien und Indochina sind mehr Tiger erhalten geblieben als anderswo in den ausgedehnten Räumen, in denen sie früher heimisch waren – von Mittelasien und Transkaukasien bis hin nach Indonesien, vom Iran bis zum Fernen Osten. In Indochina leben vielleicht noch rund zweitausend Tiger, ebenso viele mögen es in Indien sein. Ein paar Optimisten nennen übrigens eine erheblich größere Zahl, die in Indien erhalten geblieben sei. Das ist zwar wenig glaubhaft, doch sollten diese Zahlen stimmen, erhöht sich der Gesamtbestand an Tigern in der Welt auf rund zehntausend.

Auf Sumatra gibt es (so glaubte man jedenfalls unlängst) noch einige hundert, im sowjetischen Fernen Osten rund hundertfünfzig, im Nordiran und in Afghanistan wahrscheinlich höchstens fünfzig Tiger. In der Mandschurei und in Korea rechnet man ebenfalls mit fünfzig Exemplaren. Für Java ist die Statistik ganz und gar unerfreulich: sechs bis vierzehn Tiger, vielleicht gibt es selbst die schon nicht mehr. Auf Bali (östlich von Java), der Heimat der kleinsten Tigerrasse, sind nur noch Erinnerungen an die gestreiften Katzen lebendig.

Die Internationale Union für Naturschutz richtet jetzt alle Anstrengungen auf die Rettung des Tigers in Indien. In diesem Lande wurde ein Gesetz erlassen, das Aufkauf und Export von Tigerfellen verbietet. Neun Naturschutzparks, die dort eingerichtet wurden, wo noch die meisten Tiger leben, lassen hoffen, daß dieses Tier in Indien wirklich gerettet wird.

Anoa und Tamarao

Der kleinste Wildbüffel ist mit einem Meter Schulterhöhe der Anoa oder Gemsbüffel. Sein Gewicht beträgt hundertfünfzig bis dreihundert Kilogramm.

Wie Zoologen sagen, ist der Anoa möglicherweise eine Art Übergangsform von den Antilopen zu den echten Rindern, sozusagen das evolutionäre Bindeglied zwischen beiden, vielleicht aber auch nur eine »Inselrasse« asiatischer Büffel. Seit langem hat man ja festgestellt, daß Tiere, die auf Inseln leben, kleiner sind als ihre auf dem Festland lebenden Artgenossen.

Heimat und einziges Verbreitungsgebiet des Anoa sind sumpfige Wälder in den Gebirgen und Niederungen von Sulawesi. Noch vor vierzig Jahren waren diese Tiere auf Sulawesi öfter anzutreffen, jetzt sind sie selten geworden. Doch selbst diese wenigen werden weiter verfolgt: Das Fleisch des Anoa ist nämlich schmackhaft und zart, Gehörn und Haut werden für Kostüme zu rituellen Festen dortiger

Stämme verwendet. Auf Sulawesi nimmt die Kulturlandschaft immer größere Flächen ein, es gibt nur noch wenige Plätze, wo Anoas leben können. Schon scheint es keine Hoffnung mehr zu geben, dieses Tier in seiner Heimat zu retten. Als einziger Weg bleibt die Züchtung in Gefangenschaft, in der es sich recht gut vermehrt. Im Zoo von San Diego (USA) beispielsweise wurden in zweiundzwanzig Jahren (1942 bis 1964) vierundzwanzig Anoas geboren. Man hat ein Herdbuch für sie eingeführt, in dem alle Anoas eingetragen werden, die in zoologischen Gärten leben.

Ebenfalls ein Zwerg unter den Wildbüffeln ist der Tamarao, er gehört aber einer anderen Untergattung an. Er ist nur wenig größer als der Anoa (Schulterhöhe bis 1,2 Meter) und bewohnt die Philippineninsel Mindoro (daher auch Mindorobüffel genannt). Vielleicht muß man statt »bewohnt« schon »bewohnte« sagen, denn 1957 gab es nach Schätzungen nur noch 224 Tamaraos in den Wäldern Mindoros, die in unterschiedlichen, oft weit voneinander entfernt liegenden Revieren lebten, weshalb ihre Möglichkeiten, in der Brunftzeit einander zu begegnen, sehr begrenzt sind. Das Jahr 1969 haben auf dieser Insel jedenfalls nur noch rund hundert Tamaraos erlebt.

Die Regierung der Philippinen hat strenge Schutzbestimmungen in bezug auf die Tamaraos erlassen und Reservate für diese seltenen Tiere eingerichtet. Trotzdem machen die hier ansässigen Farmer Jagd auf die Zwergbüffel (ein Tier wurde mit 167 Schußverletzungen aufgefunden!).

Die großen zoologischen Gärten der Welt unternehmen manche Anstrengungen, um von diesen vom Aussterben bedrohten philippinischen Zwergbüffeln die für eine Vermehrung in Gefangenschaft erforderliche Anzahl Tiere zu erwerben.

Der Kouprey

Dieser mächtige Büffel mit einer Schulterhöhe bis zu 1,9 Meter und einem Gewicht bis neunhundert Kilogramm ist eines der rätselhaftesten Tiere überhaupt. Sein Gehörn wird bis zu achtzig Zentimeter lang. Wie konnte es geschehen, daß dieses Tier so lange sein »Incognito« bewahrte? Alle großen Tiere, die die Erde bevölkern, waren schon von den Zoologen entdeckt worden, nur den Kouprey hatte bis 1937 (!) keiner von ihnen »bemerkt«.

Auf einer Reise durch Indochina entdeckte der damalige Direktor des Pariser Zoos in Nordkambodscha (dem heutigen Kampuchea) im Hause des Tierarztes Sauveli ein seltsames Gehörn, das keinem der bekannten Wildrinder gehören konnte. Ortsansässige Jäger versicherten, daß Wildrinder mit solchen Gehörnen in den Wäldern der Umgebung lebten. Man organisierte eine Kesseljagd und fing einen jungen Stier. Dieser wurde in den Pariser Zoo gebracht, wo er bis 1940 lebte. Im gleichen Jahr fing man noch einen weiteren Kouprey. Sein Skelett ist von Fachleuten gründlich untersucht worden, es wird im Harvard-Museum für vergleichende Anatomie aufbewahrt. So also wurde eine neue Wildrindart entdeckt.

Einige Wissenschaftler meinen, der Kouprey könnte vielleicht eine eigene südasiatische Rasse der Ure oder Auerochsen sein, die noch vor gar nicht so langer Zeit in Europas Wäldern lebten, heute ausgestorben sind und als Stammväter aller Hausrindrassen gelten.

Allerdings streitet man bis zum heutigen Tag, ob der Kouprey tatsächlich ein echtes Wildrind ist oder ein verwildertes Hausrind. Vielleicht hat man diese Rinder vor Jahrhunderten bei den Khmer als Haustiere gehalten. Als später der Staat der Khmer unterging, verliefen sich die Herden in den Wäldern, und die Tiere verwilderten.

Andere Zoologen wiederum halten es für richtiger, den Kouprey solange als Wildrind anzusehen, bis genügend stichhaltige Beweise dafür erbracht worden sind, daß er tatsächlich ein verwildertes Hausrind ist.

Übrigens ist es wohl überhaupt schon zu spät, solche Beweise zu erbringen. In den Ländern Indochinas, wo der Kouprey beheimatet ist, waren 1957 schätzungsweise nur noch achthundertfünfzig Tiere übriggeblieben, und 1970 lebten in Kampuchea höchstens noch vierzig Exemplare. Aus der letzten Zeit gibt es über sie keine Meldungen mehr, und kein Zoo der Welt besitzt ein solches Tier.

Nashörner

»In Indien gibt es einen Wildesel, der größer ist als ein Pferd«, schrieb Ktesias, griechischer Historiker und Leibarzt des persischen Königs Artaxerxes II. um 400 v. u. Z. »Sein Körper ist weiß, der Kopf dunkelrot, die Augen sind himmelblau. Auf der Stirn wächst ihm ein Horn von einem halben Fuß Länge. Pulverisiertes Horn wird als Arznei gegen tödliche Gifte verwendet. Die Basis des Horns ist rein weiß, seine Spitze leuchtend rot, der mittlere Teil schwarz.«

Ktesias schrieb drei Bücher über Indien, das er niemals zu Gesicht bekommen hatte. Wohl deswegen entsprach sein »Einhornesel« nicht der Wirklichkeit. Und doch, so phantastisch die Beschreibung des Ktesias auch klingen mag, sie stützt sich auf das durch die Fama allerdings entstellte Bild eines echten Bewohners Indiens, des Nashorns. Seine Ähnlichkeit mit dem »Einhornesel« wird besonders deutlich, wenn Ktesias von den wundertätigen Eigenschaften des Horns berichtet. Seit Menschengedenken war das Horn des Nashorns im Orient nämlich ein Allheilmittel gegen alle möglichen Krankheiten. In der altchinesischen Medizin wurde es mit Gold aufgewogen. Im antiken Rom neutralisierten Pokale, aus dem Horn dieses Tieres gefertigt und in den drei von Ktesias genannten Farben getönt, angeblich schnell und zuverlässig Gift in Getränken: Das glaubten jedenfalls jene, die aus ihnen tranken. Reiche Leute in Rom, die, wie Historiker berichten, in ständiger Angst lebten, daß ihnen jemand Gift in die Speisen geschüttet haben könnte, trugen solche Pokale aus Nashornhörnern stets bei sich.

Dieser seltsame, durch nichts erhärtete Glaube an magische Eigenschaften des Horns war es auch, der den Nashörnern zum Verhängnis wurde. Während sie einstmals in allen Ländern Südasiens sehr zahlreich vertreten waren, sind jetzt nur noch einige hundert Exemplare verblieben. Obwohl sie unter Schutz stehen, stellt man ihnen weiter nach. Ganze Trupps von gut ausgerüsteten Jägern durchbrechen die Kordons der Schutzgebiete und schießen von den gehörnten Dickhäutern ab, soviel sie nur können.

Das Problem besteht darin, daß auch heute noch sehr viele Leute an die wundertätige Kraft des Horns dieser Tiere glauben und dafür riesige Summen zahlen. Auf Sumatra zum Beispiel bekommt man für ein großes Horn (ein einfaches Horn!) tausend Pfund Sterling! Wenn solche Summen im Gespräch sind, verlieren manche Leute den Kopf und ihren Seelenfrieden, bis sie sich dieses Geld beschafft haben, das da im Dschungel herumläuft. Deswegen sind hier jegliche Schutzmaßnahmen unwirksam.

Außer dem Horn lassen sich auch andere Körperteile des Nashorns preisgünstig verkaufen: Jedes verheißt nach den Gesetzen des Aberglaubens entweder Reichtum oder Erfolg in der Liebe oder auch Befreiung von Krankheiten und anderen Leiden. Selbst der Harn des Nashorns ist eine im Orient überaus gefragte Ware: Es heißt, er heile ebenfalls die verschiedensten Krankheiten; deshalb sammeln ihn die Wächter in den zoologischen Gärten Indiens und verkaufen ihn später auf dem Markt in Kalkutta. Das behauptet zumindest ein gewisser Philipp Street und beruft sich dabei auf eine Autorität wie Lee Talbot. Talbot hat als Mitarbeiter der Internationalen Union für Naturschutz die Bedingungen untersucht, unter denen die seltenen Tiere Asiens heute leben.

Es gibt auf der Welt (vorerst!) noch fünf Arten von Nashörnern: zwei afrikanische – das Weiße Nashorn oder Breitmaulnashorn und das Schwarze Nashorn oder Spitzmaulnashorn sowie drei asiatische – das Indische Nashorn, das Javanashorn und das Sumatranashorn. Die asiatischen Nashörner unterscheiden sich von den afrikanischen dadurch, daß sie jeweils nur ein Horn auf der Nase haben, die afrikanischen dagegen jeweils zwei. Das Sumatranashorn besitzt allerdings ebenfalls zwei. Außerdem ist die Haut bei asiatischen Nashörnern grob gefaltet, so daß man den Eindruck hat, das Tier trage einen Panzer.

Noch vor einigen Jahrhunderten kamen die Indischen (großen asiatischen) Nashörner in Indien überall vor, jetzt aber sind sie nur noch in Assam und Bengalen sowie in Nepal anzutreffen. Zu Beginn unseres Jahrhunderts lebten in Assam nur noch rund ein Dutzend, in Bengalen noch weniger.

1908 richtete man in Kaziranga (Assam) ein Jagdreservat ein, das 1968 in einen Nationalpark umgewandelt wurde. Seine Größe beträgt 42994 Nektar. Der Erfolg dieses Unternehmens übertraf alle Erwartungen: Binnen zwanzig Jahren verzehnfachte sich die Zahl der Nashörner, und in den vierziger Jahren lebten dort schon vierhundert Tiere! Später fielen viele durch Haustiere eingeschleppten Seuchen zum Opfer, so daß heute in Kaziranga noch an die zweihundertsechzig und in ganz Indien etwa sechshundert Tiere leben.

Außerhalb Indiens hat sich das Indische Nashorn nur noch in Nepal gehalten: 165 Exemplare (nach Angaben von 1966).

Da das Nashorn in Kaziranga vorerst nicht mehr vom Aussterben bedroht ist, hat man hier Tiere eingefangen und an verschiedene zoologische Gärten in aller Welt verkauft. Die ersten, einen jungen Bullen und eine Kuh, fing man 1947 in einer gut getarnten Fallgrube. An einer Seite der Grube legte man eine schiefe Ebene an, über die mit Hilfe von Arbeitselefanten die widerspenstigen »Einhörner« herausgezogen und »im Schlepp« in einen kleinen Waggon transportiert wurden. Die Kuh verendete kurz darauf, doch Mohan, der Bulle, gewöhnte sich bald an die Menschen und wurde völlig zahm. Später brachte man ihn nach Whipsnade in England, wo der Ärmste fünf Jahre allein verbrachte, bis man ihm schließlich eine junge Gefährtin, Mohini, brachte. Man hatte zunächst Bedenken, sie zu ihm zu lassen, denn es kommt vor, daß Nashörner Artgenossen, die neu in ihrem Revier auftauchen, angreifen. Aber Mohan nahm Mohini sehr freundlich auf, und bald waren die beiden gut Freund miteinander.

Andere zoologische Gärten bekamen ebenfalls junge Nashörner aus Kaziranga, die sich in Gefangenschaft sogar vermehrten. Den ersten Nachkommen hatte ein Nashornpaar in Basel, den zweiten das in Whipsnade, und dann wurden auch in anderen Zoos Nashörner geboren. Bis dahin wußte man ja über deren Vermehrung eigentlich nichts. Jetzt also erfuhr man, daß sie im zeitigen Frühjahr Hochzeit machen und daß die Tragzeit sechzehn Monate dauert.

Das Javanashorn sieht dem Indischen ähnlich, nur ist es kleiner. Einige Unterschiede gibt es freilich: Die vorderen Hautfalten sind anders geformt, und außerdem sind die Weibchen bei ihm hornlos oder haben nur ein kleines Horn. Javanashorn heißt es, weil es heute nur noch auf Java lebt. Vor etlichen Jahrhunderten aber war es noch in einem riesigen Areal anzutreffen – von Nordindien und Südchina bis Sumatra und Java. Fossile Knochen sind auch in Sri Lanka gefunden worden.

Anfang der dreißiger Jahre hat man auf der kleinen Halbinsel, in der Java im Westen endet – dem einzigen Ort, wo es noch heute Javanashörner gibt – das Reservat Udjung-Kulon eingerichtet, wo außer Nashörnern auch Tiger und Bantengs leben. 1975 zählte man hier vierzig Javanashörner. Die Population nähert sich zahlenmäßig dem kritischen Wert: Zu gering ist die Wahrscheinlichkeit, daß die Tiere während der Paarungszeit einander begegnen. Wissenschaftler befürchten deshalb, daß sie möglicherweise die natürlichen Verluste nicht mehr durch Neugeborene ausgleichen können, daß die Herde nicht wächst, sondern kleiner wird.

Das Sumatranashorn, die dritte asiatische Art und, wie schon gesagt, das kleinste aller Nashörner, erreicht nur eine Schulterhöhe von anderthalb Metern. Auch diese Art lebt nicht nur auf der Insel, nach der sie benannt ist. Früher war sie sowohl in Indien als auch in China beheimatet, gegenwärtig ist sie außer auf Sumatra noch in Burma, Thailand, Kampuchea, Malaysia und auf Kalimantan anzutreffen, überall allerdings nur in sehr geringer Zahl. In Thailand sind es sechs, in Kampuchea zehn, auf Kalimantan zwischen zehn und dreißig, in Burma zwanzig bis dreißig, in Malaysia dreißig und auf Sumatra sechzig Exemplare.

In Afrika ist es um das Nashorn wohl etwas besser bestellt. Das gilt zumindest für das Spitzmaulnashorn, das dort noch verbreitet vorkommt (für ganz Afrika rechnet man mit zwölf- bis dreizehntausend Exemplaren).

Beim Breitmaulnashorn sieht es allerdings weniger gut aus. 1900 erfuhren die Zoologen zu ihrer Überraschung, daß Breitmaulnashörner nicht nur, wie bisher vermutet, in Südafrika, südlich vom Sambesi, sondern auch dreitausend Kilometer nördlich davon leben, in den Sümpfen des oberen Nil im südlichen Sudan – eine Entdeckung, die ein Hauptmann Gibbons machte. Aus der Umgebung von Lado brachte er einen Breitmaulnashornschädel mit, einen zweiten Schädel fand ein gewisser Major Powell-Cotton, nach dem man die sudanesische Unterart des Breitmaulnashorns Ceratotherium simum cottoni benannt hat.

Das Breitmaulnashorn ist – nach dem Elefanten – das zweitgrößte Landtier. Es kann bis zwei Meter Risthöhe und ein Gewicht von drei Tonnen erreichen. Allein das Horn wird fast so lang wie ein Mensch.

Das Breitmaulnashorn ist jedoch ein sehr seltenes Tier geworden. 1920 lebten auf der Erde nur noch etwa dreitausend Exemplare, ganze sechsundzwanzig davon in Südafrika, die anderen im Sudan. In der Südherde gab es sechs Jahre später nur noch zwölf bis sechzehn Tiere (so schrieb jedenfalls der namhafte Tierkenner Ingo Krumbiegel). Heute bietet sich aber ein anderes Bild. Die Breitmaulnashörner in der Südherde haben sich wieder vermehrt, mindestens dreihundertdreißig Tiere hat man nach Simbabwe und Kenia gebracht, außerdem über sechzig Exemplare in zoologische Gärten verschickt.

Um die nördliche Unterart des Breitmaulnashorns aber steht es schlecht. In allen Ländern, in denen es noch anzutreffen ist oder bis vor kurzem anzutreffen war – in Zaïre, Uganda und im Sudan –, sind nach Angaben aus dem Jahre 1971 nur insgesamt zweihundertfünfzig Exemplare erhalten geblieben.

Die Hawaiigans

Alle Wildgänse nisten im Norden der Alten und der Neuen Welt, alle außer einer, und das ist die Hawaiigans (auch Sandwichgans oder Néné genannt). Ihr Verbreitungsgebiet ist, im Weltmaßstab gesehen, winzig klein – es sind die Lavafelder mit ihren kleinen Grünflächen auf den Hängen der Vulkane auf den Hawaii-Inseln.

Bevor die Europäer auf Hawaii erschienen, nisteten hier schätzungsweise mindestens fünfundzwanzigtausend dieser kleinen »Gänse«. Dann aber gingen sie massenhaft zugrunde; nicht nur die Neuankömmlinge machten auf sie Jagd, sondern auch deren Hunde, Schweine und die auf die Inseln eingeschleppten Schleichkatzen, die Mangusten. Das hatte zur Folge, daß 1947 auf den

Hawaii-Inseln und damit in der Welt insgesamt nur noch etwa fünfzig Hawaiigänse übriggeblieben waren.

Da nahmen sich verschiedene Persönlichkeiten und Organisationen, durch das Verschwinden der seltenen Tierart beunruhigt, dieser Vögel an. Einen wichtigen Beitrag zur Regenerierung der Population leistete der Ornithologe und Maler Peter Scott (Sohn des bekannten Polarforschers Robert Scott, der in der Antarktis umgekommen ist). Er richtete in Slimbridge (England) die weltbeste Zuchtfarm für Wasservögel ein, wo sich heute die Leitung des »Severn Wildfowl Trust« befindet. Peter Scott ist Präsident dieser Organisation.

1950 wurden zwei Hawaiigänse nach Slimbridge gebracht, die zu Beginn des folgenden Jahres Eier legten. Bald darauf traf in Slimbridge auch ein Ganter ein, und alle drei Tiere waren recht fruchtbar: Schon 1963 lebten in Slimbridge zweihundertdreißig Nachkommen von ihnen. Die meisten davon – hundertsiebzig – wurden an verschiedene Zoos und Zuchtfarmen weitergegeben, fünfzig Gänse auf den Hawaii-Inseln in die Freiheit entlassen. Auch in den Folgejahren noch brachte man diese vor dem Aussterben geretteten Vögel in ihre frühere Heimat zurück.

1966 gab es in der Welt bereits wieder über fünfhundert Hawaiigänse. Auf Hawaii selbst wurden speziell für Gänse zwei Reservate mit einer Gesamtfläche von zweiundsiebzig Quadratkilometern eingerichtet. Doch seltsam: Bislang ist dort nicht ein einziges Nest dieser Gänse gesichtet worden.

Fragen an die Auskunftei »Launen der Natur«

Wer ist stärker – Löwe oder Tiger?

Wenn man auch gewöhnt ist, den Löwen als stärkstes Raubtier anzusehen, und ihn »König der Tiere« nennt, kann er doch nicht alle Tiere bezwingen. Stärker als der Löwe ist mit Sicherheit der Tiger!

Erfahrungen von zoologischen Gärten und Zirkussen haben es bestätigt: Wenn Löwe und Tiger aneinandergeraten, trägt der Löwe fast immer mehr Wunden und Verletzungen davon. Ein Tiger kann einen Löwen sogar totbeißen, wenn beide nicht rechtzeitig getrennt werden.

Ihre »Gewichtsklassen« sind ohnedies unterschiedlich. Es sei daran erinnert, daß ein Löwe hundert bis zweihundertfünfzig Kilogramm schwer werden kann (wenngleich die Obergrenze in freier Wildbahn selten erreicht wird und das Höchstgewicht hier bisher zweihundertsiebenundzwanzig Kilogramm beträgt). Tiger von zwei Dezitonnen Gewicht sind jedoch keine Seltenheit, selbst dreihundertfünfzig Kilogramm schwere sind schon erlegt worden. Auch im Wuchs ist der Tiger größer: Seine Länge einschließlich Schwanz erreicht 3,75 Meter (sogar vier Meter), die des Löwen aber maximal drei Meter (ganz selten dreieinhalb Meter). Der bekannte Zoologe Bernhard Grzimek (BRD) nennt als maximale Körperlänge bei Löwen 2,95 Meter. Die größte und stärkste Katze der Welt ist der Amurtiger.

Schießt ein Stachelschwein mit Stacheln um sich?

Man hielt es für Jägerlatein, wenn behauptet wurde, das Stachelschwein könne seinem Feind Stacheln entgegenschleudern. Unlängst aber haben Professor Dathe und seine Mitarbeiter im Berliner Tierpark dies mit eigenen Augen gesehen. Ein Stachelschwein schüttelte sein Fell und schleuderte dabei Stacheln mit solcher Wucht, daß sie sich in Holzplanken bohrten! Offensichtlich gelingt ihm das durch Zusammenziehen der Ringmuskeln, die jeden Stachel an seiner Basis umschließen.

15–1051

Welches Tier hat die Zähne im Magen?

In Afrika, Indien und Indonesien leben die seltsamen Schuppentiere oder Pangoline, deren Körper mit Hornschuppen bedeckt sind. Diese überlappen sich wie bei einem Tannenzapfen.

Pangoline sind jedoch keine echten Schuppentiere, also keine Kriechtiere, sondern Säugetiere und Warmblüter; sie säugen ihre Jungen. Sie haben sich, ähnlich dem amerikanischen Gürteltier, nur einen Panzer zugelegt. Ihre verhornte Haut bietet ihnen Schutz vor Feinden.

Der Pangolin ernährt sich von Ameisen und Termiten, doch verzehrt er sie auf ungewöhnliche Art. Er fängt die Ameisen und verschluckt sie hastig. Zum Kauen hat er keine Zeit, denn würde er sie kauen, liefen ihm inzwischen alle Ameisen weg. Und außerdem: Womit sollte er sie auch kauen, hat er doch im Maul keine Zähne! Die hat er im Magen, verschluckt sozusagen. Im Magen dieses Schuppentiers gibt es etliche Reihen von Hornzähnen, die von

starken Muskeln hin und her bewegt werden. Hat der Pangolin gespeist und hält schon längst seinen Mittagsschlaf, arbeitet sein Magen: Er zerkaut und zermahlt die verschluckten Insekten.

Welches Tier hat eine Gurkennase?

Affen haben kleine, plattgedrückte Nasen, aber nicht alle Affen. Einige tragen ihr Näschen frech in die Höhe gereckt. Einer zum Beispiel lebt in Bergwäldern und Bambusdschungeln Chinas. Dort sind die Winter kalt und schneereich. Welch Anblick – im Schnee umherspringende Affen! Ihr dichtes Fell schützt sie vor der Kälte.

Ein anderer stupsnasiger Affe lebt in Indonesien auf den Mentawai-Inseln. Er hat die gleiche kleine Nase wie der in China beheimatete. Sein Schwanz ist kurz und dünn, bei seinen chinesischen Artgenossen lang und buschig.

Der Kahau oder Nasenaffe wiederum hat eine wahre Clownsnase. Wie eine zehn Zentimeter lange hängende Gurke sieht sie aus. Sie wächst dem Männchen etwa ab dem siebenten Lebensjahr und wird größer und größer. Je älter das Männchen, desto länger die Nase; sie verdeckt schließlich sogar den Mund. Wenn dieser Nasenaffe frißt, biegt er mit einer Pfote sein Ungetüm von »Gurkennase« zur Seite.

Wozu hat der Affe diese Nase wohl? Um lauter zu schreien! Wie ein Kontrabaß gibt sie wie Schreie klingende Töne von sich. Bei den Weibchen, die nur kurze Nasen haben, sind diese Töne leiser, sie klingen wie das Geschnatter von Gänsen.

Nasenaffen raufen sich niemals. Jegliche Streitigkeiten lösen sie wie folgt: Zwei Männchen setzen sich einander gegenüber und schreien einander an. Wer den anderen übertönt, ist Sieger, und es schreit derjenige am lautesten, dessen Nase am längsten ist. Das Männchen mit der kleineren Nase räumt nach solchem Duell als Unterlegener das Feld.

Nasenaffen leben in den dichten Wäldern Indonesiens, auf der Insel Kalimantan, und stets an einem Fluß oder See. Sie schwimmen und tauchen gut. Frische, saftige Blätter schätzen sie als

Nahrung besonders. Bevor sie auf einem Baum einschlafen, fressen und fressen sie, solange sie nach einem Blatt langen können, ohne aus ihrem »Bett« herauszukriechen. Gegen Morgen ist rund um die Äste, auf denen sie geschlafen haben, alles ratzekahl, deshalb schlafen Nasenaffen jede Nacht an einem anderen Platz.

Wer baut Nester, die man essen kann?

Ja, auch so etwas gibt es auf der Welt: eßbare Vogelnester. In Südchina, Vietnam, Burma und Indonesien leben die Salanganen, eine Gattung der Segler, die ihre Nester auf Felsen bauen. Doch sie »flechten« sie nicht aus kleinen Zweigen, ihr Baustoff ist Speichel. Wenn unsere Rauchschwalbe ihr Nest baut, klebt sie zwar ebenfalls mit Speichel Erdklümpchen zusammen, bei den Salanganen aber wird das ganze Nest aus Speichel gemacht. Und das geht folgendermaßen: Sie klammern sich mit den Beinen am Fels fest und

streichen ihn mit klebrigem Speichel ein, markieren auf ihm gewissermaßen die Umrisse des künftigen Nestes. Der Vogel fährt mit dem Kopf nach rechts, nach links – der Speichel erhärtet sofort und verwandelt sich in eine bräunliche Kruste. Der Vogel speichelt die Stelle immer wieder und wieder neu ein – immer dicker werden die Wände des Nestes, es entsteht so eine richtige kleine Wiege an dem riesigen Fels, und zwar eine sehr schmackhafte, wie man sagt.

Die Leute klettern auf den hohen Fels hinauf und sammeln Salanganennester, die sie in Hühnerbrühe oder in Wasser kochen. Gekochte Salanganennester erinnern im Geschmack an das Eiweiß von Hühnerei. Sie enthalten in der Tat reichlich Eiweiß, deshalb sind sie auch so nahrhaft.

Ist der Skorpion ein Selbstmörder?

Alle möglichen Märchen erzählt man sich über selbstmörderische Skorpione. Manch einer will so einen Selbstmord gar schon beobachtet haben. Man brauche nur um einen Skorpion glühende Kohle zu legen, dann stürze er bald in die eine, bald in die andere Richtung – kein Ausweg. Um nicht eines qualvollen Todes sterben zu müssen, töte er sich selbst durch einen Stich seines eigenen Stachels.

Im vergangenen Jahrhundert nahmen Naturforscher an, daß sich der Skorpion deswegen selbst ins Gehirn sticht, weil ihm von dem grellen Licht der glühenden Kohle die Augen schmerzen. Nun pflegt ein Skorpion allem einen Stich zu versetzen, was ihm Schmerzen

bereitet. Andere sagen, der Skorpion bringe sich den tödlichen Stich nur versehentlich bei, wenn er auf der Suche nach einem Ausweg aus dem Feuerring in panischer Angst umherrennt. Dritte wiederum behaupten, er sterbe überhaupt nicht dabei, sondern der Schock versetze ihn in Starre. Wenn man die Geduld aufbringe und ein, zwei Stündchen neben dem »toten« Skorpion ausharre, könne man ihn aufwachen und davonlaufen sehen.

Professor P. Marikowski aus der Sowjetunion hat über Versuche berichtet, die beweisen, daß das Gift des Skorpions für ihn selbst unschädlich ist. Also stirbt der Skorpion nicht an einem Stich, sondern offensichtlich durch Hitzschlag und Verbrennungen, die er sich bei dem Versuch zuzieht, den Feuerring zu durchbrechen. Dies ist wohl die einzig richtige Erklärung für den vermeintlichen Selbstmord des Skorpions.

Welche Schlange beißt bei Tage nicht?

Viele Schlangen der Tropen sind vorwiegend nachtaktive oder doch dämmerungsaktive Lebewesen. Besonders typisch nachtaktiv und besonders seltsam in ihrem Verhalten bei Tage ist die Pama (auch gelber Bungar oder Krait genannt). Diese schwarze Schlange mit gelben Ringen lebt in den Dschungeln Südostasiens.

Bei Dunkelheit agiert sie höchst aktiv und dreist und ist ein gefährlicher Feind vieler Tiere, darunter auch anderer Schlangen. Bei Tageslicht jedoch ist der Bungar seltsam hilflos. Er scheut das Licht, es macht ihn blind. Seine Pupillen sind rund und verengen sich selbst bei Tage nur wenig, so daß Licht die Schlange blendet. Deshalb trachtet der Bungar tagsüber ständig danach, den Kopf unter den Windungen seines Körpers gegen Helligkeit zu schützen.

Ein Bungar erreicht nicht selten zwei Meter Länge, sein Gift ist hochtoxisch, lähmt die Atmung, ein von ihr Gebissener kann eine halbe Stunde nach dem Biß sterben, falls ihm keine medizinische Hilfe zuteil wird. Trotzdem spielen beispielsweise vietnamesische Kinder überraschend unbekümmert, furchtlos und gefahrlos mit dieser Schlange. Ungeniert schleudern sie sie wie einen Stock, nehmen sie in die Hände, legen sie sich um den Hals. Wie grob und rücksichtslos sie mit ihr aber auch umgehen mögen (sie schlagen, stechen, schleudern sie), bei Tage beißt die Schlange nie! Diese Binsenwahrheit des Dschungels kennt jedes Kind in den Dörfern jener Länder, in denen diese Schlangen leben.

Wie der tschechische Zoologe Zdeněk Vogel meint, scheint der Bungar seinem Wesen nach allerdings doch nicht ganz so friedlich zu sein, wie allgemein beschrieben wird. Hiervon überzeugte sich Vogel selbst, als er einen ganz gewöhnlichen Bungar am Schwanze packte und aufnahm, wie man das nicht selten mit Schlangen macht. Sofort schnellte die Schlange wütend nach oben, und bevor der Zoologe sie wegwerfen konnte, hatte sie ihm mit einem Zahn den Daumen an der Hand geritzt, die den Schwanz hielt. Das erforderliche Gegengift war nicht zur Stelle. Die Hand wurde abgebunden, der Daumen ein wenig eingeschnitten, damit das Gift mit dem Blut herausfloß. Nach zwei Stunden setzten starke Schmerzen, Atemnot und Ohnmacht ein. Die langsame Genesung begann nach einigen Tagen Bettruhe. Dabei hatte der Bungar nur

Vogels Daumen »mit einem Zahn geritzt«. Wie wäre es ausgegangen, hätte er richtig zugebissen?

Welche Giftschlange ist die größte?

Es ist die Königskobra, auch Königshutschlange genannt! Längere Giftschlangen als sie gibt es nirgends. Drei bis vier Meter Länge sind nicht selten, der Rekord liegt bei 5,58 Meter. Die Königskobra lebt in Indien, Indochina, China, Indonesien, auf den Philippinen und den Andamanen.

Beißt diese Schlange, verspritzt sie viermal mehr Gift als eine gewöhnliche Kobra. Ein Mensch kann fünfzehn Minuten danach sterben, ein Elefant nach drei bis vier Stunden tot sein, wenn dieser in das Rüsselende oder die Zehen gebissen wird (das sind die einzigen durch Schlangen verwundbaren Körperstellen dieses Dickhäuters).

Bauen Schlangen Nester?

Ja, das tun sie, doch nur sehr wenige Arten, unter ihnen die Königskobra. Von ihr weiß man das schon seit langem. Doch dachte man früher, diese Schlangen bauten die Nester nicht selber, sondern nutzten einfach einen Blätterhaufen als Nest. 1965 wurde jedoch in einem zoologischen Garten der USA zum ersten Mal ein Königskobraweibchen beobachtet, wie es mit dem vorderen Körperteil Bambusblätter und -zweige umschlang, sie an einer Stelle zusammentrug und innerhalb von zwei Tagen ein Nest von ungefähr einem Meter Durchmesser gebaut hatte. Ein solches Nest hat gewissermaßen zwei Etagen: In der unteren liegen auf einer dicken Unterlage die Eier, darüber folgt eine Überdachung aus Blättern und Zweigen, darauf liegt das Königskobraweibchen selbst und bewacht die Eier.

Während dieser Zeit ist die Königskobra sehr aggressiv: Ohne Warnung fällt sie Menschen und Tiere an, die sich dem Nest nähern. Wie es scheint, versieht auch das Männchen nicht weit davon entfernt seinen Dienst und bewacht die nächste Umgebung. Deswegen sperrt in Indien die Polizei alle in Frage kommenden Wege, wenn in bewohnter Gegend ein Königskobranest entdeckt wird.

Bebrüten Schlangen die Eier?

Einige bebrüten sie, und zwar die Pythons. Die in einem Häufchen abgelegten acht bis einhundert Eier umschlingt das Pythonweibchen mit den Ringeln ihres Körpers und bedeckt es von oben mit ihrem Kopf wie mit einem Deckel. An diesem Platz, von der Umwelt durch den mächtigen Leib der Mutter isoliert, sind ihrer Nachkommenschaft unter der »pergamentenen Schale« der Eier nicht nur Geborgenheit, sondern auch die für die Inkubation notwendige Wärme sicher.

Man hat es genau gemessen: Die kalte Schlange bringt es irgendwie fertig, sich selbst zu erwärmen! Zwischen den Windungen ihres Körpers ist es sieben Grad wärmer als um sie herum (nach anderen Angaben sogar um zwölf bis fünfzehn Grad). Die Erwärmung erzielt sie offensichtlich durch Anspannung der Muskeln, durch statische Kontraktion. Die Muskeln arbeiten, und jede Arbeit erzeugt nach einem Naturgesetz Wärme.

Auf dem Südkontinent der neuen Welt

4

Ungewöhnliches im Alltäglichen

Eine Anakonda!

»Wir drifteten langsam nicht weit vom Zusammenfluß des Abunan mit dem Rio Negro stromab, als fast unmittelbar vor Igarite ein dreieckiger Kopf und einige Fuß eines sich windenden Körpers auftauchten. Es war eine riesige Anakonda. Ich stürzte los, mein Gewehr zu packen, und als sie schon an das Ufer kroch, jagte ich ihr nach hastigem Zielen ein stumpfes Geschoß ins Rückgrat...

Wir gingen an Land und näherten uns vorsichtig der Schlange... So genau wie möglich maßen wir ihre Länge – zweiundsechzig Fuß. So große Exemplare wie diese trifft man nicht oft an, doch die Spuren, die sie in Sümpfen hinterlassen, sind manchmal sechs Fuß breit und sprechen für jene Indianer und Kautschuksammler, die behaupten, Anakondas könnten mitunter unglaubliche Maße erreichen, so daß das von mir geschossene Exemplar sich neben ihnen wie ein Zwerg ausnehmen muß... Das Eindringen in ein Revier von Anakondas kommt einem Spiel mit dem Leben gleich...

Fast in jeder wassergefüllten Senke verbergen sich zwei oder drei solcher Ungeheuer. Die hiesigen Indianer greifen sie furchtlos an, indem sie zu zehnt auf einmal in solche Senken springen und die Anakondas mit Messern erstechen. Für sie ist das ein Spaß, die Hauptsache aber ist, daß das Fleisch der Anakonda als sehr schmackhaft gilt«, schreibt der 1925 im Xingú-Gebiet verschollene britische Oberst G. Fawcett.

»Ein Kautschuksammler, José Perreira, war in einem Kahn flußabwärts auf dem Heimweg... In Höhe einer kleinen Bucht... vernahm er Lärm. In der Annahme, die Geräusche rührten von einem großen Tier her, das zur Tränke gekommen sei, ruderte Perreira lautlos ans Ufer, band den Kahn an einen Ast und stieg an Land, das Gewehr schußbereit. Als er niemand am Ufer vorfand, ging er zum Kahn zurück und setzte seine Fahrt fort. Er war noch keine zehn Yard von der Stelle weg, als er von neuem verharrte und lauschte. Nichts Verdächtiges... Er konnte sich nicht erklären, was mit ihm los war, doch mit aller Macht zog es ihn ans Ufer zurück... Perreira band den Kahn nochmals an demselben Ast fest und begab sich an die gleiche Stelle. Es war ihm recht unbehaglich zumute, doch sah er nichts, was ihn hätte beunruhigen können... Er nahm erneut im Kahn Platz, konnte sich beim besten Willen nicht diese geheimnisvolle Kraft erklären, die ihn zu diesem düsteren, nur vom Mondlicht beschienenen Ort an dem dunklen, trügerischen Ufer zog. Kaum hatte er sich mit dem Kahn wieder ein paar Meter entfernt, überkam ihn erneut das gleiche Verlangen umzukehren, und er konnte abermals nicht widerstehen.

Perreira begriff nicht, was da mit ihm vorging. Er war vollkommen nüchtern, in den letzten zwei Wochen hatte er kein Fieber gehabt, sowohl körperlich als auch geistig fühlte er sich gesund... Trotzdem sank diesem gesunden tapferen Mann völlig der Mut, er schlug die Hände vors Gesicht und heulte los wie ein Kind, das in einem dunklen Zimmer allein gelassen worden ist.

Zum Glück kehrten auch drei Arbeiter aus Floresta auf dem gleichen Wege heim, und als sie an der Bucht vorbeikamen, vernahmen sie vom Ufer her ein Weinen. Sie machten halt und riefen den Mann beim Namen an. José erklärte ihnen mit Mühe, daß er sich außerstande sehe, seinen Platz zu verlassen, daß Todesangst ihn ergriffen habe. Da entsicherten die Kameraden ihre Gewehre und fuhren an das Ufer heran. Hier entdeckten sie genau unter der Krone jenes Baumes, wo der Unglückliche saß, den Kopf einer riesengroßen Wasserboa, die ihre Augen unverwandt auf ihr Opfer richtete. Die Schlange befand sich nur wenige Fuß von José entfernt, er aber sah sie nicht. Die Boa wurde erschossen, und der Bann der Hypnose war gebrochen...

Die Boa hatte wahrhaft gigantische Ausmaße: Die Arbeiter maßen eine Länge von über vierundfünfzig Fuß.« (So berichtet ein gewisser Elgot Lange.)

»So seltsam es klingen mag, den Ton, der wie eine leise Autohupe klang, hatte eine wütend gewordene riesige Anakonda von sich gegeben...

Orlando William Boas wurde Zeuge eines zwei Tage währenden Kampfes zwischen einer Anakonda und einem Krokodil, das völlig unverdaulich und sehr schwer zu töten ist. Die beiden Gegner hatten sich in fast lautlosem Kampf ineinander verhakt, zappelten zwei Tage im Wasser. Man hörte sie nur stöhnen. Die Anakonda zog ihre dicken Ringe fester zusammen, das Krokodil versuchte sich zu befreien und sie zu beißen. Doch die Schlange ließ die Schlinge direkt neben den Kiefern des Krokodils locker, so daß dieses keine Möglichkeit hatte, sich festzubeißen.« (A. Cowell)

»In fast jedem Buch über Südamerika trifft der Autor früher oder später (in manchen Büchern in jedem Kapitel) mit einer Anakonda zusammen... Über drei bis vier Seiten greift die Anakonda den Autor selbstverständlich an, der reißt sich aus ihrer mächtigen Umarmung los, bis er es schließlich irgendwie schafft, sie mit seinem famosen Revolver zu töten... Auf die Gefahr hin, verdientermaßen entweder als Schwindler oder als Mensch von geradezu unwahrscheinlicher Bescheidenheit zu gelten, muß ich hier nun beschreiben, wie ich selbst mit einer Anakonda gekämpft habe.

Ich beginne damit, daß die Anakonda mich ausgesprochen träge anging. Sie hatte keinesfalls die Absicht, mich zu einem Kampf auf Leben und Tod herauszufordern, sondern wälzte sich lediglich mit aufgerissenem Rachen auf mich zu, wohl in der schwachen Hoffnung, daß ich Angst bekäme und sie in Ruhe ihr Huhn verdauen ließe. Nachdem sie diesen Ausfall absolviert und die ihrer Art nachgesagte Grausamkeit und Kampfeslust bewiesen hatte, ringelte sie sich unter einem Strauch zu einem straffen Knoten zusammen und lag jetzt ruhig und, ich möchte fast sagen, kläglich zischend da... Wieder zu dem Strauch zurückgekehrt, sah ich nur den Schwanz der bösartigen, brutalen, schrecklichen Anakonda eilig im Gras verschwinden. Mir blieb nichts weiter übrig, als zur Schlange hinzulaufen, sie am Schwanzende zu packen und an den alten Platz zu zerren.

Nun hätte die Anakonda, wie es sich gehört, mich umschlingen und mich mit ihrem muskulösen Körper würgen müssen. In Wahrheit aber rollte sie sich von neuem zu einem Knäuel zusammen und gab ihr leises und klägliches Zischen von sich. Ich warf ihr einen Sack über den Kopf und packte sie am Hals. Damit war der Kampf praktisch zu Ende: Die Schlange lag völlig ruhig, zuckte zuweilen mit dem Schwanz und zischte leise. Inzwischen war mein Führer heran, doch mit ihm war schwerer klarzukommen als mit der Schlange: Er legte nicht den geringsten Wert darauf, mir zu helfen, und mit einem Menschen streiten und dabei gleichzeitig eine Schlange festhalten, ist nicht eben leicht. Schließlich versicherte ich ihm, daß ich es der Schlange nicht erlauben würde, ihm Schaden zuzufügen, so daß er mutig den Sack nahm und ihn offen hinhielt und ich die Schlange hineinstopfen konnte...

Vom Kopf bis zum Schwanzende gemessen, war sie neun Fuß und drei Zoll lang.« (G. Durrell)

»Eine sieben Meter lange Anakonda, fast so dick wie ein Telegrafenmast, kroch, jede Vorsicht außer acht lassend, ans Ufer. Damit war ihr Schicksal entschieden.

Fünf Leute stürzten sich auf sie, und ein regelrechter Blitzkrieg brach aus. Wir waren mit Stöcken und Lassos bewaffnet und fest entschlossen, die Boa nicht entkommen zu lassen. Wir zogen, zerrten, rutschten, vergossen Ströme von Schweiß, plumpsten in den Dreck, schrien, fluchten... Die Anakonda zischte, klappte mit den Kiefern und versuchte nach Kräften, einen von uns in ihre Umarmung zu schließen. Unser Kameramann tanzte mit seiner Technik auf der Suche nach den günstigsten Standorten zum Filmen um uns herum. Er war überall und nirgends, es fehlte nicht viel, und er wäre der Schlange in den Rachen gekrochen... Unser Regisseur dachte überhaupt nicht mehr an die Regie, er kämpfte ebenfalls mit der Anakonda. Die Rolle des Regisseurs übernahm die Schlange selbst.

Doch da war die Vorstellung auch schon zu Ende, die Anakonda gefangen.« (Rolf Blomberg)

Was ließe sich noch über die Anakonda sagen? Haben die eben zitierten Berichte von Reisenden ihr Aussehen und ihr Wesen nicht hinlänglich beschrieben?

Und doch muß noch etwas dazu gesagt werden, wobei damit zu beginnen ist, daß man nicht allen oben zitierten Autoren Glauben schenken darf (besonders nicht den ersten beiden). Vor allem sind die von ihnen genannten Maße der Anakonda übertrieben. Von allen gewissenhaft vermessenen Anakondas schlägt alle Rekorde jene, bei der als Länge 11,43 Meter ermittelt wurden, und die hätte durchaus noch um einen Meter wachsen können, wenn sie noch fünf, sechs Jahre länger gelebt hätte. Aber zwanzig Meter und mehr, das ist barer Unsinn. Auch eine zehn Meter lange Anakonda ist so stark, daß es in der Neotropis kein einziges Wesen gibt, das ihrer tödlichen Umarmung widerstehen könnte. Eine zu große Länge (zwanzig Meter und mehr) wäre für die Anakonda eine biologisch nicht gerechtfertigte Extravaganz.

Weniger bekannt ist, daß es zwei Arten von Anakondas gibt. Die zweite Art lebt weiter südlich als die gewöhnliche Art, ist viel kleiner als diese (das Äußerste sind dreieinviertel Meter). Gefärbt ist diese Schlange nicht sehr auffallend – ein dunkelolivgrüner Grundton und auf ihm verstreut ovale schwarze (»samtene«) Flecke. Bei der südlicher lebenden Art ist der Grundton hell, ins Gelbliche gehend.

Die Anakonda ist eine echte Wasserschlange. Ihre Beute fängt sie jedoch nicht im Wasser, sondern am Ufer: Vögel und andere Tiere, die zur Tränke kommen. In einigen Gebieten jagen Anakondas regelmäßig junge Krokodile.

Die Anakonda legt keine Eier, sondern bringt zwischen dreißig und achtzig lebende Junge zur Welt. Die Neugeborenen sind siebzig bis neunzig Zentimeter lang.

Hunger...

Jeder ißt gern, besonders jene, die das für ihre Person gern abstreiten.

Der Fünffingrige Pfeiffrosch, der sogenannte Südamerikanische Ochsenfrosch, gehört nicht zu diesen »Pharisäern«. Er ißt gern und versteht zu essen. Ratten, Vögel, Schlangen, Eidechsen und anderes vierfüßiges, geflügeltes oder kriechendes Getier – alles verschwindet in seinem unersättlichen Rachen. Bisweilen erwischt er auch eine unvorsichtige Fledermaus, von richtigen Mäusen gar nicht zu reden.

Interessant ist der Pfeiffrosch gerade wegen seiner Gefräßigkeit. Auf seine »Tafel« geraten viele, die selber Froschfleisch nicht verschmähen. So sind Fälle bekannt, daß zwanzig Zentimeter große Fünffingrige Pfeiffrösche anderthalb Meter lange Schlangen fraßen! Und das nicht einmal vor Hunger, sondern einfach nur so, damit sie da nicht länger umherkrochen...

Das Schlangenschlucken läuft technisch wie folgt ab: Der Frosch sitzt still da, ohne seine räuberische Absicht kundzutun. Doch da kriecht eine Schlange vorbei. Ein Sprung – und schon steckt ihr Kopf im Rachen des Pfeiffrosches. Je größer das Stückchen Schlange ist, das der Frosch beim ersten Mal zu packen kriegt, desto besser. Die Schlange, mit dem Kopf schon im Froschmagen, wehrt sich verzweifelt. Aus Leibeskräften schiebt sie sich unter den Frosch, um sich ein paarmal um ihn zu schlingen und ihm die Knochen zu brechen. Auf jede Art und Weise Widerstand leistend, bekommt sie ihren Kopf mitunter wieder frei.

Gelingt der Schlange das, ist plötzlich nicht mehr sie das Opfer, das gefressen wird, sondern der Frosch selber, und der scheint die Möglichkeit einer solchen Wendung auch zu fürchten. Deswegen preßt er nur noch kräftiger seine Kiefer zusammen, streckt sich platt auf die Erde und verschluckt bei jeder passenden Bewegung sein Opfer noch ein Zentimeterchen weiter. Die Schlange erstickt und verendet.

Damit ist der Kampf zu Ende, das eigentliche Mahl kann beginnen. Das, was der Frosch schon verschluckt hat, wird langsam verdaut, das Übrige guckt ihm vorerst noch aus dem Maul heraus. Allmählich wird im Magen Platz, und der Pfeiffrosch nimmt eine neue Portion in Angriff, schluckt ein weiteres Stück Schlange hinunter. Um die ganze Beute aufzufressen, braucht er einen Tag oder gar zwei.

Der Pfeiffrosch ist aber mehr Vielfraß als Feinschmecker. Er frißt seine Beute weiter, selbst wenn sie am Schwanz schon zu verderben beginnt (auch das kommt vor!). Dafür ist der Spechtfink beim Essen ein Genießer*. Ohne einen entsprechend gedeckten Tisch beginnt er niemals sein Mahl.

Der Spechtfink ernährt sich von den Larven des Weidenbohrkäfers. Er setzt sich auf einen Baumstamm und pocht ein paarmal

darauf, als rufe er den Kellner herbei. Aber der kommt nicht. Der Fink fliegt woanders hin und klopft erneut. Auch hier keine Bedienung! Also bricht er selbst Rinde ab, und zutage tritt ein Larvengang. Aha, deswegen also hat der Vogel den Stamm beklopft! Er hat die Gänge der Schädlinge abgehorcht.

Nun verschafft sich der Fink ein »Eßbesteck«. Als solches dient ihm ein Dorn des zunächst stehenden Kaktus. Den Dorn im Schnabel haltend, stößt der Vogel ihn in ein Loch im Baum und stochert darin herum. Schon hat er eine Larve aufgespießt und zieht sie ans Tageslicht. Der Vogel legt sein Besteck beiseite, das heißt, er stößt den Dorn ins Holz und pickt den Weidenbohrer auf.

* Der Spechtfink gehört zu den Galápagosfinken, die von Darwin erforscht und so in der ganzen Welt bekannt wurden. Übrigens könnte man es auch umgekehrt sagen: Darwin selbst wurde durch seine Forschungsarbeit über diesen Finken berühmt, lieferte sie ihm doch überaus reiches Material für seine Theorie von der Abstammug der Arten! Zweifelsfrei ist eines: Als sich die Wege des Wissenschaftlers und des Galápagosfinken kreuzten, gelangten beide zu Berühmtheit. Ob das der Grund ist, weshalb sich auch heutzutage noch die Ornithologen so emsig mit der Biologie dieser »Glücksvögel« befassen?

Tätigkeit an der Grenze der Vernunft

Auf ungewöhnliche Art und Weise ernähren sich auch die südamerikanischen Blattschneiderameisen.

Auf kaum erkennbaren Waldpfaden Argentiniens, Brasiliens und Paraguays kann man abgeknabberte Blattstückchen umherkriechen sehen. Wie grüne schmale »Bächlein« eilen sie direkt auf einen großen Damm zu. Das sind die Blattschneider, die gerade wieder einen Baum abgenagt haben und nun ihre Beute zum Bau schleppen. Die Ameisen selbst sind nicht zu sehen, die Blattstückchen verdecken sie wie Schirmchen.

Wenn diese sechsbeinigen Räuber in einen Obstgarten einfallen, ist sein Schicksal besiegelt. Das ganze Laub scheren sie ab, nur die kahlen Äste lassen sie übrig. Die Bevölkerung dort ist ihnen deswegen ausgesprochen feindlich gesinnt.

Doch nicht von Laub ernähren sich die Blattschneider. Im Ameisennest passieren die abgeknabberten Stückchen die Kiefer spezieller Ameisen – der »Blattschroter«. Der gründlich durchgekaute Blätterbrei wird mit Sekreten der Insekten angefeuchtet und in besonderen Kammern des Nestes eingelagert, wo er sich in eine Art Kompost verwandelt.

Auf diesem Nährmilieu wachsen Pilze, meist der unscheinbare Ständerpilz Rhozites gongylophora. Die Ameisen, die ihn pflegen, haben rechtzeitig zu verhindern, daß der Pilz Sporen bildet. Deshalb sind die Blattschneiderameisen auf der Hut. Von Zeit zu Zeit nagen sie die Fruchtkörper ab und lassen sie als Dünger fallen. Dort, wo sie die oberen Spitzen der Pilze abgenagt haben, tritt eine Flüssigkeit aus. Die Ameisen lecken sie ab (erster Gang der Mahlzeit), doch die Ansammlung wächst, dickt an der Spitze der abgenagten Pilze ein, reichert sich mit Eiweißstoffen an, und erst dann dient sie den Ameisen zum Fraß (zweiter Gang der Mahlzeit). Außer dem Myzel fressen sie nichts, sie halten strenge Diät.

Dann kommt die Zeit, da ein junges Weibchen das elterliche Ameisennest verlassen muß. Wenn es auszieht, um ein eigenes Nest zu gründen, nimmt es ein Stückchen Myzel in ihrer Infrabuccaltasche mit. Mit diesen wenigen Zellen beginnt die Anlage von neuen Pilzgärten am neuen Ort.

Besonders interessant ist aber dabei, daß der Pilz Rhozites gongylophora nirgendwo anders als in Nestern von Blattschnei-

16–1051

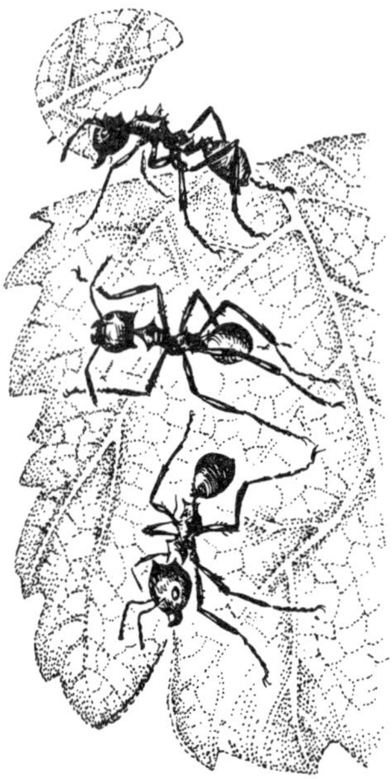

derameisen gefunden worden ist! Da muß er schon intensiver Pflege bedürfen, wenn er ohne die Hilfe der Ameisen nicht existieren kann.

Über die Ernährungsgewohnheiten des kleinen südamerikanischen Flußwelses Candiru allerdings ist nichts Löbliches zu sagen. Dieser kleine Parasit ernährt sich von Blut. Meist greift er Fische an. Flink schwimmt er an sein Opfer heran, steckt den Kopf in dessen Kiemenspalte und saugt sich in dem zarten Gewebe fest. Daran hängt er dann und saugt Blut. Gewöhnlich ist der gefräßige Parasit schnell satt. Danach läßt er sich langsam auf den Grund hinab, paßt aber gut auf, daß er dabei nicht selbst etwa verschlungen wird. Ist sein Opfer ein kleiner Fisch gewesen, geht er in der Regel zugrunde.

Nur mit Schauder sprechen die Bewohner des tropischen Amerika vom Candiru. Nach den Piranhas ist er ihr meistgehaßter Feind im Tierreich. Auf dem Speisezettel des gierigen Fisches stehen Reptilien, Säugetiere, ja sogar der Mensch. Der Candiru ist, nebenbei gesagt, das einzige Wirbeltier, das parasitär auf dem Menschen leben kann. Wie die Indianer und auch manche Fachleute behaupten, kann er mühelos in Harnröhre, Harnleiter oder in den Mastdarm eindringen, dort die spitzen Kiemenstacheln spreizen und sich so, fest verankert, an der Wand von Darm oder Harnröhre festsaugen. Der Parasit gibt nicht eher Ruhe, als bis er das gesamte Blut des Wirtes in sich hineingepumpt hat. Der Wirt – Mensch oder Tier – geht zugrunde, aber auch der Candiru selbst verendet hier.

Solche schrecklichen Fälle sind aber zum Glück nicht alltäglich. Aus Beschreibungen kennt man höchstens drei Dutzend Fälle von Angriffen des Welses auf Menschen (obgleich selbstverständlich auch das schon genügt). Überhaupt bestätigen alle Vorfälle mit dem Candiru eine längst bekannte Wahrheit, nämlich die, daß man in Südamerika nicht ohne Not in einen Fluß steigen sollte...

»Hausbau? Für uns eine Kleinigkeit!«

Diese Zeile aus einem russischen Scherzlied könnte durchaus von den Riesenlaubfröschen stammen, verfügen sie doch über Gehör und Stimme. Mit dem Gehör ist es bei ihnen zwar nicht weit her, aber ihre Stimme klingt so, als schlage jemand auf eine Konservendose. Deshalb haben diese Frösche zum Beispiel in Brasilien auch noch den Beinamen Schmied, obwohl man sie genauso gut mit Klempnern oder anderen Metallarbeitern vergleichen könnte.

Doch das sind Analogien, die die Akustik betreffen, ihrem Verhalten nach sind die Riesenlaubfrösche eher Töpfer oder Maurer, die zum Schutz ihrer Kaulquappen regelrechte Festungen errichten. Früher war strittig, wer hier baut: das Männchen oder das Weibchen. Inzwischen hat man es genau ermittelt: Es ist das Männchen.

Mit seinem breiten und wie eine Schippe flachen Kopf wühlt es den Grund von flachen fließenden Gewässern auf und trägt den Boden zu seiner Baustelle, wo es eine ringförmige Brustwehr von dreißig Zentimeter Durchmesser aufschüttet. Deren Rand ragt in jedem Fall aus dem Wasser heraus. Danach springt es hinein und stampft das so entstandene abgeschlossene Becken mit Brust und Beinen fest. An den Füßen haben die Riesenlaubfrösche breite Haftscheiben, jede ist so etwas wie eine Maurerkelle.

Das Weibchen laicht ab, wenn die Nestgrube fertig ist. Diese ist seicht, das Wasser darin warm – ein typischer »Froschtümpel«. Die dem Laich entschlüpfenden Kaulquappen fühlen sich in der Schüssel aus Stampflehm sehr wohl und sind hier auf jeden Fall in Sicherheit.

Freilich hat das Fort aus Lehm auch manche Nachteile. Erstens ist der gelöste Sauerstoff knapp, zweitens ist die Nahrung rar, drittens verdunstet das Wasser bei Trockenheit schnell. Doch Sauerstoff nehmen die Kaulquappen durch riesige gefiederte Kiemen auf, die größer sind als bei anderen Laubfröschen. Die Metamorphose beginnt sehr schnell, und gegen Dürre ist in den Tropen nun einmal niemand gefeit.

Lehmhäuser bauen auch Vögel, nämlich die Töpfervögel in der Pampa. Als Bauplatz suchen sie sich unbedingt waagerechte, nicht weniger als zwanzig Zentimeter dicke Baumäste, Häuserdächer oder Pfosten aus.

Mit Schnabel und Beinen rollen die Töpfervögel kleine Kugeln aus feuchtem Lehm zusammen. Damit diese haltbarer werden, bewehren sie sie noch mit Grashalmen und Stengeln. Jeder solcher »Ziegel« wiegt drei bis fünf Gramm, zwei- bis zweieinhalbtausend werden für den Bau eines einzigen Nestes gebraucht! Die größten Bauten wiegen sieben Kilogramm.

Das Haus wächst, wie es sich gehört, von unten nach oben: zuerst ein flaches Fundament, danach die Wände, die in eine kuppelförmige Decke übergehen. Das fertige Nest erinnert an eine Melone, der die Krempe abgeschnitten ist, wobei das Ganze in vertikaler Ebene zusammengedrückt wurde. Von oben betrachtet, ist die Hauswand nicht geschlossen, sondern spiralförmig verschraubt. Zwischen den Windungen der Spirale verläuft ein Gang, durch den

die Vögel in die innere Nestkammer gelangen. Dieser Tunnel ist höchstens fünf Zentimeter breit.

Alle Bauarbeiten sind nach zwei Wochen plus oder minus zwei Tagen je nach Art der Töpfervögel und den Lebensbedingungen beendet. Nun können unter dem soliden »Backsteingewölbe« die Eier gelegt und ausgebrütet werden.

Vater, Mutter, Kind

Die heikle Frage »Wer muß sich um die Kinder kümmern – Mutter oder Vater?« wird von der Natur unterschiedlich beantwortet. In der Tierwelt gibt es dafür keine allgemeingültigen Regeln. Einige (wie gräßlich!) überlassen ihre Kinder ganz und gar sich selbst: Bleiben sie am Leben, ist es gut, wenn nicht...

Dagegen ist die zu den Zungenlosen gehörende Wabenkröte ja eine wahre Heldenmutter! Der Ton liegt auf »Mutter«, weil der Anteil des Wabenkrötenvaters bei der Brutpflege minimal ist.

Das Absonderliche beginnt bereits mit den Hochzeitsspielen. Das auf dem Grund liegende Männchen umfängt das Weibchen, und, wie von Zauberhand berührt, schwillt die Haut auf dem Rücken des Weibchens an. Das ist das Startzeichen für zyklisches Wettschwimmen, während dessen sich die Wabenkröten im Kreise in vertikaler Ebene bewegen, als drehten sie sich auf einem »Unterwasserriesenrad«. Eine ganze Nacht hindurch können sie sich so im Kreise drehen und bringen es sogar fertig, sich längs der Körperachse zu drehen, ohne die zärtliche Umarmung zu lockern.

Auf dem Höhepunkt des »Purzelbaums« angelangt, »stößt« das Weibchen drei bis sieben Eier aus, die dem darunter schwimmenden Männchen auf den Bauch gleiten. Das hat sozusagen nur auf diesen Moment gewartet und schmiegt sich nun noch enger an seine »Auserwählte«, wobei es die Eier in die aufgeweichte Haut ihres Rückens buchstäblich hineinpreßt.

Jeder »Salto« des Paares dauert zehn bis fünfzehn Sekunden, und dazwischen liegen anderthalbstündige Pausen, in denen sich das Pärchen von den »turbulenten« Bewegungen erholt.

Schließlich ist das »Reproduktionskarussell« stehengeblieben. Das Männchen macht sich davon, während der mütterliche Rücken immer mehr anschwillt. Die Haut wächst rings um die darin versunkenen Eier in die Höhe und läßt nur deren oberen Teil frei, das Deckelchen (Operculum). Die Eier entwickeln sich also direkt auf dem Rücken der Mutter. Zweieinhalb Monate schwimmt die lebende Wiege umher, gräbt sich in den Schlamm ein, sucht Beute, flüchtet vor Feinden, auf ihrem Rücken aber wächst heimlich still und leise die relativ kleine Nachkommenschaft (vierzig bis hundert Kinder) heran.

Die Metamorphose erfolgt gleichfalls in den Waben auf dem Rücken der Mutter. Doch schon bald wird der Nachwuchs rebellisch, und die winzigen, doch bereits voll ausgebildeten Fröschlein öffnen die Deckel ihrer Zellen. Diese endgültig verlassen wollen sie aber nicht gleich. Bei der geringsten Gefahr schlagen sie blitzartig die Deckel zu und schauen auch nicht heraus. Erst nach einigen weiteren Tagen trennen sie sich für immer von der Mutter.

Die Froschmutter häutet sich anschließend; die improvisierten Wiegen hinterlassen so gut wie keine Spuren. Vielleicht daß mit jedem Häuten die Haut auf dem Rücken des Weibchens ein wenig runzliger wird – mütterliche Runzeln!

Bei den Beutel- oder Taschenfröschen, die in Südamerika endemisch sind, hat die Natur es mit der Haut der Weibchen praktischer eingerichtet. Bei diesen wuchern die Hautrunzeln und bilden eine Art Tasche für die Eier, die ein für allemal Behälter für sämtliche nachfolgenden Froschgenerationen ist. Sie können unterschiedliche Mengen Laich aufnehmen. Beim Zwergtaschenfrosch sind es nicht mehr als sieben, beim gewöhnlichen Taschenfrosch um die zweihundert Eier.

Die Dauer der Brutpflege hängt von dem Stadium ab, in welchem die Jungen die Tasche verlassen. Beim gewöhnlichen Taschenfrosch tun das bereits die Kaulquappen, das ist verständlich: Er hat viele Eier, das Eidotter in ihnen reicht nicht aus bis zur Metamorphose! Die Kaulquappen müssen sich in winzigen natürlichen Becken voller Regenwasser »zu Ende entwickeln«: in Baumhöhlungen, Blatthöhlen und sogar in Blüten!

Der Eibeutelfrosch hat bedeutend weniger Kinder, nur ein Zehntel der Menge anderer Beutelfrösche. Kaum haben sie sich in »richtige« schwanzlose Fröschchen verwandelt, springen, kriechen und klettern sie aus dem Beutel heraus. Die Mutter hilft ihnen in der Regel nicht dabei: Die erwachsenen Kinder schaffen es auch allein.

Im Süden Chiles und Argentiniens aber leben Frösche, deren Männchen man als Beispiel für einen mustergültigen, vorbildlichen Vater bezeichnen könnte. Das ist der Darwin-Nasenfrosch. Bei diesem spitznasigen kleinen Nasenfrosch, ganze drei Zentimeter ist er lang, hat sich ein geradezu einmaliges Verfahren zur Aufzucht der Jungen herausgebildet.

Die Weibchen legen zwanzig bis dreißig befruchtete Eier irgendwo an ein feuchtes Plätzchen, in Moos etwa, und entfernen sich wieder. Den Eiern nähern sich sofort einige Männchen (manchmal auch nur eins); sie halten hier sozusagen Wache, lassen kein Auge von den Eiern und verfolgen die Entwicklung der Embryos. Nach zehn bis zwölf Tagen beginnen diese sich in heftiger Weise zu regen. Dann stürzen sich die Männchen wie auf Kommando auf die Eier und verschlingen sie hastig, wobei sie einander knuffen und stoßen.

Die aufgenommenen Eier befördern die Männchen mit der Zunge, aber nicht etwa in ihren Schlund, sondern in den Kehlsack, mit dessen Hilfe sie normalerweise ihre Quaktöne ausstoßen. Danach machen sie sich auf die Suche nach neuen Gelegen, und das Ganze wiederholt sich.

Zehn bis zwanzig Froscheier kann ein Männchen sich einverleiben; darunter sind von ihm selbst befruchtete, aber auch fremde, das Männchen »adoptiert« alle ohne Unterschied. Mit jedem »verschluckten« Ei dehnt sich der Kehlsack, als sei er aus Gummi. Wenn dann aus den Eiern die Kaulquappen schlüpfen, vergrößert er sich noch mehr, nimmt schließlich den ganzen Raum zwischen Bauchmuskulatur und Bauchhaut ein, und nicht selten dringen die Kaulquappen bis unter die Haut der Flanken und selbst des Rückens.

Haben die Kaulquappen das Dotter der Froscheier aufgebraucht, wachsen sie mit ihrem Oberteil an der Wand des Kehlsackes an, wo sie sich auf Kosten des Vaters ernähren. Die Metamorphose erfolgt ebenfalls hier. Ihren Lebensweg »betreten« die jungen Fröschlein durch den väterlichen Mund. Das Männchen sperrt ihn weit auf, und die Jungen bahnen sich selbständig ihren Weg aus dem Kehlsack in die Mundhöhle, unter die Zunge, und von dort dann ins Freie.

Wenn alle Fröschlein den Kehlsack verlassen (und das erfolgt nicht gleichzeitig, hat doch der Vater die Eier zu unterschiedlichen Zeiten verschluckt), trocknet der Sack sozusagen ein, er schrumpft und ist schon bald wieder imstande, helle Triller von sich zu geben.

In den genannten Beispielen müht sich also ein Elternteil sozusagen im Schweiße seines Angesichts ab, während sich der andere, gelinde gesagt, vor der Arbeit drückt. Das trifft für das friedliche Zusammenleben der monogamen Symphysodonfamilien im Amazonasbecken nun nicht zu. Dort werden alle Erziehungsprobleme in echt familiärem Einvernehmen gelöst.

Die runden, wie ein Diskus flachen, zu den Buntbarschen gehörenden Symphysodon leben in Unterwasserspalten, Klüften und anderen »engen« Orten. Für einen Symphysodon ist es eine Kleinigkeit, in eine Spalte zu schlüpfen, wohin ihm ein nur wenig dickerer Räuber nicht folgen kann.

Das Weibchen legt seinen Laich auf Unterwasserpflanzen ab. Er besteht aus verhältnismäßig wenig Eiern – zweihundert bis achthundert. Bereits nach wenigen Tagen entschlüpfen den Eiern die

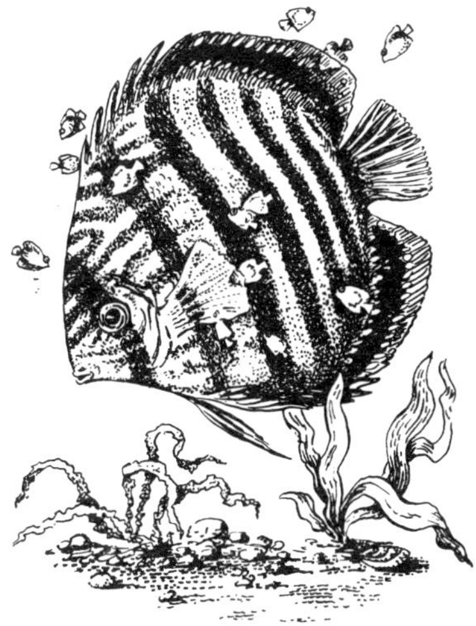

völlig hilflosen »Larven«. Daraufhin säubern beide Eltern kleine Blattstückchen, die ihnen geeignet scheinen, tragen die Embryonen im Mund dorthin und kleben sie an die Pflanze. Klebrige Drüsen an den Köpfen der Larven fixieren diese haltbar auf dem Blatt, wo sie »heranreifen». Doch auch damit enden die Bemühungen der »umsichtigen« Symphysodon noch nicht. Einige Wochen lang »füttern« die Eltern die Fischbrut: Der Körper der Fischeltern schwillt ein wenig an und wird dunkler, die Haut sondert schwefelgelben Schleim ab, seiner Konsistenz nach ein Zwischending von Öl und Milch. So heißt er auch: »Fischmilch«. Die heißhungrige Fischbrut schwimmt zu den Eltern heran und lutscht diese »Milch« von beiden Körperseiten ab.

Manchmal teilen die Fische den Nachwuchs in zwei Schwärme, und jeder Elternteil »mästet« seine »Lieblinge«. Meist aber halten die Eltern ihnen ihre Körperseiten nacheinander hin. So werden die Jungen ernährt, bis sie selbst gelernt haben, auf alles mögliche Süßwasserkleingetier Jagd zu machen.

Der sechste, siebente, achte Sinn ...

Man kann einer Klapperschlange die Augen verbinden, ihre lange züngelnde Zunge lähmen, ihr die Nüstern mit Wattebäuschchen verschließen, braucht dann aber nur die Hand auf etwa dreißig Zentimeter an ihren Kopf heranzuführen, und man kann sicher sein, daß die Schlange einen blitzartigen zielgerichteten Satz macht! Da kann man dann nur noch bereuen, sich auf Experimente mit den Sinnesorganen von Klapperschlangen überhaupt eingelassen zu haben.

Wissenschaftler sind vorsichtiger zu Werke gegangen. Sie haben dem aggressiven Reptil nicht die Hand, sondern eine Lampe hingehalten, die zuerst nicht ans Netz angeschlossen war, danach aber unter Strom stand. Sie meinten, diese zwei Varianten müßten

die Schlange eigentlich »kaltlassen«, doch das Gegenteil war der Fall, und das im wahrsten Sinne des Wortes.

Auf die ans Netz angeschlossene, warme Lampe stürzte sich die Klapperschlange jedesmal wie auf eine echte Beute, die erloschene, kalte Lampe dagegen interessierte sie gar nicht. Also besitzen Klapperschlangen spezielle Rezeptoren, die Wärme registrieren – eine Art Wärmeorter. Obwohl im Experiment aller uns vertrauten Sinnesorgane beraubt, bringen es viele Giftschlangen zuwege, ihre Beute trotzdem zu erlangen, als sei nichts geschehen.

So wurde 1937 das Geheimnis um die seltsamen Vertiefungen auf dem Maul von Grubenottern enträtselt. Diese Einbuchtungen an ihrem Kopf haben mit keinem der uns bekannten Sinnesorgane zu tun. Jede (es ist ein Paar) besteht aus einer äußeren und einer inneren Kammer, getrennt durch eine äußerst dünne, nur 0,025 Millimeter starke Membran. Um den vorderen Augenwinkel herum kann man auf dem Maul von Schlangen ein winziges Löchlein bemerken. Es mündet in einen engen Kanal, der bis zur inneren Kammer reicht. Das Löchlein kann sich weiten und verengen, wenn die Schlange die ringförmige Schließmuskulatur betätigt. Die äußere Kammer öffnet sich als breite Öffnung zwischen Nasenloch und Auge. Diese Öffnung ähnelt einem weiteren Nasenloch, deshalb sehen einige Grubenottern aus, als hätten sie vier Nasenlöcher.

Ähnliche Organe gibt es auch bei nichtgiftigen Schlangen, etwa bei Boas und Pythons, doch befinden sie sich an anderen Stellen, meistens auf den Oberlippenschilden.

Die Fähigkeit von Schlangen, Wärme zu orten, ist geradezu phänomenal! Die Tiere registrieren selbst Temperaturdifferenzen von nur 0,003 Grad auf der äußeren und inneren Fläche der Membran des Wärmesinnesorgans. (Zum Vergleich: Die Schwelle der Temperaturempfindlichkeit beim Menschen liegt bei ein bis zwei Grad.) Das reicht aus, daß selbst blinde und taubstumme Schlangen treffsicher ihre Beute schlagen.

Wie funktioniert so ein Lokator? Die Forscher neigen zu der Annahme, die Schlange operiere nach dem Boyle-Mariotteschen Gesetz und betätige den Schließmuskel der Eingangsöffnung zur inneren Kammer, wodurch diese von der Außenwelt isoliert werde. Die Erwärmung der Vorderwand der Membran führe dann zu einer Erhöhung der Lufttemperatur in der inneren Kammer. Die Luft dehne sich aus und drücke auf die Zwischenwand, wo sich die Luftdruckrezeptoren befinden.

Hat die Schlange den Druck auf die Membranen beider Gruben ausgeglichen, wendet sie den Kopf dem warmen Objekt zu und peilt das Opfer exakt nach dem Winkel an, der sich aus den Richtungen (von den beiden Gruben zum Opfer hin) ergibt.

Einen eigenen »sechsten« Sinn haben auch viele in südamerikanischen Flüssen verbreitete Nacktaale (der Zitteraal ist einer von ihnen). Sie sind mit elektrischen Organen ausgestattet, mit deren Hilfe sie sich sowohl in der normalen Umwelt als auch gegenüber Feinden orientieren können. Bei diesen Fischen liegen alle lebens-

wichtigen Organe im ersten Viertel des Rumpfes, selbst der After hat seine Öffnung zum Halsbereich hin. Im Schwanz aber ist das elektrische Organ untergebracht.

Die »Batterie« der Nacktaale befindet sich unter der als Isolator wirkenden Haut. Es sind einige wurstförmige Körper mit orangeroter Gallertstruktur, die durch Zwischenwände in kleine »Zellen« unterteilt ist. Die Stromentladungen erfolgen in einer Serie kurzer Niederspannungsimpulse (dreißig bis eintausend in der Sekunde). Im Ergebnis dessen entsteht um den Fisch herum ein elektromagnetisches Feld. Gegenstände mit einer anderen Stromleitfähigkeit als der von Wasser, die in dieses Feld geraten, verzerren dessen elektrische Eigenschaften. Die Verzerrungen werden von speziellen Elektrorezeptoren des Seitenlinienorgans wahrgenommen (beim Aal liegen sie im Kopfbereich), das sozusagen dem Gehirn signalisiert: »Achtung! Nebenan ist irgend etwas!« Dieses »irgend etwas« kann eine Wasserpflanze, ein Stein, ein begehrtes Futter, aber auch ein potentieller Feind sein. Der »Elektrofisch» erkennt diese Gegenstände an deren andersartiger elektrischer Leitfähigkeit und handelt den konkreten Umständen entsprechend.

Spitzenleistung beim Orientieren

Nicht weniger versierte Navigatoren sind die Fettschwalme oder Guacharos, die Felshöhlen in Lateinamerika bewohnen – von Panama im Nordwesten bis nach Peru im Süden und Suriname im Osten.

Die Fähigkeit der Guacharos zur Echolotpeilung ist eine der größten Leistungen der Natur. Obwohl die Fettschwalme in totaler Finsternis leben (ein hochempfindlicher Film wird selbst bei halbstündiger Exposition nicht belichtet), können sie virtuos in den Höhlen umherfliegen. Sie stoßen leise Klicktöne mit einer Frequenz von siebentausend Hertz aus, die ohne weiteres vom menschlichen Ohr wahrgenommen werden. Jedes Klicken dauert ein bis zwei Millisekunden. Das Geräusch wird von den Wänden des unterirdischen Gewölbes, von verschiedenen Vorsprüngen und Hindernissen reflektiert und von dem hellhörigen Vogel wahrgenommen. Verschließt man einem Guacharo aber die Ohren mit Watte (wie es der amerikanische Zoologe Donald Griffin in einem Experiment getan hat), so kann er sich in der Dunkelheit nicht besser orientieren als unsereiner.

Die Echolotorientierung der Guacharos funktioniert genauso wie die der Fledermäuse, die von ebendem unermüdlichen Griffin gleichfalls gut erforscht worden sind. Doch im Unterschied zu den Schwalmvögeln klicken die Flattertiere nicht, sondern sie piepsen, und zwar mit einer Frequenz, die das menschliche Ohr nicht mehr wahrnimmt.

Einmal jährlich, während der Brutzeit der Fettschwalme, dringen Menschen in die Höhlen ein. Sie sind mit Stangen bewaffnet, mit denen sie die meisten Nester zerstören. Dabei erschlagen sie einige tausend Vögel, und die Altvögel flattern, ihre Jungen verteidigend, den Indios um die Köpfe und stoßen Entsetzensschreie aus. Die heruntergefallenen Vogeljungen werden sofort ausgenommen. Ihr Bauchfell ist von Fett getränkt, die Fettschicht erstreckt sich vom Bauch bis zum After und bildet eine Art Polster zwischen den Beinen... Auf einem Reisigfeuer wird das Fett der frisch getöteten Jungvögel ausgelassen und in Tontöpfe gefüllt.

Der Mensch hat weder Echolokatoren noch ein besonders gutes Gehör, noch einen fein ausgebildeten Geruchssinn. Dafür aber besitzt er Stangen und ist maßlos gierig. Ebendeshalb ist seine Handlungsweise, wie Alexander von Humboldt sie schon vor fast zweihundert Jahren gegeißelt hat, nicht einfach nur entsetzlich, sondern auch schändlich.

Jetzt ist die größte Höhle mit nistenden Guacharos unter Schutz gestellt und zum Nationalpark erklärt worden.

Streng geschützt!

Löwenäffchen

Im frühen Tertiär, vor rund fünfzig Millionen Jahren, lebten Affen auch in Europa und in Nordamerika, wo das Klima damals für sie geeigneter war als heute. Jetzt sind sie nur noch in Mittel- und Südamerika, Afrika und Südostasien beheimatet.

Die amerikanischen Affen werden von vielen Zoologen als Breitnasenaffen, die Affen der Alten Welt als Schmalnasenaffen bezeichnet. Bei den ersteren sind die Nasenlöcher durch eine breite Scheidewand getrennt und etwas zur Seite gerichtet. Bei den zweiten ist die Nasenscheidewand schmal, die Nasenlöcher liegen nahe beieinander und sind nach vorn gerichtet.

Die Überfamilie der Breitnasenaffen zerfällt in zwei Familien: die Greifschwanzaffen und die Krallenäffchen oder Eichhornäffchen mit dreiunddreißig Arten. Krallenäffchen werden sie genannt, weil die Nägel an ihren Fingern scharf und seitlich abgeflacht sind, eben wie Krallen.

Früher meinte man, die Krallenäffchen seien die ältesten Affen nicht nur Amerikas, sondern der Welt überhaupt. Heute nimmt man an, daß sie nur ein spezialisierter Zweig der Breitnasenaffen sind, und zwar kein alter Zweig, sondern ein in evolutionärem Sinne junger, der sich vor relativ kurzer Zeit abgetrennt hat.

Mit »spezialisiert« ist hier angepaßt gemeint an das Leben unter speziellen Bedingungen – in den Wipfeln des »Waldes der Wälder«, den Selvas des Amazonastieflandes. Im Laubwerk von riesigen, von Lianen umwundenen und mit Orchideen bewachsenen Bäumen, in der Feuchtigkeit, im Halbdunkel, bei reichlich vorhandenen ganzjährig reifenden Früchten und Nüssen finden sie Zuflucht und Nahrung. Auf die Erde steigen Krallenäffchen fast nie herab.

Krallenäffchen sind so winzig wie Ratten oder Eichhörnchen. Der Liliputaner unter ihnen – das Cebuëlla-Zwergseidenäffchen, wiegt ganze fünfunddreißig Gramm. Seine Länge, von der Nase bis zur Schwanzwurzel gemessen, beträgt ganze fünfzehn Zentimeter. Der Schwanz ist dann noch weitere rund zwanzig Zentimeter lang. Das Äffchen ist nur wenig größer als der Mausmaki, der kleinste Primat überhaupt. Das Löwenäffchen ist mit dreißig Zentimeter Körperlänge und einem ebenso langen oder sogar noch etwas längeren Schwanz der größte Vertreter der Krallenäffchen.

Viele Krallenäffchen sehen regelrecht spaßig aus. Die einen haben einen langen »grauen« Schnurrbart, andere wiederum abenteuerlich aussehende »Frisuren«; viele tragen Mähnen auf Hals und Schultern, ihre Ohren haben einen üppigen Besatz aus langen Haaren. Die Färbung ist leuchtend, der Pelz weich und seidig.

Krallenäffchen, deren Eckzähne gerade so groß sind als die Schneidezähne, werden gewöhnlich Marmosetten genannt. Dagegen sind bei den ebenfalls zu den Krallenäffchen zählenden Tamarins die unteren Eckzähne viel länger als die Schneidezähne.

Diese Äffchen sind verspielt und niedlich, sie gewöhnen sich schnell an den Menschen. Selbst die sonst so hartherzigen Konquistadoren fanden Gefallen an diesen »Meerkatzen«. Seit langem schon bringt man die seidigen Äffchen nach Europa; die Damen der »besseren Gesellschaft«, besonders zu Zeiten der Marquise de Pompadour und der letzten Ludwige von Frankreich, hielten sie in ihren Salons, so wie man heute Bologneserhündchen und Siamkatzen hält.

Löwenäffchen lebten noch unlängst in vielen Zoos und auch in Privathand bei Liebhabern. Gefangenschaft und das kühle Klima in Europa ertragen sie besser als andere Krallenäffchen. Doch jetzt sind die Löwenäffchen (besonders das Große Löwenäffchen, eine der drei Arten) seltene, vom Aussterben bedrohte Tiere geworden. Das Verbreitungsgebiet des Großen Löwenäffchens ist winzig – ein auf der Karte kaum auffindbarer Punkt südwestlich von Rio de Janeiro in Brasilien. Hier in den küstennahen Bergwäldern (und nirgendwo anders sonst!) sind diese wohl am buntesten gefärbten Tiere unter den rezenten Säugetieren noch erhalten geblieben.

Bis auf die schwarze Schnauze ist das Fell des Großen Löwenäffchens goldgelb gefärbt und hat einen rötlichen Schimmer. Die üppige Mähne am Hals beweist anschaulich, woher das Tier das Beiwort »Löwe« in seinem Namen hat.

Bei dem bekannten Naturforscher Iven Sanderson lebte viele Jahre ein Löwenäffchen. Es liebte seinen Besitzer sehr und begrüßte ihn jedesmal mit einem lauten Freudenschrei. Interessant war, daß das Äffchen schon im voraus wußte, wenn Sanderson kam, bevor er noch das Haus betreten hatte. Mit Sicherheit konnte es selbst das ferne Motorengeräusch vom Auto seines Herrn von dem anderer Autos unterscheiden.

In einigen Zoos haben sich Löwenäffchen vermehrt. Geboren wurden in der Regel zwei Junge, die sogleich an der Mutter hochkletterten und sich in deren Fell festkrallten. Bereits am zweiten Tag nach der Geburt der Jungen bemühte sich die Mutter, sich von ihnen zu befreien. Andere Löwenäffchen, falls sich solche im selben Käfig befanden, nahmen sie ihr mit offensichtlichem Vergnügen ab. Doch der Vater pochte schnell auf sein Sorgerecht für seine Kinder: Er nahm sie ihnen wieder ab und trug sie bei sich. Kam die Zeit der Fütterung heran, übergab er sie der Mutter. Die Kleinen wurden von ihr gesäugt und zogen danach wieder auf den Rücken des Vaters um. Junge, die sich nicht von der Mutter trennen wollten, stieß diese mit den Händen weg und biß sie sogar. Nach etwa sechs Wochen pflegt sich dann auch der Vater von seiner Bürde zu befreien, er schleppt die Kleinen nicht mehr mit sich umher. Beide Eltern aber kümmern sich noch weiter um sie. Die Mutter säugt sie rund drei Monate lang, obwohl die jungen Tamarins schon längst (bereits am neunzehnten Lebenstag) Bananen und andere Früchte fressen. Der Vater frißt die besten Happen von diesen Früchten nicht selbst, sondern bringt sie seinen Kindern.

Ist das Stück zu groß, zerkleinert er es mit den Zähnen, und die Jungen brauchen die dargebrachte Speise nur noch zu schlukken.

Nach vier Monaten bedürfen junge Löwenäffchen der elterlichen Fürsorge nicht mehr und beginnen ein selbständiges Leben.

Der Springtamarin

1904 erhielt das Naturkundemuseum der brasilianischen Stadt Belém vom Oberlauf des Amazonas ein kleines Äffchen, das einem Löwenäffchen ähnelte, nur war sein Fell seidig und schwarz. Das Tierchen stellte eine neue, der Wissenschaft noch unbekannte Art dar, was der Direktor des Museums, E. Göldi, ein namhafter Erforscher der Tierwelt Südamerikas, auch sofort erkannte.

Das Äffchen lebte nicht lange. Als es verendet war, schickte Göldi den Balg an das Britische Museum nach London, damit man dort genauer bestimme, welcher Art und Familie das Tier angehörte. Fachleute dieses Museums cntschieden anhand des Balges und der Krallen an den Zehen (der Schädel des Affen lag ihnen nicht vor), daß das eine neue Tamarinart sei, und benannten ihn »Göldi« zu Ehren des Entdeckers.

Sieben Jahre später und danach nochmals drei weitere Jahre später erhielt das Museum Belém erneut zwei dieser Äffchen, doch auch sie starben bald. Die brasilianische Zoologin Miranda Ribeiro untersuchte sorgfältig deren Schädel und kam zu einem unerwarteten Ergebnis: Wenn die Frage nach den Artverwandten dieser Affen nur anhand des Fells und der Krallen an den Zehen entschieden wird, kommt man zu dem Schluß, daß sie tatsächlich den Krallenäffchen nahestehen. Doch nach Untersuchung des Schädels und der Zähne fand die Zoologin viele Merkmale, die für Affen aus der Familie der Greifschwanzaffen typisch sind. Diese rätselhaften »Tamarins« sind eine Zwischenform, das Bindeglied zwischen den beiden Familien. Miranda Ribeiro gab dem Göldi-»Tamarin« eine neue Gattungsbezeichnung: Callimico, was in der deutschen Übersetzung etwa soviel heißt wie »hübsches kleines Äffchen«. Sein anderer Name ist Springtamarin.

Unter den Systematikern streitet man sich bis heute darüber, welcher Familie nun dieses »hübsche kleine Äffchen« zugerechnet werden muß – den Krallenäffchen oder den Greifschwanzaffen. Es

17–1051

wurde eine Kompromißlösung gefunden; man schuf für den Callimico eine eigene Unterfamilie.

Der Callimico goeldi ist so groß wie ein Eichhörnchen und bewohnt die Wälder am Oberlauf des Amazonas. Sein Verbreitungsgebiet besteht aus wenigen kleinen Regionen. Über seine Lebensweise in freier Wildbahn ist nichts bekannt. In einen Zoo (und zwar den Londoner) gelangte dieses Äffchen erstmalig 1915, wo es aber nur eine Woche lebte.

Danach bekamen die Zoologen dreßig Jahre lang keinen Callimico mehr in die Hand. Anfang 1945 hatte der Zoo Belém erneut einen wertvollen Zugang zu verzeichnen – einen weiteren Callimico. Doch dann schienen diese Affen wiederum ausgestorben zu sein. Mitte der fünfziger Jahre trafen allerdings wieder einige Springtamarins in zoologischen Gärten Süd- und Nordamerikas ein, und wenig später auch in europäischen. Doch starben fast alle Tiere nach einigen Wochen oder Tagen. Nur wenige wurden einige Jahre alt. Den Rekord von fünfeinhalb Jahren erzielte der Kölner Zoo, und in einigen Zoos haben sie sich sogar fortgepflanzt.

Wie bei den Löwenäffchen gibt sich auch bei den Springtamarins der Vater mit den Jungen ab. Alles verläuft bei ihnen ähnlich, allerdings nimmt er sie der Mutter etwas später ab, erst in der dritten Woche nach der Geburt. Sind die Kleinen vier Monate alt, will die Mutter überhaupt nichts mehr mit ihnen zu tun haben. Sie frißt allein, und wenn ein Kleines sie um ein Stückchen Apfelsine oder Banane anbettelt, jagt sie es fort. Doch sorgt der Vater noch einige Wochen lang für die Jungen, füttert und verteidigt sie. Mit einem Jahr sind die jungen Callimicos dann völlig selbständig.

Schlitzrüßler

Wer sich nicht für Zoologie interessiert, der wird kaum wissen, was ein Schlitzrüßler ist. Diese Tierchen leben nur auf Kuba und Haïti, dazu bloß noch in geringer Zahl. Vielleicht gibt es heute überhaupt keine mehr, vielleicht sind sie schon völlig ausgerottet? So fragen sich manche Zoologen.

Schlitzrüßler haben ein höchst seltsames Aussehen: Die ungewöhnlich lange Nase ähnelt einer dünnen Mohrrübe und ist weit nach vorn ausgezogen, der Schwanz wirkt wie ein Rattenschwanz, die Äuglein sind winzig, die Ohren fast nicht zu sehen, weil das dichte Fell sie verbirgt. Der zweite untere Schneidezahn (von innen gesehen) hat eine tiefe Längsfurche, und sie gab dem Tier auch seinen Namen: Schlitzrüßler. In diese Furche, diesen Schlitz mündet der Kanal einer großen Drüse. Man nimmt an, die Flüssigkeit, die diese Drüse absondert, enthält Giftstoffe.

Es gibt zwei Arten von Schlitzrüßlern – den Kubanischen Schlitzrüßler oder Almiqui und den Haïti-Schlitzrüßler. Beide sind kleinwüchsig; die Körperlänge beträgt achtundzwanzig bis fünfunddreißig Zentimeter, dazu kommen noch zwanzig bis fünfundzwanzig Zentimeter Schwanzlänge. Nach der zoologischen Nomenklatur werden die Schlitzrüßler der Ordnung der Insektenfresser zugerechnet, doch bilden sie eine eigene, nur durch diese beiden Arten vertretene Familie.

Schlitzrüßler leben in Bergwäldern. Tagsüber verbergen sie sich in Felsspalten und unter Baumwurzeln. Gewöhnlich verbringen sie in diesen Zufluchtsstätten die hellen Stunden des Tages nicht allein;

paarweise oder in größerer Zahl schlafen sie hier, in Reihen liegend. Offensichtlich trennen sich die Schlitzrüßlerweibchen nicht wie andere Insektenfresser sofort von ihren herangewachsenen, bereits selbständigen Jungen, sondern behalten sie zusammen mit den Nachkömmlingen aus dem späteren Wurf bei sich. In der Dämmerung machen sie sich dann auf Futtersuche. Sie wittern ihre Beute, die aus Würmern, Insekten, Schnecken besteht. Gelingt es ihnen, einen Frosch oder eine Eidechse zu erwischen, fressen sie auch diese. Bei der Beutesuche folgen sie verführerischen Düften und pflügen den Boden mit ihrer grotesk wirkenden langen Nase auf. Falls nötig, wühlen sie auch mit den Krallen.

Schlitzrüßler vermehren sich nicht eben stark: Zweimal im Jahr bringen die Weibchen ein, seltener zwei bis drei Junge zur Welt. Dies ist der Erhaltung der Art nicht gerade förderlich, schon in Anbetracht der vielen Feinde, die plötzlich in der Heimat der Schlitzrüßler auftauchten. Auch früher schon waren diese Tiere selten zu sehen gewesen, doch nachdem der Mensch Katzen, Hunde und vor allem indische Mangusten auf die Insel gebracht hatte, starben die Schlitzrüßler rasch aus. Diese Mangusten waren 1872 in der Heimat der Schlitzrüßler ausgesetzt worden, damit sie giftige Schlangen fingen. Doch die Immigranten verfahren »eigenmächtig«, sie machen lieber Jagd auf Schlitzrüßler, ja sogar auf Ferkel und Lämmer und gehen den Giftschlangen tunlichst aus dem Weg.

Die Natur hat ja Kriechtiere in überreichlichem Maße mit Giftwaffen ausgestattet: Vierhundertzehn Schlangenarten und zwei Eidechsenarten sind giftig. Man fragt sich, weshalb die Nachfahren der Reptilien, die Säuger, über solch tödliche, effektive Waffen nicht verfügen? Doch haben sie wirklich keine?

Auf den untersten Entwicklungsstufen, in der Ordnung der primitivsten Säugetiere, haben die Systematiker die seltsamen Kloakentiere (oder Ursäuger) untergebracht: die Ameisenigel und die Schnabeltiere. Sie gebären ihre Jungen nicht wie alle übrigen Säugetiere, sie legen Eier! Die aus den Eiern geschlüpften Jungen aber werden gesäugt. Bei Ameisenigeln und Schnabeltieren tragen die Männchen an den Hinterbeinen Sporne; diesen Sporn durchzieht ein Kanal, durch den eine trübe, Gift enthaltende Flüssigkeit austritt.

Neben den Beuteltieren stehen in der Klasse der Säugetiere den Kloakentieren die insektenfressenden Säugetiere am nächsten, so daß dieses höchst seltene Phänomen – Giftdrüsen bei Säugern – mit gewisser Wahrscheinlichkeit auch bei insektenfressenden

Säugetieren vorhanden sein kann. Vielleicht ist der Speichel bestimmter Spitzmäuse giftig. Bei den Schlitzrüßlern ist er noch toxischer, und ein Giftapparat ist auch morphologisch erkennbar: Auf dem der Giftdrüse zunächst stehenden Zahn hat sich eine kleine Längsrinne gebildet. Annähernd den gleichen Giftzahntyp finden wir auch bei einigen Giftschlangen. In der weiteren Evolution kam es dann zu wesentlichen Verbesserungen: Die Längsfurche auf dem Giftzahn schloß sich zu einem Giftkanal, der den Zahn durchzieht. Die Zähne selbst bogen sich mit der Zeit nach hinten um und funktionierten wie die Klinge eines Taschenmessers. Zu einer ähnlichen Art Vervollkommnung ist es bei den Säugetieren im Verlaufe der Evolution jedoch nicht gekommen, ja mehr noch, bei den rezenten höheren Säugern ist jegliches Gift überhaupt verschwunden. Warum? Auf diese interessante Frage hat noch niemand eine Antwort gefunden.

Bis 1935 schien es, als seien die Haïti-Schlitzrüßler gänzlich ausgerottet, doch in ebenjenem Jahr wurden im gebirgigen Norden Haïtis ein paar lebende Exemplare dieses seltenen Tiers gefunden. Einige davon gelangten in den Zoo Frankfurt/M. und weitere zoologische Gärten Europas. Es erwies sich, daß sie ganz gut zu halten sind. Die Zoologin Erna Mohr (BRD) hielt fünfzehn Schlitzrüßler, und ihre Beobachtungen füllten in gewissem Maße die Lücke in unserem spärlichen Wissen über das Verhalten und das Leben dieser Tiere. Sie gewöhnten sich schnell an ihre Besitzerin und liebten es besonders, ihr über den Arm auf die Schulter zu klettern, dort eine Weile zu sitzen und neugierig von hoch oben herunter die Umgebung zu betrachten. Einige kamen, wenn sie den ihnen gegebenen Namen hörten, sofort herbeigerannt, für insektenfressende Säugetiere eine ganz ungewöhnliche Dressur.

Tagsüber verließen die Schlitzrüßler selten ihre Kiste, in der sie sich ein Nest gebaut hatten. Erst gegen Abend kamen sie einer nach dem anderen herausgekrochen und liefen munter im Käfig umher. Ihre Lieblingsbeschäftigung war die bestmögliche Herrichtung des Nestes. Heu, Laub, Torf – alles, womit der Boden des Käfigs ausgelegt war, scharrten sie zu Häufchen zusammen, nahmen später dieses zusammengetragene Zeug zwischen die Vorderpfoten oder zwischen die Zähne und schafften es im Rückwärtsgang in ihr »Schlafzimmer«. Auch verschiedene andere Gegenstände, die keineswegs für Bequemlichkeit und Komfort im Nest notwendig waren, schleppten sie zusammen, zum Beispiel die stachlige Hülle von Bucheckern, harte Torfklümpchen, sogar nach der Reinigung im Käfig liegengebliebene Handschaufeln und kleine Besen.

Sie schliefen im Nest einer über dem anderen, wobei es nie zu Streitigkeiten kam. Selbst zwei sich ständig befehdende Männchen schlossen sofort Frieden, sobald sie in das Nest krochen, und lagen dort ganz ruhig eng beieinander, als seien sie die besten Freunde.

Die Schlitzrüßler bewegten sich sehr schnell, doch nicht in Sprüngen, sondern nur in raschem Trab; dabei setzten sie die Vorderpfoten mit der Hacke auf den Boden auf, die Hinterpfoten dagegen nur mit den Zehen. Der nach hinten gereckte Schwanz wirkte wie ein lebloses, nicht dazugehöriges Anhängsel, das sich fast nie, weder zur Seite noch nach oben noch nach unten bewegte.

In der Erde wühlten sie gewöhlich nur mit einer Vorderpfote. Wenn sie dabei auch die zweite einzusetzen versuchten, fielen sie auf die Nase. Kratzten sie sich mit einem Hinterbein das Fell, strählten es, dann standen sie auf den übrigen drei Beinen, und der Schwanz diente als zusätzliche Stütze. Damit war ihre ganze Toilette auch schon beendet. Niemals badeten sie, niemals leckten sie ihr Fell.

Überaus komisch sah es aus, wenn Schlitzrüßler tranken. Damit die lange Nase dabei nicht störte, bogen sie diese steil nach oben, leckten das Wasser mit der Zunge auf, warfen den Kopf in den Nacken (etwa wie Hühner) und schluckten das ins Maul genommene Wasser hinunter.

Gerieten die Schlitzrüßler einmal in Erregung, winselten sie laut, stürzten sich auf den Menschen, der sie geärgert hatte, und bissen schmerzhaft zu. Waren sie guter Laune, gingen sie friedlich miteinander um, piepsten, prusteten und schnauften wie Igel. Eine Mutter und ihre Jungen oder ein Männchen und ein Weibchen, die sich lange nicht gesehen hatten, drückten ihre »Freude« über die Begegnung durch eine Art melodisches »Singen« aus.

Vom Bermudasturmvogel

In fernen Zeiten, lange bevor die Bermudas von Europäern besiedelt wurden, tummelten sich riesige Vogelschwärme über diesen Inseln. Es waren Bermudasturmvögel. Sie nisteten hier überall: auf Felsen, auf Steilwänden, selbst auf den Wiesen der Hauptinsel. »Unzählbar«, »gewaltige Massen«, »unendlich große Schwärme» – so charakterisierten die Abenteurer im Zeitalter der großen Entdeckungen diese Vögel der Bermudas.

Doch da trafen im Jahre 1609 Kolonisten aus England auf den Inseln ein. Sie ließen sich hier nieder und brachten Schweine und Hausratten mit (letztere waren natürlich »schwarz« auf den Schiffen mitgefahren), und eifrig fielen die einen wie die anderen über die in Erdhöhlen nistenden Vögel her. Später machten dann auch die Siedler selbst mit, deren Lebensmittelvorräte zur Neige gingen. Bald berichtete nur noch die Fama vom Bermudasturmvogel, und die Wissenschaftler waren fast einhellig der Ansicht, er sei ausgestorben.

Nicht teilten diesen Pessimismus jedoch die amerikanischen Ornithologen R. Murphy und L. Mowbray. 1951 begaben sie sich an der Spitze einer gut ausgerüsteten Expedition auf die Bermudainseln in der scheinbar aussichtslosen Hoffnung, Nester des Bermudasturmvogels zu finden. Doch das Vorhaben war von Erfolg gekrönt: Sie fanden sieben Nester des »ausgestorbenen« Vogels!

Diese Nester waren nicht in den Boden gewühlt, wie bei Sturmvögeln üblich, den »Boden« hatten ihnen nämlich die verschiedenen Haustiere und die landwirtschaftlichen Kulturen schon geraubt. Die letzten Bermudasturmvögel waren auf das entlegene Felseninselchen Castle Harbour vertrieben worden, wo sie ihre Nester in zerklüfteten Klippen angelegt hatten.

Bald wurde den Bermudasturmvögeln der offizielle Status eines unter Naturschutz stehenden Tiers verliehen. Vor Menschen und Haustieren waren sie also nun geschützt: Aber ach, ihre gefährlichsten Feinde konnte man nicht abwehren. Es sind Seevögel, und zwar die Weißschwanztropikvögel. Sie zerrten fast alle Jungen der Bermudasturmvögel aus den Nestern und fraßen sie.

Ein erfinderischer Mensch von der Schutzbehörde der Insel ersann aber eine Vorrichtung, die die Jungen vor den Weißschwanztropikvögeln schützt – einen dem Nest genau angepaßten Deckel mit einer Öffnung. Die Altvögel konnten zum Füttern der Jungen bequem durch diese Öffnung schlüpfen, die größeren Tropikvögel schafften dies jedoch nicht. Sogleich verdoppelte sich der jährliche Zuwachs in der Kolonie.

Bald aber brach neues Unheil über die Vögel herein. Ornithologen fanden in den Nestern der Bermudasturmvögel viele Eier abgestorben und ausgeschlüpfte Vogeljunge tot vor. Genau zur gleichen Zeit wurde bekannt, daß auf die gleiche Art die frische Brut auch von Habichten und anderen Greifvögeln verlorenging. Man stellte fest, daß die Greifvögel durch Pestizide – DDT und andere Gifte – umkommen, mit denen die Felder bestreut werden, um sie vor landwirtschaftlichen Schädlingen zu schützen.

Wie aber gelangten diese Gifte in die Nester der Bermudasturmvögel? Offensichtlich mit dem Fisch und anderen Meerestieren, die sie an ihre Jungen verfüttern. Also hat der Mensch Erde und Flüsse so sehr vergiftet, daß bereits das Meer verseucht ist! Vor dieser verderblichen Tätigkeit des Menschen können keine noch so schlau erdachten Vorrichtungen die Vogeljungen schützen, und viele Leute meinen nun, der Bermudasturmvogel sei endgültig verloren...

Unterdessen haben die Behörden der Bermudas 0,1 Quadratkilometer Boden als Reservat für die Vögel zur Verfügung gestellt, darunter auch auf solchen Inseln, wo die Bodenschichten dick genug sind, daß die Sturmvögel Höhlen hineinwühlen können. Hierbei helfen ihnen auch die Mitarbeiter des Reservats; sie graben künstliche Höhlen, um auch solche Bermudasturmvögel zu halten, die es verlernt haben, »Erdarbeiten« zu leisten.

1971 nisteten auf den Bermudas gesetzlich geschützt ungefähr einhundert Bermudasturmvögel. Es könnten mehr sein, wäre nicht die Verschmutzung des Meeres, durch die der natürliche Zuwachs der Kolonie immer wieder dezimiert wird.

Fragen an die Auskunftei »Launen der Natur«

Welches ist die größte Schlange?

Sie ist schon vorgestellt worden, es ist die Anakonda. Der Längenrekord beträgt 11,43 Meter. Alle anderen Boas und Pythons, die von Wissenschaftlern gemessen worden sind, waren in keinem Fall länger als neun Meter.

Worin unterscheidet sich eine Boa von einem Python?

Vor allem in ihrem Verbreitungsgebiet. Pythons sind Schlangen der Alten Welt (Aftrika, Asien, Australien), Boas hauptsächlich Bewohner der Neuen Welt. In der Alten Welt leben nur vier Boa-Arten. In der Neuen Welt gibt es überhaupt keine Pythons.

Sie pflanzen sich auch unterschiedlich fort: Pythons legen Eier, Boas sind lebendgebärende Riesenschlangen. Anatomisch unterscheiden sich beide Schlangen ebenfalls.

Worin unterscheidet sich ein Alligator von einem anderen Krokodil?

Die Hauptunterschiede befinden sich dort, wohin sich kaum jemand wagt – im Rachen! Beim Alligator ist der größte Zahn im Oberkiefer der vierte und im Unterkiefer ebenfalls der vierte. Beim Krokodil ist im Oberkiefer der fünfte Zahn größer als alle anderen, im Unterkiefer dagegen ist es, wie beim Alligator, der vierte; schließt sich der Rachen, kommt dieser vierte Zahn aber nicht in eine freie

Stelle des Oberkiefers zu liegen, die von allen Seiten geschlossen ist, sondern nur in einen an der Seite offenen Ausschnitt im Oberkiefer, so daß er bei geschlossenem Rachen von außen sichtbar ist.

Außerdem kommen beim Alligator alle Zähne des Unterkiefers bei geschlossenem Rachen hinter die oberen Zähne zu liegen und sind von außen nicht sichtbar. Beim Krokodil dagegen sind sie sichtbar, da die Zähne beider Kiefer wie bei einem Reißverschluß ineinandergreifen.

Bauen Krokodile Nester?

Einige bauen eine Art Nest, darunter die Familie der Alligatoren. Sie scharren faulendes Laub und Stiele zusammen, so daß so etwas wie ein Frühbeet entsteht. Die Pflanzen faulen und geben Wärme ab. Das Alligatorweibchen wendet mehrmals täglich den »Kompost«, mit dem die Eier im Nest zugedeckt sind; bald verdichtet es ihn, bald lockert es ihn auf und sorgt so dafür, daß die nötige Feuchtigkeit und Temperatur im Nest erhalten bleiben.

Welches Tier hat die größten Krallen?

In Wäldern und Savannen Südamerikas findet man viele Ameisennester und steinharte Termitenbaue – Wohnungen der weißen Ameisen – aufgebrochen, aufgewühlt, mit großen Löchern. Völlig zerfetzt sind auch Bäume. Das Erdreich ist aufgegraben, dicke Wurzeln sind zerrissen, zerbrochen wie dünne Gerten.

Das alles ist das zerstörerische Werk des Riesengürteltiers. Das krallenbewehrte Tier hat dicke kurze Beine, den langen, in einen Knochenpanzer gehüllten Schwanz schleift es nach. Auch das Tier selbst ist oben wie eine Schildkröte gepanzert. Seine Länge beträgt (von der Nase bis zum Schwanzende gemessen) anderthalb Meter, es wiegt über siebzig Kilogramm. Bäume ritzt und zerfetzt das Gürteltier mit den Krallen, um an die Ameisen zu gelangen. Zuerst bohrt es ein Loch und fährt danach mit der langen klebrigen Zunge in alle Winkel des Ameisenbaues, um die Insekten aufzulecken.

Kein anderes Tier hat solche gewaltigen Krallen wie das Riesengürteltier. Sie sind so lang wie eine Hand und fast ebenso breit. Selbst beim Löwen sind die Krallen kleiner.

Welcher Vogel hat Krallen an den Schwingen?

Jener seltsame Vogel wird Hoatzin genannt. Er ist rabengroß und hat einen Schopf auf dem Kopf.

Hoatzins bauen ihre Nester immer auf Ästen, die über dem Wasser hängen, damit die Vogeljungen darin untertauchen und sich vor solchen Feinden in Sicherheit bringen können, die nicht gern ins Wasser gehen.

Ausgewachsene Hoatzins haben keine Krallen. Nur die Jungen weisen je zwei Krallen an jedem Flügel auf wie der ausgestorbene Urvogel Archaeopteryx. Sie klettern geschickt, indem sie sich mit den Krallen an den Zweigen festklammern. Werden sie von einer Nachtbaumnatter oder einer Wildkatze verfolgt, klettern sie aus den Nestern heraus nach oben und lassen sich dann von den Zweigen direkt ins Wasser fallen. Sie ertrinken nicht, da kann man unbesorgt sein. Noch unbefiedert, schwimmen und tauchen sie gut. Werden sie nicht mehr bedroht, steigen sie wieder aus dem Wasser heraus und klettern von Zweig zu Zweig zurück in ihre Nester.

Wie groß ist die Gemeine Vogelspinne?

Im Vergleich zu anderen Spinnen ist sie riesengroß. Die größten Vogelspinnen messen mit ausgebreiteten Beinen zwanzig mal zwanzig Zentimeter.

Vogelspinnen weben keine Fangnetze.

Welches ist der größte Käfer?

Der Herkuleskäfer ist mitsamt dem überlangen Horn am Kopf

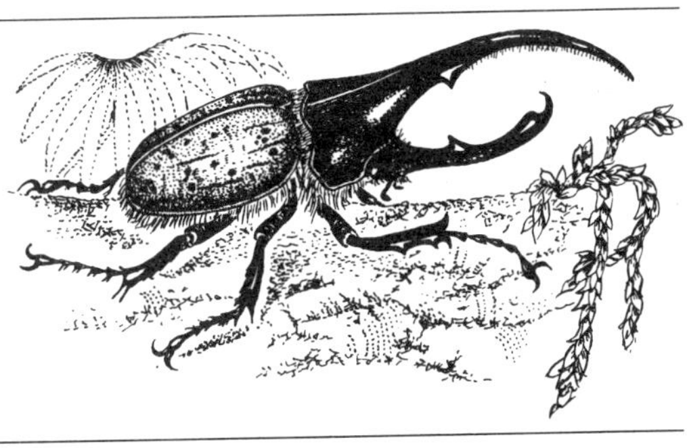

doppelt so groß wie unser größter Hirschkäfer. Sein Nachbar aber, der Bockkäfer Titanus giganteus, der die Wälder des Amazonastieflands bewohnt, ist ohne Geweih von etwa dieser Größe.

Herkuleskäfer und Titanus sind mit sechzehn bis achtzehn Zentimeter Länge die größten Käfer der Welt, nicht aber die schwersten. Größere Masse bringt der Aktäonkäfer auf die Waage, obwohl er kleiner ist. Er lebt ebenfalls im tropischen Amerika.

Sonderlinge auf dem fünften Kontinent

5

Als Sonderlinge kann man sie deshalb bezeichnen, weil bei ihnen alles nicht so ist wie bei »normalen« Säugern und Vögeln.

Ganz allgemein darf man wohl sagen, daß Australien so eine Art Hort für wunderliche Vertreter der Tierwelt ist. Das stellten bereits die ersten weißen Siedler fest, kaum daß sie die Küste des »grünen Kontinents« und der benachbarten Inseln betreten hatten: dreiäugige Reptilien, eierlegende Säugetiere, behaarte Säuger mit Entennasen, Beutelbären, Beutelwölfe, Beuteleichhörnchen und riesige »Springmäuse«, die Känguruhs. Und was ist mit den Vögeln? Man nehme nur einmal die Großfußhühner! Auf den ersten Blick ganz gewöhnliche Vögel, aber wenn es an die Aufzucht der Jungvögel geht, dann kann man so seine Überraschungen erleben.

Einzigartig ist die Tierwelt der Australis. Bemerkenswert ist vor allem das fast völlige Fehlen höherer Placentaria, das heißt echter Säuger (nach dem fünften Kontinent sind wohl nur Ratten und Fledermäuse vorgedrungen). Alle übrigen Säuger hier sind primitiver, es sind Kloakentiere und Beuteltiere.

Dafür weist die Avifauna eine weit größere Vielfalt auf. Hier fliegt, zwitschert und brütet fast die Hälfte aller auf der Erde vorkommenden Papageien, ein beträchtlicher Teil aller Tauben, Sperlingsartigen, Hühnervögel und Rallen. Neuseeland ist geradezu ein Museum für Laufvögel, Neuguinea ein Dorado für Paradiesvögel usw. Seltene Vertreter von Reptilien, Lurchen, Insekten und anderen Klassen und Typen lassen die ohnehin originelle Fauna Australiens nur noch eigenartiger erscheinen.

Da taucht natürlich die Frage auf, welches Tier aus dieser Fülle musealer Raritäten wohl als echter »Sonderling« anzusehen ist. Vielleicht der »vogelschnäblige« Ameisenigel mit seiner teils säugergemäßen, teils kriechtiergemäßen Art der Fortpflanzung? Oder etwa der Springinsfeld Känguruh? Man schaue ihn sich nur einmal an: Ein Säugetier, das seine Kinder in einer Tasche austrägt!

Nein, wahrscheinlich beide nicht. Denn beide sind keine Beispiele echter »Absonderlichkeiten«, echter Launen der Natur, sondern einer ganz bestimmten Entwicklungsstufe. Diese Tiere sind tatsächlich einmalig in ihrer Art und bemerkenswert allein schon durch die Tatsache ihrer Existenz.

Echte »Sonderlinge« sind nach meinem Verständnis jene Tiere, die zwar keine neue Stufe der Evolution erreicht haben, aber ungewöhnliche Merkmale erwarben, die anderen ihrer Art nicht eigen sind.

Aus ebendiesem Grund soll auch nicht von den traditionellen Schnabeltieren und Känguruhs berichtet werden, sondern von etwas weniger spektakulären Tieren, die aber doch bemerkenswert sind wegen ihrer Unähnlichkeit mit ihren nächsten Verwandten.

Mülltonne oder Inkubator?

Macht man sich mit Einzelheiten im Verhalten von Großfußhühnern bekannt, so drängt sich einem unwillkürlich der Gedanke auf, hier könne doch etwas nicht stimmen. Daß dieses im großen ganzen gesehen unscheinbare »Hühnchen« in der Lage sein soll, ein ganzes »Hügelgrab« von ungefähr fünfzehn Metern Durchmesser und doppelter Mannshöhe zu errichten, dieser Gedanke will einem nicht so recht in den Kopf.

Als der Dominikanermönch Navarett nach dem Besuch einiger Inseln Ozeaniens seinerzeit dies und noch anderes berichtete, nahm man seine Schilderung damals schon mit Mißtrauen und Argwohn auf. Die Entwicklung der Biologie hat jedoch gezeigt, daß man bereits damals dem reisenden Missionar hätte Gehör schenken sollen, denn das, was dieser gesehen und beschrieben hatte, entsprach durchaus der Wahrheit, obwohl die Wissenschaft sich bis heute schwer tut, die Zweckmäßigkeit der »Tricks« zu erklären, deren sich die Großfußhühner bedienen.

Einfach ausgedrückt geschieht folgendes: Anstatt richtige komplette Nester zu bauen und ruhig und fernab vom Weltgetriebe ihre Eier auszubrüten, scharren die Großfußhühner mit lobenswertem Eifer Erde, Sand, Humus, Blätter und Müll zu einem Haufen zusammen, so daß ein kleiner Hügel entsteht. Der Müll beginnt natürlich zu gären, und eben das brauchen die Hühner. Ist die optimale Temperatur von annähernd dreiunddreißig Grad Celsius erreicht, graben sie in die Müllpyramide Höhlen oder Nischen und legen darin ihre großen Eier ab. Während die Eier dort im Müll ruhen, rennen die Hühner die ganze Zeit über geschäftig um den Hügel herum hin und her. Bald holen sie etwas herbei, bald tragen sie etwas weg. Den bereits verfaulten Müll scharren sie weg, frischer wird herangebracht.

Und da schlüpfen auch schon die Jungen, in der Regel bereits völlig befiedert. Ohne jegliche elterliche Hilfe kommen sie aus dem Müll hervorgekrochen und laufen sofort auseinander.

Natürlich unterscheiden sich die Hügel, die die verschiedenen Arten von Großfußhühnern errichten, in ihrer Form und Größe sowie im Baumaterial voneinander. Die »Kennziffern« variieren auch in Abhängigkeit vom Wetter oder Standort der Haufen, und die Bauzeit ist ebenfalls unterschiedlich.

Das Inselgrabhuhn zum Beispiel kann an seinem »Inkubator« jahrelang arbeiten. Für die Arbeiten wird sogar seine »bessere Hälfte« mobilisiert. Nicht selten vereinigen sich Paare zu »Baugenossenschaften« und schleppen den Müll zu einem gemeinschaftlichen Haufen zusammen.

Der Wallnister dagegen baut im Alleingang, wobei sich mit dieser ausgesprochenen »Männerarbeit« allein die Hähne befassen. Folglich hat er mehr Arbeit als die zu einer »Brigade« zusammengeschlossenen Inselgrabhühner. Dazu kommt, daß letztere sich erlauben können, jahrelang an ihren Hügeln zu arbeiten, während der Arbeitsablauf der armen Wallnister weit zügiger ist. Gearbeitet wird bei ihnen von April bis Januar, darauf folgt ein zweimonatiger »Urlaub«, dann gibt es wieder zehn Monate Hektik beim Bauen und abermals Urlaub usw. Jedes Jahr muß der Wallnister das Mülldepot neu errichten.

Mitten in der Bautätigkeit – im August oder September – läßt der Hahn die Henne an sein Bauwerk heran, nachdem er zuvor von der Spitze etwa zwei Kubikmeter Baumaterial entfernt hat. Er drückt

das gelegte Ei so an, daß es senkrecht steht, mit dem stumpfen Ende nach oben, und deckt es mit Sand und frischem Müll zu.

Danach beginnen gewissermaßen die Putzarbeiten. Der Hahn achtet darauf, daß die Temperatur um das Ei herum immer optimal bleibt. Dafür muß er aber stets aktiv sein, er kennt keine Pause. Morgens bohrt er Luftlöcher in sein Werk, damit die überschüssige Wärme entweicht. Gegen Abend verstopft er diese Löcher wieder mit neuem Müll, damit die nächtliche Kälte den Eiern nicht schade. Und das alles weder mit Bagger noch mit Schaufel, sondern mit seinen eigenen zwei Beinen, die noch dazu nur vier Zehen haben.

Besonders interessant ist das Schlüpfen der jungen Wallnister. Aus dem Haufen kriechen die Küken hervor, und Vater Hahn tut, als sehe er sie gar nicht. Er hilft ihnen nicht einmal, herauszukommen und das Federkleid auszuschütteln. Wo ist da der starke elterliche Instinkt geblieben, der ihn zehn Monate lang getrieben hat? Der Wallnister läßt sein Werk im Stich und geht ebenfalls seiner Wege, doch ab April beginnt für ihn die neue Arbeitssaison. Er könnte natürlich auch den bereits errichteten Haufen nutzen, doch der gefiederte Architekt tut das niemals. Warum, weiß man nicht. Wieder so eine Laune der Natur, die den Wallnister zwingt, Dutzende Kubikmeter Müll zu durchwühlen.

Alle Großfußhühner – Inselgrabhühner, Wallnister, Telegallahühner und Hammerhühner – müssen wohl über Rezeptoren verfügen, die die Wärme im Inkubator regulieren. Man nimmt an, daß diese sich bei einigen Vögeln, zum Beispiel bei den Telegallahühnern, an der unbefiederten Unterseite der Flügel befinden. Doch der fleißige Wallnister steckt den Kopf in den Sand und scheint die Temperatur mit dem Schnabel wahrzunehmen.

18–1051

Kurzum, die australischen Hühner haben da im Prozeß der Evolution eine wahrhaft gigantische Arbeit übernommen. Dabei könnten sie es weitaus leichter haben: Sie könnten sich in aller Ruhe für ein paar Wochen auf die Eier setzen und wären so aller Sorgen ledig. Sie aber schichten kubikmeterweise Müll um.

Doch solche Betrachtungen aus menschlicher Sicht sind natürlich stets fragwürdig, und die Großfußhühner selbst beschweren sich nicht, sie »arbeiten«.

Hochzeitspaläste und ihre Erbauer

Nicht weniger tüchtige Architekten sind auch die australischen Laubenvögel. Ihren Namen verdanken sie ihrer ungewöhnlichen Fähigkeit, aus herumliegenden Gegenständen unterschiedlich gestaltete bizarre laubenartige Bauten zu errichten. Im Vergleich zu ihnen nehmen sich die Großfußhühner wie armselige Stümper aus. Die Laubenvögel sind Vögel mit Geschmack. Ihre Bauten sind, wie man heute sagen würde, individuell projektiert und dazu noch mit verschiedenen Extras versehen.

Das Baugeschehen geht folgendermaßen vor sich: Inmitten niedriger Büsche, auf Lichtungen und an anderen den Vögeln geeignet erscheinenden Stellen legen die Laubenvogelmännchen Fundamente aus kleinen Gerten. In Abständen von ungefähr einem halben Meter stecken sie (oder befestigen sie irgendwie anders) weitere, etwas längere Stöckchen in die Erde. Die oberen Enden biegen sie aufeinander zu, so daß eine Art Laube mit Satteldach entsteht. Zum Abschluß wird die hübsche Behausung mit Moos, Blumen, Blättern, Pilzen, Muschelschalen und anderen Dingen geschmückt, die wohl das Auge des Laubenvogels erfreuen.

Geschildert ist das alles hier übrigens schnell und einfach; die Vertreter mancher Arten arbeiten aber unermüdlich jahrelang an so einer Laube, und man muß zugeben, überaus produktiv! Einzelne solche Türmchen und Lauben erreichen drei Meter Höhe. Als Europäer zum erstenmal auf derartige Bauten stießen, vermuteten sie daher, diese seien das Werk von Ureinwohnern, den »Aborigines«.

Die Männchen einiger Arten bringen es zu Fertigkeiten, die die anderer noch übertreffen. So streut der Hüttengärtner vor seiner Laube einen Teppich aus wilden Rosen aus und bestückt ihn mit bunten Früchten. Der Seidenlaubenvogel trägt blaue und gelbe Blüten herbei und streicht anschließend die Laube von innen mit einer Paste eigener Produktion an. Das Rezept ist folgendes: Man nehme etwas Holzkohle, zerkleinere sie mit dem Schnabel, vermische sie mit Speichel, füge das Fleisch einer Frucht zu und streiche mit der blauschwarzen Masse die Innenwände der Laube.

Einige Laubenvogelarten bringen es gar zuwege, bunte Bänder, Zahnbürsten, Messer, Gabeln, Kaffeekännchen und andere glänzende Gegenstände bis hin zu Schmuckgegenständen zu stehlen und sie vor der Hütte zu verstreuen. Wie diebische Elstern schleppen sie von überallher alles mögliche heran.

Es erhebt sich die Frage: Wozu das alles? Die Hütte ist kein Nest, in ihr werden keine Eier ausgebrütet. Die Nester der Laubenvögel sind vielmehr unscheinbar und schlicht, wie das Äußere der Vögel selbst auch. Der ganze Aufwand der Laubenvogelmännchen dient

einem einzigen Zweck, nämlich die Aufmerksamkeit auf sich zu lenken. Wie man sehen kann, mit Erfolg.

Hat der Hahn ein Weibchen gefunden, geht mit dem »Baumeister« eine Verwandlung vor sich. Jetzt ist er der Kavalier, der seiner Dame Zerstreuung bietet. Er lockt sie zu seiner Laube und spielt den Prahlhans – er führt ihr seine Reichtümer vor. Bald hält er der Freundin die eine Blüte hin, bald eine andere, dann wieder eine Muschel oder einen bunten Stoffetzen. Dabei steigert er sich bis zum äußersten. Er verbeugt sich, tänzelt umher, hält wie erstarrt inne, lädt mit allen möglichen Mitteln in seine Hütte ein. Um sich der Auserwählten zu empfehlen, gerät der Laubenbesitzer schier aus dem Häuschen.

Diese Spielchen dauern nicht ein oder zwei Tage, nein, ein volles halbes Jahr, von Juni bis Dezember, befaßt sich der Hahn wie selbstvergessen mit seinen Kollektionen. Dabei scheint er sogar seine Freundin selbst vergessen zu haben, er spielt für sich allein, spielt und spielt.

Doch das alles scheint nur so. Kaum versucht nämlich das Weibchen, das im Laufe des halben Jahres des tänzelnden Sonderlings überdrüssig werden muß, die Hütte zu verlassen und davonzufliegen in den Wald, läßt das Laubenvogelmännchen blitzschnell seine Schätze Schätze sein und stößt ganz eigentümliche Schreie aus. Seine Partnerin hat »Erbarmen« und kehrt zurück.

Der galante Kavalier ist allerdings nicht auch ein mustergültiger Gatte. Tauchen bei seiner Hütte ein paar Weibchen gleichzeitig auf, macht er sich daran, sie der Reihe nach zu verführen. Überhaupt sind Laubenvögel liebeshungrig. Einer neuen Eroberung wegen können sie ihre Habseligkeiten Dutzende Meter weit an einen anderen Ort schleppen und gleichzeitig an den Gerten auch die ganze Hütte dorthin zerren.

Im September und Oktober verlassen die Weibchen die Hütten, bauen Nester und brüten Junge aus. Und die Männchen? Denen steht nicht der Sinn nach solchen Alltagsdingen. Sie spielen weiter ihr Spielchen, bessern ihr Bauwerk aus, tragen von Zeit zu Zeit neue Verzierungen heran. Sie achten darauf, daß die vor dem Eingang verstreuten Blumen immer frisch sind. Verwelkte werden ersetzt!

Selbst im Januar und Februar, wenn die Paarungszeit bereits abgeschlossen ist, gibt das Männchen keine Ruhe; gern sucht es von Zeit zu Zeit seine Hütte wieder auf. Hier scheinen dann die Erinnerungen auf es einzuströmen – und schon beginnt es wieder die Laube zu erneuern, frischen Schmuck zu beschaffen.

Es läßt sich also schwer sagen, wer ungewöhnlichere Bauten errichtet – Großfußhühner oder Laubenvögel. Es sind doch wohl die letzteren. Die Großfußhühner kann man als Mensch schließlich noch irgendwie verstehen. Sie mühen sich ab für die künftige Generation, für die Eier und die Jungen, mag das Ergebnis ihrer Arbeit selbst auch dem Aufwand nicht entsprechen. Die Laubenvögel aber? Die tändeln nur umher. Und wieviel Kraft wird nutzlos vertan! Australische Naturforscher behaupten im Scherz, daß man, nützte man die Energie arbeitender Laubenvögel, Sydney und Melbourne kostenlos beleuchten könnte.

Einige Wissenschaftler meinen sogar, die Bautätigkeit der Laubenvögel habe überhaupt nichts mit dem Anlocken des Weibchens zu tun. Hauptsache sei dem Vogel das ästhetische Vergnügen, das ihm das Ausschmücken des Baus bereite. Man hat sogar einen spezifischen Terminus gefunden, der eine solche Erscheinung kennzeichnet – »Proästhetizismus«.

Einfacher wäre es allerdings zu sagen, daß die Hütte so etwas wie ein sekundäres Geschlechtsmerkmal des Männchens darstellt, das von dem lebenden Vogel auf ein lebloses Objekt übertragen wurde. Beim Pfau ist es der Schwanz, beim Löwen die Mähne und beim Laubenvogel eben die Laube.

Ein Papagei – zur Bestie geworden?

Gemeint ist hier der Kea aus der Unterfamilie der Nestorpapageien, die ausschließlich in Neuseeland verbreitet ist. Die »Absonderlichkeiten« dieses Papageis haben ihn bei den Farmern des Inselstaates wohl zum meistgehaßten Vogel gemacht. Warum aber?

Kaum waren die Engländer auf dem fünften Kontinent erschienen, gingen sie nach gewohnter europäischer Manier an die Erschließung der neuen Ländereien. Das bedeutete, daß sie das dem Angelsachsen ans Herz gewachsene Schaf nach Südaustralien und Neuseeland brachten, weil die Bedingungen für Schafzucht dort günstig sind. So hat Australien heute in bezug auf den Bestand an Schafen den ersten, Neuseeland den vierten Platz in der Welt inne.

Doch nun zum Kea. Wie andere Papageien auch war er bis zum Eintreffen der Europäer ein friedlicher, braver Vegetarier, der sich von Früchten, Nüssen und Samen ernährte. Doch da kreuzten sich nun in Neuseeland die Wege des Schafs und dieses Kea, und etwas

Unglaubliches geschah: Der harmlose Papagei verwandelte sich in einen schlimmen Räuber, und heute gibt es für ihn keinen größeren Leckerbissen als ein fettes junges Lamm.

Diese einzigartige Wandlung vollzog sich aber nicht plötzlich. Anfangs trieben sich die Keas in ganzen Schwärmen in der Nähe der Schlachthöfe umher. Doch man weiß ja selbst: Sich von Abfällen ernähren, das ist das eine, aber etwas ganz anderes ist es, wenn man frisches Fleisch hat. Kurzum, die Papageien erkühnten (um nicht zu sagen erfrechten) sich nunmehr, schwache und kranke Schafe zu schlagen. Danach erwarben sie Praxis auch im Angriff auf

gesunde. Der Kea setzt sich dem Schaf auf den Rücken und hackt mit seinem scharfen und kräftigen Schnabel auf das Opfer ein. Kräfte hat er ja mehr als genug, er ist so groß wie eine Krähe. Aus den dem Schaf geschlagenen Wunden strömt das Blut, vor Schmerzen und Furcht wie von Sinnen rast das Tier hin und her, bis seine Kräfte erlahmen. Nicht selten stürzt es von den Felsen und zerschellt. Da kommen dann auch noch andere Papageien herbeigeflogen, und eine blutige Orgie beginnt.

In zoologischen Gärten haben Naturforscher eigens die Geschmäcker der heutigen Keas untersucht. Dabei stellte sich heraus, daß diese von vegetarischer Lebensweise nichts mehr wissen wollen. Vor allem lieben sie Hammelspeck und -fleisch, gierig stürzen sie sich auf Pferdefleisch, verschmähen auch Rindfleisch und Tafelbutter nicht.

Wie ist dieser Wandel der Ernährungsgewohnheiten des Kea nun zu erklären, dieses »komischen Kauzes und Tunichtguts«, wie der englische Zoologe und Schriftsteller Gerald Durrell ihn nennt. Niemand weiß es. Die neuseeländischen Verwandten des Kea – der

Kaka und der Kakapo – bleiben nach wie vor bei ihrer vegetarischen Kost. Ungeklärt ist auch, ob die Veränderungen in der Ernährungsweise des Papageis umkehrbar sind oder nicht.

Obgleich insgesamt gesehen der vom Kea verursachte Schaden für die Schafzucht gering ist, sehen die aufgebrachten neuseeländischen Farmer diesen Papagei bis heute als ihren »Feind Nummer eins« an. Wer weiß es denn, so überlegen sie möglicherweise, vielleicht ist ebendieser Kea schuld daran, daß Neuseeland nur den viertgrößten Schafbestand der Welt hat und in der Tabelle nicht weiter vorn liegt.

Der »gekränkte« Schiefschnabel

Die Sonderlinge, von denen bisher die Rede war, sind gewissermaßen »ethologische« Sonderlinge. Ihre Absonderlichkeiten haben mit der Lebensweise, mit ihrem Verhalten zu tun. Der »grüne Kontinent« ist aber auch an Originalen anderer Art reich. An solchen, deren Verhalten ganz normal ist, die aber etwas Seltsames in ihrem Äußeren haben.

Da wäre zum Beispiel der Schiefschnäblige Regenpfeifer oder einfach Schiefschnabel. Besonderes Kennzeichen dieses Artverwandten unserer Schnepfen ist der nach rechts gebogene, einer Gartenschere ähnelnde Schnabel. Er verleiht dem Regenpfeifer ein Aussehen, als habe ihm jemand soeben kräftig eins auf die Nase gegeben. Der Schiefschnabel sieht traurig und melancholisch aus, als sei ihm Unrecht zugefügt worden, was beim Beobachter unwillkürlich aufrichtiges Mitleid hervorruft.

Schwer nur läßt sich erraten, weshalb der Schnabel dieses Vogels eine so merkwürdige Form hat. Es gibt folgende Erklärung dafür: Schiefschnäbel ernähren sich von Kleinkrebsen und Fischchen, die sich bei Ebbe unter Steinen verstecken. Der im Zuge der natürlichen Auslese entstandene schiefe Schnabel dürfte für die Vögel bei der Beschaffung der Nahrung, die sie unmittelbar unter den Steinen hervorholen, von Nutzen sein.

Freilich taucht auch eine Reihe Fragen dazu auf: Warum sind dann nicht auch Vögel mit ähnlicher Ernährungsweise den gleichen Weg wie die Schiefschnäbel gegangen? Und außerdem – tun die Schiefschnäbel wirklich nichts anderes als unter Steinen stöbern? Mit nicht geringerem Erfolg können sie sich ja auch von dem

Kleingetier freier Stellen, etwa Sandbänken, oder von den Bewohnern seichter Pfützen in Ufernähe ernähren. Kurz, noch ist nicht eindeutig geklärt, wie die neuseeländischen Regenpfeifer zu der seltenen Form ihres Schnabels gekommen sind. Für einen Ornithologen bedeutet es deshalb höchstes Glück, wenn er einen solchen Vogel beobachten kann.

Bei den Schiefschnäbeln gibt es aber auch noch Absonderlichkeiten in ihrem Verhalten. Gemeint sind ihre Gewohnheiten in ihrer von Brutgeschäft und Futtersuche freien Zeit. Die »Freizeit« der Schiefschnäbel hat der schon erwähnte Gerald Durrell beobachtet, doch auch er vermochte keine ihm geeignet erscheinende Erklärung zu finden:

»Auf einem fünfzig Quadratmeter großen Areal hat sich ein halbes Hundert Vögel eingefunden, alle stehen sie auf einem Bein, den Kopf in Windrichtung, jeder etwa dreißig Zentimeter vom anderen entfernt. Da stehen sie nun, gegen den Wind ankämpfend, aufgeplustert, die dunklen Äuglein zwinkern, und alle bieten einen so kläglichen Anblick, wie es schlimmer gar nicht denkbar ist. Plötzlich, ohne irgendeine sichtbare Ursache, sprang ein Schiefschnabel etwa fünfzehn Zentimeter vor und stand dann weiter auf einem Bein da. Auf einmal war die Ordnung gestört, die Nachbarn mußten nachrücken, ihnen folgten andere nach, und nun ging's los... Immer wieder kam Bewegung in die Vögel, doch insgesamt verblieb der Schwarm an Ort und Stelle. Obwohl ich sehr genau hinsah, konnte ich nicht genau ermitteln, was sie zu diesem Manöver veranlaßte. Sie tanzten auch nicht etwa, waren nicht auf Futtersuche, sondern standen einfach in einem Haufen beisammen wie ein paar arme Waisenkinder, die von Zeit zu Zeit ein seltsames ‚Himmel-und-Hölle-Spiel' anfangen, um von ihren trüben Gedanken loszukommen...«

Was für eine Laune mag die niedlichen Vögel mit ihrem schiefen Schnabel und ihrem Mitleid erregenden Äußeren veranlassen, sich in eisigen Wind zu stellen und auf einem Bein zu hüpfen?

Beuteltiere mit und ohne Beutel

Jawohl, es gibt auch »beutellose« Beuteltiere. Ein gutes Beispiel dafür sind die Spitzbeutler oder Ameisenbeutler, von denen nur zwei Arten existieren – der gemeine und der rötlichbraune. Beide sind Bewohner Süd- und Südwestaustraliens, und beide sind übrigens so gut wie ausgerottet.

Gewöhnlich klettern bei Beuteltieren die blind und taub geborenen Jungen unmittelbar nach der Geburt eilig in den mütterlichen Beutel, um sich dort so schnell wie möglich festzusaugen. Doch für den Ameisenbeutler hält die Natur solchen »Komfort« nicht bereit, das heißt, die Jungen, die sich am Bauch der Mutter festgesaugt haben, sind gezwungen, sich mit eigener Kraft festzuhalten, es gibt keinen Beutel! Die Jungen klammern sich zuerst an die Zitzen und danach an das Fell, das in dichtem Wuchs den mütterlichen Bauch bedeckt.

Warum das? Warum hat die Natur dem Ameisenbeutler den Beutel versagt? Ist der fehlende Beutel bei Beuteltieren ein primäres oder ein sekundäres Merkmal?

Anfangs ist der Ameisenbeutler eindeutig verkannt worden. Man meinte, noch primitivere Säuger als er seien auf der Erde nicht zu finden, weshalb das Fehlen eines Beutels eine primäre Erscheinung sei. Dieses Fehlurteil wurde durch ein weiteres Indiz noch bestärkt: Der Mund des Ameisenbeutlers ist mit zweiundfünfzig kleinen, schwach differenzierten Zähnen bestückt, und eine solche Menge von Zähnen ist keineswegs Kennzeichen evolutionären Fortschritts der Art.

Später aber hat sich die Meinung über dieses Tier gewandelt. Man zog in Betracht, daß es sich ausschließlich von Ameisen und Termiten ernährt. Bei allen Säugern mit solcher Ernährungsweise ähneln die Zähne denen des Ameisenbeutlers, und so verzieh man diesem seine vielen Zähne und sah sie als sekundäres Merkmal an. Nachdem die falschen Beschuldigungen gegenstandslos geworden waren, wurde der Ameisenbeutler selbst auch noch »verjüngt«: Er sei erwiesenermaßen ein gar nicht so altes Tier, sein Platz auf der

Evolutionsleiter sei viel höher anzusetzen, als man bisher angenommen habe. Doch dann mußte ja das Fehlen des Beutels eine sekundäre Erscheinung sein?

Im übrigen geht der Meinungsstreit der Zoologen weiter; der Ameisenbeutler selbst bleibt daran unbeteiligt.

Ein anderes Beispiel ist der Tüpfelbeutelmarder, ein Säuger sozusagen am Scheideweg. Einerseits könnte ihm ein Beutel von Nutzen sein, doch auch ohne Beutel lebt er nicht schlecht. Was also tun? Das Tier hat wohl den optimalen Ausweg gefunden. Solange der Zeitpunkt des Gebärens noch nicht da ist, hat das Tüpfelbeutelmarderweibchen keinen Beutel. Rückt aber der Mai heran und mit ihm die Fortpflanzungszeit, so wächst ihm sein Beutel, und zwar ein recht stattlicher – ein richtiger Koffer, der sechs Junge faßt!

Doch scheint der Tüpfelbeutelmarder dabei über das Ziel hinausgeschossen zu haben: Er hat gewissermaßen »vergessen«, daß er ja jetzt ein echtes Beuteltier ist, und bringt oft so viele Junge zur Welt, daß diese im neu gewachsenen Beutel keinen Platz finden und das Muttertier selbst gar nicht in der Lage ist, sie zu ernähren. Das Weibchen hat ja auch nur sechs Zitzen, obgleich es manchmal vierundzwanzig Junge auf einmal wirft! Da entbrennt dann unter den blinden und taubstummen Winzlingen der Kampf ums Überleben. Wer es schafft, zu einer Zitze vorzudringen und in den Beutel zu fallen, der überlebt, die anderen gehen zugrunde.

Übrigens hält der kleine Beutelmarder noch einen weiteren Rekord: Von allen Säugetieren auf der Welt hat er die kürzeste Tragzeit – ganze elf Tage. Das ist ein Drittel bis ein Zwölftel der Tragzeit einiger Känguruharten, halb so lange wie bei der Spitzmaus, die Hälfte bis ein Drittel der Tragzeit anderer Mäuse, ein Drittel bis ein Viertel der des Maulwurfs! Diese Tatsache an sich scheint übrigens so ungewöhnlich nicht zu sein – einer muß ja Rekordhalter sein –, wäre nicht die Zahl der Jungen eines Wurfs so extrem hoch (bis vierundzwanzig). Wie der Tüpfelbeutelmarder es schafft, die Effektivität der Zeugung mit der Effektivität des Überlebens in Einklang zu bringen, ist nur schwer erklärbar.

Über ein weiteres Beuteltier sei hier noch gesondert berichtet – das Dornschwanzwallaby, ein lustiges possierliches Tierchen. Eigentlich sind Wallabys Mittelkänguruhs. Sie leben nur in Australien, bis nach Tasmanien und Neuguinea sind sie nicht gelangt. Mit dem Beutel ist beim Dornschwanzwallaby alles in Ordnung, eine Laune der Natur zeigt sich in seinem Schwanz (wie der Name schon sagt). Am Schwanzende wächst ihm nämlich ein Dorn aus Horn, einem Fingernagel ähnlich. Wozu diese ungewöhliche Vorrichtung entstand, ist unklar. Kenner der Materie behaupten, das Wallaby raffe mit seiner Hilfe Laub und Zweige zusammen und bereite sich daraus ein Nest für sein Nachtlager.

Als Beweis führen sie einen gleichen Dorn bei einem weiteren australischen Beuteltier an, beim Langnasenbeuteldachs oder Bandikut.

Andere Experten wenden da natürlich ein, auch der Löwe habe ja in der Mitte seiner Schwanzquaste eine ähnliche »Kralle«, obwohl der König der Tiere nicht mit dem Schwanz Blätter zusammenscharre. So ist also bis heute die Schwanzkralle des Wallaby (gleichzeitig aber auch die des Beuteldachses und des Löwen) ein Rätsel der Natur.

Doch die Dornschwanzwallabys haben es bei ihrem wunderlichen Schwanz nicht bewenden lassen. Sie haben auch eine Art zu laufen, die einen Menschen, der die Tiere zum erstenmal sieht, höchst verwundert. Ein Känguruh drückt bei der Flucht die Vorderpfoten gewöhnlich an den Körper, während die Wallabys sich über diese Regel hinwegsetzen. Sie fuchteln beim Laufen mit den Vorderpfoten umher. Dadurch verringert sich zwar ihre Geschwindigkeit, und Energie wird zusätzlich verbraucht, doch es ist nun einmal so. Wegen dieser Eigenart sind die seltsamen

Beuteltiere übrigens auch zu ihrem Spitznamen »Leierkastenmänner« gekommen.

Ein lebendiges Dreiäuglein

Die Brückenechse, auch Tuatera, Sphenodon oder Hatteria genannt, ein plumpes, gleichzeitig aber doch behendes eidechsenähnliches Tier, verdient es, besonders erwähnt zu werden.

Vor allem ist dieses auf Neuseeland vorkommende Reptil das älteste Landwirbeltier unter den rezenten Arten. Skelette, die denen der Brückenechse haargenau gleichen, finden sich bereits in Ablagerungen aus der Trias. Also kann »Oma« Hatteria schon auf ein Alter von zweihundertzwanzig Millionen Jahren zurückblicken (die ausgestorbenen Dinosaurier sind im Vergleich zu ihr »Halbwüchsige«). Es ist einfach erstaunlich, wie die Tuatera es fertiggebracht hat, allen zum Trotz fast eine Viertelmilliarde Jahre alt zu werden, ohne sich groß verändert zu haben.

Von den Launen der Natur im Mesozoikum hat die Brückenechse übrigens einiges in unsere Gegenwart hinübergerettet, zum Beispiel das dritte Auge. Es befindet sich auf dem Scheitelbein zwischen den zwei normalen Augen. Am deutlichsten sieht man es bei den frisch geschlüpften Jungen der Tuatera. Äußerlich ist es ein von in Form einer Rosette angeordneten Schuppen umgebener Fleck, der bei ausgewachsenen Brückenechsen zuwachsen kann.

Die Fachleute haben sich Gedanken darüber gemacht, wozu die Brückenechse das dritte Auge wohl braucht. Deshalb beschloß man zu überprüfen, inwieweit es überhaupt sieht. Also wurde das dritte Auge:

a) mit einfarbigem Licht bestrahlt – rotem, orangefarbenem, gelbem und so weiter;
b) mit ultravioletten und infraroten Strahlen durchleuchtet;
c) in starke elektrische und magnetische Felder gebracht;
d) auf chemische Empfindlichkeit getestet;
e) überprüft, ob es Temperaturschwankungen wahrnimmt usw.

Doch die Brückenechse gewann dieses ungewöhnliche Spiel, sozusagen ohne mit der Wimper (des dritten Auges!) zu zucken. Die Männer der Wissenschaft wandten ihrem Blick ab von der Tuatera, ohne das geringste geklärt zu haben. Aber halt, etwas ist doch geklärt worden. Nämlich das, daß die Brückenechse mit ihrem dritten Auge überhaupt nicht richtig sieht (vielleicht nur Hell und Dunkel unterscheidet). Kurz gesagt, es ist gar kein Auge, sondern nichts wie eine »Profanierung«, wissenschaftlich ausgedrückt ein Rudiment, allerdings ein höchst seltsames! Gewöhnlich wird im Laufe der Zeit ein Organ, das keine spezielle Funktion mehr ausübt, von der Natur eliminiert, allmählich, etappenweise, im Verlaufe von Jahrmillionen. Doch in einer Viertelmilliarde Jahre sich nicht im geringsten zu verändern – das ist wohl zuviel! Das wäre eine zu lange Zeit für jedes Rudiment, selbst für das unnötigste.

Nun erhebt sich die Frage: Vielleicht ist der Brückenechse das dritte Auge doch zu irgend etwas nütze? Vielleicht ist der Mensch bloß nicht in der Lage, dessen Funktion zu deuten?

Die Brückenechse hat in den Jahrmillionen auch gewisse seltsame Gewohnheiten angenommen. Absonderlich ist zum Beispiel ihr uns unverständliches Zusammenleben mit Sturmvögeln. Diese graben sich Höhlen, um darin ihre Eier zu legen und ihre Jungen aufzuziehen. Doch wenn der unterirdische Gang fertiggestellt ist, lassen sich nicht selten darin auch Brückenechsen nieder. Die Sturmvögel haben nichts dagegen einzuwenden, sie dulden ihre Untermieter zumindest mit Wohlwollen. Die Brückenechse nimmt sich gleichfalls keine Dreistigkeiten heraus, sie verhält sich ruhig und friedlich. Übrigens kommen sich Sturmvögel und Brükkenechsen kaum ins Gehege. Die Vögel sind tagaktiv, Brükkenechsen nachtaktiv. Während der eine Mieter zu Hause sitzt, geht der andere auf Jagd, danach erfolgt »Wachablösung«. Merkwürdig ist allerdings folgendes an dieser ungewöhnlichen Mietergemeinschaft: Brückenechsen könnten durchaus mit eigener Kraft Höhlen graben, sie brauchten die Hilfe der Vögel gar nicht. Sie tun das, nebenbei bemerkt, auch nicht selten. Doch warum meiden sie in manchen Fällen die physische Arbeit?

Es besteht die Meinung, daß sich Brückenechsen ab und zu an den Eiern oder an den Jungen der Sturmvögel gütlich tun, was auch der wahre Beweggrund für diese Pseudosymbiose sei. Doch zum einen würde eine Vogelmutter in solchen Fällen wohl kaum friedfertig den gefräßigen Mitbewohner dulden, und zum anderen leben Sturmvögel und Brückenechsen nicht selten zwar nebeneinander, aber in verschiedenen Höhlen, und die Echse macht keinerlei Versuche, die Sturmvogelbrut aufzufressen.

Somit ist letztlich doch nicht ganz klar, was Brückenechsen und Sturmvögel miteinander verbindet. Unbekannt ist im großen und ganzen auch, welche Überraschungen aus ihrem mesozoisch-känozoischen Repertoire die Brückenechse noch bereithält, wenn die Wissenschaftler sie erst noch gründlicher untersuchen werden.

Tuatera, Brückenechse, auch Sphenodon und Hatteria – Namen hat die Brückenechse genug. Absonderlichkeiten aber nicht weniger.

... und vieles, vieles andere mehr

Wer kann schon das Unermeßliche messen? Man muß eine Auswahl treffen. Die »Sonderlinge«, von denen hier die Rede war, sind so etwas wie die »Absonderlichsten unter den Absonderlichen«, gewissermaßen die Riesen, die alle anderen überragen. In Australien gibt es insgesamt viele seltsame Tiere. Würde man sie nach Klassen aufzählen und jeder Art einen eigenen Absatz einräumen, ergäbe allein das schon ein solides Buch.

Die neuseeländische Rostgans ist in dem Sinne ungewöhnlich, daß die Weibchen leuchtender gefärbt sind als die Männchen, gewöhnlich ist es ja bei Vögeln umgekehrt. Das Weibchen hat die Eier auszubrüten, weshalb also sollte sie »Mode« vorführen und dadurch nur Feinde auf sich lenken?

Der Bronzekuckuck legt wie andere Kuckucke auch seine Eier heimlich in fremde Nester. Dies besorgt er im Sommer in Neuseeland, während er zum Überwintern nach dem Bismarckarchipel und den Salomonen, also viereinhalbtausend Kilometer nach Norden, fliegt. Die noch kein Jahr alten Kuckucke fliegen den Eltern sozusagen auf eigene Faust völlig selbständig hinterdrein, und zwar nicht auf kürzestem Wege, sondern zunächst nach

Australien, danach an der Ostküste des Kontinents nach Norden und schließlich nach Nordosten auf den offenen Ozean hinaus zu den erwähnten Inseln. Wider Erwarten kommen sie dort wohlbehalten an – ein ungewöhnliches und schwer zu erklärendes Beispiel für das Orientierungsvermögen von Vögeln.

Der Prachtleierschwanz besitzt einen wunderschönen Schwanz und eine überaus melodische Stimme. Er ist so etwas wie Schauspieler und Impresario in einer Person. Ähnlich den Laubenvögeln baut er sich »Bühnen« für seine Balzspiele. Die »Auftritte« eines tanzenden Männchens sind so ungewöhnlich, daß um ihn herum

sich weniger Weibchen als neugierige Touristen einfinden, die diesem ungewöhnlichen Schauspiel beiwohnen wollen.

Der Kurzschwanzsturmtaucher brütet auf kleinen Inseln in der Bass-Straße und an der Küste Tasmaniens. Danach versammeln sich die Paare (alle Sturmvögel sind monogam) zu Schwärmen und fliegen nach Norden. Sie überfliegen die Küsten von Neuguinea, Japan und der Kurilen, gelangen bis zur Tschuktschenhalbinsel, ja sogar bis zur Wrangelinsel und damit also bis in den Arktischen Ozean! Dann beschreiben sie eine Wendung um 180 Grad, ziehen nach Kamtschatka, und von dort aus nehmen sie Kurs nach Nordamerika. Dort geht es an der Küste entlang bis Mexiko, schließlich überqueren sie den Stillen Ozean und fliegen das heimatliche Tasmanien an, wo jedes Paar wieder seine alte Höhle besetzt.

Warum schlagen die Kurzschwanzsturmtaucher auf dem Hin- und Rückflug nicht ein und dieselbe Route ein, sondern umfliegen den Stillen Ozean im Uhrzeigersinn? Auch diese Frage ist ungelöst.

Man sollte meinen, Papageien seien einander sowohl im Aussehen als auch in ihrer Lebensweise gleich – lärmende, überaus gewitzte, farbenfrohe Kinder sonniger heißer Länder. Aber weit gefehlt! Einige von ihnen (und die wiederum in Australien) tun es den Eulen gleich und ziehen die dunkle Nacht dem hellen Tag vor. Andere haben genau wie die Strauße das Fliegen verlernt. Zu letzteren gehört zum Beispiel der Eulenpapagei, der Kakapo. Er kann nur etwas segeln oder gleiten, von einem Baum auf die Erde etwa. Er hat zwar Flügel, doch die Muskeln, die sie in Bewegung setzen, sind zu schwach für einen Flug, außerdem hat er gar keinen Kiel auf dem Brustbein, der diese Muskeln stützt. Der Kakapo schlägt und wedelt zwar mit seinen verkümmerten Flügeln, doch vom Erdboden auffliegen kann er nicht. Er erklettert einen Baum, indem er sich dabei mit Krallen und Schnabel an der Rinde festklammert. Wahrlich ein komischer Papagei!

Der Kookaburra, ein Eisvogel, auch Lachender Hans genannt, bewohnt Australien, Neuguinea, Tasmanien. Bekannt geworden ist er wegen seiner ganz und gar ungewöhnlichen Stimme, die er täglich morgens und abends in Gesträuchen und kleinen Waldstücken erschallen läßt. Gewöhnlich zwitschern ja Vögel oder gurren, notfalls krächzen sie, doch der Kookaburra lacht schallend. Dieses Lachen ist so ansteckend, daß selbst der australische Rundfunk dem lebensfrohen Gelächter nicht widerstehen konnte und zur Zeit damit seine Sendefolge beginnt. Wer diesen größten Eisvogel der Welt so zum Lachen gebracht hat, ist unbekannt.

Man könnte hier auch noch den Emu nennen, doch lassen wir es vielleicht mit dem Gesagten bewenden. Es ist wohl nicht notwendig, den Leser von etwas zu überzeugen, wovon er sich längst selbst überzeugt hat. Dabei blieben noch völlig unerwähnt die »Absonderlichkeiten« des Kasuars, der Takahe und anderer Vögel, ganz zu schweigen von vielen Vertretern der Säuger, Kriechtiere und Lurche...

Kurzum, die gesamte Fauna des fünften Kontinents ist so einzigartig, daß allein ihre Herausbildung es verdient, als eine der wohl größten Kapriolen der Natur bezeichnet zu werden.

Unterhaltsames Finale – grüne Seltsamkeiten

6

Der Baobab

In der Trockenzeit ist die Savanne kahl. Die Gräser hängen welk herab, braun von der gnadenlosen Sonne. Alle Farben ringsum sind verblaßt. Da brechen plötzlich in dieser schattenarmen Landschaft auf dicken knorrigen Bäumen weiße Blüten auf. Sie wirken wie ein Lächeln der Hoffnung, daß bald, schon bald die Savanne wieder aufleben wird.

Diese Blüten sind bis zwanzig Zentimeter groß und duften. Der Wunderbaum, der sie getrieben hat, ist der Baobab. In der Trockenzeit trägt er zwar keine Blätter mehr, alle sind sie abgefallen, dafür aber steht er in voller Blütenpracht da, wie in Spitzen gehüllt.

Doch dann kommt der Tag, da ballen sich Wolken am Himmel, und erste Platzregen lassen ganze Kaskaden Wasser auf die ausgetrocknete Erde niedergehen. Nun grünt auch der Baobab wieder.

Der Baum ist nicht hoch von Wuchs – zwölf, selten achtzehn oder gar fünfundzwanzig Meter –, doch dafür unheimlich dick, bis neuneinhalb Meter mißt sein Stammdurchmesser. Wird der grüne Dicke aber auch alt?

Der Botaniker Michel Adanson, nach dem dieser Baum benannt wurde (Adansonia), hat Ende des 18. Jahrhunderts in Senegal einmal einen Baobab mit einem Stamm von neun Meter Durchmesser untersucht und ein Alter von 5150 Jahren errechnet. Auf ein Jahr genau! Wie ihm das gelang, blieb sein Geheimnis, hat doch der Baobab keine Jahresringe. Zwar steht selbst in Nachschlagewerken zu lesen, ein Baobab könne vier- bis fünftausend Jahre alt werden, doch bei den Botanikern erhoben sich Zweifel; mit größter Wahrscheinlichkeit wird ein Baobab nicht älter als zweitausend Jahre. Das Alter des mächtigsten Exemplars in Simbabwe wurde mit Hilfe der Radiokarbonmethode bestimmt – eintausend Jahre! Die Adansonia wächst schnell und erreicht in dreißig Jahren fast einen Meter

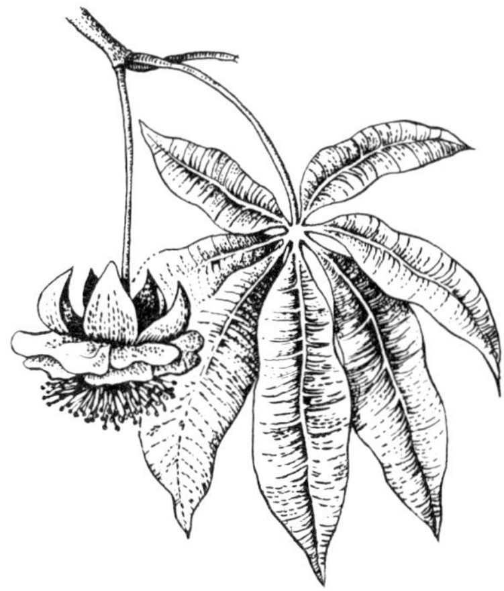

Durchmesser. Der Baum ist zwar dick, doch »eine Gewehrkugel durchschlägt ihn«, da sein Gewebe außerordentlich weich und porös ist und in der Regenzeit viel Wasser aufnimmt. Rinde und Holz eines gar nicht sehr großen Baobabs enthielten einhundertzwanzig Tonnen Wasser! Kaum glaublich, aber kompetente Fachleute behaupten es. Außerdem versorgen auch die Wurzeln den Baum mit Wasser gut: Sie werden viele Meter lang.

Im weichen Stamm des Baobabs bilden sich oft so riesige Höhlungen, daß man in ihnen Verstorbene beisetzt. Der berühmte englische Forschungsreisende David Livingstone sah einmal einen hohlen Baobab, in dem »sich bequem zwanzig bis dreißig Menschen hätten ausstrecken können«. Der Baum mit dem fast völlig hohlen Stamm aber lebte noch, er war nicht etwa abgestorben! Selbst wenn ein Steppenbrand das Mark eines Baobabs verbrennt, lebt dieser weiter, als sei er unversehrt. Abgerissene Rinde wächst schnell wieder nach.

Man trifft beim Baobab auch die seltsame Erscheinung an, daß er nicht immer von Jahr zu Jahr dicker wird, sondern im Gegenteil zuweilen sogar abmagert, an Umfang abnimmt. Offensichtlich kann das in Trockenjahren passieren, während in regenreichen Jahren der Durchmesser zunimmt.

Der Baobab ist das wertvollste Gewächs Afrikas. Nichts an ihm bleibt ungenutzt. Dort, wo er gedeiht, ersetzt seine Höhlung zuweilen den Bewohnern Hütte oder Versammlungsstätte, eine Art

Klub. Ist die Höhlung oben offen, sammelt sich viel Wasser darin, und der Baum wird zu einem Brunnen. Aus seiner Rinde lassen sich feste Stricke und Garne drehen, aus dem sehr leichten Holz baut man Boote. Die Bastfasern gehen in den Export nach Europa, wo man aus ihnen Papier herstellt. In Senegal werden Rinde und Blätter des Baobabs zerstoßen und anstelle von Pfeffer und Salz verwendet. Auch die Blätter sind bei den Einheimischen besonders beliebt: Man säuert sie ein, doch ißt man sie hauptsächlich als frischen Salat. Es wird behauptet, daß dort, wo der Baobab wächst, keine Gemüsegärten angelegt zu werden brauchen, da seine Blätter »alle Gemüsearten« ersetzen. Bei Trockenheit allerdings wirft der Baum sie ab, aber dann wachsen den Feinschmeckern hier ja dessen Früchte. Sie ähneln großen Gurken und glänzen wie »aus Ebenholz geschnitzt«. Unter einer festen Schale sitzt saftiges, wie bei einer Wassermelone rotes Fruchtfleisch. Es ist mehlig, schmeckt angenehm säuerlich und erinnert im Aroma an Ingwer. Die Früchte enthalten viel Samen, die ebenfalls zerstoßen und gegessen werden. Besonders geschätzt aber sind sie bei den Affen, daher auch sein Name Affenbrotbaum.

Was die Elefanten betrifft, so fressen diese Affenbrotbäume buchstäblich »mit Haut und Haar« – nicht nur Blätter und Zweige, sondern sogar den Stamm! Er ist ja weich. Stellenweise haben Elefanten viele Baobabs umgestoßen oder stark beschädigt.

Baobabs richten Buschwerk als Unterholz zugrunde, in ihrer Umgebung gedeiht keines, es geht ein. Ein Affenbrotbaum dulden keine anderen Bäume neben sich, deshalb ist er in dichten Wäldern und in Dickichten auch nicht anzutreffen. Offene Savannen sind die Standorte, die er liebt, vom Süden Mauretaniens angefangen bis hin zur Ostküste Afrikas, vom Sudan bis zum südlichen Wendekreis.

Wir haben uns daran gewöhnt, den Baobab als rein afrikanisches Gewächs anzusehen, doch dem ist nicht so. Auch auf Madeira, auf den Kanarischen Inseln, auf den Inseln des Indischen Ozeans und auf Madagaskar gedeiht er, ja sogar im Norden Australiens (hier allerdings eine andere Art). Überall bewahrt sich dieser Baum seine charakteristischen Eigenschaften, bildet er riesige Höhlungen: In Queensland war in einem Baobab sogar das Stadtgefängnis untergebracht!

Ungewöhnlich ist der Affenbrotbaum auch seiner Abstammung nach: Man hat herausgefunden, daß er mit Malve und Baumwolle verwandt ist.

Die Welwitschia

Diese seltsame Pflanze ist 1860 von dem deutschen Botaniker F. M. J. Welwitsch in der Wüste von Südangola entdeckt worden. Es ist ein Gehölz, das aber über dem Erdboden nicht sichtbar wäre, hätte sein Stamm nicht eine so gewaltige Breite – bis zu vier Metern –, wären seine Blätter nicht so übermäßig lang – bis zu drei, vier Metern. Wie braungrüne Riemen breiten sie sich wellig über dem Erdboden aus und fühlen sich wie Bretter an. Der sie stützende Stamm ragt nur fünfzehn bis fünfzig Zentimeter über den steinigen Boden empor, verschwindet aber fünf Meter tief kegelförmig im Erdreich, wo er sich mehr und mehr in Wurzeln zerteilt und so das Grundwasser erreicht. Das den Stamm bildende Gewebe ist keine Holzfaser, sondern eine andersartige »dunkelbraune Substanz«. Jahresringe sind darauf nicht zu erkennen. Sie ist harzig und geht im Wasser unter, da sie eine große Dichte hat.

Die Blätter der Welwitschia fallen nie ab – sie wachsen und wachsen, Jahre, Jahrhunderte, Jahrtausende. Mit Hilfe der Radiokarbonmethode hat man einmal das Alter einer Welwitschia genau ermittelt: zweitausend Jahre! In diesem enorm langen Zeitraum hat sie nicht ein einziges Blatt gewechselt; sie hat überhaupt nur zwei. Winde und Sandstürme haben diese in viele Längsstreifen zerschlissen, und so scheint es, als trüge sie eine Vielzahl von Blättern. Doch haben Untersuchungen von Botanikern den Beweis erbracht, daß die Welwitschia wirklich nur ein einziges Blätterpaar besitzt.

In der Blütezeit entfalten sich in den Blattachseln die Blüten, die kranzartig den oben verbreiterten, knorrigen Stamm säumen.
Aus den Blüten entwickeln sich himbeerfarbene Zapfen, die Tannenzapfen ähneln. Die Welwitschia mirabilis ist die einzige Art der Familie Welwitschiaceae. Diese Pflanze wächst nicht in dichten Beständen, und auch ihre Gesamtzahl ist nicht groß. Bestäubt wird sie von Wanzen (!), von der Hemiptera odonthopus.

So jedenfalls findet man diese seltsame Schöpfung der Natur von einigen Autoren beschrieben. Andere liefern allerdings andere Angaben: Nicht bis zu fünf Metern rage die Wurzel der Welwitschia in den Erdboden hinein, sondern nur maximal anderthalb Meter und erreiche das Grundwasser nicht. Es bestehe dazu auch gar keine Notwendigkeit, denn bereits in dieser Tiefe sei der Boden feucht genug. Die Wurzel ende in Gestalt eines Wedels dünner Würzelchen, sie seien es, die das Wasser in der Tiefe aufnehmen; nach der Erdoberfläche zu zweigten vom Oberteil der Wurzel ebenfalls kleine Haarwurzeln ab, die in den oberen Bodenschichten bei Regenzeit Wasser zu speichern hätten. Doch diese Haarwurzeln sind wohl kaum in der Lage, Tau und Nässe der in diesen Gegenden häufigen Nebel aufzunehmen, obgleich man auch derartiges für möglich hält. Die Bestäubung könne übrigens auch durch Fliegen oder den Wind erfolgen, meinen manche Forscher.

Die Welwitschia ist ein Endemit der Wüste Namib, das heißt, sie kommt nirgendwo anders vor als hier. Und hier in der Namib, nicht aber in der Kalahari, wie manche Bücher behaupten, hat sie auch Welwitsch seinerzeit gefunden.

Die Namib ist eine recht ungewöhnliche Wüste. Es regnet hier nur wenig, die Niederschlagsmenge beträgt ganze fünfundzwanzig bis fünfzig Millimeter im Jahr. Doch die Luftfeuchtigkeit ist hoch, da vom Ozean her dichte Nebel heranwallen. Die Lufttemperatur ist auch ungewöhnlich niedrig für jene Breiten, in denen die Namib liegt: Im heißesten Monat beträgt sie im Mittel siebzehn bis neunzehn Grad und im kältesten sogar nur zwölf bis dreizehn Grad. Diese Wüste erstreckt sich als schmaler Gürtel an der Atlantikküste vom Süden Angolas durch Namibia bis zur Mündung des Olifants River in der Republik Südafrika. Sie hat eine Längsausdehnung von annähernd zweitausendeinhundert Kilometern, ist aber nur ganze fünfzig bis hundertdreißig Kilometer breit. Im Süden ist sie eine Felswüste, in der Mitte eine Sandwüste.

Die seltene Welwitschia wurde als einzigartiges Naturdenkmal unter Schutz gestellt.

Die Seychellennuß

Rudolf II. von Habsburg, Kaiser des Heiligen Römischen Reiches, König von Deutschland, Ungarn und Böhmen, Erzherzog von

Österreich, Landgraf und noch manches andere, wurde 1552 in Wien geboren und in Spanien von Jesuiten erzogen. Sein ganzes Leben lang aber waren seine Beziehungen zu Spanien nicht die besten. Als Lieblingsresidenz wählte Rudolf den Hradschin in Prag und empfing hier nur widerwillig seine Statthalter und Generale, während Astrologen und Alchimisten bei ihm immer gern gesehen waren. Er führte zwar Krieg gegen die Protestanten, unterstützte aber sowohl materiell als auch moralisch die größten Astronomen jener Zeit – Ticho Brahe und Johannes Kepler.

Die letzten Jahre seines Lebens beherrschte den Kaiser ein übermächtiger Wunschtraum. Es ging dabei um folgendes: Der holländische Admiral Wolfert Hermanszen hatte vor Java einen glänzenden Sieg über die portugiesische Flotte errungen. Als er aus Indonesien in seine Heimat zurückkehrte, wo er mit großen Ehren empfangen wurde, brachte er auch eine Seychellennuß mit, und eben diese Nuß zu besitzen war das heiße Begehren Rudolfs II. von Habsburg. Er bot dem Admiral die märchenhafte Summe von viertausend Golddukaten, das waren vierzehn Kilogramm reines Metall! Doch alle Bitten seiner Unterhändler wurden von der Familie des Admirals abgewiesen – Rudolf bekam die so sehnlich gewünschte seinerzeit in Europa einzige Nuß nicht.

Auch andere Monarchen wollten eine solche Nuß besitzen und setzten nicht geringe Summen dafür aus, zum Beispiel ein mit überseeischen Waren voll beladenes Schiff. Doch wie erklärte sich solch maßloses Streben nach dem Besitz einer »coco do mar«, wie die Portugiesen die Nuß nannten (die Holländer bezeichneten sie als »maledivische Kokosnuß«).

Der Aberglaube schrieb diesen »magischen« Nüssen ganz einmalige Eigenschaften zu. Sie sollten, wie es hieß, den Besitzer vor allen Krankheiten bewahren, alle Gifte bei ihm unwirksam werden lassen, ihn vor jeglichen Feinden schützen und ihm Macht und Reichtum verleihen. Wo jedoch diese wundertätigen Nüsse wuchsen, das wußte keiner. Die Holländer behaupteten, daß sie auf den Malediven reiften, während alte arabische Überlieferungen besagten, ihre Heimat sei Java. Dort wüchsen sie in Unterwasserwäldern, bis ein großer Raubvogel, eine Art Vogel Roch, der sie bewache, fortfliege, um sich an Elefanten und Nashörnern satt zu fressen. Kehre der Vogel auf seinen Posten zurück, tauchten auch die Nüsse aus dem Wasser auf. Die »Märchen aus Tausendundeiner Nacht« berichten ebenfalls davon.

Da fand doch 1742 eine französische See-Expedition, die ausgeschickt worden war, um nach La Pérouse zu suchen, ganz unerwartet die geheimnisumwitterten Nüsse auf den Seychellen nordöstlich von Madagaskar. Der Botaniker dieser Expedition, Jacques de la Billardier, beschrieb nach wissenschaftlichen Regeln die Palmen, auf denen die »coco do mar«, seither Seychellennuß genannt, wächst. Er gab ihr in Anlehnung an den Namen einer Tochter des Königs Priamos aus der griechischen Sage den lateinischen Namen »Lodoicea«.

Carl Chun, Leiter einer deutschen Tiefsee-Expedition auf dem Dampfer »Valdivia«, steuerte 1898/99 eigens die Seychellen an, um sich einmal die berühmten Nüsse anzusehen. Er schrieb, er habe hier keine neuen Palmenpflanzungen gesehen, und gab seiner Befürchtung Ausdruck, die Nüsse könnten bald verschwinden. Mit den gleichen Bedenken wandte sich an die Regierung der englischen Königin Victoria auch der Direktor des Botanischen Gartens auf Mauritius.

Heute ist man auf den Seychellen um die Erneuerung der Palmenplantagen bemüht. Das ist auch notwendig, da die nach der Tochter von König Priamos benannten Palmen nur langsam wachsen und keinesfalls früher als hundert Jahre nach dem Anpflanzen Früchte tragen. Die Nuß selbst reift sechs Jahre an der Palme. Doch was für eine Nuß ist das dann auch! Bisweilen wiegt sie mehr als sechzehn Kilogramm bei einem Umfang von über einem Meter. Sie ist der größte Samen der Welt (allerdings nicht die größte Frucht; die des Brotfruchtbaums wird noch größer). Und solche »Samen« gibt es bis zu siebzig auf einer Lodoicea.

Diese Riesennuß ist oft dreikeimblättrig oder sogar sechskeimblättrig, das Fruchtfleisch geleeartig, farblos, geschmacklos, wenn man von einem leichten Nußbeigeschmack absieht; es wird schnell fest, dickt ein, und es entsteht eine Masse, die »Elfenbein« ähnlich sieht. Zu dieser Zeit ist die Nuß nicht eßbar und hat eine so große Dichte, daß sie im Wasser untergeht. Wenn jedoch der Fruchtkern verfault, treibt das Wasser sie nach oben, und die geheimnisumwitterten »coco do mar«, die ins Wasser gefallen waren, werden von der Meeresströmung zu allen Inseln des Indischen Ozeans getragen. Tropische Wirbelstürme schrecken die Seychellenpalme nicht: Sie wurzelt sehr fest in der Erde und biegt sich nicht im Wind. Ihre Blätter sind riesig, die Blattstiele bis zu sechs Meter, das Blatt selbst bis zu fünf Meter lang. Sie schlägt auf seltsame Weise Wurzeln: An seiner Basis verbreitert sich der Stamm zu einer Knolle, die, wie eine

Eichel in ihrem Becher, in einer Schale ruht. Diese Schale hat eine Vielzahl von kleinen Löchern von der Größe eines Fingerhutes. Durch diese wachsen die Wurzeln ins Erdreich.

Die Krone der Seychellenpalme ist dicht wie ein Dach und schützt vor jedem Platzregen.

Der Brotfruchtbaum

Es gibt auf der Welt paradiesische Inseln mit Bäumen, auf denen Brötchen wachsen. Die Bewohner solcher Gegenden brauchen nicht zu pflügen, zu eggen, zu säen und zu mähen. Will man ernten, schneidet man sich von einem Baum einfach ein Brot ab. Freilich ist es noch roh. Man bäckt es auf glühenden Steinen, und fertig ist das Essen.

Die Blüten des Brotfruchtbaumes verwachsen miteinander und tragen Frucht, genauer gesagt: einen Fruchtstand wie auch Ananas und Maulbeerbaum. Im Fruchtfleisch aber ist nicht Zucker angereichert, sondern Stärke.

Die Früchte wachsen an Ästen und haben einen Durchmesser bis zu dreißig Zentimeter. Sie sind rund oder oval, grün, solange sie unreif sind, reif dagegen gelblichbräunlich. Die Fruchtschale ähnelt, von oben gesehen, Waben, achteckigen Auswölbungen. Bei manchen Sorten ist sie glatt, stachlig oder schuppig. Das Fruchtfleisch ist gelblichweiß, fest, wenn die Früchte unreif sind, und teigig bei reifen.

Gebratene Früchte sind ohne Geschmack, manche behaupten allerdings, sie schmecken ein wenig nach gebackenen Kartoffeln, wieder andere meinen, nach Weißbrot.

Der Brotfruchtbaum trägt ohne Unterbrechung von November bis Juli Früchte. Danach wirft er das Laub ab und steht drei Monate kahl. Deshalb bevorraten sich die Polynesier für diese Zeit mit jenem exotischen Brot. Sie zerstoßen das Fruchtfleisch in Mörsern, so daß ein Teig entsteht. Daraus backen sie Fladen, die sie anschließend in Blätter ebendieses Brotfruchtbaumes einwickeln und in ihren Vorratskammern lagern. Sie kochen auch Brei aus den Früchten mit Milch aus Kokosnüssen.

Ein Brotfruchtbaum trägt siebzig bis fünfundsiebzig Jahre lang Frucht. Danach verdorrt er allmählich, deshalb muß man rechtzeitig neue Pflanzungen anlegen. Bei den besten Sorten enthalten die Früchte keine Samen, diese Sorten werden durch Ableger vermehrt.

Alles am Brotfruchtbaum nutzt der Mensch für sich: Früchte, Rinde, Faser, Blätter, Harz. Das Holz verdorrter Bäume verwendet man für den Bau von Kähnen und für Bretter zum Hüttenbau; aus dem Bast stellt man Matten und Kleidung her, aus den Blättern hübsche Hüte mit gelbroten Tupfen und aus dem Harz schließlich Dichtungsmasse für Boote.

Dieser Brotfruchtbaum aus dem pazifischen Raum ist heute in allen tropischen Ländern verbreitet. Es gibt aber noch zwei andere Brotfruchtbäume – den indischen und den afrikanischen. Ersterer trägt die größten Früchte der Welt, sie sind bis zu einem Meter lang. Da die Zweige sie nicht tragen würden, wachsen sie direkt am Stamm. Beim afrikanischen Brotfruchtbaum sind die Früchte etwas kleiner als beim indischen, erreichen zuweilen einen Durchmesser bis zu einem Meter und wiegen bis zu vierzehn Kilogramm.

Milch vom Baum

Schon die spanischen Konquistadoren brachten bei ihrer Rückkehr in die Heimat außer Gold auch wundersame Geschichten von einem »Kuhbaum« mit, der in den Urwäldern Brasiliens und Venezuelas wachsen solle.

Der botanische Name für den Kuhbaum oder Sorveira (»Lutscher«), wie die Einheimischen sagen, lautet Brosimum alicastrum. Sobald man die Rinde dieses seltsamen Baumes nur ein wenig ritzt, fließt Milch, die im Aussehen und Geschmack unserer Kuhmilch ähnelt. Verdünnt man den Saft mit Wasser und kocht ihn auf, erhält man ein sehr nahrhaftes Getränk. Jeder Baum – und sie wachsen im Amazonastiefland zu Millionen – gibt beim »Melken« zwei bis vier Liter »Milch«.

Vor einigen Jahren haben südamerikanische Wissenschaftler versucht, diese Baummilch populär zu machen. Sie meinten, der Saft der Sorveira könne die kärgliche Nahrung der Bewohner der Tropen Südamerikas beträchtlich aufbessern.

In den Wäldern Venezuelas wächst eine weitere Milchbaumart – der Brosimum galactodendron, dessen Saft besser schmeckt als jener der Sorveira und unverarbeitet genossen werden kann. Und noch einen Kuhbaum der Gattung Brosimum gibt es in Südamerika; seine Milch hat bereits Alexander von Humboldt gern getrunken. Diese Milch ist klebrig, dickflüssig und schmeckt angenehm nach Balsaminen. Sie fließt aus dem Baum, wenn man den Stamm ritzt. Die Einheimischen weichen Brot darin auf und trinken das Gemisch mit großem Behagen. Beim Abkühlen überzieht sich die Milch des Brosimum genau wie erkaltende Kuhmilch mit einer faserigen, gelblichen Haut, die an eine dünne Käsescheibe erinnert. Die Milch fließt reichlich, ein einziger Baum kann innerhalb von zwei, drei Stunden mehrere Liter dieser nahrhaften Flüssigkeit absondern.

Übrigens meinen einige Forscher, daß die Brosimummilch nicht so sehr ein Getränk als vielmehr Ausgangsstoff für Kaugummi sei; in kleinen Mengen genossen, sei sie unschädlich, doch sollte man keine große Menge davon trinken: Sie enthalte viel Wachs (siebenunddreißig Prozent), und Wachs verdaue unser Magen nicht.

Die Milch der erwähnten Brosimumarten ist dem milchigen Saft anderer Pflanzen ähnlich, zum Beispiel dem des Löwenzahns, der

Wolfsmilch und des Schöllkrauts. Geronnener Milchsaft des Mohns wird seit langem für die Herstellung von Opium genutzt. Der Latex von Kautschukpflanzen geht in die Gummiherstellung, und aus anderen »Milchbäumen« werden Rohstoffe für die Herstellung von Farben gewonnen.

Welche Rolle spielt nun dieses »Milchprodukt« im Leben der Pflanzen? Die Milchsaftgefäße durchdringen alle Gewebe der Pflanze. Sie enthalten milchige Emulsion. Kuhmilch ist ja ebenfalls eine Emulsion, also eine Flüssigkeit, die fein verteilte kleinste Tröpfchen einer anderen Flüssigkeit enthält. Im Latex von Pflanzen sind Fette, Eiweiße, Zucker und Stärke gefunden worden. Organische Substanzen, die in den Blättern gebildet werden, reichern sich in den Milchsaftgefäßen an. Wenn an dem Baum die Samen reifen, trägt der Milchsaft zu ihrer Entwicklung bei, er wird dann flüssig, wäßrig – wie die Milch einer abgemagerten Kuh. Er enthält außerdem noch verschiedene Harze, Kautschuk und andere an der Luft schnell gerinnende Stoffe. Wird der Baum angeritzt, gerinnt der austretende Saft und schließt wie ein Tampon die Wunde. Im Milchsaft sind bei vielen Pflanzen auch Gift- oder Bitterstoffe enthalten. Deshalb meiden grasfressende Tiere diese Pflanzen.

»Purpurrotes Blümchen«

Aufs äußerste verblüfft und wie verzaubert stand Joseph Arnold vor dem Wunder, das sich da seinen Augen bot, wie man es nur im Märchen, in der Welt der Träume zu sehen bekommt. Unmittelbar vor ihm hatte auf der Erde eine riesige Blume von einem Meter Durchmesser ihre fünf purpurnen fleischigen Blütenblätter entfaltet.

Diese Blume hatte weder Blätter noch Stiel oder Wurzeln und strömte einen penetranten Aasgeruch aus. Die Entdeckung dieses Wunders mußte Arnold allerdings mit dem Leben bezahlen. Zu lange war er in den feuchten Wäldern Sumatras umhergestreift, er erkrankte an einem quälenden Fieber und starb. Zwei Wochen vorher hatte er als erster diese Riesenblume beschrieben, die später ihrem Ersterforscher zu Ehren Rafflesia arnoldii benannt wurde.

Gegenwärtig sind schon zwölf Rafflesia-Arten entdeckt, doch die größte von ihnen ist die Rafflesia arnoldii. Alle wachsen sie nur in den Wäldern Indonesiens und der Philippinen, und außerdem sind

alle Schmarotzer: Sie siedeln auf Wurzeln und Stämmen von Pflanzen aus der Familie der Reben und saugen deren Säfte. Sie werden von Fliegen bestäubt, die der Aasgeruch der Rafflesien anlockt. Den Samen wiederum verbreiten große Huftiere. Arglos treten sie auf die fruchttragende Rafflesia, die Samen bleiben an ihren Beinen kleben und werden weithin verbreitet. Früher, als in den Wäldern auf Java und Sumatra Nashörner und Elefanten noch häufiger waren, traf man Rafflesien öfter an, heute sind sie nur noch selten zu finden.

Victoria regia

»Nachdenklich blickte ich auf den um mich herum sich ausbreitenden völlig glatten Wasserspiegel des Flusses, als plötzlich irgendein ungewöhnlicher Gegenstand in der Ferne, am Südufer des Flusses, meine Aufmerksamkeit fesselte. Ich konnte mir nicht einmal annähernd vorstellen, was das sein könnte, und legte mich nur stärker in die Ruder meines Kahns, von äußerster Verblüffung gepackt. Bald tauchte vor mir ein Wunder aus dem Pflanzenreich auf, und ich vergaß allen Kummer und alle Aufregung.« (Richard Schomburgk)

Schomburgk erblickte riesige Blüten, schneeweiße, zartrosa und feuerrote gleichzeitig; majestätisch schienen sie über dem Wasser zu schweben und schillerten dabei wie im Märchen in allen ihren zauberhaften Farbnuancen. Ihre mächtigen, zwei Meter großen Blätter bedeckten die kleine flache Bucht.

Man schrieb den 1. Januar 1837. Der Botaniker Richard Schomburgk hatte die Königin aller Seerosen entdeckt. In Briefen nach London beschrieb er sie höchst anschaulich, und sein Freund, der englische Botaniker John Lindley, nannte sie »Victoria regia« (majestätische Victoria). Aber erst 1846 trieben aus Südamerika mitgebrachte Samen lebensfähige Schößlinge. Am 8. November 1849 blühte eine Victoria regia im Botanischen Garten London zum ersten Male. Tausende Besucher strömten herbei, um die »Wunderlilie« zu betrachten, über die die Zeitungen so viel geschrieben hatten.

Bald darauf beschafften sich Gärtner in anderen Ländern ebenfalls diese überseeischen Pflanzen; auch der Botanische Garten Petersburg besaß sie, und Ende Mai oder Anfang Juli (zu dieser Zeit blüht die Victoria) fanden sich Menschen der verschiedenen Stände ein, um sich an den »üppigen, riesigen Blüten der zauberhaften Königin des Wassers« zu erfreuen.

Es gibt zwei Arten von Victoria regia. Die eine, dem Leser schon bekannte, wächst in kleinen flachen Buchten, Lagunen und Altwassern des Amazonas und seiner Nebenflüsse, die zweite an ähnlichen Stellen im Flußgebiet des Rio Paraná. In der Trockenzeit versiegen viele kleine flache Buchten, dann sterben auch die oberirdischen Pflanzenteile der Victoria ab, doch die dicken, stärkereichen Wurzelstöcke leben weiter. Unter der verfestigten Schlammschicht ruht die Pflanze, und mit dem ersten Regen treibt sie neu.

»Die Victoria wächst sagenhaft schnell. In der Zeit des intensivsten Wachstums werden ihre Blätter jeden Tag um einen ganzen Fuß größer, wobei sie besonders stark zur Mittagszeit und um Mitternacht wachsen, am wenigsten dagegen abends

und morgens«, schreibt der russische Botaniker P. Wassilkowski.

Diese ungewöhnlichen Blätter können zwei Meter Durchmesser erreichen! Sie sind dick, oben grün, unten hellviolett, mit mächtigen Adern an der Unterseite und glatt an der Oberseite. Die Blattränder sind nach oben gebogen, so daß eine Art flache Schale entsteht, ein ideales Schwimmbecken für Vögel, die es auch ausgiebig nutzen. Das Blatt hält ein Gewicht von fünfzig Kilogramm aus!

Die Indianer überqueren auf diesen Blättern wie über natürliche Stege ohne Schwierigkeiten einen Sumpf. Dabei rennen sie, weil selbst ein kleiner Mensch genau im Mittelpunkt des Blattes stehen muß. Rückt er auch nur ein Stückchen zur Seite, geht das Blatt unter.

Die Blüten der Victoria regia haben einen Durchmesser bis zu vierzig Zentimetern. Sie sind weiß, duften und öffnen sich am Abend. Gegen morgen färben sie sich rosarot und schließen sich. Gegen Abend öffnen sie sich erneut, sind dann aber schon himbeerfarben. Gegen Ende der zweiten Nacht färben sich die Zauberblüten violett, und bei Tagesanbruch versinken sie im Wasser – die Victoria regia hat ihre Zaubervorstellung beendet.

Und noch etwas Wundersames geht mit den Blüten der Victoria vor. Sie wachsen und blühen sehr schnell auf, nicht innerhalb von Tagen, sondern buchstäblich von Stunden. In dieser Zeit haben sie einen hohen Sauerstoffverbrauch. Durch die verstärkte Atmung erwärmen sie sich. Ein Thermometer, in eine Blüte eingeführt, zeigt eine Temperatur an, die um elf Grad höher ist als die Lufttemperatur der Umgebung und um sechs Grad die Temperatur des Wassers übersteigt, in dem die Victoria wächst.

Unter Wasser entwickeln sich aus den Blüten Früchte »von der Größe eines Kinderkopfes«, sie »reifen und öffnen sich, ohne daß man es sieht«.

Die Früchte enthalten schwarze erbsengroße Samen, die durchaus eßbar sind. In der Heimat der Victoria werden sie mit Vorliebe verzehrt, man trocknet und röstet sie. Es heißt, sie ähneln im Geschmack dem Mais, deshalb wird die Victoria in jenen Gegenden auch oft als »Wassermais« bezeichnet.

Der Banyan

Der in unseren Wohnungen stehende normale Gummibaum vollbringt in seiner Heimat Indien wahre Wunder. Er bildet hier oft einen regelrechten Wald. Seine Zweige treiben Luftwurzeln, diese wachsen nach unten, und wenn sie die Erde erreicht haben, treiben sie Wurzeln in den Boden. Allmählich verholzen die Luftwurzeln zu Stämmen und treiben selbst wieder Zweige, von denen wiederum Wurzeln nach unten streben und ebenfalls im Erdreich Fuß fassen. So geht es immer weiter, und im Ergebnis hat dann ein Baum Hunderte, ja sogar Tausende von Stämmen und wuchert maßlos. Ein solcher Wald wird Banyan genannt. Der Hauptstamm, der erste Stamm des Banyan, ist zuweilen zehn Meter dick, während die Sekundärstämme vier bis sechs Meter Dicke erreichen.

Im Schatten eines solchen Banyan kann ein ganzes Dorf mit hundert Hütten bequem Platz finden. Bereits Alexander von Makedonien soll schon so einen Banyan bestaunt haben, unter dessen Zweigen fünftausend seiner Krieger ihr Lager aufgeschlagen hatten. Auf der kleinen Insel Nerbudda vor Burma soll ein Banyan »als dichter Wald die gesamte Insel« bedeckt haben.

Der Banyan ist der heilige Baum der Hindus und Buddhisten. Er wächst in Indien neben fast allen Tempeln und erreicht nur hier seine ganze Mächtigkeit. Aus einem »wilden«, vom Menschen nicht gepflegten Banyan wird selten ein großer »Wald«; das Laubwerk des Ficus ist nämlich so dicht, daß bei Regen fast kein Wasser von der Krone bis zum Erdboden gelangt, der ist unter dem Baum immer trocken und hart. Auch die Luftwurzeln können nur schwer in ihn eindringen und anwachsen. Bei Tempeln aber lockern Tempeldiener ständig das Erdreich unter dem Ficus auf, düngen es, und auf die jungen Luftwurzeln streifen sie so etwas wie Hüllen aus Bambus, um sie vor Beschädigungen zu schützen.

Ein Ficus wächst oft auch in anderer Gestalt. Tragen Vögel, Eichhörnchen oder Affen Ficussamen in die Krone eines Baumes, wo sie in eine Astgabel oder einen Spalt in der Rinde fallen, wird der junge Ficus zu einem Egiphyten. In diesem Falle recken sich die von der Jungpflanze abgehenden Wurzeln nicht direkt nach unten, zur Erde hin, sondern »kriechen« am Stamm des Wirtsbaumes entlang, winden sich um ihn, verwachsen mit ihm. Von dieser Verwachsungsstelle aus treibt die Pflanze dann neue Wurzeln, die sich zur Erde hinuntersenken. Wiederum bilden sich Luftwurzeln und umziehen in einem wirren Geflecht den Stamm des Wirtsbaumes. Wenn sie stärker werden, zerdrücken sie dessen Rinde und ersticken ihn schließlich. Er verfault und verwandelt sich in Mulm (nach etwa hundert Jahren), der Ficus aber bedarf schon keiner Stütze mehr: In der Zwischenzeit ist er selbst zu einem mächtigen Baum gediehen, der fest in der Erde wurzelt und einen mächtigen Stamm gebildet hat.

Sequoien

Die Sequoia ist ein immergrüner Nadelbaum, der in den USA in den Wäldern Kaliforniens an den Westhängen der Sierra Nevada und im südlichen Oregon wächst. Benannt wurde er nach einem Indianerhäuptling. Seltsamerweise wurde der höchste Baum der Welt (in rezentem und nicht in fossilem Zustand) der Wissenschaft erst 1850 bekannt, als man zufällig einen ganzen Sequoienhain fand.

20–1051

Früher wurde behauptet, es gebe Sequoien von hundertdreißig Meter Höhe. Jetzt aber nennt die amerikanische Forstbehörde in einem Verzeichnis der »großen Bäume« als höchste Sequoia ein Exemplar, das in der Humboldt county wächst und 110,8 Meter groß ist. Ein Mitarbeiter des Sequoia-Nationalparks schreibt allerdings, ein vom Sturm gefällter Baum in diesem Park, der »Vater der Wälder«, habe eine Höhe von hundertzwanzig Metern gehabt.

Um das Recht, der größte Baum in der Welt zu sein, wetteifern mit der Sequoia noch drei Bäume: der Riesenmammutbaum, ein australischer Eukalyptus und eine südafrikanische Akazie, die einst an den Ufern des Mogalakwena, eines Nebenflusses des Limpopo, wuchs. Einige dieser Riesenakazien hatten Wind und Alter gefällt, Sand hatte sie zugeschüttet. Es gelang, eine davon auszugraben, wenn auch nicht vollständig. Berechnungen ergaben, daß ihre Höhe einmal 122 Meter betragen hatte. Akazien solch hohen Wuchses gibt es jetzt nicht mehr. Was den Eukalyptus betrifft, so stellte sich heraus, daß frühere Höhenangaben (danach sollte es Exemplare bis zu einhundertfünfzig Meter Höhe geben) übertrieben waren. Im offiziellen Waldhandbuch Australiens heißt es, daß einige Eukalyptusexemplare etwas über einhundertfünf Meter Höhe messen. Bei einem nahen Verwandten der Sequoia, dem Riesenmammutbaum oder Sequoiadendron, der häufig mit der Sequoia verwechselt wird, hat man bis 106 Meter Höhe gemessen.

Zählungen von Jahresringen ergaben, daß das Alter der ältesten Sequoien 2200 Jahre und das der Riesenmammutbäume 3500 Jahre beträgt. Als »ältester heute lebender Baum« wird eine Borstenkiefer in Kalifornien angesehen, bei der man viertausendsechshundert Jahresringe gezählt hat.

So ist die Sequoia also gar nicht der älteste Baum der Erde (obwohl man das eine Zeitlang annahm), wohl aber der größte der heute lebenden! Die Sequoia kann dreimal so hoch wie ein zehnstöckiges Haus werden! Was für ein imposanter Baum sie ist, geht auch aus folgendem hervor:

In der Höhlung des umgestürzten »Vaters der Wälder« zum Beispiel reiten die Amerikaner wie in einer Manege in der Runde. Gleich daneben liegt ein weiterer Riese, in dem man eine dreiundzwanzig Meter lange Kegelbahn eingerichtet hat. An gleicher Stelle baute man auf dem ebenen Stumpf einer in den fünfziger Jahren des vorigen Jahrhunderts gefällten Sequoia ein Blockhaus, in dem im Sommer Tanzveranstaltungen stattfinden.

Eine andere riesige Sequoia, »Mutter der Wälder« genannt, wurde stückchenweise entrindet. Die einzelnen Stücke versah man mit Nummern, damit sie später wieder zusammengesetzt werden konnten. Die Arbeit dauerte drei Monate; der Baum wurde vom Boden aus bis sechzig Meter Höhe geschält. Die Rinde schaffte man nach San Francisco, wo aus den zusammengesetzten Rindenstücken ein ganzes Gebäude errichtet wurde, das hundert Menschen Platz bot! Später transportierte man das Rindenhaus nach New York und anschließend nach London, in den Kristallpalast. Dort ist es dann einem Feuer zum Opfer gefallen.

Wir haben uns daran gewöhnt, die Sequoia für einen rein amerikanischen Baum zu halten. Vor Millionen Jahren wuchs sie auch in Europa und Asien; man kennt sie hier nur als Fossil. Doch 1941 machte man eine höchst interessante Entdeckung: In der chinesischen Provinz Sichuan fand man vier lebende Sequoien, die man Metasequoia nannte.

Zum Abschluß sei erwähnt, daß auch in der Sowjetunion Sequoien wachsen, und zwar am Südufer der Krim und im Kaukasus. Doch das sind Anpflanzungen, wie es sie auch in anderen Ländern gibt.

Stöhnender Bambus

Ein Mensch, der sich in der Nähe eines Riesenbambuswäldchens schlafen legt, irrt, wenn er meint, er werde dort Ruhe haben. Kurz vor Tagesanbruch wird er von lauten Geräuschen geweckt – einem unangenehmen Winseln, Heulen und Stöhnen. Der Aberglaube hat dazu die verschiedensten geheimnisvollen Geschichten aufkommen lassen, doch lassen sich diese Geräusche höchst einfach erklären. Das »Stöhnen« wird von den jungen Bambustrieben verursacht, die sich einen Weg durch die Deckblätter und Blattscheiden bahnen. In warmen Nächten wachsen sie gegen Morgen besonders schnell, und das Reiben der Triebe an den Blatthüllen bringt diese seltsamen Laute hervor.

Mit einem Knattern, wie wenn Leinwand reißt, löst sich die abgestorbene Rinde des Eukalyptus vom Stamm. Die trockenen reifen Hülsen des Bohnenbaumes platzen unter so lautem Krachen, daß man meint, es »knallten ununterbrochen Pistolenschüsse«.

Doch ist das alles nichts im Vergleich zu dem Dröhnen des Kanonenbaumes. Zeitweise gibt er ein donnerähnliches Getöse von sich, das wie Schüsse einer schweren Kanone klingt. Wie der Kanonenbaum aber »schießt«, das konnte noch nicht genau festgestellt werden, doch man nimmt an, daß an warmen feuchten Tagen, wenn der Splint besonders schnell wächst, die anderen Gewebe sozusagen »nicht hinterherkommen« und mit ohrenbetäubendem »Kanonendonner« zerreißen.

Räuberische Pflanzen

Eine riesige »Ananas« von der Größe eines Elefanten wächst einsam im Dickicht der Wälder auf Madagaskar. Sie hat acht große Blätter mit Dornen, scharf wie die Krallen eines Tigers, und an ihrem Wipfel sechs weiße Ruten. Diese biegsamen Ruten schnellen pfeifend durch die Luft.

Zweimal jährlich bahnen sich mühsam Menschen einen Weg durch das undurchdringliche Dickicht zu diesem furchterregenden Baum, um ihn mit Menschenfleisch zu füttern. Ein an Händen und Füßen gefesselter Gefangener schaut voller Entsetzen auf den grünen Kannibalen, und jener, als wittere er das bevorstehende Mahl, peitscht nur noch stärker die Luft mit seinen fühlerartigen Ruten und zischt wie eine Schlange. Um ihn herum singen und tanzen die abergläubischen Wilden vom Stamme der Mkodo und zwingen den Delinquenten, Saft vom Kannibalenbaum zu trinken. Benebelt von dem trunken machenden Gift, klettert der Unglückliche von selbst auf die Spitze der »Ananas«. Sogleich legen sich die weißen Ruten um den Hals des Opfers, die riesigen, mit Dornen gespickten Blätter, Agavenblättern ähnlich, schließen sich wie die Kiefer eines phantastischen Ungeheuers über dem Menschen und pressen ihn mit gewaltiger Kraft zusammen.

Diese Mitteilung von der kannibalischen »Ananas« veröffentlichte 1880 die amerikanische Zeitschrift »New York World«. Autor war ein gewisser Karl Lieche, ein evangelischer Missionar, der die Bewohner Madagaskars in der »göttlichen Lehre« unterwies.

Später druckte eine ganze Reihe anderer Zeitschriften, ausländische und auch russische, diese Mitteilung nach. Der Brief von Pastor Karl Lieche wurde auch in der wissenschaftlichen Literatur erörtert, vollständig zitiert hat ihn ebenfalls der amerikanische Botaniker Ch. Osborne in seinem Buch »Madagaskar, Land der Kannibalenbäume« (1924). Dieser Autor fügte noch hinzu, er habe lange auf Madagaskar gelebt, einen solchen Baum aber nie gesehen, doch sei er Leuten begegnet, die vorgaben, ihn gesehen zu haben. Allen einheimischen Stämmen sei der grüne »Menschenfresser« gut bekannt, und sie könnten viel über ihn berichten.

Das Ganze sei ein ausgemachtes Hirngespinst, behauptet dagegen W. Lay, der sich ebenfalls um die Erforschung des seltsamen Baumes bemühte. Er hatte alle bedeutenden Bücher über Madagaskar durchgesehen, in keinem einzigen jedoch den Kannibalenbaum auch nur erwähnt gefunden. Kein einziger Reisender (mit Ausnahme von Karl Lieche und Leuten, die sein Märchen nachplappern) hätte von den Einheimischen auch nur ein einziges Wort über diese räuberische »Ananas« gehört. Auf Madagaskar selbst gebe es nicht einmal eine Sage darüber, und der Stamm Mkodo sei ganz und gar unbekannt.

Es ist sonnenklar – der Missionar Karl Lieche hatte sowohl den Stamm Mkodo als auch dessen scheußliches Idol selbst erfunden. Die Geschichte vom Kannibalenbaum schlug jedoch weiterhin Wellen. Auch in anderen Ländern stieß man jetzt plötzlich auf grüne »Kannibalen«.

Ein gewisser Donetan sammelte einmal Sumpfgräser am Nikaraguasee in Mittelamerika, als er angeblich plötzlich bemerkte, wie eine ihm unbekannte blattlose Pflanze mit elastischen, klebrigen Zweigen seinen Jagdhund fest umfangen hielt. Nachdem er mit Mühe das Tier aus der Umklammerung befreit hatte, sah er, daß seine Hände voller Blut waren und die Zweige der seltsamen Pflanze auch ihn selbst einzufangen versuchten. Mit Hilfe zahlreicher Saugnäpfe könne der grüne »Vampir« mit unglaublicher Geschwindigkeit Mensch oder Tier das Blut aussaugen.

Ein anderer »Augenzeuge«, der einmal in die gefährliche Umarmung einer solchen Pflanze geriet, erzählt, er sei nur mit Mühe ihren Fesseln entkommen. Wütend habe er mit der

Axt die bestialische Pflanze in Stücke gehauen und verbrannt. Als jedoch die Äste des verruchten Baumes Feuer fingen, roch es im Umkreis nach verbranntem Fleisch.

Abenteuerlich klingende Berichte über die schreckliche Pflanze, die sich von Tieren und Menschen ernährt, tauchen von Zeit zu Zeit immer wieder in gewissen Zeitschriften und Zeitungen auf. In Redaktionen und botanischen Instituten trifft alljährlich eine Flut von Leserbriefen ein, in denen die Schreiber nun endlich erfahren möchten, ob es diesen menschenfressenden Baum wirklich gibt oder nicht.

Natürlich nicht! Fleischfressende Bäume existieren auf der Welt nicht. Wohlgemerkt, keine solchen Bäume, wohl aber andere Pflanzen. Allerdings ernähren sich diese nicht von Menschenfleisch, sondern nur von Insekten.

In versumpften Wäldern kann man auf schwankendem Boden inmitten grünen Moosrasens die schütteren Wedel einer unscheinbaren Blume entdecken, bei der an Stielen einer Rosette seltsame Blätter entwachsen. Die Blätter sind dicht mit langen dünnen Tentakeln bedeckt, und an der Spitze eines jeden glitzert ein Tröpfchen. Das ist der Sonnentau – eine fleischfressende Pflanze der Hochmoore nördlicher Breiten.

Beobachtet man die Pflanze ein Weilchen, glückt es einem vielleicht, zu sehen, wie eine Mücke oder Fliege, die sich unvorsichtigerweise auf einem Blatt niedergelassen hat, von den Tentakeln des Sonnentaus gepackt wird. Das Fanghaar mit dem an dem Tröpfchen klebengebliebenen Insekt krümmt sich nach unten, und die anderen Härchen schmiegen sich ihm an. Das Beutetier ist gefangen!

Die klebrige Flüssigkeit hält das mit dem Tode ringende Insekt an dem Blatt fest. Ist die Beute zu groß, biegt sich das ganze Blättchen zur Hälfte durch und umschließt die Beute fest wie eine Faust. Fliegen zwei Insekten gleichzeitig das Blatt an, teilen sich diese zupackenden Finger des Sonnentaus: Die einen richten sich auf das eine Opfer, die anderen auf das zweite. Es kommt vor, daß einem Blatt, das eine sehr große Beute, etwa eine Libelle, umschlungen hat, die anderen Blätter des Sonnentaus zu Hilfe kommen. Über kleinste Gefäße, die das Blatt durchziehen, werden entsprechende Signale weitergegeben, und die Tentakeln recken sich langsam zu dem gefangenen Insekt hin. Einem Beobachter mit Phantasie mag das als Kampf zwischen Pflanze und Insekt erscheinen, und unwillkürlich mögen ihm dann die Berichte über den schrecklichen Menschenfresser-Baum in den Sinn kommen, der Mensch und Tier verschlingt.

Die Empfindlichkeit der Tentakeln des Sonnentaus ist geradezu frappierend! Ein mikroskopisch kleines Stück Frauenhaar von 0,2 Millimeter Länge und einem Gewicht von 0,000822 Milligramm löst, auf ein Blatt gelegt, eine Neigung der Tentakel aus. Die Zungenspitze des Menschen – der empfindlichste Teil unseres Körpers – würde eine solche Last überhaupt nicht wahrnehmen.

Zahlreiche kleine Drüsen, die die Blätter von insektenfressenden Pflanzen bedecken, sondern nicht nur die erwähnte klebrige Flüssigkeit, sondern auch echte Verdauungssäfte ab. In ihrer Zusammensetzung ähneln sie dem Magensaft des Menschen. So ist es kein Wunder, daß die Blätter dieser Pflanzen Fleisch, Käse, Blut, Samen, Blütenstaub, Knochenstückchen, ja selbst metallharten Zahnschmelz verdauen können.

In unmittelbarer Nachbarschaft vom Sonnentau lauert zwischen Moosbeeren und Sumpfporst eine andere fleischfressende Pflanze unserer Wälder auf Beute – das Fettkraut. Sonnentau hat weiße, Fettkraut violetthimmelblaue Blüten. Fettkraut hat auch keine Tentakeln. Insekten fängt es mit den klebrigen Blättern. Mücken und Fliegen bleiben an ihnen kleben wie an einem Fliegenfänger. Übrigens nimmt das Blatt auch aktiveren Anteil an der Vereinnahmung der Beute. Es biegt langsam seine Ränder ein, drückt so das Opfer nieder und schiebt es allmählich zur Blattmitte, wo am stärksten Verdauungssäfte erzeugt werden.

Lange bevor der Wissenschaft diese fleischfressenden Pflanzen bekannt waren, verwendeten die Lappen in ihrer Wirtschaft Fettkrautblätter anstelle von Lab, einem Ferment im Magen des Kalbs, das den Käsestoff der Milch, das Kasein, zum Gerinnen bringt.

Warum aber bedürfen diese seltsamen fleischfressenden Pflanzen tierischer Nahrung? Warum begnügen sie sich nicht mit den Stoffen, die sie mit den Wurzeln aus der Erde und mit den Blättern aus der Luft aufnehmen?

Insektenfressende Pflanzen wachsen gewöhnlich auf Sümpfen und Mooren, also auf nährsalzarmen Böden. Das ist auch die Ursache für ihre ungewöhnliche Ernährungsweise. Den Stickstoffmangel im Boden kompensieren diese Pflanzen durch die Körpersäfte von gefangenen Insekten.

Zum ersten Mal erfuhren die Botaniker von insektenfressenden
 Pflanzen Mitte des 17. Jahrhunderts, als aus Madagaskar lebende

Kannenpflanzen nach Europa gebracht wurden. Das waren Pflanzen, an deren Blattenden »Krüge« mit Deckelchen wuchsen. Wenn ein Krug, der sich aus dem Blatt entwickelt, »reif ist«, öffnet sich das Deckelchen. Fliegen und Ameisen, von dem »Honig« am Hals des »Kruges« angelockt, sinken auf den Grund dieser Falle und ertrinken in der darin befindlichen Flüssigkeit. An der senkrechten und von einer dünnen Wachsschicht überzogenen glatten Innenwand der »Kanne« wieder nach oben zu klettern ist dem Insekt so gut wie unmöglich. Doch selbst wenn ihm das mit äußerster Kraftanstrengung gelingen sollte, stößt es im Hals des »Kruges« auf eine Reihe unpassierbarer spitzer, nach innen gerichteter Zähnchen. Die Flüssigkeit in den Fangkrügen erinnert in ihrer chemischen Zusammensetzung genau wie der Verdauungssaft des Sonnentaus an den Magensaft des Menschen. In ihr werden die gefangenen Insekten auch verdaut.

Anders verfährt mit ihren Opfern eine andere insektenfressende Pflanze, das Taublatt, das in Portugal und Marokko vorkommt. Stiel und Blätter sind mit klebrigen, säuerlichen Tropfen wie betaut, und Fliegen und Ameisen, die mit den »Tautropfen« in Berührung kommen, werden zu Gefangenen. Man sagt, portugiesische Bauern hingen das Taublatt anstelle eines Fliegenfängers in die Fenster ihrer Hütten. Die lästigen Insekten bleiben an ihm kleben und kommen um.

In Südafrika wächst das Taublatt nicht, die dortigen Bewohner benutzen eine andere Pflanze als Fliegenfänger – die Roridula. Von weitem sieht die Roridula wie versilbert aus, denn jedes Blatt ist mit langen weißen Härchen bedeckt. An den Enden der Härchen hängen genau wie an den Tentakeln des Sonnentaus kleine klebrige Tröpfchen. Die Pflanze strömt einen starken Duft aus. Die Insekten werden davon angelockt und bleiben an den Blättern der Roridula kleben.

Seltsamerweise ernährt sich diese Pflanze nicht von den gefangenen Fliegen, sie dienen ihr nur als Köder. Wissenschaftler ermittelten unlängst, daß die Roridula mit Spinnen »kooperiert«. Die Spinnen bestäuben nämlich deren Blüten. Um sie anzulocken, bemüht sich die Pflanze um einen reich gedeckten Tisch für die Gäste – ein abwechslungsreiches Menü aus Fliegen, Mücken und Kriebelmücken. Die Spinnen leben ausschließlich davon, sie sind außerstande, selbst Beute zu machen. Diese achtbeinigen »Kostgänger« kriechen von Pflanze zu Pflanze und besorgen so die Kreuzbestäubung.

Nicht alle insektenfressenden Pflanzen sind sozusagen nach dem Prinzip von »Fliegenfängern« gebaut. Es gibt unter ihnen auch solche, die selber geschickt mit ihren Blättern Fliegen fangen. Bei der Venusfliegenfalle zum Beispiel sind die Blätter an den Rändern mit langen Zähnchen versehen, bei der geringsten Berührung klappen die beiden Blatthälften entlang der Mittelrippe zusammen, wie ein Buch zuklappt! Das zur Hälfte gefaltete Blatt hält wie ein Fangeisen das Insekt darin fest, das an Ort und Stelle in dem grünen Kerker verdaut wird.

Bemerkenswert ist, daß sich in den Blättern von insektenfressenden Pflanzen, wie auch in den Geweben von Tieren, Bioströme entwickeln. Schließt man das Blatt einer Venusfliegenfalle an die Kontakte eines Galvanometers an, spricht das Gerät an – es wird also Strom erzeugt! Von der Blattachsel bis zur Spitze des Blattes fließt ein positiver Biostrom, im Stiel dagegen ein negativer. Untersuchungen haben gezeigt, daß die Quellen der Bioströme in den oberen Zellschichten der Blattscheide und in der Mittelrippe liegen. Jede Berührung des Blattes verursacht eine Veränderung der Spannung. Wie auch in unseren Organen sind alle Lebenserscheinungen von elektrischen Strömen und Potentialänderungen begleitet.

Die Heimat der meisten insektenfressenden Pflanzen sind die Tropen, wo sie sich durch besondere Vielfalt der Formen auszeichnen. Mehr als fünfhundert Arten davon sind schon beschrieben worden. Alle sind sie relativ klein, die größten Fallen bei Kannenpflanzen und Darlingtonien werden nicht länger als fünfzig bis hundert Millimeter. Andere Insektenfresser sind meist

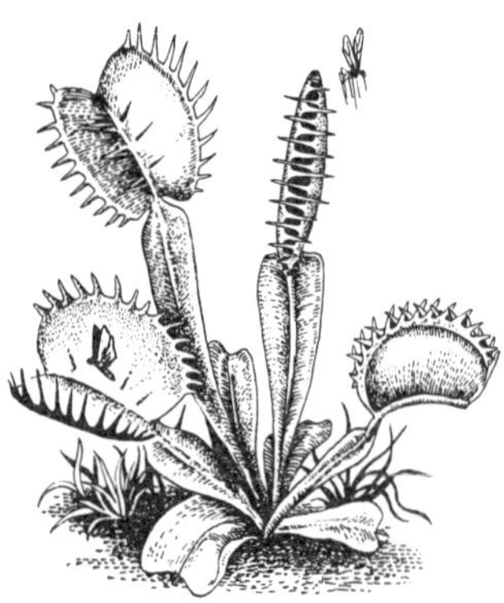

viel kleiner: Große Käfer und Libellen können sich mühelos daraus befreien. Doch man stelle sich einmal vor, der Sonnentau wüchse auf das fünfzig- bis hundertfache seiner Größe! Diese Ausmaße hat er jedoch nur in der menschlichen Phantasie erreicht, und seine Opfer waren nun eben nicht mehr Fliegen, sondern Säuger und Menschen. So ist die Schauergeschichte vom Kannibalenbaum entstanden.

Verzeichnis der im Text behandelten Tiere und Pflanzen

Aasgeier 27, 28
Adansonia 290
Adler 19, 37
Affenbrotbaum 292
Ährenfisch 37, 38
Aktäonkäfer 268
Alligator 265
Almiqui 259
Amazonenameise 43
Ameise 60, 61, 62
Ameisenbeutler 280, 281
Ameisenigel 260
Amsel 33
Amurtiger 225
Anakonda 236, 237, 265
Anoa 217
Apfelwickler 130
Asiatischer Löwe 210
Asiatischer Rothund 211
Austernfischer 35
Aye-Aye 158, 159, 160

Babuin 22
Bambus 308
Bambusbär 91
Bandikut 283
Banyan 304
Baobab 290
Barracuda 49
Barsch 48, 49
Bartenwal 87
Bartgeier 87
Baum der Reisenden 159
Baumratte 35
Baumschlange 205
Baumschmucknatter 205
Bermudasturmvogel 262, 263
Beutelfrosch 247
Beuteltiere 280
Biber 76, 77, 78, 79, 80, 81
Biene 120, 121
Bilchen 126
Birkenblattroller, Birkenstecher 63
Bisamratte 75
Bisamspitzmaus, Bisamrüßler 72
Blasenläuse 62
Blattschneiderameise 241
Boa 235, 237
Bockkäfer 268
Bonobo 172
Boomslang 180
Borkenkäfer 68
Braunelle 19
Breitmaulnashorn 220, 222
Breitnasenaffen 254
Bronzekuckuck 286
Brosimum qalactodendron 299
Brotfruchtbaum 297
Brückenechse 284
Bunqaru 179
Büschelkäfer 30, 31
Buschmeister 180
Bussard 37

Callimico goeldi 258
Candiru 242, 243
Cascabel 179
Cebuëlla 254
Ceratotherium simum cottoni 222
Cobego 200
Coleoptera 63

Darwin-Nasenfrosch 247
Dasselfliege 55, 56,
Desman 72
Dornhai 132
Dornschwanzwallaby 283
Dreieckskopf 181
Dromia 19

Eibeutelfrosch 247
Eichelhäher 35
Eichhornäffchen 254
Eisbär 71, 88
Elefant 51, 188
Elritze 46
Elster 35
Erdbienen 146
Eresus 134
Eulenpapagei 288

Fettschwalm 252
Fingertier 159
Flugdrache 205
Flughuhn 150, 151
Flugschlange 206
Flußwels 242
Fuchs 131
Fünffingriger Pfeiffrosch 239

Gabunviper 179
Galapagosfink 240
Gartengrasmücke 19
Gemeine Vogelspinne 267
Gepard 173
Gerfalke 111, 112
Gnathonemus ibis 154
Gnathonemus petersi 183
Goldfisch 48
Gorilla 165
Greifschwanzaffe 254
Großer Totengräber 66
Großer Panda 91
Großfußhuhn 270
Großnilhecht 154
Grubenotter 250, 251
Grunion 37, 39
Guacharo 252

Haïti-Schlitzrüßler 259
Hammerhuhn 273
Haplochromis 156, 157
Hase 125, 126
Hatteria 284, 286
Hawaiigans 223
Hemiptera odonthopus 293
Herkuleskäfer 268
Hirschkäfer 29, 30
Hoatzin 267
Holzameise 60, 61
Honiganzeiger 145
Honigdachs 145
Hornisse 121
Hüttengärtner 275

Indischer Löwe 237
Indisches Nashorn 219
Indische Speikobra 182
Inselgrabhuhn 272
Irbis 81

Jako 184
Jararaca 180
Jararacussa 178
Javaflugfrosch 202
Javanashorn 221

Kahau 227
Kaguang 201
Kaka 279
Kakapo 279
Kalan 86
Kalifornischer Kondor 117
Kalikuro 42
Kalimantanflugfrosch 202
Kaninchen 125
Kapuzineräffchen 142
Karakal 83
Karakurt 135
Karpfen 49
Katzenhai 132
Kea 277, 278
Kiefernprozessionsspinner 16
Kinnrüsselhecht 154
Klapperschlange 179, 180, 250
Kleiner Totengräber 66
Klein-Schimpanse 171
Klopfkäfer 128
Koboldmaki 160
Kobra 177

Kolbenklapperschlange 179
Königshutschlange 179
Königskobra 179
Kookaburra 288
Kouprey 218
Krait 179
Krake 126
Krallenäffchen 254
Kranich 127, 128
Krebs 119
Krokodil 177, 235
Kröte 40
Kugelspinne 135
Kuhbaum 299
»Kurzschlußkäfer« 129
Kurzschwanzsturmtaucher 287

Lachender Hans 288
Langnasenbeuteldachs 283
Lanzenschlange 180
Larvenmaki 163
Laubenvogel 275
Lemur 161, 200
Löwe 28, 50, 225
Löwenäffchen 254

Makak 23
Mamba 177, 181
Mammutbaum 314
Mandschurenkranich 108, 109
Manguste 260
Marmosette 255
Mausmaki 254
Meise 23
Menneus 184
Milchbaum 299
Mindorobüffel 217
Mistkäfer 16
Moschusochse 102
Motte 129
Mücke 51, 53, 55

Nacktaal 252
Nasenaffe 227
Nasennilhecht 154
Nashorn 219
Nashornvogel 151
Néné 223
Neotoma albigula 20
Nestorpapagei 277
Nilhecht 154

Orang-Utan 28, 70, 207
Ottern 86, 132

Pama 181
Panda 91
Pangolin 226
Pärchenegel 177
Pavian 183
Piranha 242
Prachtleierschwanz 287
Pyrenäen-Bisamspitzmaus 72
Python 182

Rafflesia arnoldii 300
Ratte 19, 195
Ravenala 159
Rhozites gongylophora 241
Riesengürteltier 266
Riesenlaubfrosch 243
Ringhalskobra 181
Röhrenspinne 134
Rostgans 286
Rotwolf 211
Rückenschwimmender Kongowels 153

Salanganen 228
Sandregenpfeifer 35
Sandwespe 26, 27
Sandwichgans 223
Schiefschnabel 279
Schimpanse 138
Schlitzrüßler 259, 260
Schmalnasenaffen 254
Schmetterlingsagamen 205
Schnabeltier 260
Schneekranich 110, 111
Schreiadler 37
Schuppentier 226

Schwan 19, 133
Schwarzes Nashorn 220
Schwarze Witwe 135
Schwarzhalskobra 182
Seeotter 27, 86
Seidenlaubenvogel 275
Seidenraupe 134
Seidenspinne 135
Sequoia 305
Seychellennuß 294
Sifaka 162
Silbermöwe 35
Skorpion 229
Skunk 21
Solitäre Wespe 17
Spechtfink 240
Speikobra 182
Speispinne 136
Sphenodon 286
Spinne 41, 42, 60, 130, 134
Spitzbeutler 280
Spitzhörnchen 160
Spitzmaulnashorn 222
Springtamarin 257
Stachelschwein 225
Ständerpilz 241
Star 33
Steinadler 115
Steppenadler 37
Stockente 133
Strauß 176
Südamerikanischer Ochsenfrosch 239
Sumatranashorn 202, 220
Symphysodon 249

Taguan 198
Taipan 179, 181
Takin 179
Tamarin 255
Tamaroa 216
Tarantel 43, 135
Taschenfrosch 246
Taube 133
Telegallahuhn 273
Teratornis incredibiles 118
Tiger 212, 225
Tigeriltis 85
Tigerschlange 179, 181
Tintenfisch 87
Titanus giganteus 268
Todesotter 179
Toko 151
Töpfervogel 244
Treiberameise 182
Tsetsefliege 148
Tuatera 284
Tüpfelbeutelmarder 282

Vari 160
Victoria regia 301

Wabenkröte 245
Wallnister 273
Wanderameise 182
Wanderfalke 114
Wanze 293
Waschbär 39
Wasserspinne 134
Wegwespe 40
Weißes Nashorn 220
Weißschwanztropikvogel 263
Wels 153
Welwitschia 293
Wespe 41, 42
Wiesenameise 61
Wisent 94
Wolf 211
Wolfsspinne 40
Wollkrabbe 18
Würgfalke 114
Wüstenratte 21
Wychuchol 72, 73, 74, 75

Xyloborus 68

Zitteraal 156
Zitterwels 153
Zwergschimpanse 171
Zwergseidenäffchen 254